U0469382

新文科·财经学术文库

Famous History, Famous Men and Famous Cities

The Circulation and Changes of Local Culture in Eastern Zhejiang

名史、名士与名城

浙东地方文化的流转与变迁

卞 梁 唐燮军 ◎ 著

上海学术·经济学出版中心

图书在版编目(CIP)数据

名史、名士与名城：浙东地方文化的流转与变迁/卞梁，唐燮军著. —上海：上海财经大学出版社，2024.2
(新文科·财经学术文库)
ISBN 978-7-5642-4277-0/F·4277

Ⅰ.①名… Ⅱ.①卞… ②唐… Ⅲ.①地方文化—文化史—浙江 Ⅳ.①K295.5

中国国家版本馆 CIP 数据核字(2023)第 210725 号

2023 年上海财经大学学术著作出版资助项目(第一批)
上海财经大学马克思主义学院出版资助

□ 责任编辑　李嘉毅　廖沛昕
□ 封面设计　贺加贝

名史、名士与名城：浙东地方文化的流转与变迁
卞　梁　唐燮军　著

上海财经大学出版社出版发行
(上海市中山北一路 369 号　邮编 200083)
网　　址：http://www.sufep.com
电子邮箱：webmaster @ sufep.com
全国新华书店经销
上海华业装璜印刷厂有限公司印刷装订
2024 年 2 月第 1 版　2024 年 2 月第 1 次印刷

710 mm×1000 mm　1/16　27.25 印张(插页：2)　460 千字
定价：98.00 元

目录

绪 论

本书从宏观和微观的双重视角，有详有略，系统解读浙东文化体系，再现浙东地区的古韵今貌。在宏观层面，重点对浙东藏书文化及当地社会互助机制进行介绍。在微观层面，通过对虞世南、王应麟、张美翊、冯君木、冯宾符等各个历史阶段浙东名士的介绍，深度挖掘浙东文化的丰富内涵。另外，以慈城为例，对其历史沿革、古迹人文、风土人情等进行系统化、体系化的梳理，展现了慈城文化的千年演进。本书对读者了解浙东悠久历史、提升文化修养、探寻中国文化发展脉络颇有裨益，是华东地区历史研究的重要成果。

本书共七章，依内容划分可分为两大部分：

第一部分包括第一章和第二章，是对浙东文化的概括。第一章对浙东文化做整体概述，并聚焦于藏书文化、志书编纂、社团公益等方面。第二章聚焦于冯君木、虞世南、王应麟、冯宾符、张美翊等各个历史阶段的浙东名士，呈现浙东千年流转中真实的人和物，凸显浙东丰富的人文底蕴。

第二部分包括第三章至第七章，以浙东名城——慈城为例进行个案考察。慈城作为我国历史文化名城，历史底蕴丰厚，是浙东文化的典型代表。第三章重点介绍慈城的历史沿革。第四章依次介绍慈城地方文化、民间艺术及各类非物质文化遗产。第五章罗列慈城域内遗址、墓葬、特色建筑、传世碑刻等文物古迹。第六章详述慈城社会生活的历史与现状，包括当地公共救济、风物地产、社会风尚，以及慈城堕民这一特殊群体。第七章罗列了慈城历史人物。

需要说明的是，本书所用部分资料，其字迹漶漫，难以辨认，特用“□”加以标识。

第一章
浙东文化探析

第一节　藏书文化

一、浙东藏书文化探析

所谓“藏书”，是指基于阅读、鉴赏、整理、研究等目的，通过诸如购买、抄写之类的各种途径，搜罗图书并加以收藏或典藏的行为。历代从事藏书的主体，大抵可分为官府、寺观、书院、私家四类。这其中，官府、寺观、书院的藏书活动虽有其不容低估的价值，但无论其藏书目的抑或其藏书功能，千百年来并无质的差别，因此，对这类藏书活动的详加考察，除能增加部帙外，似乎别无意义可言。相比较而言，私家藏书不但品类有别、旨趣各异，而且意义非凡。譬如，同一时代但不同地域的私家藏书之间的差别就具象化地表现了区域文化的空间差异；同一地域但不同时代的私家藏书之间的异同则又在一定程度上折射出该地经济、文化的传承与变易。

（一）浙东藏书业在汉宋间的缓慢发展

浙东地域的藏书事业，大抵因为源远流长且曾一度独步海内的关系，晚近以来受到众多学者的关注和研讨。尽管如此，对浙东藏书源头的追溯，学界内外迄今依然众说纷纭、莫衷一是。顾志兴认为浙东藏书业肇端于东汉末年，并将王充的《论衡》在会稽境内的流传引为论据。① 冯晓霞将浙东藏书业的起源时间前推至东汉前期，在她看来，《论衡》《越绝书》和《吴越春秋》三本书的问世就是浙东藏书业出现的标志。② 诸如此类的推断，虽未能揭橥浙东藏书业的真正源头，但也

① 顾志兴：《浙江藏书家藏书楼》，浙江人民出版社 1987 年版，第 4～5 页；并见顾志兴：《浙江藏书史》，杭州出版社 2006 年版，第 5 页。

② 冯晓霞：《浙东藏书史》，浙江工商大学出版社 2013 年版，第 3 页。

不无意义。

1. 北宋之前的浙东藏书业

无论是顾志兴还是冯晓霞，他们的考察结果莫不指向东汉时期的会稽（实乃其郡城山阴）。由此，基本上可以断定东汉中叶的山阴乃浙东藏书业的肇兴之地。

山阴成为浙东藏书业的肇兴之地并不令人意外。因为自从汉顺帝于永建四年（129 年）将会稽郡治由吴县迁至山阴以来，山阴的战略地位急剧上升，迅即成长为江南地区的政治、经济与文化中心。在这一人文荟萃之所，获致图书相对较易，因好学置书进而加以收藏也自在情理之中。阚泽（170—243 年）的成才经历就是其中的典型例证：

> 阚泽字德润，会稽山阴人也。家世农夫，至泽好学，居贫无资，常为人佣书，以供纸笔，所写既毕，诵读亦遍。追师论讲，究览群籍，兼通历数，由是显名。[①]

需要指出的是，浙东藏书业虽肇兴的具体时间难以确定，但明显早于浙西。后者有迹可循的藏书家大抵只能追溯到孙吴、西晋之交的钱塘人范平。这从一个侧面反映了当时浙西、浙东两地经济、文化发展水平的差距。

时移势异，大抵自萧梁后期以来，浙东藏书业渐显疲态，尤其是在会稽山阴人孔休源（469—532 年）“聚书盈七千卷”[②]之后的近四百年间，传世文献中未见浙东士人致趣藏书业的片言只语（见表 1－1），部分原因可能是历代史学家不太在意藏书文化而未予记载。例如，生活于南陈、初唐之际的余姚人虞世南（558—638 年），是一位雅好书艺且撰有《北堂书钞》《帝王略论》等书的博学之士，也是一位藏书爱好者，但包括《贞观政要》《新唐书》《旧唐书》《资治通鉴》在内的几乎所有传世典籍只是津津乐道于虞世南的“德行”“忠直”“博学”“文辞”“书翰”，对其藏书兴味却置若罔闻。但相比较而言，浙东藏书业在此期间的萧条，更可能是浙东士人鉴于手抄时代大量收藏图书殊为不易而却步的结果。

浙东藏书业的这一沉寂状态持续了近四百年，直至晚唐方才有所改观。倘若细加推究，浙东藏书业之所以能够从晚唐开始走出沉寂，主要得益于佛教日益广泛的传播。这种积极作用，一则表现为佛教宣传教义的强烈愿望促成了雕版印刷技术的发明与进步，进而便利了书籍的生产与流通，二则表现为佛门弟子大

---

① 参见《三国志》卷 53《吴书·阚泽传》，中华书局 1982 年版，第 1249 页。
② 参见《梁书》卷 36《孔休源传》，中华书局 1973 年版，第 522 页。

表 1－1　东汉至五代十国的两浙藏书家

地区	姓　名	身　　份	史 实 依 据
浙东	王　充	《论衡》作者，东汉上虞人	《后汉书》卷 49《王充传》
	袁　康 吴　平	《越绝书》作者，东汉会稽人	杨慎《升庵集》卷 10《跋越绝》
	赵　晔	《吴越春秋》作者，东汉山阴人	《后汉书》卷 79 下《儒林下·赵晔传》
	阚　泽	孙吴会稽郡山阴县人	《三国志》卷 53《吴书·阚泽传》
	虞　喜	两晋之交的会稽郡余姚人	《晋书》卷 91《儒林·虞喜传》
	虞　龢	南朝宋齐之交的会稽郡余姚人	《南史》卷 72《文学·丘巨源传》
	孔休源	南朝梁代会稽郡山阴县人	《梁书》卷 36《孔休源传》
	林　鼎	吴越国慈溪人	《吴越备史》卷 3
	江　正	南唐越州刺史	王明清《挥尘录·后录》卷 5
	徐　锴	南唐会稽人，集贤殿学士	陆游《南唐书》卷 5《徐锴传》
浙西	范　平	孙吴、西晋之交吴郡钱塘县人	《晋书》卷 91《儒林·范平传》
	范　蔚	东晋吴郡钱塘县人，范平之孙	
	褚　陶	西晋吴郡钱塘县人	《晋书》卷 92《文苑·褚陶传》
	沈驎士	南朝宋齐之际的吴兴郡武康县人	《南齐书》卷 54《高逸·沈驎士传》
	沈　约	南朝梁代吴兴郡武康县人	《梁书》卷 13《沈约传》
	钱传瑛	吴越王室子弟	吴任臣《十国春秋》卷 83《吴越七·列传》
	钱文奉		
	钱惟治		
	钱　昱		
	钱　易		
	钱惟演		

规模购置书籍的行为直接推动了藏书业的发展。正是受此影响，晚唐以来浙东境内出现了若干藏书爱好者。这其中，既有像宗亮这样“缮写经藏”“躬身正本”①的僧侣，也不乏像林鼎这样“所聚图书，皆其手抄”②的官僚。

2. 北宋浙东藏书业的时代特征

尽管北宋时期浙东的藏书风气仍然不甚浓厚，但是业已呈现不同于以往的两大特征：

其一，致趣藏书业者不但人数转多，而且几乎都是科举及第者，他们的藏书动机也因此比较一致且单纯，那就是主要用于阅读，以便增进学识。譬如鄞县人楼郁(1008—1077年)，其弟子舒亶在所作《宋大理评事楼先生墓志铭》中就曾声称：

> 先生讳郁，字子文。……其志操高厉，慨然直欲追古人而友之。自六经至百家传记之说，无所不读。其讲解去取，必当于道德之意，发为辞章，贯穿浃洽，务极于理，非特不投时好以苟射声利而已。……平生好书，虽老且病不倦。家藏仅万卷，而手钞者居半。③

其二，鄞县县城(也是明州州治)俨然成为此期间浙东藏书业的集中地，传世文献所记载的当时的浙东知名藏书家大多是鄞县人士(见表1-2)。例如，《宝庆四明志》卷8《叙人上・陈禾》载：

> 禾字秀实，鄞人。……禾父谧，字康公，博学，教子有法，嘉祐八年登第。……世喜藏书，谧之亡，舒中丞亶作挽章，有曰：“尘埃满匣空鸣剑，风雨归舟只载书。”④

表1-2　北宋时期的浙东藏书家

姓　名	身　　份	藏所	史实依据
楼　郁	仁宗皇祐五年(1053年)进士	鄞县	舒亶《宋大理评事楼先生墓志铭》
丰　稷	仁宗嘉祐四年(1059年)进士	鄞县	《宝庆四明志》卷8《叙人上・丰稷》
陈　谧	仁宗嘉祐八年(1063年)进士	鄞县	《宝庆四明志》卷8《叙人上・陈禾》

① 参见[北宋]释赞宁：《宋高僧传》卷27《唐明州国宁寺宗亮传》，影印文渊阁《四库全书》本。
② 参见[北宋]钱俨：《吴越备史》卷3，影印文渊阁《四库全书》本。
③ 参见[清]楼孝谦等：《鄞塘楼氏宗族(七修本)》卷6，影印光绪十九年鄞塘楼氏家刻本，1995年。
④ 宁波市地方志编纂委员会：《宋元四明六志》第二册，宁波出版社2011年版，第387、389页。

续　表

姓　名	身　　份	藏所	史实依据
罗　适	英宗治平二年(1065年)进士	宁海	舒亶《舒懒堂诗文存》卷3《宋故上护军致政罗公墓志铭》
陈贻范	英宗治平四年(1067年)进士	临海	《宋史》卷204《艺文志三》
王　瓘	神宗元丰五年(1082年)进士	鄞县	《宝庆四明志》卷8《叙人上・王说》
石公弼	哲宗元祐六年(1091年)进士	新昌	《嘉泰会稽志》卷15《相辅・石公弼》

浙东藏书重心的这一区域转移，就其成因而言：首先是山阴日渐沉沦。这座自汉顺帝永建四年以来就是东南政治、经济与文化中心的城市，在吴越王国建都杭州之后，不但丧失了原有的战略地位，而且丧失了对明州的辐射效应。其次是明州日益崛起。得益于"杨、杜、二王、楼公"的"或授业乡校，或讲道闾塾"①，同时受惠于王安石任职鄞县期间所推行的一系列革新之举，鄞县文教事业盛况空前，不但得志于场屋者与日俱增，而且进一步激发了更多四明士人购买、研读圣贤之书的热情，并由此涌现若干藏书世家，如西湖楼氏、桃源王氏。尤其是桃源王氏家族，自仁宗庆历年间王说讲贯经史以来，就名宦相继、书种不绝。《宝庆四明志》卷8《叙人上・王说》载：

> 王说字应求，鄞人，以其学教授乡里余三十年。……先是有王致，亦州闾所师，至今郡庠以与杨公适、杜公醇、楼公郁并祠，谓之"五先生"云。说之弟该，字蕴之，登庆历六年进士第。……长子瓘，字符圭，登元丰五年进士第，喜藏书，以文称。珩字彦楚，说第五子也，十九岁入太学，大观三年登进士第，仕至宗正少卿，年八十卒。……勋字上达，说之孙也，以太学上舍生，登政和八年进士第。②

直至南宋前期，不但王正功"性嗜学，多录未见之书"③，他的哥哥王正己更是"聚书六万余卷，多自校雠，为之目甚详"④。

（二）浙东藏书业在南宋的勃兴

肇端于东汉中叶的浙东藏书业，在历经南朝后期至晚唐近四百年的低潮和在

① 宁波市地方志编纂委员会：《宋元四明六志》第六册，宁波出版社2011年版，第785页。
② 宁波市地方志编纂委员会：《宋元四明六志》第二册，宁波出版社2011年版，第364～365页。
③ [南宋]楼钥撰，顾大朋点校：《楼钥集》卷107《朝请大夫致仕王君墓志铭》，浙江古籍出版社2010年版，第1845页。
④ [南宋]楼钥撰，顾大朋点校：《楼钥集》卷49《酌古堂文集序》，浙江古籍出版社2010年版，第923页。

北宋的重新起步之后，终于在宋室南渡的历史背景下，迎来了它的“井喷”时代。

1. 南宋浙东藏书业勃兴的外部条件

浙东藏书业虽起源甚早，但真正崛起是在宋室南渡之后。此所谓“崛起”，一则表现为在南宋立国 152 年间(1127—1279 年)，不但爱好藏书之士几乎遍布浙东各地，而且大体上形成了明州、越州两大藏书集中地；二则表现为当时的藏书者虽然仍以官僚为主，但是既不乏像吴伸、吴伦兄弟这样的“布衣”，也有诸如孙介这种来自社会底层的贫民(见表 1 - 3)。藏书的社会基础既然如此深厚，藏书风气的盛行也就势所必然。

表 1 - 3　南宋时期的浙东藏书家

姓　名	藏所	隶属	数量、特色或去向	史 实 依 据
赵师龙	余姚	越州	除藏书外无其他嗜好	《楼钥集》卷 109《知婺州赵公墓志铭》
孙　介	余姚		家贫无以买书，遂自手抄	《烛湖集》附编卷下沈焕《承奉郎孙君行状》
石邦哲	新昌		其“博古堂”藏书两万余卷，多为石公弼亡后散出的故物	陆游《渭南文集》卷 36《朝奉大夫石公墓志铭》
石继曾	新昌		“博古堂”所藏后亦散出，石继曾稍加访寻，间有所获	《嘉泰会稽志》卷 16“藏书”条
诸葛行仁	会稽		高宗绍兴五年(1135 年)，进献所藏书共 8 546 卷	《嘉泰会稽志》卷 16“求遗书”条
陆　宰	山阴		其“双清堂”藏书约 13 000 卷	《嘉泰会稽志》卷 16“求遗书”条
陆　游	山阴		其“老学庵”藏书万卷	陆游《剑南诗稿》卷 26《题老学庵壁》
陆子遹	山阴		喜蓄书	《渭南文集》卷 29《跋子聿所藏国史补》
吴　伸 吴　伦	山阴		出资百万筑书楼，储书数千卷，“用为子孙讲习之地”	《渭南文集》卷 21《吴氏书楼记》、卷 30《跋南城吴氏社仓书楼诗文后》
李　光	上虞		藏书万余卷，被焚毁于高宗绍兴十七年(1147 年)	王明清《挥麈录·后录》卷 7
李孟传	上虞		藏书万卷，后代子孙不能保守，遂散于豪民之家	孔齐《至正直记》

续 表

姓 名	藏所	隶属	数量、特色或去向	史实依据
楼 钥	鄞县	明州	藏书甚富，特于月湖筑“东楼”以储其所聚之群书	袁燮《絜斋集》卷11《资政大学士赠少师楼公行状》
王正己	鄞县		其“酌古堂”藏书六万余卷且多系手抄，又曾自编藏书目录	《楼钥集》卷49《酌古堂文集序》
王正功	鄞县		写本与刊本各万余卷，且多系不常见之书	《楼钥集》卷107《朝请大夫致仕王君墓志铭》
姜 浩	鄞县		藏书万卷	《楼钥集》卷84《祭姜总管文》
赵粹中	鄞县		聚书万卷	《楼钥集》卷105《龙图阁待制赵公神道碑》
高元之	鄞县		蓄书万卷	《楼钥集》卷110《高端叔墓志铭》
林 硕	鄞县		倾赀买书多达一万余卷	《楼钥集》卷114《林府君墓志铭》
史守之	鄞县		其“碧沚”藏书，后大多流入江苏	文徵明《甫田集》卷22《跋宋通直郎史守之告身》
张祖顺	鄞县		藏书教子	《楼钥集》卷111《知梅州张君墓志铭》
姜 柄	鄞县		藏书数千卷	《楼钥集》卷113《知钟离县姜君墓志铭》
陈 曦	鄞县		作《藏书记》，告诫后人勿坠素业	《宝庆四明志》卷8《叙人上·陈禾》
袁 燮	鄞县		藏书数千卷	《絜斋集》卷10《愿丰楼记》
袁 涛	鄞县		藏书满室	《絜斋集》卷20《从兄学录墓志铭》
袁 韶	鄞县		公务之余，校雠刻书	袁桷《清容居士集》卷22《袁氏旧书目序》
郑若冲	鄞县		自置书塾，聚书数千卷，延师训子，虽卧病不废书	《万姓统谱》卷107
张 瑞	鄞县		筑“甬洲书庄”，聚书万卷，与子孙讲习于其中	吴晗《两浙藏书家史略》引《鄞县志》卷31《张文英传》
杨 涣	象山		倾赀买经史于胄监，以助其子杨王休科考	《楼钥集》卷95《文华阁待制杨公行状》
曹 盅	奉川		聚书万卷，多自校雠	《楼钥集》卷113《朝请大夫曹君墓志铭》

续 表

姓 名	藏所	隶属	数量、特色或去向	史 实 依 据
李 庚	台州	台州	聚书数万卷	《楼钥集》卷49《詅痴符序》
蔡 瑞	黄岩		念族人多贫，遂买书并置于石庵，以便子弟学习	叶适《水心集》卷12《石庵藏书目序》
王卿月	台州		卒后，除“书画图籍之外，储蓄几无”	《楼钥集》卷109《太府卿王公墓志铭》
骆 恂	宁海		奇爱其幼子骆季友而多买书，并于卷末题曰“留遗子孙”	《楼钥集》卷113《骆观国墓志铭》
张仲梓	永嘉	温州	图史之外，他无长物	《楼钥集》卷111《知复州张公墓志铭》
薛 高	永嘉		家有读书楼	《万姓统谱》卷118
谢 雩	永嘉		经史百家之书皆手自校定	《楼钥集》卷115《承议郎谢君墓志铭》

浙东藏书业在南宋的勃兴，固然得益于深厚的社会基础，却无疑有其更为深刻也更值得深究的内因和外缘。[①] 此所谓“外缘”，概而言之，就是经济中心和政治中心双双南移且重合于江南地域，为南宋浙东藏书业的勃兴提供了前所未有的良好氛围和外部条件。细言之：

① 宋室驻跸临安(杭州)，不但拉近了浙东与权力中枢的空间距离，而且扩大了浙东士人的政治发展空间，这就反过来进一步刺激了浙东教育事业的进步，以及与教育事业相关的文化产业的繁荣。

② 随宋室南渡的一部分中原士人，本就爱好藏书，他们在定居于浙东境内后，不但勉力蓄书，而且激发了其居处附近民众藏阅书籍的兴趣和投身科举的热情。这些在戴表元的《董叔辉诗序》中有明确的表达：

> 吾奉化前百数十年时，地理去行都远，士大夫安于僻处，无功名进趋之心，言若

① 顾志兴的《浙江藏书家藏书楼》在依时序逐个考察历代浙江藏书家、藏书楼的基础上，既将两宋之世定性为浙江藏书业的“兴起期”，又曾勉力探讨两宋浙江藏书业“兴起”的原因，进而将之归结为印书业的繁荣、教育的发达、学术思想的活跃。之后，曹屯裕等人亦试图探究浙东藏书业“兴起”于两宋的成因，并由此得出与顾志兴大同小异的推论，即两宋浙东藏书业的兴起，既有赖于刻书业和文具制造业的发达，也得益于中原士流的南下定居，更受惠于文教事业的进步(参见《浙东文化概论》之五《浙东藏书》，宁波出版社1997年版，第186～187页)。

> 不能出诸其口，气若不欲加诸其人，闭门读书以远过咎，耕田节用以奉公上，虽无当涂赫赫之名，而躬行之实，为有余矣。渡江以来，乡老之书，天官之选，信宿可以驿致。加以中原侨儒裹书而来，卜邻而居，朋俦薰蒸，客主浸灌，编户由明经取名第者，十有八九，可谓诗书文物之盛。①

③ 自宋室南渡之后，浙东刻书业盛况空前，下属明、越、温、台四州均闻有镌雕之声（见表1－4），这就不但提供了手抄时代无法想象的众多书籍，而且极大地降低了时人大量收藏图书的门槛。也因此，在南宋存续期间不乏藏书万卷的藏家，如新昌石邦哲、山阴陆游、鄞县赵粹中、台州李庚。

表1－4　南宋浙东刻本知见录

书　　名	主持刊刻者	刻书地	刻本性质
资治通鉴	两浙东路茶盐司	越州	官刻本
周易注疏、尚书正义、周礼疏、唐书、太玄经	两浙东路茶盐司		官刻本
子华子	会稽县		官刻本
毛诗正义	绍兴府		官刻本
外台秘要方	两浙东路茶盐司		官刻本
通鉴外纪、前汉纪、后汉纪	浙东转运使司		官刻本
事类赋	两浙东路茶盐司		官刻本
新雕重校战国策	姚宏		私刻本
通鉴释例	两浙东路茶盐司		官刻本
隶释	知绍兴府洪适		官刻本
论衡	知绍兴府洪适		官刻本
元氏长庆集	知绍兴府洪适		官刻本
隶续	知绍兴府洪适		官刻本
诸史提要	知绍兴府钱端礼		官学本
万首唐人绝句	知绍兴府洪迈		官刻本
战国策（鲍彪注）	知绍兴府王信		官刻本

① 参见［元］戴表元：《剡源文集》卷9《董叔辉诗序》，影印文渊阁《四库全书》本。

续 表

书　　名	主持刊刻者	刻书地	刻本性质
礼记正义	提举两浙东路茶盐常平公事黄唐	越州	官刻本
春秋左传正义	知绍兴府沈作宾		官刻本
嘉泰会稽志	知绍兴府沈作宾		官刻本
剡录	知嵊县史安之		官刻本
习学记言	知绍兴府汪纲		官刻本
越绝书	知绍兴府汪纲		官刻本
吴越春秋	知绍兴府汪纲		官刻本
参同契分章通真义、明镜图诀	知绍兴府汪纲		官刻本
切韵指掌图	越州读书堂		官学本
徐骑省文集	知明州徐琛	明州	官刻本
本草单方	知明州王俣		官刻本
文选六臣注	知明州赵善继		官刻本
四明图经	知明州张津		官刻本
汉隽	知象山县蒋鹗		官学本
都官文集	知庆元军府事陈杞		官学本
清真先生集	知庆元军府事陈杞		官学本
攻媿先生文集	楼治		私刻本
僧宝传	比邱宝定		寺院本
宝庆四明志	知庆元府胡榘		官刻本
絜斋家塾书钞	象山县学		官学本
铜壶漏箭制度	知庆元府颜颐仲		官刻本
四明续志	庆元府学教授梅应发等		官学本
朱子读书法	鄞县县学教授张洪等		官学本

续　表

书　　名	主持刊刻者	刻书地	刻本性质
白石诗传	温州州学	温州	官学本
周礼井田谱	知温州楼钥		官刻本
仪礼识误	知温州曾逮		官刻本
家礼附注	陈雷		官学本
春秋后传、左氏章指	施栻		官刻本
尔雅疏、尔雅音释	赵子良		官刻本
莫氏方	知温州莫伯虚		官刻本
永嘉守御录	钱德载		官学本
大唐六典	温州州学教授张希亮等		官学本
温州进士题名	楼钥		官学本
颜鲁公集	知温州留元刚		官刻本
止斋文集	徐凤		官刻本
荀子、杨子法言、中说、昌黎先生集、后典丽赋	知台州唐仲友	台州	官刻本
石林奏议	叶笺		官刻本
颜氏家训	知台州军州事沈揆等人		官刻本
三隐诗集	国清寺僧志南		寺院本
天台前集、天台别编、天台续集	台州州学		官学本
赤城集	丁墅等人		官刻本
十谏书	王庸		寺院本
横浦心传录、横浦日新	黄岩县学		官学本

2．南宋浙东藏书家的类别

尽管南宋的外部环境和客观条件确实有利于藏书业的发展，但是正如马列主义经典作家所指出的那样，外因必须通过内因才能发挥作用。南宋浙东刻书业的勃兴，仍主要是藏书者基于个人爱好或其特定需求加以主观选择的结果。

倘若细加研核，大抵可将南宋浙东藏书群体依其藏书目的分为以下三类：

(1) 学术研究类

这类藏书主要用于阅读以增加知识，间或用于校订古籍，鄞县人楼钥就是其中的显著例证，其《跋春秋繁露》云：

《繁露》一书凡得四本，皆有高祖正议先生(亦即楼郁)序文。始得写本于里中，亟传而读之，舛误至多，恨无他本可校。已而得京师印本，以为必佳，而相去殊不远。……开禧三年，今编修胡君仲方椠宰萍乡，得罗氏兰堂本刻之县庠，考证颇备，……然止于三十七篇，终不合《崇文总目》及欧阳文忠公所藏八十二篇之数。余老矣，犹欲得一善本。闻婺女潘同年叔度景宪多收异书，属其子弟访之，始得此本，果有八十二篇。……喜不可言。以校印本，各取所长，悉加改定，义通者两存之。①

(2) 应付科考类

譬如山阴吴伸、吴伦兄弟，尽管本人未必读书，但为使子弟顺利走上科举入仕之途，特地购书数千卷，并斥资百万建书楼以藏之②；象山人杨涣亦复如此。楼钥《文华阁待制杨公行状》载其事曰：

(杨公王休)父涣，故宣义郎致仕，赠中散大夫。……本贯庆元府象山县政实乡。美政杨公讳王休，字子美，……公生而奇庞，(祖母)邵夫人中年抱孙，极爱抚。于髫龄中已有成人气象，庄重寡言，乐然后笑，相者以为必贵。中散延儒士教之，家苦无书，倾赀买经史于胄监。③

(3) 传承门风类

此一类型往往将藏书事业视为家族传统而勉力为之。越州藏书三大家就是其中的典型代表。《嘉泰会稽志》云：

越藏书有三家，曰：左丞陆氏，尚书石氏，进士诸葛氏。中兴秘府始建，尝于陆氏就传其书，而诸葛氏在绍兴初颇有献焉，可以知其所蓄之富矣。陆氏书特全于放翁家，尝宦两川，出峡不载一物，尽买蜀书以归，其编目日益巨。诸葛氏以其书入四明，子孙犹能保之。而石氏当尚书亡恙时，书无一不有，……其后颇弗克守，而从子大理正邦哲，尽以金求得之，于是为博古堂。博古之所有众矣，其冥搜远取，抑终身

① [南宋] 楼钥撰，顾大朋点校：《楼钥集》卷75《跋春秋繁露》，浙江古籍出版社2010年版，第1337页。

② 参见[南宋] 陆游：《渭南文集》卷21《吴氏书楼记》、卷30《跋南城吴氏社仓书楼诗文后》，影印文渊阁《四库全书》本。

③ [南宋] 楼钥撰，顾大朋点校：《楼钥集》卷95《文华阁待制杨公行状》，浙江古籍出版社2010年版，第1661页。

不厌者，后复散出，而诸孙提辖文思院继曾，稍加访寻，间亦获焉。[①]

相比较而言，前两类无疑是南宋浙东藏书的主要类型。但南宋浙东藏书无论属于何种类型，归根结底，都只是藏书者基于个人爱好或其特定需求加以主观选择的产物。正是因为这样，藏书之举在绝大多数藏家那里，往往及身而止。

（三）浙东藏书业在元明间的盛衰转换

入元之后，浙东藏书业主要因为受到元廷相关政策的负面影响，迅即滑落至低谷。在此期间，虽曾涌现像袁桷这样的同时致力于藏书与刻书事业的名家，但总体以观，彼时不但爱好藏书者屈指可数，而且较为明显地表现出藏书者身份窄化、藏书功能单一化的特征。这一态势延续至明代中叶方才因着时代环境的改变和经济文化的发展而得以转变——浙东藏书业逐渐走出低迷状态，日益繁荣。

1. 元代浙东藏书业的低迷及其历史动因

根据顾志兴《浙江藏书史》的相关考察结果，不难发现：南宋、元两代的浙西藏书业，虽然在藏书家人数方面相差无几（见表 1－5），但无论是藏书量还是历史影响，元代都明显不如南宋时期。

这一落差，首先不能不归因于蒙古铁骑对中原的破坏。对此，明代著名学者兼藏书家胡应麟（1551—1602 年）颇有认知：

宋世图史一盛于庆历，再盛于宣和，而女真之祸成矣；三盛于淳熙，四盛于嘉定，而蒙古之师至矣。[②]

表 1－5　南宋、元时期的浙西藏书家

朝代	地区	藏书家
南宋	杭州	关注、李清照、洪皓、周辉、洪咨夔、陈起、陈思、周密、贾似道、廖莹中、董嗣杲
	湖州	叶梦得、周珌、周晋、陈振孙
	嘉兴	闻人滋、岳珂、许棐
元	杭州	金应桂、张楧、吾衍、张雨、张雯、杨维桢、魏一愚、陈世隆
	湖州	赵孟俯
	嘉兴	马宣教、张纮

资料来源：顾志兴：《浙江藏书史》，杭州出版社 2006 年版，第 20～41、93～98、100 页。

① 参见[南宋] 施宿等：《嘉泰会稽志》卷 16“藏书”条，影印文渊阁《四库全书》本。
② [明] 胡应麟：《少室山房笔丛》卷 1《经籍会通一》，上海书店出版社 2001 年版，第 6 页。

其次是元廷为强化对浙江的文化管控而多次强行征调图书的恶果。《元史·世祖纪》载其事曰：

(至元十二年九月)丙申，元以玉昔帖木儿为御史大夫。括江南诸郡书版及临安秘书省《乾坤宝典》等书。……(至元十三年二月)戊申，立浙东西宣慰司于临安，以户部尚书麦归、秘书监焦友直为宣慰使，……丁巳，命焦友直括宋秘书省禁书图籍。……(十月)丁亥，两浙宣抚使焦友直以临安经籍、图画、阴阳秘书来上。①

最后也最重要的是，元廷长期废除科举取士制度，推行族群区隔与重吏轻儒政策，这不但阻断了汉人原有的晋身正途，而且严重打击了他们收藏、阅读图书的热情。也因此，尽管近来受到诸如陈垣的《元西域人华化考》、萧启庆的《九州岛四海风雅同：元代多族士人圈的形成与发展》之类的论著的质疑和修正，但是认为元朝对汉文化的抵制最猛、族群间存有明显的政治与社会区隔的这一传统观念并未完全丧失其合理性。

相比较而言，元政府所采取的这一系列政策和措施对浙东藏书业的消极作用似乎更显著。这种负面影响，不但具体表现为宋元易代后浙东藏书家数量明显减少(见表1-6)，更主要表现为藏书者身份的窄化与藏书功能的单一化。当时著名的浙东藏书家几乎都是学者，其藏书主要用于学术研究，迁居鄞县的宁海人胡三省(1230—1302年)便是其中的典型例证：

南湖袁学士桥，清容之故居也，其东轩，有石窖焉。予过而叹曰："此梅磵藏书之所也！"……按梅磵之注《通鉴》凡三十年，讫乙酉冬始克成编。丙戌，始作《释文辨误》。梅磵以甲申至鄞，清容谓其日手钞定注。己丑寇作，以书藏窖中得免。……先生所著《江东十鉴》《四城赋》，清容比之贾谊、张衡，后世不可得而见，而是书则其毕生精力之所注。②

表1-6　元代的浙东藏书家

姓　名	藏所	藏书数量、特色或去向	史　实　依　据
应震伯	鄞县	筑"花崖书院"，藏书五千卷，延良师教子侄	陈著《本堂集》卷91《应长卿墓志铭》

① 参见《元史》卷8《世祖纪五》、卷9《世祖纪六》，中华书局1976年版，第170、179、185页。

② [清]全祖望：《鲒埼亭集外编》卷18《胡梅磵藏书窖记》，出自朱铸禹：《全祖望集汇校集注》，上海古籍出版社2000年版，第1092页。

续　表

姓　名	藏所	藏书数量、特色或去向	史实依据
袁　桷	鄞县	其藏书之富甲于浙东，且曾将其部分藏书付梓刊行	袁桷《清容居士集》卷22《袁氏新书目录》
胡三省	鄞县	其南湖石窖所藏主要是胡氏手稿，以及为作《资治通鉴音注》而收集的参考资料	全祖望《鲒埼亭集外编》卷18《胡梅磵藏书窖记》
郑芳叔	鄞县	因家境贫寒而无力购买，遂借抄他人藏书而聚书近百卷	雍正《浙江通志》卷180引嘉靖《宁波府志》
王昌世	鄞县	王应麟之子。蓄书万余卷，毁于火，露抄雪纂，至忘寝食，书以复完	雍正《浙江通志》卷175引黄溍《王昌世墓志》
程端礼	鄞县	藏书万卷	黄溍《文献集》卷9下《将仕佐郎台州路儒学教授致仕程先生墓志铭》
倪仲权	鄞县	雅志读书，家藏万卷	刘仁本《羽庭集》卷6《履斋记》
蒋宗简	鄞县	买未见书数百卷	黄溍《文献集》卷9上《蒋君墓碣》
乐大原	定海	为救济失业的“亭户”，以大米换旧书，遂聚书数千卷	雍正《浙江通志》卷188引嘉靖《宁波府志》
杨　宏 杨维桢	山阴	筑楼铁崖山，藏书数万卷	《明史》卷285《文苑·杨维桢传》
陈　孚	临海	其“万卷楼”藏书万卷以上	王祎《王忠文集》卷8《陈氏万卷楼记》

当然也有例外，譬如定海人乐大原，其藏书之举实非出自本意，而是其积德行善的副产品，对此，嘉靖《宁波府志》言之甚明：

> 乐大原字君道，定海人。大德丁未东浙大祲，大原发巨艘，贩泉南、广东之米，平价使人就籴，远近毕集，活者甚众。父占籍清泉盐场，凶岁，官不降本，亭户失业，大原发赀，视官本增三之一，以贷诸户，随其力之所及而收其入，被惠者众。有持旧书易米济饥者，辄应之，遂蓄至数千卷。曰：“吾子孙必有能读是者。”孙良果能读书，一时名卿，若黄溍、王祎，咸器重之。①

近来，冯晓霞在所著《浙东藏书史》中，认定元代浙东藏书业具有三大特色：

① 参见雍正《浙江通志》卷188引嘉靖《宁波府志》，影印文渊阁《四库全书》本。

① 藏书家总人数名列前茅，藏书有一定规模和影响；② 继承先世藏书；③ 藏用结合。[①] 但这种理解似乎并不准确。假如非得加以概括总结，那么，元代浙东藏书业的显著特征主要表现为藏书爱好者的小众化和藏书功能的学术化。

2. 明初以降浙东藏书业的复苏与振兴

传世文献的相关记载充分表明，明朝中央政府相当重视对图书的搜集与典藏。事实上，在明朝开国前夕的元顺帝至正二十六年(1366 年)六月，朱元璋就曾令有关部门"访求古今书籍，藏之秘府，以资览阅"[②]。永乐四年(1406 年)四月，明成祖又从解缙之请，令礼部择人四出购求遗书：

> 永乐四年四月，上视朝之暇，辄御便殿阅书史，或召翰林、儒臣讲论。尝问文渊阁经史子集备否，学士解缙对曰："经史粗备，子集尚多阙。"上曰："士人家稍有余赀，皆欲积书；况于朝廷，可阙乎？"遂召礼部尚书郑赐，令择通知典籍者，四出购求遗书。且曰："书籍不可较价直，惟其所欲与之，庶奇书可得。"又顾解缙等曰："置书不难，须常览阅，乃有益。凡人积金玉，亦欲遗子孙。金玉之利有限，书籍之利岂有穷也！"[③]

即便时至宣宗在位年间仍复如此，此则《明史》卷 96《艺文志一》述之甚明：

> 宣宗尝临视文渊阁，亲披阅经史，与少傅杨士奇等讨论，因赐士奇等诗。是时，秘阁贮书约二万余部，近百万卷，刻本十三，抄本十七。[④]

然而，明朝中央政府对藏书事业的重视并未即刻引致浙东地方政府的积极响应，例如宁波府学，直至宪宗成化二年(1466 年)方才重建用以收藏图书的"尊经阁"；至于浙东藏书业，更是在元明易代之后相当长的时间内处于低迷状态。当时，不但藏书者寥寥无几(见表 1 - 7 相关部分)，而且部分藏书者未必是因为爱好书籍而加以收藏，宁海人童伯礼无疑就是其中的典型代表：

> 邑士童君伯礼，既以礼葬其父于舍南之石镜山，与三弟谋合赀产，共釜鬻以食，取古礼之宜于士庶人者，以次行之，复恐后之人未能尽知其意，而守之弗变，乃即石镜之阳为精舍，聚六经群书数百千卷，俾子侄讲习其中，求治心修身之道，以保其家，以事其先而不怠。[⑤]

---

① 冯晓霞：《浙东藏书史》，浙江工商大学出版社 2013 年版，第 49～52 页。
② 参见[清] 谷应泰：《明史纪事本末》卷 14《开国规模》，影印文渊阁《四库全书》本。
③ 参见[明] 黄佐：《翰林记》卷 12"收藏秘书"条，影印文渊阁《四库全书》本。
④ 参见《明史》卷 96《艺文志一》，中华书局 1974 年版，第 2343 页。
⑤ 参见[明] 方孝孺：《逊志斋集》卷 16《石镜精舍记》，影印文渊阁《四库全书》本。

表 1－7　明代的浙东藏书家

时间	地区	姓 名	藏所	藏书数量、特色或去向
成化之前	台州府	方孝孺	宁海	方孝孺在所作《与郑叔度八首》中自称藏书不多、所阅甚广
		童伯礼	宁海	据方孝孺《逊志斋集》卷 16《石镜精舍记》记载，童伯礼在礼葬其父后，为收族敬宗，特建精舍于其父墓侧，聚六经群书成百上千卷，俾子侄讲习于其中
	宁波府	黄润玉	鄞县	据胡文学《甬上耆旧诗》卷 4《按察佥事黄先生润玉》可知，“东皋草堂”既是其致仕后的隐居所在，也是其藏书之处
		金　华	鄞县	据雍正《浙江通志》卷 192 引嘉靖《宁波府志》记载，金华在隐居乡里后，足不履城府，日坐斗室，寄情经史，手点书万余卷
		袁忠澈	鄞县	据陆心源《皕宋楼藏书志》卷 18 记载，其“瞻衮堂”（或作“静思斋”）藏书中往往有“袁忠彻家藏书画印”字样，多宋本，部分藏书后流入陆心源皕宋楼
成化以降	台州府	谢　铎	黄岩	在其《朝阳阁书目自序》中，谢铎自称其“朝阳阁”藏书始于其父，所藏之书有列圣训诰、六经子史、汉唐宋名家文集
		黄孔昭	太平	出身藏书世家，其六世祖孔珂就曾建有读书堂，高祖、曾祖又创“松桂轩”聚书以教习子弟。孔昭本人亦喜聚书，累至数万卷
		黄　俌	太平	黄孔昭长子，喜聚书，特于居所内筑“业书楼”以储之
		林　鹗	太平	杨廉《刑部侍郎林公言行录》谓其“闻人有异书必求之，既得，手自校雠，有未安者，访善本是正”
		王逢圣	黄岩	性喜藏书，人称其所藏“牙签万轴”
	宁波府	丰　坊	鄞县	据全祖望《天一阁藏书记》记载，其“万卷楼”多宋椠与写本。只因丰坊“晚得心疾”，其藏书逐渐散出，部分流入范氏“天一阁”
		范　钦 范大冲 范大潜 范汝南	鄞县	其“天一阁”藏书多宋元刊本、稿本和抄本，而以明代方志、登科录、诗文集为主；其独特的保护措施，使之成为目前最古老的私人藏书楼
		范大澈	鄞县	其“卧云山房”藏书楼中多海内异本，部分乃“天一阁”所无
		陈朝辅	鄞县	其“云在楼”藏书之富，仅亚于“天一阁”
		谢三宾	鄞县	其“博雅堂”所藏图书中，以赵孟頫旧藏宋本《汉书》最为知名

续 表

时间	地区	姓 名	藏所	藏书数量、特色或去向
成化以降	宁波府	全元立	鄞县	全祖望六世祖。据全祖望《双韭山房藏书记》记载，其“阿育王山房”藏书大半抄自丰氏“万卷楼”
		李 埈	鄞县	陈衎《唐仲言李公起》谓其在其父卒后，一意读书，蓄书至数万卷
		戴 鲸	鄞县	《甬上耆旧诗》卷11《参议戴南江先生鲸》谓其晚年好学，著书于东白楼
	绍兴府	钮石溪	会稽	其“世学楼”藏书多达十万卷。黄宗羲《天一阁藏书记》谓钮氏藏书自明崇祯三年(1630年)起开始散出
		祁承㸁	山阴	其“澹生堂”藏书多达十万卷，且多为世人所未见，校勘精良，后部分归于黄宗羲“续抄堂”、吕留良“讲习堂”、赵谷林“小山堂”
		祁彪佳	山阴	喜藏书，但据全祖望《旷亭记》记载，其所聚不如其父祁承㸁之精。入清后，其所藏书卷荡然无存
		祁理孙	山阴	祁彪佳长子，其“奕庆堂”藏书约有一千六百种，三万七千余卷
		王朝志	山阴	手录经史诸子百家书积十六笥
		刘 毅	山阴	藏书甚富
		徐 渭	山阴	其“青藤书屋”藏书数千卷
		朱长庚	诸暨	隐居巢山之啸客堂，藏书甚富
		骆象贤	诸暨	筑园于枫溪之上，图书满屋，至老玩读不辍
		胡 祯	新昌	甘贫力学，结草亭于宅外，聚古今图籍，终日吟诵于其中
		韩广业	上虞	在其父卒后，韩广业携其“小琅环书屋”藏书数万卷定居上虞
		诸来聘	余姚	其“昌古斋”藏书万卷
		何汝尹	萧山	藏书数万卷
	温州府	王光经	永嘉	万历丁未(1607年)二甲进士第一，平生无他玩好，止藏书万卷，手不释卷，常云：“大丈夫一日不读书，则性情疏散，义理荒错，致君将凭何术？”

物盛必衰，自古而然。时至宪宗成化年间，曾经盛极一时的明代官方藏书业主要因为管理不善、监守自盗的关系而开始趋于衰败。[①] 尤其是管理者的监守自盗，是官方藏书散失严重的关键，此则沈德符《万历野获编》卷1“先朝藏书”条颇有指陈：

> 祖宗以来，藏书在文渊阁，大抵宋版居大半。其地既居邃密，又制度卑隘，窗牖昏暗，虽白昼亦须列炬，故抽阅甚难。但掌管俱属之典籍，此辈皆赀郎幸进，虽不知书，而盗取以市利者实繁有徒。历朝所去已强半。[②]

吊诡的是，在明代官方重视藏书之秋，依然低迷的浙东藏书业却在官方藏书事业开始趋于衰败的成化年间走上了复兴之路。例如黄岩谢氏的“朝阳阁”就始建于成化四年(1468年)，此观谢铎《朝阳阁书目序》可知：

> 成化戊子冬，我先人既作贞则堂以祇奉先大母之训则，特于其东辟藏书之阁曰朝阳阁。盖念先高祖孝子府君之遗书无几，而深有俟吾子孙于无穷也。越十有三年庚子，先人弃诸孤，铎归自官，遂以中秘暨四方所得书置阁中。阁中遗书独《尚书》《西汉书》、韩柳李杜《集》各一部，皆残缺不完。……昔人谓积书以遗子孙，子孙未必能读。铎固未能读者，而并其书失之，岂不重可惜哉。乃以所存与今书类藏之，盖自列圣训诰、六经子史以及汉唐宋名家之作具在已，无虑数千百矣。[③]

台州太平人黄孔昭，从其生卒年(1428—1491年)来看[④]，这位知名藏书家的藏书之举也理应始于成化年间。

倘若仅做粗线条的静态观照，那么成化以降的浙东藏书业，无疑予人以全面复兴的深刻印象。这期间，不但藏书爱好者遍布浙东境内的绍兴、宁波、台州、温州四府，而且涌现不少诸如鄞县范氏“天一阁”、山阴祁氏“澹生堂”之类具有重大历史影响的藏书世家及其藏书楼(见表1-7相关部分)；加以深入考察则又不难发现，成化以降浙东藏书业的重心经历了自东向西的空间转移，其复兴之路也因此大体上可分为三个阶段：从成化初年到嘉靖中叶为第一阶段，其藏书重心在台州府；从嘉靖中叶到万历后期为第二阶段，宁波取代台州，成为新的浙东藏书业的重心之所在；第三阶段大抵始于万历后期，在此期间，绍兴藏书爱好者块然

---

① 李瑞良：《中国图书流通史》，上海人民出版社2000年版，第402～403页。

② ［明］沈德符著，杨万里校点：《万历野获编》，上海古籍出版社2012年版，第23～24页。

③ ［清］王棻：《台学统》卷34，民国七年吴兴刘氏嘉业堂刻本，第955～956页。

④ 无论是李东阳的《明故通议大夫南京工部右侍郎黄公神道碑铭》(文载于《怀麓堂集》卷45)，还是谢铎的《南京工部侍郎黄公墓志铭》(文载于《明文海》卷450)，皆称黄孔昭卒于弘治四年(1491年)。

崛起，成长为浙东藏书业的翘楚。

这其中，据说创建于嘉靖四十至四十五年（1561—1566 年）的范氏“天一阁”[①]，不但是宁波藏书文化的集大成者，而且特色鲜明：

① 所藏虽不乏宋元时期的刊本、稿本和抄本，但仍以明代所刻书籍为主，尤多地方志、科举录，前者多达 435 种，甚至不乏诸如《上海志》（弘治十七年郭经等人纂修）、《吴邑志》（嘉靖八年杨循吉纂修）、《武康县志》（嘉靖二十九年程嗣功等人纂修）之类的善本、孤本；至于科举录，不仅数量更多（见表 1-8），而且其价值自明代嘉靖以来就颇受历代文人学者的推崇，例如赵万里《重整范氏天一阁藏书记略》云：

> 天一阁藏明代《登科录》，在明朝已经赫赫有名。……现在阁里尚有洪武、永乐以下各朝的《登科录》，这不能不钦佩范东明搜辑之勤。我想范氏搜辑这许多当代的史料，必有深意在内。……除了《登科录》以外，尚有各省会试、乡试、武举等录，约有一千二百余种。……《登科录》等等，可算是最直接的传记体史料。除了天一阁，别处很难觅得同样的一册两册。[②]

表 1-8　“天一阁”所藏明代科举录统计表

进士登科录		会试录		乡试录	
时代	种数	时代	种数	省份	种数
太祖洪武年间	1	太祖洪武年间	1	顺天府	27
惠帝建文年间	0	惠帝建文年间	0	应天府	27
成祖永乐年间	0	成祖永乐年间	0	山西	20
仁宗洪熙年间	0	仁宗洪熙年间	0	贵州	7
宣宗宣德年间	2	宣宗宣德年间	2	云南	5
英宗正统年间	4	英宗正统年间	5	云贵	5
代宗景泰年间	2	代宗景泰年间	2	浙江	21
英宗天顺年间	2	英宗天顺年间	3	山东	20

① 骆兆平：《天一阁丛谈》，中华书局 1983 年版，第 15～18 页。
② 此文原载于《国立北平图书馆馆刊》第八卷第一期，近来被李希泌、张淑华收录于《中国古代藏书与近代图书馆史料（春秋至五四运动前后）》，中华书局 1982 年版，第 432～433 页。

续 表

进士登科录		会试录		乡试录	
时 代	种数	时 代	种数	省 份	种数
宪宗成化年间	6	宪宗成化年间	5	陕西	15
孝宗弘治年间	4	孝宗弘治年间	2	四川	9
武宗正德年间	2	武宗正德年间	3	江西	22
世宗嘉靖年间	15	世宗嘉靖年间	11	湖广	15
穆宗隆庆年间	1	穆宗隆庆年间	1	福建	22
神宗万历年间	9	神宗万历年间	3	广东	23
光宗泰昌年间	0	光宗泰昌年间	0	河南	5
熹宗天启年间	0	熹宗天启年间	0	广西	13
思宗崇祯年间	5	思宗崇祯年间	0		

资料来源：骆兆平：《新编天一阁书目》，中华书局 1996 年版，第 23～63 页。

② 确立了严格而又独到的图书保护原则，亦即重藏轻用、封闭保守的藏书模式和行之有效的防火、防潮、防蠹措施。平心而论，“天一阁”“禁以书下阁梯”[①]的做法虽不无可商，但无疑是这座现存最古老的私家藏书楼四百余年来巍然屹立于浙东的重要保证。

或许是英雄所见略同，也可能是浙东藏书风气使然，山阴祁氏“澹生堂”在诸多方面类似于范氏“天一阁”，并突出地表现如下：

① 精心规划、布置藏书楼，此则祁承㸁《澹生堂藏书约》言之甚明：

> 只是藏书第一在好儿孙，第二在好屋宇。必须另构二楼，迥然与住房书室不相联，自为一境方好。……惟后用翻轩一带，可为别室检书之处。然亦永不许在此歇宿，恐有灯烛之入也。[②]

② 藏书特色鲜明，厚今薄古、重史求专，尤其偏好对传奇、戏曲之书的收藏，

① ［清］阮元：《揅经室集二集》卷 7《宁波范氏天一阁书目・序》，出自《揅经室集》，中华书局 1993 年版，第 559 页。

② ［明］祁承㸁：《澹生堂藏书约》，出自《笔记小说大观》第 12 册，江苏广陵刻书社 1984 年版，第 391 页。

朱彝尊《静志居诗话》卷16的下述记载就是有力的旁证：

> 参政富于藏书，将乱，其家悉载至云门山寺，惟遗元、明来传奇，多至八百余部，而叶儿、乐府、散套不与焉。[①]

③ 严格护持、管理所藏之书，并为此要求其子孙："入架者不复出，蠹啮者必速补。子孙取读者，就堂检阅，阅竟即入架，不得入私室。亲友借观者，有副本则以应，无副本则以辞。正本不得出密园外，书目视所益多寡，大较近以五年，远以十年，一编次。勿分析，勿覆瓿，勿归商贾手。"[②]

难能可贵的是，祁承𤊞(1563—1628年)在长期的购书、藏书实践中总结出一套比较完整的采集、鉴别、分类、编目图书的理论和方法(见表1-9)，著成《澹生堂藏书约》和《庚申整书略例四则》。尤其是他所首创的"因""益""通""互"四术，成为章学诚"辨章学术，考镜源流"这一目录学思想的重要源头[③]，也因此被视为中国图书管理理论建设的先驱。假如非得遴选一位藏书大家作为明代浙东藏书业的代表性人物，那么，祁承𤊞理当是不二人选。

表1-9　祁承𤊞的藏书理论

名称	细分	解释
购书三说	眼界欲宽	眼界开阔是采购图书的先决条件
	精神欲注	只有爱书、读书，才能专注于购书
	心思欲巧	灵活运用各种购书之法
求书三途	辑佚法	凡有涉前代之书而今失其传者，即另从其书各为录出
	分析法	将古籍注本中的正文与注文"析而为两，使并存于宇宙之间"
	索引法	从文集的书序中获得启示，自制采访目录
鉴书五法	审轻重	根据经、史、子、集四部的排列顺序判断书籍的品位
	辨真伪	经不易伪，史不可伪，集不必伪，而所伪者多在子
	核名实	有实同而名异者，有名亡而实存者，逐一研核，不为前人所漫，则既不至虚用其力，亦不至徒集其名，得一书始得一书之实矣

① ［清］朱彝尊：《静志居诗话》卷16，清嘉庆二十四年扶荔山房刻本，第625页。

② ［明］祁承𤊞：《澹生堂藏书约》，出自《笔记小说大观》第12册，江苏广陵刻书社1984年版，第391页。

③ 王燕飞：《祁氏澹生堂藏书小识——澹生堂重建四百年祭》，《绍兴文理学院学报》2002年第3期，第13～15页。

续 表

名 称	细 分	解　　释
鉴书五法	权缓急	基于经世致用原则，对各类图书给予不同程度的重视
	别品类	注意图书的分类编目
藏书四术	因	因循经、史、子、集四部之定例而分类
	益	增加“约史”“理学”“代言经筵”“丛书”“余集”五类
	通	将丛书、文集中的单本书分离出来，分别著录于各部之下，以便按类求书
	互	将涉及两类及两类以上的书同时著录于不同类目之中，以便读者检索

(四) 浙东藏书业在清代的鼎盛及转型

清代的浙东藏书业，无论是从藏书爱好者数量来看，还是就其藏书规模而言，都已臻传统藏书业的顶点。事实上，浙东藏书业在清代，不仅达到鼎盛，而且较为明显地呈现向近代图书馆转型的迹象。

1. 浙东藏书业在清代前中期的鼎盛

浙东藏书业在清代的鼎盛，从某种程度上来说，正是明代中后期浙东藏书业的延伸，因为在当时重要的藏书家中，不乏明代浙东藏书世家的衣钵传人，如“天一阁”的范光文、“云在楼”的陈自舜。清代浙东藏书业的鼎盛固然得益于历史惯性的作用，却更是当时浙东人士致力于藏书事业的结果。例如余姚人黄宗羲，只手创建“续钞堂”：

> 公讳宗羲，……既尽发家藏书读之，不足，则抄之同里世学楼钮氏、澹生堂祁氏，南中则千顷斋黄氏，吴中则绛云楼[钱]氏，穷年搜讨。游屐所至，遍历通衢委巷，搜鬻故书，薄暮，一童肩负而返，乘夜丹铅，次日复出，率以为常。……公晚年益好聚书，所抄自鄞之天一阁范氏、歙之丛桂堂郑氏、禾中倦圃曹氏，最后则吴之传是楼徐氏。①

又如慈溪人郑性，秉承其父之遗志，创构“二老阁”以纪念其师祖黄宗羲和其祖郑溱。全祖望《鲒埼亭集外编》卷17《二老阁藏书记》载其事：

① [清]全祖望：《鲒埼亭集》卷11《梨洲先生神道碑文》，出自朱铸禹：《全祖望集汇校集注》，上海古籍出版社2000年版，第214、224页。

郑氏自平子先生以来，家藏亦及其半，南溪乃于所居之旁筑二老阁以贮之。二老阁者，尊府君高州之命也。高州以平子先生为父，以太冲先生为师，因念当年二老交契之厚也，遗言欲为阁以并祀之。南溪自游五岳还，阁始成，因贮书于其下。[①]

于是，浙东在藏书事业上得以再上层楼，成长为与浙西几乎不相上下的全国重点藏书区域。

清代浙东藏书业的鼎盛：一则表现为藏书家的地域分布较以往任何时代更广，不但鄞县、山阴、余姚等传统藏书集中地依然名家辈出，就连此前的“藏书文化沙漠”，譬如萧山、慈溪、瑞安三县，也涌现诸如郑性、葛朝、冯云濠、沈德寿、陈春、陆芝荣、王宗炎、汪辉祖、项传霖、方成珪、孙衣言、黄体芳之类的众多学者型藏书家(见表 1－10)；二则表现为虽然单个藏书家及其藏书楼大多存续时间不长，但清代浙东藏书业作为一个整体，无论是规模还是影响力，均非此前和之后的任何时代所能比拟。

表 1－10　清代的浙东藏书家

地区	姓 名	籍贯	藏书数量、特色或去向
宁波府	范光文 范光燮 范懋柱	鄞县	“天一阁”传人；范光文曾特许黄宗羲登楼阅书；范懋柱于清廷开馆纂修《四库全书》时，进献“天一阁”藏书 602 种(或云 638 种)
	王应玘	鄞县	在抗清失败后，出家为僧。在其师圆寂后，复又归俗，筑室独居，日夕访异籍，人称“纂录无暇晷”
	万斯同	鄞县	其藏书处名为“寒松斋”，万氏入京纂修《明史》时，带到北京十余万藏书，其病逝后落入钱名世之手
	全祖望	鄞县	性好聚书，弱冠时就曾登范氏“天一阁”、谢氏“天赐阁”、陈氏“云在楼”，遇稀有之书辄借以抄阅，其“双韭山房”藏书多达几万卷
	陈自舜	鄞县	陈朝辅之子，喜购书，其“云在楼”所藏据说仅次于“天一阁”
	陆　宝	鄞县	全祖望《中条陆先生墓表》以为，陆氏“南轩”藏书之富位居范氏“天一阁”、陈氏“云在楼”之后
	左　岘	鄞县	藏有昆山徐氏“通志堂”所刊的一百多种宋元钞本
	卢　址	鄞县	积 30 年聚书至 100 000 卷，遂模仿“天一阁”之式样以造“抱经楼”，其护书之法亦取式“天一阁”。卢氏“抱经楼”藏书散于民国初年

① 朱铸禹：《全祖望集汇校集注》，上海古籍出版社 2000 年版，第 1064 页。

续 表

地区	姓 名	籍贯	藏书数量、特色或去向
宁波府	朱 鉽	鄞县	其“五岳轩”藏书甚富，后遭大火丧其所有
	陈 撰	鄞县	其“玉几山房”蓄书最富
	陈 鉴	鄞县	购书数万卷，以古学为家教
	卢 镐	鄞县	乃全祖望弟子，要求后人每年增加藏书数百册，尤多方志，近600种
	徐时栋	鄞县	其“烟屿楼”藏书60 000卷，太平军攻占宁波时，遭窃毁损；次年迁居“城西草堂”，重新访求书籍，复得五六万卷；同治二年（1863年）毁于火灾；其后又建“水北阁”，聚书至44 000卷；徐时栋卒后散出
	董 沛	鄞县	其“六一山房”聚书50 000卷，后散出于清末，流于书坊估贩之手
	蔡鸿渐 蔡和霁 蔡同常	鄞县	其“墨海楼”藏书盛时多达近100 000卷，与“天一阁”“抱经楼”三足鼎立于清末
	郑 性 郑大节 郑中节 郑 勋	慈溪	其“二老阁”藏书约60 000卷，半乃其先世遗物，余则得自黄宗羲所藏，后散佚于乾隆后期；郑大节于清廷开馆纂修《四库全书》时，进献藏书80种；“二老阁”藏书始散于太平军攻占慈溪之时
	裘 琏	慈溪	藏书数千卷
	葛 朝	慈溪	其“迎旭楼”藏书数万卷，且多善本
	冯云濠	慈溪	其“醉经阁”藏书50 000卷，后流入同县秦润卿的“抹云楼”
	冯汝霖	慈溪	云濠从侄，其“寄月楼”藏书数万卷
	冯汝霆	慈溪	其“循陔书屋”藏书数万卷
	冯本怀	慈溪	其“抱珠山房”藏书与“醉经阁”“寄月楼”相当
	冯一梅	慈溪	性喜聚书，见书即购
	冯祖宪	慈溪	其“耕馀楼”藏书大约在光绪末年被盗至上海书肆售卖
	沈德寿	慈溪	其“抱经楼”藏书35 000卷以上
	张寿荣	镇海	其“花雨楼”所藏，除其先人所遗20 000卷外，尚有其本人所购书籍
绍兴府	黄宗羲	余姚	穷年搜集古书，晚年益好聚书，其“续钞堂”藏书规模在100 000卷以上，但在黄宗羲去世后日渐散出，部分归入郑氏“二老阁”
	邵晋涵	余姚	所藏以宋元遗书居多，纂修《四库全书》时，进献藏书不下5种

续　表

地区	姓 名	籍贯	藏书数量、特色或去向
绍兴府	黄澄量 黄肇震 黄联镖 黄安澜	余姚	黄澄量的“五桂楼”藏书 50 000 卷以上，号称“浙东第二藏书楼”，其部分藏书得自“二老阁”；其子黄肇震勉力购书，复增万余卷；咸丰十一年(1861 年)太平军兵至余姚时，“五桂楼”藏书有所散出，其后黄澄量孙黄联镖、曾孙黄安澜搜集散佚、添购善本，遂复其旧
	曹　辛	余姚	其“蕉雨书屋”所藏，自群经诸子至西人天算家言，不下千种
	景　辉	余姚	其“东白楼”藏书数万卷，殁后，毁于火灾
	郑雍毂	余姚	喜购书，丛书插架，有“好古”之称
	褚成亮	余姚	节衣缩食，购善本数千卷，手自校勘
	童　钰	绍兴	好聚书，为此即便典衣鬻婢亦在所不惜，故其所藏几逾万卷
	王永倓	绍兴	家有藏书数万卷
	周徐彩	会稽	康熙庚子举人，家藏多善本
	赵之谦	会稽	沈氏“鸣野山房”藏书散出后，赵氏努力搜访，5 年间得其书 130 种以上
	陶及申	会稽	家多藏书，足不出户，加以校雠
	章　镳 章学诚	会稽	藏书不多，超过 3 000 卷，其子章学诚的“滃云山房”藏书 20 000 卷以上
	李慈铭	会稽	其藏书之举始于咸丰九年(1859 年)，其目的非尽为插架，而是用于治学；所藏约 800 种，多初印本、原刻本、清殿本、明汲古阁本，且多经其手校手批；民国十七年(1928 年)，悉数售予北平图书馆
	姚仰云 姚振宗	会稽	其“师石山房”虽藏书不富，但多善本、古本。尤其是姚振宗所主张的“书籍宜风不宜曝”，有别于传统的藏书之法
	章寿康	会稽	以其丰厚家底广收图书，并喜刻书
	陈　春	萧山	其“湖海楼”藏书甚富
	陆芝荣	萧山	买书不惜工本，其“寓赏楼”所藏的抄影善本之富，为萧山之冠
	王洪源	萧山	其父王鉽(1659—1684 年)性嗜书，曾辑《左传》《国语》诸书，未竟而卒，其母汪氏乃命王洪源储书，遇有秘本即购之，合得数万卷
	王宗炎	萧山	筑“十万卷楼”，以文史自娱

续　表

地区	姓　名	籍贯	藏书数量、特色或去向
绍兴府	汪辉祖	萧山	积书数万卷
	汪继壕	萧山	其“环碧山房”藏书颇富
	王绍兰	萧山	其藏书既充栋盈车，又加以精心校雠
	张凤翔	上虞	家有藏书，且多善本
	王望森	上虞	博览群书，藏书数万卷
	吕　抚	新昌	喜藏书，与其兄分家产时，不受广厦腴田，独受其父所遗藏书，又自购增益之，并筑“逸亭”以藏其书
	杨　鼎	山阴	积书 40 000 卷以上，其所藏之书，部分得自同邑沈氏
	吴煸文	山阴	藏书 100 000 万卷以上，特建一楼以储之
	杜　煦	山阴	其“大吉楼”藏书颇富
	杜春生	山阴	喜抄书，家有“知圣教斋”，乃其藏善本之所在
	沈复粲（灿）	山阴	其“野鸣山房”藏书部分得自章学诚“滃云山房”和祁理孙“奕庆堂”。沈氏藏书自道光年间散出，咸同年间因家道中落，悉售于扬州书商
	金士芳	山阴	其父藏书之富，甲于乡里，金士芳世其家学
	胡介祉	山阴	好藏书，校书甚勤
	平步青	山阴	好读书，其“香雪崦”藏书 20 000 卷
	徐树兰	山阴	其“古越藏书楼”除收藏古籍外，还收藏外文书和有关实业的新书
	徐友兰 徐维则	山阴	徐友兰的“八杉斋”藏书多明刻本及日本刻本；其长子徐维则曾创办“墨润堂书苑”，除经销书店的各类图书外，还自设作坊，刻印各种图书
台州府	宋世荦	临海	其“古铜爵书屋”藏书约万卷，且多台州地方文献
	洪颐煊	临海	其“小停云山馆”藏书 40 000 卷，焚毁于咸丰十一年（1861 年）太平军撤离台州时
	郭协寅	临海	于乡贤遗集搜求尤力，手录储“八砖书库”不下数百种。晚年生计日窘，其所藏半归于同邑潘氏的“三之斋”

续　表

地区	姓 名	籍贯	藏书数量、特色或去向
台州府	潘日初	临海	意在后代能读书成才，其“三之斋”藏书 4 000 卷以上，后毁于火
	李　诚	黄岩	其“敦说楼”藏书数千卷，其中多善本，散鬻于清末民初
	黄　瑞	临海	其“秋籁阁”藏书实集“小停云山馆”“三之斋”之精华，宣统三年(1911 年)遭水灾，其后人遂将全部藏书寄藏于临海县图书馆
	王彦威	黄岩	其“秋灯课诗书屋”藏书多为当代文书档案
	金嗣献	温岭	其“鸿远楼”所藏多为台州地方文献，凡 400 部以上
	叶　书	临海	其“荫玉阁”藏书凡 30 000 卷，以乡邦文献的写本为主
	葛咏裳	临海	其“忆绿阴室”藏书万余卷，多善本、珍本。民国七年(1918 年)，其部分藏书凡千余卷无偿捐献给临海县立图书馆
温州府	项传霖	瑞安	其“株树楼”所藏古籍数万卷，悉加丹铅
	方成珪	瑞安	宁波教授，官俸所得悉购书，所储数万卷
	孙衣言 孙诒让	瑞安	其“玉海楼”藏书最多时约 90 000 卷，多为名家批校本、孙氏父子手校本、两浙地方文献。1908 年孙诒让逝世后开始散出
	黄体芳 黄绍箕	瑞安	黄体芳的“蓼绥阁”以收藏精椠本著称，其子黄绍箕亦喜藏书，所藏达千余种，且精于鉴赏

表 1－10 充分显示：① 宁波、绍兴两府不但各自境内藏书家之间颇多交集，而且大概因为交通便捷、联系密切之故，两地藏书业也时有交集。这种交集，一则表现为藏书家的异地阅览和抄录书籍，譬如康熙十二年(1673 年)，余姚人黄宗羲获准登入“天一阁”阅书，二则表现为藏书的跨地域转移，例如慈溪人郑性的“二老阁”藏书，其中约三万卷就是黄宗羲“续钞堂”遗书，后“二老阁”藏书因故散出，其部分书籍又流入余姚黄澄量的“五桂楼”。② 台州府的藏书业相对于浙东其他三府，不但比较集中于临海一地，而且较为明显地呈现重视收藏乡邦文献这一区域特征，宋世荦的“古铜爵书屋”、郭协寅的“八砖书库”和叶书的“荫玉阁”即其典型代表。③ 温州在很大程度上是因为僻处海隅的关系，该地藏书业历来就相对落后，时至清代，其落后面貌仍未因为下辖瑞安县藏书业的崛起而有质的改观。

如同以往任何时代，清代浙东藏书业的发展，既得益于，也受制于当时的文教政策和政治形势。譬如乾隆三十七年（1772 年）清廷开馆纂修《四库全书》后，“天一阁”就曾出于无奈而进呈图书 602 种（或谓 638 种），事后这部分书籍却未得归还，从而遭受自该藏书楼创建以来从未有过的重大损失；又如在咸丰十一年（1861 年）太平军攻占台州之际，洪颐煊的“小停云山馆”就因清末的这场社会动乱而遭焚毁：

> 洪颐煊（1765—1837 年）字旌贤，临海人。嘉庆辛酉拔贡，官广东新兴知县。解组归，聚书四万卷，碑帖千余种，又钩摹家藏历代名人墨迹，刊倦舫发帖八册，……咸丰辛酉赭寇窜台，其已梓书版及金石书画悉付灰烬，惟倦舫法帖尚存，然已残阙不完矣。①

诸如此类的外力作用，尽管并未摧残浙东藏书业的根基，甚至催生出像徐时栋（1814—1873 年）这种愈摧愈坚、愈挫愈勇的藏书名家，但使得浙东藏书业在总体上呈现难以遏止的下行趋向。

2. 浙东藏书业在晚清的转型趋向

倘若细加考察，大抵可以 19 世纪 80 年代（光绪初年）为界，将清代浙东藏书业的纵向演进之迹分为前后两段。在此之前，浙东藏书业虽臻鼎盛，但这种鼎盛其实只是传统私家藏书业最后的辉煌；在此之后直至民国时期，尽管旧式藏书楼依然大量存在（见表 1－11），但隐约出现向近代图书馆转型的迹象。这一转型的标志，就是光绪二十八年（1902 年）徐树兰“古越藏书楼”的创建及其在两年后的对公众开放。

表 1－11　民国时期的浙东主要藏书家及其藏书楼

地区	姓　名	籍贯	楼　名	藏　　址	藏书主要归宿
宁波	张之铭	鄞县	古欢室	日本东京、上海	不详
	张寿镛	鄞县	约　园	上海	浙江图书馆、国家图书馆、中国社科院
	李庆城	鄞县	萱荫楼	宁波	浙江图书馆、国家图书馆
	孙家溎	鄞县	蜗寄庐	宁波	天一阁

① 吴晗：《江浙藏书家史略》，中华书局 1981 年版，第 49 页。

续　表

地区	姓　名	籍贯	楼　名	藏　　址	藏书主要归宿
宁波	马　廉	鄞县	平妖堂	北京	北京大学图书馆
	曹炳章	鄞县	集古阁	绍兴	华东军政委员会卫生部
	秦润卿	慈溪	抹云楼	宁波	浙江图书馆
	冯贞群	慈溪	伏跗室	宁波	天一阁
绍兴	罗振玉	上虞	大云书库	旅顺	大连图书馆、辽宁省图书馆
	罗振常	上虞	蟫隐庐	上海	不详
	诸宗元	山阴	默定书堂	杭州	毁于火灾
	沈知方	山阴	粹芬阁	上海	沈氏卒后散出
	沈仲涛	山阴	研易楼	上海、台北	台北故宫博物院
	孙世伟	山阴	儆庐	杭州	上海古籍书店
	刘大白	绍兴	白屋	杭州	浙江大学图书馆
	朱鼎煦	萧山	别宥斋	宁波、萧山	天一阁
台州	王舟瑶	黄岩	后凋草堂	黄岩	不详
	屈映光	临海	精一堂	杭州	不详
	项士元	临海	寒石草堂	临海	临海县图书馆
温州	黄　群	平阳	敬乡楼	上海	毁于抗日战争(以下简称“抗战”)初期
	孙延钊	瑞安	玉海楼	瑞安	浙江大学文学院、温州市文物管理委员会
	郑振铎	永嘉	玄览堂	上海、北京	国家图书馆

徐树兰(1837—1902 年)捐银近六万两以建“古越藏书楼”的这一举动：

首先，是深受时代背景之影响的产物。当时，随着中外交流的日益频繁与深入，不少感事忧时之士已然突破仅模仿西方器物即可自强御侮的狭隘认知，转而大声吁请改良政治体制和文化教育事业以救国拯民，例如汪康年《论中国求富强宜筹易行之法》云：

> 今日振兴之策，首在育人才。育人才，则必新学术，新学术，则必改科举，设学堂，立学会，建藏书楼。以是三者，皆兴国之盛举也。①

其次，源自徐树兰强烈的社会责任感与历史使命感。徐树兰生前，既曾出资修筑海塘、募捐赈灾，亦尝试创办“绍郡中西学堂”以培养人才；在积极参与社会公益事业的同时，他又力倡效法美国、日本、欧洲，使“藏书楼与学堂相辅而行”：

> ……窃维国势之强弱，系人才之盛衰；人才之盛衰，视学识之博陋。涉猎多则见理明，器识闳则处事审，是以环球各邦国势盛衰之故，每以识字人数多寡为衡。……泰西各国讲求教育，辄以藏书楼与学堂相辅而行。都会之地，学校既多，又必建楼藏书，资人观览。英、法、德、俄诸国收藏书籍之馆，均不下数百处。……日本明治维新以来，以旧幕府之红叶山文库、昌平学文库初移为浅草文库，后集诸藩学校书，网罗内外物品，皆移之上野公园，称图书馆，听任众庶观览。其余官私书籍馆亦数十处，藏书皆数十万卷。一时文学蒸蒸日上，国势日强，良有以也。②

创建于光绪二十八年的“古越藏书楼”，就是徐树兰这一文教理念的具体实践，并突出地表现为“存古”与“开新”并重的创建宗旨；冀以开启民智和有益科研的图书收藏标准，分工明确、职责分明的管理团队，固定的开闭馆时间，对读者权利与义务的约定。尤其是该藏书楼以读者为中心的“阅书规程”，令人耳目一新：

> ……凡阅书有欲摘录者，尽可随意钞写，惟纸墨笔砚，皆须各人自备。而于书中不得加评语，亦不得加圈点。……阅图有欲影摹者，所用之纸，必交监督一验，方可影绘。……阅书者如欲用膳，其膳资理宜自备。本楼雇有庖丁，亦可承办。惟须本人自与庖丁面订。欲用早膳，宜前一日向庖丁预订。欲用午膳、晚膳，宜早晨向庖丁预订(均须先付膳资)。有不欲在楼用膳者，听其自便。或所需膳品，庖丁不能承办，亦不得相强。……阅书者如欲饮茶吸烟，宜自备。……本楼仿照东西各国图书馆章程办理，不设寄宿舍。如四乡及外府县诸君到本楼阅书者，均请自行另觅住宿之处。③

众所周知，早在“古越藏书楼”创办之前的光绪十年(1884年)，时任宁绍台

---

① 参见汪康年：《论中国求富强宜筹易行之法》，《时务报》第13册，1896年12月5日。

② ［清］徐树兰：《为捐建绍郡古越藏书楼恳请奏咨立案文》，出自《中国古代藏书与近代图书馆史料(春秋至五四运动前后)》，中华书局1982年版，第112～113页。

③ ［清］徐树兰：《古越藏书楼章程》，出自《中国古代藏书与近代图书馆史料(春秋至五四运动前后)》，中华书局1982年版，第114页。

道的无锡人薛福成(1838—1894 年)就曾在道署西侧特辟“后乐园”以作课士之所,同时于园内设立了据说已具近代图书馆特质的“揽秀堂藏书楼”[①],以便士子研习。相比较而言,时至光绪三十年(1904 年)方才正式对公众开放的“古越藏书楼”,虽然建成时间略晚,但它在中国藏书史上的地位似乎并不亚于“揽秀堂藏书楼”。假如说“揽秀堂藏书楼”的创建揭开了官方藏书机构向近代图书馆转型的序幕,那么,“古越藏书楼”则是旧式私人藏书楼演变为近代公共图书馆的先声,两者不但殊途同归,而且以各自不同的作用方式最终促成了整个浙东藏书业在民国后期的新陈代谢。

二、天一阁藏品源流考

宁波天一阁作为国内现存最古老的私家藏书楼,晚近以来受到国内外学者的广泛关注与多方考察,目前借由鄞县通志馆、别宥斋、清防阁等机构的移赠、捐献和馆员的多方收集,现有古籍 18 161 种、碑帖 4 080 种、石刻 173 种、书画 4 000 件以上。这其中,不但明代方志和科举档案等古籍是研究历史文化的第一手珍贵资料,而且部分碑帖、石刻、书画经由历代文人墨客的收藏、印签和题跋而兼具艺术价值与史料价值。

正因其极大的艺术价值和史料价值,学界对天一阁的研究颇多。有陈登原《天一阁藏书考》、戴建国《天一阁藏明抄本〈官品令〉考》、乌尔里希·施塔克曼《中国图书馆“天一阁”的历史》、骆兆平《天一阁碑帖目录汇编》、章国庆《天一阁明州碑林集录》等众多论文和著作先后问世。既有的研究成果虽比较深入地梳理了天一阁的建筑特色、藏书量的历史变迁,也曾认真编制馆藏古籍、碑帖、石刻与书画的目录,但将各类馆藏品进行系统整理、综合研究的论著仍付诸阙如。

(一)天一阁藏古籍源流

嘉庆二年(1797 年)七月,台州遭遇台风,时任浙江布政使司谢启昆亲往勘灾。[②] 返杭途中,谢启昆往访天一阁,留下一首《题范氏天一阁》的咏史诗。该诗既

---

① 蔡彦:《从藏书楼向近代图书馆的嬗变——宁波、绍兴图书馆建立探微》,《科技文献信息管理》2007 年第 3 期,第 1～5、8 页。

② [清] 谢启昆:《台州勘灾纪实》,出自《树经堂诗初集》卷 13《浙东小草》,《续修四库全书》第 1458 册,上海古籍出版社 2002 年版,第 161 页。袁枚的观感与此颇有差异,其《到西湖住七日,即渡江游四明山,赴克太守之招》云:“久闻天一阁藏书,英石芸香辟蠹鱼。今日椟存珠已去,我来翻撷但唏嘘。”又其小字夹注:“厨内所存宋板秘抄俱已散失。书中夹芸草,厨下放英石,云收阴湿物也。”详参[清] 袁枚:《小仓山房诗集》卷 36,出自《续修四库全书》第 1431 册,上海古籍出版社 2002 年版,第 650 页。

述及天一阁的地理位置、建筑样式及其在中国藏书史上的地位，又以焦竑《国史经籍志》所录“《天一阁书目》草草不详”，建议范氏“裔孙某仿晁氏《读书志》，另编之”：

古鄮城西似村落，月湖深处凌高阁……堂构六间占水象……君家万轴充栋梁……我皇稽古开石渠，东南诏下求遗珠。君家录上七百种，天府未见皆琳腴……焦氏《经籍志》空传，《采访》《碑目》恐未全。劝君校勘撮大要，仿作晁家志一编。①

或许受此启发，谢启昆就职浙江按察使时的同僚、后任浙江巡抚的阮元，指示范邦甸等范氏族人按四部分类重编书目，详细记录卷第、撰人名氏、序跋、写刻版本、藏印、校刻人名，最终在嘉庆十三年（1808 年）冬刻成《天一阁书目》10 卷（见表 1－12）。

表 1－12　范邦甸等所撰《天一阁书目》

类别		经部	史部	子部	集部	御赐书	御题书	进呈书	合计
数量	种	226	1 276	1 011	880	1	2	696*	4 094
	卷	4 171	19 562	3 248	11 545	10 000	15	5 258	53 799

资料来源：[清] 范邦甸等撰，江曦等点校：《天一阁书目 天一阁碑目》之《天一阁书目藏书总目》，上海古籍出版社 2010 年版，第 17 页。

注：除御赐《古今图书集成》10 000 卷外，余皆明熹宗天启（1621—1627 年）以前的旧本。

* 近来，骆兆平重新校勘，著录进呈书总数为 641 种，计 5 762 卷，其中不著卷数者 57 种（计 129 册）。详参骆兆平：《新编天一阁书目》之《天一阁进呈书目校录》，中华书局 1996 年版，第 182～183 页。

范邦甸等人所编的《天一阁书目》，不但是乾隆三十八年（1773 年）四月范懋柱应诏进书后，对天一阁藏书所做的首次系统整理的成果，而且其编纂体例较已有书目更完备，故又自然而然地成为后世效仿的榜样。此后，凡遭遇诸如动乱、盗窃之类的“书厄”，就会有人挺身而出，为天一阁重新整理藏书并编列书目（见表 1－13）。刘喜海《天一阁见存书目》的问世便是典型例证：

刘氏于道光二十七年秋为浙江布政使司，时英吉利既撤兵，宁波天一阁藏书有为其掠去者。刘氏闻之，乃登阁重编书目。分经、史、子、集、丛书五门，录见存之书，依阮氏原目分类排比，凡二千二百二十三种，增出原目四百七十种。而《登科录》《古今图书集成》皆不预焉。②

① [清] 谢启昆：《题范氏天一阁》，出自《树经堂诗初集》卷 13《浙东小草》，《续修四库全书》第 1458 册，上海古籍出版社 2002 年版，第 164 页。

② 冯贞群：《旧目考略》，出自[清] 范邦甸等撰，江曦等点校：《天一阁书目 天一阁碑目》附录三，上海古籍出版社 2010 年版，第 658～659 页。

表 1-13　清代中叶以来影响较大的天一阁新编书目

编者及书目名称、卷数	统 计 结 果
1847 年　刘喜海《天一阁见存书目》12 卷	经 113 部、史 914 部、子 435 部、集 631 部、丛书 130 部，合计 2 223 部(不含《登科录》《古今图书集成》)
1884 年　薛福成《天一阁见存书目》4 卷	经 100 部 995 卷、史 842 部 8 064 卷、子 481 部 2 772 卷、集 753 部 4 867 卷，合计 2 176 部 16 698 卷，又《古今图书集成》8 462 卷
1928 年　林虚集《目睹天一阁书录》4 卷	经 69 部、史 950 部、子 280 部、集 221 部、范氏家著 21 部、新藏书 42 部，合计 1 583 部
1930 年　杨铁夫《重编宁波范氏天一阁图书目录》不分卷 1 册	962 种，共 7 991 册，《古今图书集成》4 074 册，采用表格体是其别开生面之处
1940 年　冯贞群《鄞范氏天一阁书目内编》10 卷	明代及以前的古籍 1 598 部，13 117 卷，内含 483 部不分卷，524 册；清初以来的古籍 246 部，11 730 卷(包括《古今图书集成》8 320 卷)，内含 56 部不分卷，102 册；范氏家著 36 部，119 卷，内有 10 部不分卷，10 册
1996 年　骆兆平《新编天一阁书目》	遗存书目 1 537 种(内 35 种仅剩残页)，1 676 部，8 473 册，21 245 卷；访归书目 185 部，710 册，3 067 卷

然而，包括号称“最为精详”[①]的骆兆平《新编天一阁书目》在内，业已问世的所有书目其实都未能全面准确地反映天一阁藏书的实际情况，其因大抵有三：一是可供编目的时间比较有限，这在天一阁由私器转为公物之前相当常见。例如 1928 年林虚集编纂《目睹天一阁书录》时，虽获准登阁编目，但“以十天为期”；[②]又如 1930 年杨铁夫重编天一阁藏书目录，更“以一日竣事”，[③]故此两目谬讹难免、缺漏甚多。二是天一阁藏书时有增减，大抵新中国成立前以散出为主，[④]甚少新

① 周子美：《天一阁藏书经见录·序言》，出自《嘉业堂抄校本目录 天一阁藏书经见录》，华东师范大学出版社 2000 年版，第 108 页。

② 林虚集：《目睹天一阁书录缘起》，出自[清] 范邦甸等撰，江曦等点校：《天一阁书目 天一阁碑目》附录一，上海古籍出版社 2010 年版，第 607 页。

③ 杨铁夫：《重编天一阁藏书目录序》，出自《天一阁见存书目》附录，台湾古亭书屋 1970 年版，第 476 页。

④ 此类考察成果甚多，陈登原《天一阁藏书考》之八《天一阁之散佚》、柯亚莉《天一阁藏书散出考》(台湾《书目季刊》2011 年第 2 期)即其荦荦大者。

增，[1]新中国成立后不但时有古籍（包括从天一阁散出者）借由购买、捐赠、接管等方式入藏馆内（见表 1－14），而且馆内部分残破虫蚀之书，经由专家修补而得以重见天日（见表 1－15）。诸如此类的变动无疑增加了编目的难度。三是以骆兆平为代表的个别学者，虽也曾全方位考察、整理包括地方志、家谱在内的天一阁藏书，但囿于治学理念，其所撰《新编天一阁书目》仅收录天一阁原藏典籍，这种自我区隔的做法显然无助于管理和保护馆藏古籍。

表 1－14　新中国成立后捐赠古籍在万卷以上者统计表

捐赠者及时间	简　　况	资料来源
1957 年 7 月 张季言"樵斋"	经 49 部 1 002 册 3 123 卷，史 186 部 2 818 册 9 487 卷，子 86 部 2 036 册 13 206 卷，集 98 部 1 329 册 4 638 卷，丛 121 部 7 205 册 33 527 卷，合计 540 部 14 390 册 63 981 卷	《清防阁・蜗寄庐・樵斋藏书目录》
1962 年 4 月 冯贞群"伏跗室"	3 449 种 3 659 部 31 045 册 124 342 卷，内分经部、史部、子部、集部和首见于刘喜海《天一阁见存书目》的丛书类	《伏跗室藏书目录》
1979 年 8 月 朱鼎煦"别宥斋"	8 901 部 53 399 册 177 054 卷，其中，经 814 部 3 684 册 9 847 卷，史 2 055 部 13 111 册 40 765 卷，子 1 647 部 7 475 册 23 012 卷，集 3 905 部 16 372 册 48 985 卷，丛 480 部 12 757 册 54 445 卷	《别宥斋藏书目录》
1979 年 10 月 张家湛"蜗寄庐"	经 68 部 258 册 631 卷，史 179 部 1 048 册 3 063 卷，子 235 部 713 册 1 658 卷，集 393 部 1 592 册 6 083 卷，丛 34 部 527 册 2 446 卷，合计 909 部 4 138 册 13 881 卷	《清防阁・蜗寄庐・樵斋藏书目录》
1979 年 10 月 杨容林"清防阁"	经 103 部 1 287 册 2 649 卷，史 115 部 1 795 册 6 037 卷，子 113 部 944 册 2 368 卷，集 241 部 1 681 册 3 761 卷，丛 7 部 135 册 497 卷，合计 579 部 5 842 册 15 312 卷	

注：对于新中国成立以来捐赠古籍数量在万卷以下者，骆兆平颇有考述，详参骆兆平：《天一阁藏书史志》，上海古籍出版社 2005 年版，第 103～107 页。此外，天一阁自新中国成立以来共计访得原藏书 185 部、710 册、3 067 卷（不分卷作 1 卷），散存于宁波当地的天一阁原藏书基本上已回归阁内，详参骆兆平：《天一阁丛谈》之《天一阁散书访归记》，中华书局 1993 年版，第 82～84 页。

① 薛福成《天一阁见存书目》书末所附《天一阁新藏书目》著录了由罗濬、袁桷、徐时栋等宋、元、清三代学者所撰或所辑古籍 46 种。这 46 种古籍是目前所知最早的天一阁新增藏书。

表 1－15　天一阁古籍修复纪录

时　　间	修复专家或单位	详　　　情
1958 年 9 月 17 日—1961 年 6 月 10 日	严春航	修补古籍 59 部 192 册
1961 年 8 月—1966 年	上海古籍书店	修补并影印出版《天一阁藏明代地方志选刊》初编 107 种
1964 年 6 月 15 日—1965 年 5 月 6 日	上海古籍书店	修补古籍 14 部 37 册
1964—1971 年	洪可尧	修补古籍 37 部 101 册
1990—2000 年	李大东	修补古籍 82 部 128 册
1997 年 11 月—2000 年	王金玉	修补古籍 14 部 14 册
1997 年 11 月—2000 年	施美君	修补古籍 22 部 22 册
1997 年 11 月—2000 年	邱丹凤	修补古籍 18 部 18 册
1998 年 7 月—2000 年 6 月	上海图书馆	修补古籍 33 部 49 册
2000 年 10 月—12 月	董　捷	修补古籍 1 部 1 册

有鉴于此，同时为具体落实浙江省“中华古籍保护计划”，天一阁历史上规模最大的古籍整理工程于 2013 年正式启动，先后有近二十位专业人员投身于此，最终在 2015 年底完成《宁波市天一阁博物馆古籍普查登记目录》的编纂（以下简称《古籍普查登记目录》），共计收录馆藏古籍数据 18 161 条，①并将之分为经、史、子、集、类丛、新学六大类别（见表 1－16）。

表 1－16　《宁波市天一阁博物馆古籍普查登记目录》统计表　　单位：种

分类	经部	史部	子部	集部	类丛	新学	合计
上册	911	2 815	1 394	2 916	805	24	8 865
下册	887	1 913	1 615	3 485	1 270	126	9 296
合计	1 798	4 728	3 009	6 401	2 075	150	18 161

① 庄立臻：《前言》，出自宁波市天一阁博物馆：《宁波市天一阁博物馆古籍普查登记目录》（上），国家图书馆出版社 2017 年版，第 1～2 页。“18 161 条”原本误作“18 163 条”，兹据“全国古籍普查登记基本数据库”重新统计并改正。

平心而论,《古籍普查登记目录》至少存在两点不足:一是它在摘录馆藏古籍信息时,未能按照其经、史、子、集、类丛、新学的分类方式分别编列,从而既予人以杂乱无章之感,又不便读者阅读和使用;二是它仅以机械地摘录书号、题名、卷数、著者、版本、册数、存缺卷数、分类(部分还有批校题跋、版式、装帧形式、丛书子目、书影、破损情况)等信息为职志,仍然不曾为馆藏古籍撰写哪怕一篇解题,故其学术性有所不足。尽管如此,《古籍普查登记目录》较此前所有天一阁藏书目录,不但分类方式最完备,而且其统计数据最完整可靠,更为全面修护、深入研究天一阁古籍提供了前所未有的准确依据。

(二)天一阁藏碑帖、石刻与书画源流

范氏天一阁早在建阁之初,就在多方搜罗古籍的同时兼收碑帖,且藏弆甚丰。① 然而黄宗羲、万季野、徐健庵、冯南耕、陈广陵等诸多来访者往往争相传抄藏书,于馆藏碑帖则皆未及措意,直至乾隆三年(1738 年)全祖望再次登阁阅览之际,才偶然发现,遂"请而出之",并勉力为之编录碑目。② 天一阁建阁初期所藏碑帖的数量,虽因全祖望《天一阁碑目记》未载且其《天一阁碑目》已佚而不得其详,但与乾隆五十二年(1787 年)钱大昕《天一阁碑目序》所谓"自三代迄宋元,凡七百二十余通"③理当无甚出入。

这七百二十余通碑帖,或如《石鼓文》乃鄞县丰氏万卷楼故物,④或如《圉令赵君碑》赠自友人王世贞(1526—1590 年),⑤同时不乏范钦(1506—1585 年)游宦四方时搜访所得,其侄范大澈《周升仙太子碑阴》所述,即其明证:

> 碑在开封府,武后撰并行书。内自制十余字,亦有一种风度。仲父左辖时搨得赐及。惜乎不知碑阴是薛稷,不曾搨之;稷书稀有,未之得见也。⑥

范钦身后,天一阁所藏碑帖颇有增减,因而在付梓于嘉庆十三年(1808 年)的范懋敏所编《天一阁碑目》中,已然不见《唐明州刺史裴公纪德颂》《唐干禄字

① 鄞县人董沛在作于光绪二十年(1894 年)的《颜鲁公书东方朔像赞跋》中声称:"范氏天一阁名播海内,非特藏书之富也,即碑版亦多旧拓。"

② [清]全祖望:《鲒埼亭集外编》卷 17《天一阁碑目记》,出自朱铸禹:《全祖望集汇校集注》,上海古籍出版社 2000 年版,第 1069 页。

③ [清]钱大昕:《天一阁碑目序》,出自[清]范邦甸等撰,江曦等点校:《天一阁书目 天一阁碑目》附录一,上海古籍出版社 2010 年版,第 539 页。

④ [清]全祖望:《鲒埼亭集内编》卷 37《宋搨石鼓文跋》,出自朱铸禹:《全祖望集汇校集注》,上海古籍出版社 2000 年版,第 701 页。

⑤ [清]钱大昕《天一阁碑目序》云:"予尝读《弇州续稿》中答范司马小简,有书籍互相借钞之约。今检《圉令赵君碑》,背面有侍郎手书'凤洲送'三字,风流好事,令人叹慕不置。"

⑥ [清]范大澈:《碑帖纪证》,出自《丛书集成续编》第 74 册,上海书店 1995 年影印本,第 425 页。

书》《历代钟鼎彝器款识》《英光堂帖》《宋高宗真草孝经》等由范钦亲手入藏的碑帖，同时新增了《孔君碑》《三苏先生像赞》等93种碑帖（见表1－17）。

表1－17　范懋敏《天一阁碑目》所录历代碑帖统计表

原藏碑帖				新增碑帖	
朝代	数量（种）	朝代	数量（种）	朝代	数量（种）
周	1	北周	2	夏	1
秦	2	隋	5	周	2
汉	29	唐	144	汉	8
曹魏	3	后唐	1	曹魏	1
东吴	3	后晋	2	萧梁	1
司马晋	2	后周	2	北齐	1
萧梁	2	宋	202	唐	43
北魏	3	金	41	宋	23
东魏	3	元	257	金	3
北齐	4	时代不详	2	元	10
合计	710			合计	93

资料来源：［清］范邦甸等撰，江曦等点校：《天一阁书目　天一阁碑目》，上海古籍出版社2010年版，第541～598页。

这种比较正常的双向流动，因咸丰十一年（1861年）太平军侵入宁波而迅即恶化为以单向流出为主。考顾燮光《梦碧簃石言》卷4引赵之谦《刘熊碑跋》云：

> 天一阁所有，自咸丰辛酉贼据郡城，阁中碑版尽为台州游民取投山涧，烂以造纸。迨鄞人亦有闻而急求者，至则涧水已墨矣。[①]

赵氏此说有夸大不实之嫌疑，但“咸丰辛酉贼据郡城”对天一阁而言，确系空前浩劫，以至于光绪十年（1884年）薛福成编纂《天一阁见存碑目》时，阁内碑帖

① ［清］顾燮光：《梦碧簃石言·记天一阁碑拓事》，出自［清］范邦甸等撰，江曦等点校：《天一阁书目　天一阁碑目》附录一，上海古籍出版社2010年版，第626～627页。

仅存26种而“不复成卷”。[①] 事实上，即便是这仅存的26种碑帖，也在随后50年间“散佚殆尽”。[②] 如今，借由鄞县通志馆、别宥斋、清防阁等机构的移赠、捐献和馆员的多方收集，天一阁所藏碑帖拓片又累积至4 080种(见表1-18)。这其中，馆员的多方收集又可细分为三类：① 向古旧书店或私家收藏者购买；② 从废旧商店和造纸厂的故纸堆中拣选；③ “文化大革命”初期从行将被销毁的查抄物品中抢救。相对于移赠、捐献所得，馆内工作人员的多方收集不但历时更久，而且其丛刻(包括集刻和法帖)占比更高。[③]

表1-18　新中国成立后天一阁新增碑帖拓片统计表

来源、时间与性质	种类与数量	出　处
鄞县通志馆 1951年9月移赠	碑碣拓片889种(内含：唐5种、宋40种、元23种、明99种、清541种、民国177种、补遗3种、附录1种)、摩崖石刻拓片10种	《天一阁碑帖目录汇编》之谢典勋《整理鄞县通志馆移赠碑碣拓片记》
别宥斋 1979年9月捐献	碑帖共537种、1 309页(册)，复品177页(册)。其中，拓本404种、1 130页(册)，复品135页(册)；印本133种、179册，复本42册	《天一阁碑帖目录汇编》之谢典勋《别宥斋捐赠碑帖整理小记》
清防阁 1979年10月捐献	碑帖拓本1 155种，2 212页又181册，复本407页又7册	《天一阁碑帖目录汇编》之骆兆平《清防阁赠碑帖目录前记》
馆员收购、拣选与抢救所得	碑碣拓片1 489种，4 934页(册)，复品3 736页(册)	《天一阁碑帖目录汇编》之谢典勋《天一阁新增碑碣拓片述略》
合　　计	4 080种	

与碑帖颇相类似的是，石刻不但早在范钦生前就已入藏天一阁，而且部分石刻，如万卷楼兰亭序、万卷楼千字文，显系鄞县丰氏万卷楼旧物。但与碑帖数量的曲折上升轨迹有所不同的是，天一阁馆藏石刻在总体上呈稳步增加态势，从

① [清] 薛福成：《天一阁见存书目》卷末《天一阁见存碑目》，台湾古亭书屋1970年版，第343页。
② 冯贞群：《旧目考略》，出自[清] 范邦甸等撰，江曦等点校：《天一阁书目 天一阁碑目》附录三，上海古籍出版社2010年版，第689页。
③ 谢典勋：《天一阁新增碑碣拓片述略》，出自骆兆平、谢典勋：《天一阁碑帖目录汇编》，上海辞书出版社2012年版，第295～299页。

1884 年薛福成编写《天一阁见存石刻》时的 13 种，增至 2008 年章国庆编著《天一阁明州碑林集录》时的 173 种（见表 1－19）。这一差异的形成，既与石刻不易移动有关，也是碑帖内具较高价值且便于携带的结果。

表 1－19　天一阁馆藏石刻数量的变迁

时间	数量	出处
1848 年	13 种	薛福成《天一阁见存石刻》
1940 年	天一阁原藏帖石 25 种，明州碑林 88 种（宋碑 7 种、元碑 16 种、明碑 34 种、清碑 31 种，其中 8 种刻于前碑之阴，故实存 80 方）	冯贞群《明州碑林目》
2005 年	明州碑林续增 63 种（宋碑 6 种、元碑 2 种、明碑 17 种、清碑 35 种、民国碑 2 种，年月无考的图像碑 1 种），三忠遗墨 4 种，老易斋法帖 29 种	骆兆平《明州碑林续增目》及《天一阁藏书史志》
2008 年	唐 1 种、宋 20 种、元 17 种、明 64 种、清 66 种、民国 5 种，共计 173 种	章国庆《天一阁明州碑林集录》

犹如古籍、碑帖和石刻，天一阁的书画同样始于范钦生前。对此，范彭寿在作于光绪十二年（1886 年）的《历代帝王名臣群儒图跋》中言之甚明：

> 右图旧分历代帝王一帧，自伏羲氏始迄南宋，凡圣明之君一一胪列；历代名臣群儒一帧，名臣自仓圣起迄宋韩、岳，群儒自至圣迄宋元诸儒。两帧共计一百四五十幅，为先司马东明公手藏，……光绪十有二年丙戌季夏，司马公十世孙彭寿谨识。[①]

然而较诸古籍、碑帖和石刻，书画显然并非天一阁重点收藏的对象，其不但数量稀少，而且原藏品都是肖像图（见表 1－20）。

表 1－20　天一阁原藏书画列表

序号	名称	详情
1	历代帝王名臣群儒图	原本两帧 140～150 幅，咸丰十一年（1861 年）太平军攻占宁波期间遭劫，仅存 63 幅，皆半身像
2	平定回部得胜图	共 16 幅，作为范懋柱应诏进书的回报，受赐于乾隆四十四年（1779 年），咸丰十一年（1861 年）亡佚

① 陈斐蓉：《丹青遗韵——天一阁藏古代绘画撷英》，《中国书画》2014 年第 10 期，第 5～12 页。

续 表

序号	名　　称	详　　　情
3	平定两金川战图	共12幅，作为范懋柱应诏进书的回报，受赐于乾隆五十二年(1787年)
4	范氏二公像	临本，卷子一轴，皆半身像
5	范氏历代祖宗画像	原存72轴，1940—1959年散佚严重，目前仅存23轴
6	范氏盛乐房三代像谱	共1册，29幅，皆半身像

如今见称于世的天一阁馆藏书画，多系新中国成立以后的新藏品。这些新藏书画，从创作时间来看，上起唐宋，下迄近世，历时千余年；就其来源而言，部分是天一阁主动采购和被动接收之所得，更多的则是各单位和个人的馈赠物，尤其是朱赞卿的“别宥斋”与袁梅堂的“静远仙馆”，分别捐赠了多达1 304件和146件历代名人书画。据不完全统计，这些来源不同且材质有别的新藏书画连同原藏品，合计4 000件以上，内含一级品35件、二级品281件、三级品1 384件，[①]天一阁也因此得以成为非专业书画博物馆中的佼佼者。[②]

（三）天一阁藏品的特色与价值

拒绝佞宋夸元，转而重视对实录、制书、官书、地方志、登科录、诗文集等明代官方文书、明人著述的庋藏，这既充分折射出范钦超越一般藏书家的远见卓识，也使得天一阁藏书在时隔四百余年后不但特色鲜明，而且内具不可估量的文献价值和文物价值。

包括进士登科录、会试录、乡试录、武举录、武乡举录在内的明代科举档案，作为天一阁馆藏古籍中最为光彩夺目的明珠，不但多达436册而位居全国同类典籍之首(见表1-21)，而且其90%以上是海内孤本。[③] 这些科举档案既是研究明代科举制度、梳理科场得意者人生经历的第一手珍贵资料，对于考察明代学风民情乃至政治生活的历史变迁也具有不言而喻的重要意义。事实上，早在嘉靖二十七年(1548年)，无锡人俞宪就曾利用天一阁所藏明代科举档案，补充其《皇

① 陈斐蓉：《丹青遗韵——天一阁藏古代绘画撷英》，《中国书画》2014年第10期，第5～12页。身为天一阁博物馆员的陈斐蓉，又在刊载于“宁波文化遗产保护网”2006年11月4日的《翰墨丹青增阁辉》一文中声称：“天一阁藏书画超过4 400件，其中书法作品超过2 500件，绘画作品超过1 800件。”

② 冯骥才：《天一阁观画记》，出自洪可尧：《天一阁藏书画选》卷首，宁波出版社1996年版，第2页。

③ 骆兆平：《天一阁藏明代科举录述略》，出自骆兆平：《天一阁丛谈》，中华书局1993年版，第105页。

明进士登科考》之缺失。[①]

表 1－21　天一阁藏明代科举档案统计表　　单位：册

统计对象	登科录	会试录	乡试录	武举录	武乡试录	合计
1808 年范邦甸等《天一阁书目》*	68	62	300	33	—	463
1884 年薛福成《天一阁见存书目》**	54	54	354	8	28	498
1996 年骆兆平《天一阁遗存书目》***	64	43	306	15	8	436

注：* ［清］范邦甸等撰，江曦等点校：《天一阁书目 天一阁碑目》，上海古籍出版社 2010 年版，第 151～153 页。

** ［清］薛福成：《天一阁见存书目》卷 2，台湾古亭书屋 1970 年版，第 52～59 页。

*** 骆兆平：《新编天一阁书目》，中华书局 1996 年版，第 29～63 页。

方志作为具有独特历史文化价值的国情书，也是天一阁馆藏古籍的精华所在，见诸范邦甸等《天一阁书目》所录就多达 519 种、5 945 卷。这一数据在薛福成《天一阁见存书目》中虽曾大幅降至 385 种、3 751 卷（其中 15 种无卷数，算 1 卷），但在问世于 2017 年的《天一阁藏历代方志汇刊》中，不仅藏书量又回升至 515 种（宋元 15 种、明 291 种、清 192 种、民国 17 种）、3 273 册，而且其收录范围明显窄于薛福成《天一阁见存书目》，宋代以前的地记和图经、清代以来的丛书本方志、1949 年以后影印的旧方志，以及山水志、寺庙志、名胜志等专志，都被排除在外。[②]

在这 515 种馆藏方志中，明代志书尤其值得关注，姑且不论其编纂技巧、所载内容如何独树一帜，单从下列四个数据，就足见其价值之高：① 数量约占全国现存明代方志的 80％；② 其中有 172 种实乃各地方志的最早版本；③ 在空间分布上涉及全国 23 个省市区（见表 1－22）；④ 不乏弘治《偃师县志》、正德《新乡县志》等明抄本，更有 164 种系海内孤本。正有识乎此，不但 1954—1983 年全国各地至少有 27 家机构前往天一阁传抄本地方志（摘抄资料与拍摄胶卷者不计在内）[③]，而且天一阁也曾先后出版《天一阁藏明代方志选刊》《天一阁藏明代方志选刊续编》《天一阁藏历代方志汇刊》以便读者使用。

---

① 俞宪《皇明进士登科考》序云："各科有缺略，不能衔接，或谓四明范氏藏录最多，盍就询之。辗转乞假，果得补全。"

② 天一阁博物馆：《天一阁藏历代方志汇刊》首册，国家图书馆出版社 2017 年版，第 5～7 页。

③ 骆兆平：《天一阁藏书史志》，上海古籍出版社 2005 年版，第 155～160 页。

表 1－22　天一阁藏明代方志区域分布统计表　　单位：种

地区	详　　情	地区	详　　情
华北	北京 2，天津 1，河北 24，山西 5	华南	广东 14，广西 2，海南 1
华东	上海 3，江苏 30，浙江 31，安徽 22，福建 28，山东 16	西北	陕西 8，宁夏 3
华中	湖北 14，湖南 10，江西 27，河南 38	西南	重庆 2，四川 5，云南 2，贵州 3

注：本表据《天一阁藏历代方志汇刊》统计而成，合计 291 种。

天一阁原藏碑帖虽然多孤本佳拓，但是已散失殆尽。馆内现有碑帖 4 080 种，这既源自鄞县通志馆、别宥斋、清防阁的移赠和捐献，也有赖于馆员多年来的收购、拣选与抢救。这些新中国成立后新入藏的碑帖，大多历史悠久，本身就是不可多得的文物，部分碑帖更经由历代文人墨客的收藏、印签和题跋而兼具艺术价值和史料价值。例如别宥斋捐赠的《会稽刻石》拓片，在其流传过程中，曾由申屠駉重刻于元末，嘉庆元年又由钱泳“按申屠氏旧藏双钩重刻并题记”[①]，这就使其不再只是秦始皇东巡会稽的实物佐证。遗憾的是，迄今对天一阁现藏碑帖的文献整理，虽已有章国庆《宁波历代碑碣墓志汇编》等相关成果的问世，但学术层面的深入探究尚付诸阙如。

不独碑帖如此，即便对于石刻、书法和绘画，今人也习惯于仅从文物保护和艺术鉴赏两个角度加以评说。例如徐良雄《天一阁藏书法概述》：“作为天一阁镇阁之宝的宋人黄庭坚草书《刘禹锡竹枝词》，用笔流畅，势如破竹，奔放雄健，挺劲瑰丽，随心流转，如龙蛇奔腾，无所拘束，一气呵成，无愧为国宝。元人李衎楷书《张公艺传并赞》，端楷兼带隶意，苍老秀劲，神韵盎然，古色斑斓，真趣长存，乃天一阁又一镇阁之宝。”[②]又如《天一阁明州碑林集录》卷 79《宁波府题名记》之“简叙”：

> 高 310 厘米，宽 153 厘米，方首，明万历九年(1581 年)二月撰立。碑文正书，分上下 10 列，首列题记，共 24 行，满行 29 字。以下 9 列刻自洪武元年至万历三十九知府、同知、通判及推官题名。此碑字迹刻镌精深，书法劲正有力，备尽楷则。[③]

古人立石树碑、临文写字、泼墨作画，往往有其主观意愿，譬如天一阁所藏的

① 谢典勋：《别宥斋赠碑帖目录》，出自《天一阁碑帖目录汇编》，上海辞书出版社 2012 年版，第 253 页。
② 徐良雄：《天一阁藏法书概述》，《书法丛刊》1998 年第 4 期，第 2～3 页。
③ 章国庆：《天一阁明州碑林集录》，上海古籍出版社 2008 年版，第 134 页。

郑燮《柱石图》，便以柱石形状的异于常态表现虽位极人臣但内心依然谦恭的高贵人格，[①]整个画面几乎就是诗意、书法与画韵的完美结合。虞浩旭也曾通过对明州碑林的深入考察，解读勒石纪事的文化传统、雕版印刷的发明与石刻之间的因果关联。[②] 其解读结果虽未必确切，但其解读方式值得充分肯定。进一步准确统计天一阁现有各类藏品的数量和规模，并在比较中概括其特色、评估其价值，仍是近期天一阁藏品整理与研究工作的努力方向和重心所在。

第二节　志书编撰：陈训正方志编纂思想

慈谿官桥人陈训正（1872—1943，字屺怀，号玄婴），虽不愿仅以文士终其一生[③]，但其平生最值得称道的“事业”是当年“不甚爱惜”[④]的诗文及偶然涉足方志之林而先后主持编纂的《定海县志》《掖县新志》和《鄞县通志》。陈训正的方志编纂思想，发育于研撰《定海县志》期间，成形于主修《掖县新志》之时，最终定型于总纂《鄞县通志》的过程中。它的形成，既深受《宝山县续志》等新型方志的影响，又是日益自觉地向传统学术汲取养分的产物。因此，它不但表现出中西兼有、新旧杂陈的显著特征，更是民国方志编纂者日趋理性地探寻编纂体例与叙事结构两相平衡的具体例证。

1984 年，陈训慈在整理其堂兄陈训正《晚山人集》时，将作于 1943 年的旧稿增订为《陈君屺怀事略》；在稍前的 1983 年冬，赵志勤（陈训正孙女婿）亦曾“应地方政协之征稿”而撰就《陈屺怀先生事迹述略》一文。[⑤] 主要是这两篇缅怀惦念之作，在

① 此画右侧款识云：“昔人画柱石图，皆居中正面，窃独以为不然。国之柱石，如公孤保傅，虽位极人臣，无居正当阳之理。今特作为偏侧之势，且系以诗曰……乾隆甲申秋日，板桥老人郑燮。”

② 虞浩旭：《试论明州碑林的形成、内容及文化价值》，出自虞浩旭：《浙东历史文化散论》，宁波出版社 2004 年版，第 58～59 页。

③ 陈训正《哀冰集序》云：“少日自负许，谓士生斯世，诗文而外，自有事业在。故偶有所述，辄弃去，不甚爱惜。今已矣！四十五十，忽忽无闻。自念生平，舍此无复高世，因立斯集，……庚申七月玄公记。”详参陈训正：《天婴室丛稿》第一辑之四《哀冰集》，出自沈云龙：《近代中国史料丛刊》，台湾文海出版社 1972 年版，第 187 页。

④ 在黄侃《陈玄婴先生六十寿序》看来，陈训正不但是继姜宸英之后又一“立言粲盛”的浙东善文之士，而且其“文必法上，而又不嫌于创，创而适于时”的文学主张，“不独可以救桐城末流之失”，更堪为“谈文者之司南”。详参《天婴诗辑》附录，1988 年抄本。

⑤ 《陈君屺怀事略》新增内容：一是对陈训正方志成就的引申，二是对其“一生之总的精神”的概括。《陈屺怀先生事迹述略》后经陈训慈“补缀润色”，1984 年发表于《浙江文史资料》第 27 辑，并更名为“宁波光复前后的陈屺怀”。详参陈训慈：《陈君屺怀事略》文末，出自《晚山人集》附录，1985 年抄本。

时隔多年后，引发了若干学者研讨陈训正方志编纂思想的热情，并涌现周慧惠《〈鄞县通志〉编纂详探——以天一阁藏鄞县通志馆收支报告档案为中心》等论著。[①] 然而，除周慧惠此文从经济史角度切入而不乏新意外，其余成果无论是柳建军《从民国〈定海县志〉〈鄞县通志〉看陈训正的方志思想》[②]，还是沈松平《从"当代方志的雏形之作"——民国〈鄞县通志〉看陈训正对传统方志学理论的超越》[③]，大抵只是对赵志勤相关论说的进一步细化，而且如同《陈屺怀先生生平事略》，既未动态考察陈训正方志编纂思想的形成过程，又涉嫌高估陈训正的方志成就及其学术地位。

一、陈训正生平及其修志开端

定海虽在光绪八年（1882 年）刚刚纂成《定海厅志》31 卷，但在民国元年（1912 年）改厅为县后，"风政推暨，非复旧观"[④]，确有重修地方志的必要。事实上，早在民国九年（1920 年），就有王亨彦、汤濬等乡贤勉力为之，几乎同时撰成《定海厅志校补》《定海县续志》《定海县新志》和《定海厅续志》，只因经费短缺而未曾刊行。[⑤] 民国十二年（1923 年）春，沈任夫、程庆涛、贺家唐、张康甫、孙弥卿这五位旅沪定海士绅，复以"《定海厅志》修于清光绪八年，迄今四十余载，人事变迁，已不适用"[⑥]为由，聘请陈训正和马瀛（1883—1961 年）重修县志。

据《鄞县通志·编印始末记》记载，旅沪定海士绅在发起重修《定海县志》之初，本拟邀约邑人马瀛主持其事，但彼时马瀛正任职于上海商务印书馆，"以无暇兼顾，乃介绍陈训正于乡人，而自任非异地人所能编之《风俗》《方言》二门"[⑦]；其言下之意，便是陈训正之所以被聘为《定海县志》主纂，完全得益于其堂妹夫马瀛的引荐。平心而论，《鄞县通志·编印始末记》的这段追述，虽涉嫌贬抑陈训正[⑧]，但

① 周慧惠：《〈鄞县通志〉编纂详探——以天一阁藏鄞县通志馆收支报告档案为中心》，《浙江档案》2016 年第 5 期，第 42～46 页。

② 柳建军：《从民国〈定海县志〉〈鄞县通志〉看陈训正的方志思想》，《浙江方志》2002 年第 4 期，第 84～89 页。

③ 沈松平：《从"当代方志的雏形之作"——民国〈鄞县通志〉看陈训正对传统方志学理论的超越》，《黑龙江史志》2002 年第 6 期，第 10～13 页。此文后经扩展，又被收录于沈松平：《陈训正评传》，浙江大学出版社 2015 年版，第 115～134 页。

④ 冯幵：《定海县志叙》，出自《中国地方志集成·浙江府县志辑》第 38 辑，上海书店 1993 年版，第 433 页。

⑤ 陈训正、马瀛：《民国定海县志》册四丁《艺文志·书目(旧志附)》，上海书店 1993 年版，第 552 页。

⑥ 陈训正、马瀛：《民国定海县志》卷首《附记》，上海书店 1993 年版，第 450 页下栏。

⑦ 张传保、赵家荪修，陈训正、马瀛纂：《鄞县通志·编印始末记》，宁波出版社 2006 年版，第 3 页。

⑧ 《鄞县通志·编印始末记》之所以贬抑陈训正，很可能是因为陈训正在 1938—1940 年，罔顾时局艰难而假公济私，抽印其所纂《文献志》中的"人物编"。今宁波天一阁所藏相关书札九通（时间跨度为 1938 年 5 月 22 日—1940 年 3 月 15 日）较为详细地记录了"人物编"的编印过程，详参周慧惠：《临时抽印本〈鄞县通志人物编〉编印始末考——以天一阁藏致马涯民信札为史料》，《图书馆研究与工作》2016 年第 2 期，第 82～87 页。

也是不争的事实。

陈训正出生在一个通过长途贩卖茶叶于浙赣两地而致富的“中人之家”[①]，但其父陈懿宝在光绪六年(1880 年)的早卒，尤其是其祖陈士芳在光绪十二年(1886 年)的去世，既使得陈氏家境每况愈下，也使得 15 岁的他不得不弃贾业儒，此则《陈训正行述》言之甚明：

> 曾祖考以贸茶起家，欲府君世其业，议令入宁波某钱肆为徒，已成约矣，而曾祖考又弃养，某肆遽爽前约。时先三叔祖考依仁公甫弱冠，府君才(十三)[十五]龄耳。地多无赖，戚族失援，叔侄茕茕，相依为命。依仁公卒以家事琐屑自任，而命府君专心读书。[②]

弃贾业儒后，陈训正的人生轨迹大体上可分为三个阶段：① 1886—1903 年。这期间，陈训正虽学为科举，并在光绪二十八年(1902 年)考中辛壬并科举人，但对科举考试并无好感，转而以传播新知、启迪民智为己任，为此东渡日本采购科学名著，并约上海《通社》诸同好加以“分类迻译，成《通社丛书》数十种”。[③] ② 1904—1911 年。在此阶段，陈训正起初借助宁波知府喻兆蕃(1862—1920 年)的赏识和重用，以宁波府教育会为平台，致力于兴办、改建各类新式学堂，而后在继续从事教育管理工作的同时，不仅开始涉足政界而于宣统元年(1909 年)当选为浙江省咨议局议员[④]，而且逐渐走上革命道路，最终以宁波同盟会副会长、保安会副会长的身份，全程参与了辛亥宁波光复之役。[⑤] ③ 1912—1923 年。尽管陈训正既是辛亥宁波光复的功臣，又有强烈的从政意愿[⑥]，但是由于革命同志的排挤，起初从宁波军政分府的财政部长降为参议员，不久又被迫辞职[⑦]，从此主要活动于宁波、上海两地，并重操办报、兴学两旧业。这期间，陈训正因为合

---

① 参见[清] 杨鲁曾：《官桥陈氏族义田会记》，附录于陈训慈整理印行的《天婴诗辑》，1988 年抄本。

② 陈建风等：《陈训正行述》，出自卞孝萱、唐文权：《民国人物碑传集》卷 1，凤凰出版社 2011 年版，第 22～25 页。

③ 陈训正：《钱君事略》，出自《天婴室丛稿》第一辑之六《逃海集》，文海出版社 1972 年版，第 295 页。

④ 参见《各省筹办咨议局・初选举开票(浙江・各属)》，出自《申报影印本》1909 年 6 月 21 日，上海书店 1983 年版，第 100 册第 739 页。

⑤ 参见《鄞县通志》第四《文献志》第四册丁编《故实》之《辛亥宁波光复记略》，宁波出版社 2006 年版，第 1336～1339 页。

⑥ 虞辉祖在作于民国六年(1917 年)的《冯君木诗序》中声称：“吾少闻陈、冯之名，后遂相遇，与交密。前年，余馆甬上，二君亦以避乱寓郡城，吾每与君木访无邪，游城北后乐园，为诗酒之会。吾不善诗，二君喜以诗相视。无邪尝欲有为，乱后意有所不乐，故其诗多幽沈郁宕之音；君木意量翛然，虽居困而有以自得，故其诗有萧旷高寒之韵，要皆吾甬上诗人之绝出者也。”详参《寒庄文编》卷 1，1921 年铅印本。

⑦ 参见《申报影印本》1911 年 11 月 8 日《宁波光复记》、1911 年 11 月 20 日《甬军政府选举职员》，第 115 册第 116、290 页。

作开办私立效实中学、筹建佛教孤儿院、长期主持宁波中等工业学校的关系而被外埠纸媒誉为矢志教育的“地方志士”[①]，但实际上，这一时期他对宁波地方教育的贡献远不如清末。

由此不难发现，陈训正在1923年受邀编纂《定海县志》之前，除已撰《鲧论》《燕太子丹论》《田横论》《汉高帝论》《书〈魏志·武帝纪〉后》《读〈史记·苏秦列传〉》等史论外，既不曾有编纂地方志的经历和经验，也并未表现出超群的史识与史才。当时的他，充其量只是一个以能文善诗著称于宁波本埠和旅沪甬商中的落魄文人，并因办学不顺而连带影响到他的经济收入和日常生活，故在其《天婴室丛稿》中时而可见诸如“旅沪二年矣，媚生谄鬼，卖文求活，蕉萃生涯，讫无长进”[②]之类的感慨。

二、陈训正编纂《定海县志》的动机

受聘主纂《定海县志》，对穷困潦倒的陈训正来说，无异于雪中送炭。也因此，尽管并无编纂方志的经验，陈训正仍迎难而上，进而在研读七十余种新编方志的基础上，最终选定由进士出身又曾“游学东瀛”[③]的钱淦（1875—1922年）所总纂的《宝山县续志》作为《定海县志》的蓝本：

> ……（定海县）《志》凡十六门，体裁节目，大半依据近刊宝山县钱《志》。十年以来，全国新志，无虑七十余种，独《宝山志》能不为旧例所拘，去取最录，差为精审，故本《志》略遵其例，而参之以马君瀛之主张。[④]

此所谓“略遵其例”，具体表现如下：

① 尽管《定海县志》效仿周济（1781—1839年）撰《晋略》，“依类排比，写定六册”[⑤]，然而不但其内部结构与《宝山县续志》大同小异，而且在内容取舍上也不乏相似之处，譬如在钱淦等人看来，“自近世天文、物理日益发明，昔之所谓祥异者，无不可以学理推测。占候经验，其用亦鲜，然……先民之说，或亦信而有征，似不容遽废”。[⑥]《定海县志·舆地志》亦谓：

---

① 参见静眼：《之江纪行（宁波）》，出自《申报影印本》1915年7月20日，第135册第330页。
② 陈训正：《答李审言先生书》，出自《天婴室丛稿》第一辑之七《庸海集》，文海出版社1972年版，第282页。
③ 参见《宝山县续志》冯成《序》，出自钱淦、袁希涛：《中国地方志集成·上海府县志辑》第9册，上海书店1991年版，第413页。
④ 陈训正：《例目》，出自《民国定海县志》卷首，上海书店1993年版，第438页。
⑤ 陈训正：《例目》，出自《民国定海县志》卷首，上海书店1993年版，第433页。
⑥ 参见《宝山县续志》卷17《杂志》，上海书店1991年版，第639页。

灾异亦气候之一徵，虽非其常，要不同荒诞难凭之记述。……占候由于积验，物理感应，有时而信。[①]

②《宝山县续志》凡“各目有变更曩例，或小易名称者，并于每目之下，撮叙缘由，期易明瞭”[②]，《定海县志》则更进一步，不仅在总目下，在分目中亦往往用小字按语的形式，交代其构置该目的原因或做其他补充说明。例如，《营缮志》“祠庙”下注曰：

旧志祠庙与寺观并列一门，非是。祠庙者，即古之所谓社，人群要约期会之所托者也；其兴废实系民户盛衰，非宗教徒之寺观比，故记之特详。[③]

③ 陈训正等人在编纂《定海县志》的过程中，坚决贯彻《宝山县续志》“图表不厌增多，务求详密”[④]的原则：一则“参酌海关、陆军、水警等图七种”，绘成8幅“舆地图”；二则根据实测，绘制了“城厢图”“普陀山图”和包括“县公署平面图”在内的5幅建筑图[⑤]；三则设计制作了多达147张各类表格[⑥]。

正借由对《宝山县续志》等七十余种新修方志的研读、拣择和吸收，同时通过自身的修志实践，陈训正提出了“会通、趋新、质实、简略”的方志编纂理念：

方志之作，意在彰往开来。已往之利病，即未来之兴革也。昔人有言：“善言古者，合之于今。”故方志以表箸地方文物嬗进之迹为先务。道古虽尚，合今尤亟，理则然已。自来作者，牵于前志成例，往往墨守局界，详其所不必详，而于地理、赋税、财产、民生、教化、风俗诸端，反无以会其要。流寓清望，引为土著，穷山恶水，标为名胜，傅会穿凿，难可穷究，科条舛杂，识者讥焉。[⑦]

然而，根据这一理念组织的《定海县志》的内部结构并未得到发起者的认可，陈训正也因此不得不在1924年春致信镇海澥浦人余岩(1879—1954年)，恳求章太炎的这位高足帮他从章太炎那里求得一篇序文，以便平息“彼中人士”的质疑：

云岫道兄足下：……去岁承纂《定海县志》，初稿已具。仆为此志，自信能籀《禹

① 陈训正、马瀛：《民国定海县志》，上海书店1993年版，第468～469页。

② 钱淦：《宝山县续志凡例》，出自《民国宝山县续志》，上海书店1991年版，第418页。

③ 陈训正、马瀛：《民国定海县志》，上海书店1993年版，第482页。

④ 参见《民国宝山县续志》钱淦《序》，上海书店1991年版，第414页。

⑤ 陈训正、马瀛：《民国定海县志》卷首，上海书店1993年版，第433～434页。但不知何故，在今《民国定海县志》中，未见8幅“舆地图”。

⑥ 另有1张民国元年定海县警察署组织机构图和拟立而未立的3张表(“各区村落列表”“各村落居民氏族表”“各岛土质成分表”)。与此形成强烈反差的是，《定海厅志》虽多达31卷、60万字以上，却仅有5表。

⑦ 陈训正、马瀛：《民国定海县志》卷首，上海书店1993年版，第433页。

贡》《职方》之微，而洗《朝邑》《武功》之陋。彼中人士实鲜识解，见仆所规体裁、节目及去取详夺之间有乖旧例，颇致骇怪，窃亦无以自明。闻足下数数从余杭章先生游，丹穴久湛，自发威羽，敢以《例目》奉教；余一分，并求代呈章先生。……窃念章先生海内弘硕，一言之重，足以坚人信而祛众惑。倘因足下之请，惠赐一叙，俾仆之撰述得伸于已，悠悠之口有所沮折，万幸万幸！……训正再拜。[①]

平心而论，"彼中人士"的质疑并非没有道理：

一方面，《定海县志》在谋篇布局上，不但"有乖旧例"，而且时有失误。例如，为强调渔盐这一定海地方特色产业而设置《渔盐志》，其用意固然无可厚非，其内容却与《物产志》颇相抵牾。此外，视"电灯"为交通业的有机构成而列入《交通志》，将《关于各项公产之碑记》附录于《财赋志》末，在《物产志》中表列"兽害"[②]，诸如此类的措置表明，陈训正虽勉力趋新，但显然尚未彻底完成新旧学术转型。

另一方面，《定海县志》无论是文本、地图还是表格，皆未能超越《定海厅志》：

①《定海县志》固然遵从宁波方志自宋元以来就偏好做原始察终式考述的编纂传统，该书的叙事年限也因此上溯至唐玄宗开元二十六年(738 年)定海设县之始，下逮民国十三年(1924 年)，但因过分追求简略，故其叙述完整性明显不如《定海厅志》。

② 陈训正在《定海县志例目》中，曾对《定海厅志》卷 1～3 所列诸图大加鞭挞："案旧志县图，轮廓才具，山高水深，礁滩航线，皆未尝著列。分图较详，山川、营建，尚具型范，而标识陈腐，未适时宜。署宇、祠庙各图，率皆意绘，方位距离，绝少准则。"[③]但此类指责与实情相去甚远。例如，《定海厅志》卷 2 的 28 张舆地图就莫不采用开方计里的"网格绘图法"精心绘制而成：

案《康熙志》，县境全图虽具，洋面在内而山海错杂，稽查倍难。今详加考核，除陆路外皆用开方，每方十里，明礁作圈，暗礁作十，而碍于行舟之处则加点，俾阅者瞭如指掌云。[④]

① 陈训正：《与余岩书》，出自《天婴室丛稿》第一辑之八《庸海二集》，文海出版社 1972 年版，第 349～351 页。

② 参见《民国定海县志》册二中《交通志第三》、册二下《财赋志第四》、册三丙《物产志第七》，上海书店 1993 年版，第 494、504～506、523 页。

③ 参见《民国定海县志》，上海书店 1993 年版，第 433 页。

④ [清] 史致训、黄以周等编纂，柳和勇、詹亚园点校：《定海厅志》卷 2，上海古籍出版社 2011 年版，第 14 页。此外，《定海厅志凡例》亦云："开方计里，推表山川，绘图之法也。……旧《志》县境有图，县治有图，学宫有图，村庄亦各有图，图实较他《志》为备。惟绘之之法，尚有未谙。今纂新《志》，专属一人遍历地界，得其纵横广袤里数，缩诸篇幅，而以开方行之，庶不失古人绘图之意。"

反观《定海县志》册首所列 23 图，不是平面建筑图，就是拍摄的照片，较诸《定海厅志》各图，显然不可同日而语。

③ 在《定海县志》的 147 张表格中，诚然不乏诸如“全境船埠一览表”“全县盐产地列表”“十年以来主要食用品价格比较表”之类的佳构，但仍有不少表格，如“历代建置沿革表”，因过于简略而不足以全面反映定海行政建制的历史变迁；又如“展茅区祠庙一览表”，理当与其他区域的 20 张祠庙一览表合并；再如《人物志》设 10 张表以分类甄录历代人物的这一措置更是大可商榷，因为在这 10 张表格中，人物的籍贯、生卒年、生前行迹等信息都已被省略到难以再省，令人印象深刻的只是诸如“有功德于乡者”“列女”“游寓”之类的标签。或许正有鉴于此，余岩（包括章太炎）对陈训正的来信未曾予以答复。

三、《定海县志》的影响及历史评价

大概就在致信余岩的同时或稍后，陈训正又将《定海县志·例目》邮示其堂弟陈训慈的业师柳诒徵（1880—1956 年），随即得到柳诒徵令人讶异的推崇：

> ……陈君无邪、马君涯民，淹综史坟，贯以新知，近纂《定海县志》，示以《例目》。列志十六，分目七十，表纪传录，若网在纲，大氐袭故者十之二，创制者十之八。纵极天人，衡泱海陆，社闾之会，米盐之产，黉序之政，教宗之枢，邮置走集，邸阁息耗，生齿盈朒，主客辜较，计吏所上，瞽史所谕，罔不甄综，明其消息。盖虽区区一地之志，驭以龙门、夹漈之识，且究极其所未备，诒徵读之，叹观止矣。……斯志特崇民质，旁行斜上，义据通深，摅词述事，兼以笃雅，盖所谓损益得中、质文交胜者也。世有君子，当就是求史裁矣。甲子夏六月，丹徒柳诒徵。①

柳诒徵对《定海县志》的推崇，是否有助于平息“彼中人士”的质疑，因史载阙如而不得其详，但可以肯定的是，它基本上框定了此后对《定海县志》的评判基调，例如黄侃在作于民国二十年（1931 年）九月的《陈玄婴先生六十寿序》中，不但断言《定海县志》是一部足以傲视群志且又贻范将来的杰作，更认定陈训正是重修清代国史的合适人选，《天婴诗辑》录其词曰：

> ……数年前，侃始得读先生所撰《定海县志》，观其编制条例，迥异于向来郡书、地里之为。……盖昔之方志，畸于考古，而此则重于合今；昔之方志，质者则类似簿书，文者又模袭史传，此志详胪表谱，位置有方，综叙事实，不华不俚；昔之方志，无过

① 柳诒徵：《跋》，出自《民国定海县志》，上海书店 1993 年版，第 591 页。

乡闾之旧闻，此志则推明民生之利害，使域中千余县皆放此而为之，不特一革乡志、国史之体制，实即吾华国民史之长编。……《清史稿》初出时，偶获流览，颇病其局守旧规而不知变，于清室非信史，于新国为谤书，诚欲考知此二百余里年之事迹，将茫乎无所依准，国家果思垂不刊之文于后，自非征集备三长者以从事，则必无以易前之失。如先生者，能为乡史示准绳，即能为国史成型范，此则在位者所未宜忽忘者也！[①]

即便是那位《浙江省立图书馆馆刊》的责编，虽对《定海县志》的内部结构有异议，但仍以正面评价为主：

……全志于列表一道，可谓畅乎其用，惟偏重太过。于《人物》不免阙略，于《列女》亦列表不立传，以为"贞孝之德，大都从同"，实则世俗贞烈节孝传略，固多千篇一律，且率出俗手，鄙俚无当，然节烈事迹，倘能择尤纪载，要足以存信史而昭激劝，似未可以概从简省也。至于谊例之精要，载笔之简絜，要足为后来方志学家之楷模。[②]

柳诒徵对《定海县志》的推崇，不但激发了陈训正进一步探求方志编辑理论的热情，而且使得他在短期内成为远近闻名的方志专家。也正是在这种背景下，陈训正于民国十五年(1926年)六月接受掖县长应季审的邀请，负责续编掖县地方志[③]，又在民国二十二年(1933年)一月被聘为《鄞县通志》的总纂[④]。

民国十七年(1928年)元月，陈训正纂成《掖县新志》20卷。这部方志虽然早在1932年就已被毁于韩复榘与刘珍年这两大地方军阀的武装冲突[⑤]，但从残存至今的《掖县志例目草创》来看，仍不难发现它所运用的编纂原则与陈训正当年纂述《定海县志》时的主张已有所差异。

这类差异，一则表现为陈训正在编纂《掖县新志》时，虽仍大力倡导"会通、趋新、质实"，但已不甚讲求"简略"：

---

① 参见陈训正：《天婴诗辑》，陈训慈整理，1988年抄本。

② 1934年8月，陈训正以"定海县志序目"为题，将《定海县志·例目》发表在由陈训慈主管的《浙江省立图书馆馆刊》第三卷第四期。刊发时，责编以按语方式在篇首加了这段评论。而在1933年4月，陈训慈在该刊第二卷第二期发表《浙江之县志与省志问题》，内称："陈氏《定海志》借鉴《宝山》，自定体例，简以驭博，表以芟繁，既为全志之特色；而如《渔盐》则特辟为志，藉彰民生，《方俗》于备述风俗外，详考一邑之方言，进足以通之于浙东诸邑，尤皆为他志所未见。"

③ 参见陈训正：《天婴室丛稿》第二辑之二《北迈集序》，1934年铅印本。

④ 陈训正：《编印鄞县通志缘起》，出自《鄞县通志》首册《编印始末记》小字注引，宁波出版社2006年版，第2～3页。

⑤ 《烟台晚报》2008年3月23日第18版《稿本〈掖县城区详图〉》云："自民国十五年六月设局，至民国十七年一月，始成底稿二十卷，内附总、分详图二十五张，名曰《掖县新志》。乃于二十一年地方俶扰(1932年韩刘之战)，《新志》稿本全被炮燃，毁于兵。"

> 方志之作，以表著地方文物嬗进之迹为先务。改国以还，运殊风变，纪载之道，古不如今，虽章实斋、恽子居复生，不至墨守其义例，势有然矣。民国十余年来，新修县志不下八十余种，然皆例目乖舛，不合于时，无足依据。惟宝山县钱《志》，稍参新例，拙著《定海县志》，更引其绪而广之，穷古往今来之蕃变以会其通，推天行人事之奥衍以治其究，体裁节目，断然创始，要能自成其义例。①

二则表现为在谋篇布局上，陈训正虽仍乐意选用当地新修方志体例，但已更倾向于独立构思，最终在兼取新旧方志“义例”的基础上，将《掖县新志》的内部结构分为《方舆》《政教》《食货》《人物》《艺文》五门，并殿以《文献汇述》：

> 近见《泰安新志·编辑则例》，定为《舆地》《政教》《人物》《艺文》四门，四门中分类别目，要而不烦，洵足示民国县志之范，宜援用之，以为本纂之根据。更参用《定海志》例，增《食货》一门，凡关于人民资生事项之统计，皆入之。要之，编纂大意，务求质实有用、取征后来，叛古之诮，所不辞也。又案《人物》《艺文》两志，指在阐扬，似以博取为当，然为义例所拘，往往不能尽辞。兹别辟《文献汇述》一门，附于志余，亦实斋义例所许也。全志都为五门，其节目条附于后，俾采访有所持循云。②

三则表现为陈训正开始真正重视实地调查、采访，为此在1926年6月和9月先后两度北上，辗转奔波于青岛、掖县等地以收集史料，并因此留下了《旅次青岛》《掖城怀古》等23首记游诗、词。③

假如说《掖县新志》的纂成标志着陈训正方志编纂思想的成形，那么，《鄞县通志草创例目》的问世就意味着陈训正方志编纂思想的基本定型：

第一，继《掖县新志》五志并列之后，陈训正又将《鄞县通志》的内部结构扩展为“分之则通古今，合之则通人物”④的六志，这一谋篇布局及其单独成编、随编随印的处置方式，应当是他深入评估时局后所采取的未雨绸缪之策：

> ……陈训正知此巨著殆非（中日）战事爆发以前所能结束，于是商同（编纂主任）马瀛，将《鄞志》区为《舆地》《政教》《博物》《文献》《食货》《工程》六志，各自为书，各有起讫，各载序目，使一志编成，急付剞劂，庶不致全功尽废。故《鄞志》体裁，又属新创，不特非寻常县志所可比拟，亦与《定海》《掖县》两志有出入也。⑤

---

① 陈训正：《掖县志例目草创》，出自《鄞县通志》首册《编印始末记》小字注，宁波出版社2006年版，第4页。
② 陈训正：《掖县志例目草创》，出自《鄞县通志》首册《编印始末记》小字注，宁波出版社2006年版，第4页。
③ 参见陈训正：《天婴室丛稿》第二辑之二《北迈集》，1934年铅印本。
④ 柳诒徵：《鄞县通志序》，出自柳定生等：《柳诒徵劬堂题跋》，华正书局1986年版，第119页。
⑤ 参见《鄞县通志》首册《编印始末记》，宁波出版社2006年版，第4～5页。

第二，基于对“方志之作，与时俱进，无义例可守，且各县地方性未必尽同，人民特殊风趋，今昔迁嬗，往往而异，故志之体裁节目，当随时地为增损，不能划一”[①]的这种认知，陈训正既规划创设了《舆地志》“氏族目”、《工程志》等新颖类目[②]，又将旧式的《食货志》改造成为名称不变但内容全新的门类，诸如此类的构思，尽管后来并未为参纂者悉数承用，但是大体上确立了《鄞县通志》的叙事框架。

第三，《鄞县通志》所采用的民间集资、集体编纂、分工合作的运作模式和采访调查、测绘考验、整理统计、编目纂辑、排印校勘的工作流程[③]，较诸《定海县志》《掖县新志》，不但规划更细密，而且运转更高效。

陈训正方志编纂思想的定型，就其成因而论，主要归功于他在1927—1931年的从政经历。在此期间，陈训正于1927年4月被任命为浙江省省务委员会委员[④]，继而在1927年11月至1928年10月和1930年12月至1931年4月两度就任杭州市市长[⑤]，于1931年6月任职国民政府文官处参事[⑥]。然而，陈训正不但每次任职历时短暂，而且其行政作风据说比较保守，也因此备受疵议，如赵晨《国民党统治时期的杭州市长》云：

> 杭州市政府于1927年国民革命军光复杭州后建立，……首任市长邵元冲，……同年十一月，邵元冲另有重用去职，继任陈屺怀也以省府常务委员的名义，兼任杭州市市长。……陈屺怀接任后力持撙节，不但量入为出，而且还要弥补邵元冲追随“特别市”的亏空。陈是个保守派的人，他接事后常对人说：“不求有功，但求无过。”陈是慈溪人，起用了许多同乡人(宁波府属各县，如秘书主任方聘三、社会科长吴□等)。一些杭州人讥讽说：“杭州市政府变成宁波市政府了。”[⑦]

---

① 陈训正：《鄞县通志草创例目》，《鄞县通志》首册《编印始末记》小字注，宁波出版社2006年版，第5页。

② 在陈训慈《浙江之县志与省志问题》看来，余绍宋《龙游县志》“氏族一考，广世族之例，撷众谱之英，尤足为志乘之特创”。故疑《鄞县通志·舆地志》中的“氏族目”大抵受启发于《龙游县志》“氏族考”。

③ 天一阁博物馆所藏《鄞县通志馆收支报告表附单据粘存簿》对此颇有记载，详参周慧惠：《〈鄞县通志〉编纂详探——以天一阁藏鄞县通志馆收支报告档案为中心》，《浙江档案》2016年第5期，第42～46页。

④ 参见《省务委员会正式成立》，《时事公报》1927年4月22日。需要指出的是，这一任命看似突兀，实则必然，因为当时，其堂弟陈布雷开始受到蒋介石的重用：“回首民国十六年四月间，偕其大哥屺怀谒蒋介石于此，当张静江面蒋公称其文婉曲显豁，善于达意。以此因缘，浮沉政海于兹凡二十一年矣。”详参《陈布雷回忆录》民国三十七年条，东方出版社2009年版，第220页。

⑤ 赵晨：《国民党统治时期的杭州市长》，《杭州文史资料》第5辑，第58～65页。

⑥ 参见陈训慈：《陈君屺怀事略》，出自《晚山人集》，陈训慈整理印行，1985年抄本。

⑦ 《时事公报》附刊《五味架》于1928年12月9日所录芷芬《陈屺怀先生离杭之去思》却与此大相径庭：“慈溪陈屺怀先生，以一儒生，出任杭州首市市长。平日乡人祇知先生之文学优长，而不知先生于政治之循绩，亦有令人钦佩者也。……一年以来，令行政举，市民大悦。”但相比较而言，这类报道可信度不高。

尽管如此，这五年的宦海生涯，仍不无积极意义——它既丰富了陈训正的人生阅历，又锻炼了陈训正的组织能力，更使得陈训正日益清醒地认识到他的才情其实并不适合为官从政，“自是遂息影湖上，以读书著述自娱”[①]，进而合乎逻辑地将他从官场习得的组织管理经验运用于对《鄞县通志》的规划和编纂，遂有六志的单独成编与随编随印，以及诸如此类的创新之举。

四、陈训正方志思想的形成与浙东学派

陈训正在编纂《定海县志》《掖县新志》和《鄞县通志》的过程中，逐渐形成了比较系统的方志编纂思想。对此，柳诒徵早在作于1947年的《陈君屺怀传》中就将之概括为“讲求会通”“聚焦民生”“突显地方特色”“重视图表功能”和“强调明道资治”：

> 修县志三，曰《定海》，曰《掖》，曰《鄞》。起例征故，必其义之大而是邑之特异于他郡县者；彰往察今，断断于生计消息直言之，不尽，则扩以图表，纵午回贯，胥前志未具。一邑也，可方驾异域一国国史，乾嘉以来，名志乘所未有也。……浙东史学炳海宇，史者本于道而达于政，为艺尤阔，承自姬、孔，非浙之私。自章学诚以史才生清中叶，不敢言国史，乃寓其意于方志。君之方志，截然出章氏上。第读其所为方志，犹不足尽。君其“本于道而达于政”，都所著，一也。[②]

柳诒徵的这一概括虽已相当精准[③]，但至少仍存在两点缺陷：一是概括不够全面，除上列五条外，“崇尚团队分工合作”与“注重实地测绘调查”其实也是陈训正方志编纂思想的重要组成部分；二是考察不够深入，因而未能觉察到陈训正方志编纂思想既渊源有自，其定型更非一蹴而就。

从自今而古的角度来看，陈训正方志编纂思想的形成，大体上经历了三个阶段。

第一阶段，从1923年春到1924年末，亦即负责编纂《定海县志》之时。在此期间，陈训正由于缺乏相关经验，一方面不得不重点效仿《宝山县续志》用以组织《定海县志》的内部结构；另一方面得以避免像当时大多数方志编纂者那样（例如撰写《龙游县志》的余绍宋）深受章学诚方志思想的影响，转而直接采用新式编纂

---

① 参见陈训慈：《陈君屺怀事略》，出自《晚山人集》附录，1985年抄本。

② 参见柳诒徵：《陈君屺怀传》，出自《晚山人集》附录，1985年抄本。

③ 附录于《天婴诗辑》的赵志勤《陈屺怀先生生平事略》将之归纳为“志例因而有创，贵在适时，亦复因地而异”，然则较诸柳诒徵《陈君屺怀传》之概括，多有不及。

体例，并在此基础上提出了“会通、趋新、质实、简略”的方志编纂理念。只是陈训正的这一理念不仅着眼于方志的功用，而且在编纂《定海县志》的过程中并未被严格遵循。譬如《舆地志》中的“各区村落列表”与“各村落居民氏族表”，之所以有目无辞，固然与修纂经费不足有关，但更是陈训正未能贯彻“质实”原则而不曾进行实地调查的结果。[①] 正是这类认识上的局限和行为上的失误，使得《定海县志》有志“趋新”却又新旧杂陈，意欲“简略”但终究繁简失中。

第二阶段，从 1926 年 6 月到 1928 年 1 月，亦即负责主修《掖县新志》之时。这部由陈训正独立构思撰就的方志，虽早已被毁于兵燹之灾而难以具体考见其内部构造，但却是陈训正方志编纂思想形成过程中承前启后的重要环节。从残存至今的《掖县志例目草创》可知，彼时陈训正不仅已然确立了“注重实地测绘调查”“讲求会通”“聚焦民生”“突显地方特色”“重视图表功能”等编纂原则，而且对《掖县新志》大类目的名称做了较大幅度的调整，其数量从《定海县志》的 16 个缩减到 5 个（大类目的内涵与小类目的名称、数量和内容也理当做相应改变）；至如《文献汇述》的设置，则又充分表明陈训正在坚持“趋新”的同时，开始兼收并蓄章学诚有关方志宜“仿纪传正史之体而作志，仿律令典例之体而作掌故，仿《文选》《文苑》之体而作文征”且“三书相辅而行”[②]的理念和做法。

第三阶段，从 1933 年 1 月到 1937 年春，亦即负责总纂《鄞县通志》之时。在此期间，陈训正一方面沿着前一阶段的总体思路，从中西、新旧两相结合的角度努力改进《鄞县通志》的篇章结构，另一方面根据其沉浮宦海的经验，预估时局必将趋于动荡，遂致力于优化编纂、排印等流程，这既使得《鄞县通志》在类目设置上更接近近代学科分类，也为尽快纂成《鄞县通志》指明了方向。就在《鄞县通志》行将脱稿的 1936 年 4 月，陈训正又被委以主持编纂《慈谿县志》的重任[③]，并随即“综为舆地、政教、文献、工程四志四十五编”，只因次年“抗日战起，事竟中辍”[④]，然考其《慈谿县志草创例目》有云：

> 兹依据新修《鄞县通志》立目，……《鄞志》分舆地、政教、文献、博物、食货、工程

---

① 事实上，陈训正本人亦曾有“异县羁旅之士，足迹未亲三乡，耳食不饱腹中”之抱憾。详参陈训正：《例目》，出自《民国定海县志》卷首，第 433 页。

② 章学诚著，叶瑛校注：《文史通义校注》卷 6《外篇一·方志立三书议》，中华书局 1985 年版，第 571 页。

③ 参见《慈县重修县志，聘陈屺怀为总编纂》，《时事公报》1936 年 2 月 6 日，第 2 张第 2 版。

④ 参见陈训慈：《陈君屺怀事略》，出自《晚山人集》附录，1985 年抄本。

六门，吾邑可省博物、食货二门，以博物附入舆地门之物产类，食货可附入政教门之财务类，拟定舆地、政教、文献、工程四大目。各大目之子目，亦照鄞例增削。[①]

由此可见，《慈谿县志》即便有幸问世，其编纂体例也因全以《鄞县通志》为蓝本而缺乏新意。这就从反向证明，陈训正的方志编纂思想已然定型于总纂《鄞县通志》之时。

据说民国学者之所以普遍关注方志创新，与梁启超对传统史学的猛烈抨击息息相关，尤其深受梁启超"新史学"的核心观念——"进化论"和"地理环境决定论"——之影响。[②] 陈训正对方志编纂理论的探索是否也与梁启超的"新史学"有关，因史载阙如而不得其详，但可以肯定的是，陈训正确实深受"进化论"这一外来学说的影响，并据以探讨方志的功用及其走向，如其《与余岩书》云：

……仆窃以为方志之作，所以表著地方文物嬗进之迹，彰往开来乃其先务。而前人最录，博而寡当，非综覈之实，虽以章实斋、恽子居之贤，其所持论，不能无偏，此亦时之风趋使然，不足怪，不足怪！使二贤者居今之世，成今之书，仆有以知其必不尔也。故畀然敢于反古，尽吾所知而务之，虽未敢自谓创作，要其用心之所至，立一时之条例，矫从前之习尚，自不同于应声逐响者流。[③]

此外，见诸《鄞县通志》，亦有"脱使土地之上，终古而无人物，则此块然而静者，亦将终古不离狉獉之域，进化云乎哉"[④]之论断。然而，尽管陈训正乐于汲取包括"进化论"在内的异域文明用以填补自身知识的不足，但是终究由于语言不通、文字不识等各种缘故，他在涉足方志领域之初对新型方志的了解并非源自对近代西方科学新知的直接接触，而主要通过研读《宝山县续志》这类深受"西学"影响的新型方志。

事实上，陈训正非但未曾直接接触近代西方科学新知，而且大致从编纂《掖县新志》开始，一方面坚持辗转了解"西学"并据以探寻志例创新之道，另一方面日益明显地倾向于从传统学术中汲取养分。对"文献"内涵的诠释及其对《鄞县通志·文献志》的构建，就是其中的典型例证：

郑玄释"文献"为"文章、贤才"，较朱熹之训"典籍、贤人"，厥谊为长。盖三代所

① 陈训正：《慈谿县志草创例目》，出自《文澜学报》第2卷第1期（1936年3月31日），杭州古籍书店1987年影印本，第5页。

② 黄燕生：《傅振伦与民国方志学》，《中国历史博物馆馆刊》1994年第2期，第8～17、63页。

③ 陈训正：《与余岩书》，出自《天婴室丛稿》第一辑之八《庸海二集》，文海出版社1972年版，第350～351页。

④ 参见《鄞县通志》第四《文献志》第一册甲编上《人物一》，宁波出版社2006年版，第15页。

谓"文"，非仅指简策而言；而"献"，即识大之贤者与识小之不贤者，非独性行善也。故"文"之著于文字者，曰典籍，曰金石；"文"之著于语言者，曰俗谚，曰谣歌；"文"之著于周旋动作者，曰典礼，曰风俗。"献"之产于本土者，曰选举，曰列女；"献"之来自异地者，曰寓贤，曰职官，曰名宦；"献"之游方以内者曰人物，"献"之游方以外者曰释道，而以大事纪汇著其遗迹焉。此方志所以详列各门，以供后来者之稽征也。今综核人物、选举、职官、故实、艺文、礼俗、方言七类，而编为《文献》一志。①

陈训正方志编纂实践的这一动向，与其说暴露了新旧杂陈如陈训正者的保守心态和卫道本相，毋宁谓为民国方志编纂者在熟悉"西学"利弊得失之后，客观理性地探寻方志编纂体例与叙事结构两相平衡的有益尝试（惜乎仅止于中西兼有、新旧杂陈）。事实上，至晚自 20 世纪 20 年代后期起，力求中西集成、新旧结合的认知和做法不绝如缕。

第三节　公益团体与社会救助

一、辨志文会与清末宁波的地方教育

由时任宁波知府宗源瀚（1834—1897 年）创办于光绪五年（1879 年）二月的辨志文会，在当事者黄炳垕（1815—1893 年）的回忆中，名为"辨志讲会"：

己卯，宁守宗湘文观察创立辨志讲会，分设六斋，斋各一师，延余主讲天文算学斋，今六年矣。②

在太仓人唐文治（1865—1954 年）作于 1921 年的《黄元同先生学案》中，辨志文会又被称作"辨志精舍"："宁波宗湘文先生建辨志精舍，聘先生主经学科，南方弟子从之者千余人。"③此类看似言之凿凿的不同称谓，如非记忆失误所致，就是疏于考证的结果。这一则是因为包括实物遗存的《辨志文会课艺初集》在内的更多材料皆以"辨志文会"相称；二则是由于《申报》的下列报道充分表明辨志文

① 参见《鄞县通志》第四《文献志叙目》，宁波出版社 2006 年版，第 1 页。《文献志叙目》虽非成于陈训正之手，但既然《文献志》无论是名称还是框架，均系陈训正所拟定，则《文献志叙目》对"文献"内涵的诠释自当与陈训正的本意相吻合。

② 黄炳垕：《七旬初度自述》，出自《申报影印本》，上海书店 1983 年版，第 25 册第 567 页。

③ 参见唐文治：《茹经堂文集》卷 2，出自《民国丛书》第五编第 94 册，上海书店 1996 年影印本。

会、辨志精舍虽皆为宗源瀚所发起，且后来两者关系密切，但前者的问世时间明显早于后者：

> 湖西灌基地方，前府宪宗湘文太守拟建辨志精舍，第是处浮厝累累，曾谕饬赶紧迁让。其中有主之坟业已迁尽，尚有三十余穴无人承认，现经体仁等局奉陈（湫山）太守催饬，将插有竹签之坟，限六月初旬一律迁往义山，弗再迟延云。①

由此也不难推知：辨志文会大抵相当于学术交流平台，而矗立在“湖西灌基”的辨志精舍则是用于从事学术交流的实体建筑物。②

事实上，学界内外不但迄今仍将辨志文会、辨志精舍（书院）混为一谈，而且其相关研究成果比较少见。这些成果大抵可分为三类：第一类是对辨志文会的常识性介绍，内容过于简单且时有讹误；第二类是附带论及；第三类是尚未正式发表的专题考述（见表1－23）。这其中，刘明所作的《宁波辨志书院及其考课制度述论》内分四个部分：一是辨志书院的创设及运行，二是考课制度的运行，三是辨志书院考课的特点，四是应课士子及考课影响。该文虽考述全面，但也存在不足。是以不揣浅陋，始则剖析宗源瀚创办辨志文会的真实用意，继而考察辨志文会与上海求志书院的异同，最终在梳理辨志文会演进轨迹的基础上，探讨其在宁波近代教育史上的作用与地位。

表1－23　述及辨志文会的既有成果及其分类

类别	成果名称	刊物或出版社
常识性介绍	蒋廷龙《宁波竹洲办学述要》	《宁波文史资料》第八辑（1990年）
	宁波市教委《宁波市教育志》	浙江教育出版社1996年版
	辜筠芳《宁波教育史》	浙江大学出版社2011年版
附带论及	唐晓明《晚清浙江书院教育的变革与传承》	《宁波大学学报》（教育科学版）2009年第4期（第41～45页）

① 参见《甬上杂闻》，出自《申报影印本》第27册，第103页下栏；又可见《催领棺柩》，出自《申报》第27册，第75页上栏。考《申报》1882年3月24日《宁郡辨志文会二月分课题》“史学及掌故”第三题，名为“拟建辨志精舍祀王伯厚先生议”，由此大抵可以推定辨志精舍的建造时间不应早于1882年3月底。

② 《申报》1904年5月25日的《教案已结》云：“宁波访事人云，去年宁海县境匪人王锡彤聚众闹教一案，迭经宁郡各当道会同许九香观察悉心商办，迄无端倪。……本月初三日，由宁绍台兵备道惠树滋观察会同许观察及鄞县周少轩大令，邀赵主教至辨志书院妥议，已彼此允洽，订定条款，面同画诺。”此处所指的“辨志书院”，理当就是辨志精舍。

续 表

类别	成 果 名 称	刊物或出版社
附带论及	鲁小俊《清代书院课艺序言的地域书写》	《西南民族大学学报》2017 年第 1 期(第 193～199 页)
	鲁小俊《清代书院的知识结构——以阅读指南、课业设置和考课题目为考察视角》	《江西师范大学学报》2017 年第 5 期(第 106～114 页)
	陈婷《晚清西方天文学在中国的传播与影响》	中国科技大学 2017 年博士学位论文
	刘明《〈格致书院课艺〉研究》	上海社会科学院 2015 年硕士学位论文
专题考述	刘明《宁波辨志书院及其考课制度述论》	《第二届全国区域文化研讨会暨中国现代文化学会年会论文集》(2016 年 10 月)

(一) 辨志文会创办的用意

在光绪五年二月宗源瀚组织辨志文会之前,宁波城内已有两所“归宁波府主政”①的学堂,即由其前任边葆諴重修于同治三年(1864 年)、兼收秀才和童生的月湖书院,以及由边葆諴创建于同治十年(1871 年)且仅限举人入学的孝廉堂。对于上任次年即着手组织辨志文会的这一举措,宗源瀚本人曾作如下解释:

> 四明为文献渊薮,通才硕彦彪炳前代,……而议者乃谓今之甬士不能如昔。吾观甬士之掇科第、能文章者,岂少也哉? ……而卒似未尽称造物生才之意、餍国家求才之心,毋亦守土之责乎? 今于孝廉堂、书院月课时艺之外,取《学记》“辨志”之语,别为辨志文会,……他日四明群哲踵起,出处皆有以自立,不肖如源瀚,且将附诸贤而彰焉,岂非厚幸与!②

然而,地方官本就肩负培育、举荐地方人才的职责,且宗源瀚虽曾在光绪五年三月初先后前往孝廉堂、月湖书院主持“甄别”③考生事宜,但这并非他履新之年的工作重心(见表 1-24),因而宗源瀚的这一解释难以令人信服。

---

① 参见《四明要录》,出自《申报影印本》第 40 册第 387 页下栏;《甬江春浪》,出自《申报影印本》第 43 册第 509 页下栏;《甬上新语》,出自《申报影印本》第 49 册第 295 页下栏;《四明谈荟》,出自《申报影印本》第 67 册第 429 页下栏。

② 参见[清] 宗源瀚:《增设辨志文会示》,出自《申报影印本》第 14 册第 145 页下栏。

③ 参见《牌示甄别》,出自《申报影印本》第 12 册第 298 页上栏;《月湖书院甄别情形》,出自《申报影印本》第 12 册第 325 页下栏。

表 1-24　宗源瀚来甬任职首年(光绪五年)的主要工作

编号	行　　事	出　　处
1	农历二月间,查赌,严厉打击"逢考开赌"行径	《甯郡查赌》,《申报》1878 年 3 月 6 日;《赌寓滋事》,《申报》1878 年 3 月 12 日;《纪宁波府惩赌事》,《申报》1878 年 4 月 2 日
2	清查保甲,编列门牌,意欲借民治民	《政令虚悬》,《申报》1878 年 4 月 5 日
3	农历四月间,创立河工局,雇人逐日沿途打扫,并用小船载出水关	《清理街道》,《申报》1878 年 5 月 2 日;《清除街道》,《申报》1878 年 6 月 18 日
4	规定各烟摊至三更后一律不得买卖	《宁郡禁烟》,《申报》1878 年 5 月 2 日
5	农历五月间,调拨河工局经费,命范氏后裔悉心整理天一阁藏书	《宁事杂录》,《申报》1878 年 7 月 5 日;《整顿藏书》,《申报》1878 年 7 月 24 日

宗源瀚在光绪四年(1878 年)正月来甬任职之前,历署衢州、湖州、严州、嘉兴四府。[①] 在《清史稿》编纂者看来,宗源瀚无疑是晚清地方大吏中"敏于吏事"[②]的典型,而近来的相关研究成果亦谓宗源瀚"敢于担当"[③]。诸如此类的解读结果,虽不无道理,但并非宗源瀚的全部。诚如表 1-24 所示,自宗源瀚下车伊始,颇能励精图治,为此甚至自撰一联悬于门头,以示其殷殷求治之志:"此是公门,裹足莫干三尺法;我无私谒,盟心常懔一条冰。"[④]尽管如此,宗源瀚着力推行的部分政策,譬如清查保甲,甫一出台便陷于难以落实的窘境:

> 新任宁波府宗太守现着各委员清查保甲,编列门牌。凡十家举一牌长,十牌举一甲长,诸甲长按柱由委员查察,遇有地方窝赌、窝娼、窝盗及一切不法事,地方官责成委员,委员责成甲长,甲长责成牌长云。但甯地绅士无一肯应者,以此事有罚无赏,且官以治民,今欲民治民,亦何赖此官哉![⑤]

---

① [清] 宗源瀚:《颐情馆闻过集·守湖稿·叙》,出自罗琳:《四库未收书辑刊》第 10 辑第 4 册,北京出版社 2000 年版,第 1 页。

② 参见《清史稿》卷 452《宗源瀚传》,中华书局 1977 年版,第 12578 页。

③ 冯贤亮:《从国家到地方:清代江南的府县秩序与行政控制》,《学术月刊》2010 年第 5 期,第 135～143 页。

④ 参见《楹联示意》,《申报影印本》1878 年 3 月 19 日,第 12 册第 241 页下栏。

⑤ 参见《政令虚悬》,《申报影印本》1878 年 4 月 5 日,第 12 册第 302 页上栏。

至如其兴办河工、清理街道之举，虽立意良善，但在具体实施过程中却严重走样变形，因而成为众矢之的：

宁波范氏天一阁藏书向称巨擘，乃兵燹以来，日渐残缺，经宗太守命其后裔十余人核对书目，整理两月，尚不及百分之一，然已动借河工局经费二百余元。惟河工经费出自铺户房捐，故铺户皆曰："沿途设有捐桶，倘以此房捐作为燕豫秦晋赈款，无不踊跃乐输，以此款粪除街道，虽曰不急之务，尚可称为免生疾病各扫门前之意，乃以此先而挑去府后墙脚陈年土山，已费不资，今又挑运府署前陈年土山，似非半载不可，甚而以此整理范姓藏书，岂宜以众户之款，供范氏子孙膏火耶？"①

而在《论宁郡匿名揭帖事》的作者看来，正因为宗源瀚在河工局问题上处理不当，所以不但引发了鄞县人拆毁河工局这一暴力事件，而且导致社会舆论对他的评价出现了从"有胆有识"到"好名多事"的逆转：

当宗守到任之初，甬人有来沪者谈及新任太守，皆啧啧然称道弗衰，以为有胆有识。至奉化事起，鄞人乘势拆毁河工局，则无不众口一词，谓太守之好名多事者。……奉化闹捐之事，虽曰宗守亦有难辞之咎，……亦不得专归罪于宗守一人。惟河工设局而河道仍未开濬，清道有捐而街衢尚无洁净，捐资既集，先行动工挑掘署前土山，此则授人以口实。②

对于河工局的被毁乃至奉化闹捐事件，宗源瀚固然负有不可推卸的责任，但他被污名化的关键，正如《论知府一官兼及宁波事》一文所论，就在于其事事亲裁的行政风格无意中侵犯了宁波士绅的既得利益：

考其莅任后兴办各事，处处关心，无非为民，即偶有不检，而心实无他也。何以宁郡之谤言四起，……昨与甯友偶论及此，友曰："是不能使人无疑也！然所以致此者，由来渐矣！边守之在宁也，以镇静为能事，善与士类相交，礼遇绅衿，于书院较课之日极为认真，此外则优容大度，一委诸县。……一旦继其后者，若欲事事亲裁，使县中无徇情于绅士，无结交于县中之隙，则有不强怒言、弱怒色哉？……彼乡愚之民，安有识见，惟绅士之好恶是从，绅曰否否，民亦曰否否，于是怨声作矣。"③

面对诸如"捐百姓之公资，沽一己之美誉，实为名教罪人"之类的任情褒贬和

① 参见《整顿藏书》，出自《申报影印本》1878年7月24日，第13册第82页上栏。
② 参见《论宁郡匿名揭帖事》，出自《申报影印本》1878年10月5日，第13册第333页上栏。
③ 参见《论知府一官兼及宁波事》，出自《申报影印本》1878年10月21日，第13册第385页上栏。

肆意诋毁，宗源瀚一度“对天长跪，立誓不再在宁波做官”[①]，但在该年十月去省城杭州述职返归宁波之后[②]，其施政策略出现了明显改变，转而趋同于其前任边葆諴，开始着力拉拢当地士绅。其典型例证：

一是在光绪五年初，拨款修理月湖书院，并特地指定院内部分房屋的用途：

> 宁波月湖书院近被看院人私作人情，初则任人设馆，继且租作民居，拥挤夹杂，屋宇损坏。现经宗太守拨款修理，特饬监院戴、沈两训导，查明院中讲堂之东西两厢屋、二堂之东西两侧屋，如暂无用处，准系在院肄业与课之生童设馆，惟人数不得过多；后进正屋三间，留作山长暨监院到院时起居之地云。[③]

二是在光绪五年三月底，将疏浚河道事宜交予当地士绅全权处理，《申报》1879 年 4 月 22 日《濬河章程》载其事曰：

> 宁郡河道久未疏濬，……本拟开濬，旋因奉化人滋事，地棍乘势毁局，以致延挨多日。兹闻江、张、卢三绅，念河工为水利攸关，并于救火有益，因会同水龙会司董，公具条规禀府，即经宗太守批准给示。局设炎帝宫，择于三月念二日兴工。凡丈量、监视、选雇人夫并一切收支银钱，不经官吏之手。专责管局绅董暨各段水龙会董事、承值委员董事，均不支取薪水，其经费悉由房捐。[④]

在这种背景下，从光绪五年二月初一就开始正常运转的辨志文会也理当是宗源瀚旨在讨好宁波士绅的重大举措之一。事实上，宗源瀚之所以能连任至光绪十一年（1885 年）二月[⑤]，很大程度上就源自其对宁波士绅态度的这次转变。

（二）辨志文会与求志书院的异同比较

在交代创设缘起之余，宗源瀚又在《增设辨志文会示》中，详细列举了辨志文会的十条章程。这十条章程，大抵可分为三类。

一是六斋分学：

> 文会分六斋，曰汉学，曰宋学，曰史学兼掌故，曰算法，曰舆地，曰词章。每斋延

---

① 参见《人言可畏》，出自《申报影印本》1878 年 10 月 2 日，第 13 册第 321 页下栏。对宗源瀚立誓辞官之说，宁波官方曾登报予以否认，详参《宁波府示》，出自《申报影印本》1878 年 10 月 12 日，第 13 册第 357 页下栏。

② 《申报》1878 年 11 月 13 日的《甬守晋省》云：“宁波府宗太守于十五日起行晋省，闻将面禀公事并求交卸云。”

③ 参见《驱禁占住书院》，出自《申报影印本》1879 年 3 月 1 日，第 14 册第 185 页下栏。

④ 参见《濬河章程》，出自《申报》1879 年 4 月 22 日。

⑤ 《申报》1885 年 4 月 1 日的《宁波要闻》云：“宗太守丁艰一事，本馆曾经列报，兹悉（二月）初九日各官绅均往吊唁，太守随于初十下午卸事回籍。”是知，宗源瀚于光绪十一年二月初十因丁艰而离职。

专精是学者为斋长,校阅课卷。①

二是定期考核:

无论举贡生监,俱准与试。……鸿才博学能兼各斋者,听其兼作,但卷须每斋一本,不得并写;……每年课朔二、三、四、五、七、八、九、十一月,闰月如之,逢岁科试、乡会试酌停。……每月限二十五日缴卷,郡城即缴孝廉堂、月湖书院二处,监院、外县均缴儒学,……逾限不收。②

三是物质奖励和精神鼓励:

每课每斋俱分三等,超等十名,第一名,花红六元,第二、三名,各四元,第四、五、六名各三元,七、八、九至第十名各二元,特等十名,每名各一元,一等不拘名数,不给花红。……每课佳作各斋选数篇刊刻,以备观摩。……屡列前茅、行已有耻者,当岁时延见,聆议谕察志趣,期得学行兼优之儒,访明乡里,远以论荐大府,近亦备斋长之选。③

辨志文会的这类规章制度,固然可以追溯到宋儒胡瑗(993—1059 年)以经义、治事分斋课士的教学实践④,但主要还是效仿上海求志书院——由苏松太道冯焌光(1830—1878 年)捐资创办于光绪二年(1876 年)——相关措置的结果(见表 1-25)。

表 1-25 辨志文会与求志书院的渊源

比较项	上海求志书院	宁波辨志文会
六斋分学	经学、史学、掌故之学、算学、舆地之学、词章之学	汉学、宋学、史学兼掌故、算学、舆地之学、词章之学*
定期考核	每年二、四、七、十月之朔日,向全国举贡生童散发由俞樾、张焕纶等各斋掌教所命题目,限诸生两月内完成,并交卷至书院监院处 诸生可选做一斋或数斋的题目,但须答完每斋题量的一半以上	1886 年之前,每年至少 7 次,逢岁科试、乡会试酌停 鸿才博学者,听其兼作,但须每斋一本,不得并写,每月限 25 日交卷,逾限不收

① [清]宗源瀚:《增设辨志文会示》,出自《申报影印本》1879 年 2 月 18 日,第 14 册第 145 页。
② [清]宗源瀚:《增设辨志文会示》,出自《申报影印本》1879 年 2 月 18 日,第 14 册第 145 页。
③ [清]宗源瀚:《增设辨志文会示》,出自《申报影印本》1879 年 2 月 18 日,第 14 册第 145 页。
④ 有关胡瑗的分斋教学及其作用和影响,可详参黄富荣:《略论胡瑗的分斋教学法及其历史命运》之考述,出自《宋史研究论丛》第 6 辑,河北大学出版社 2005 年版,第 415～434 页。有意思的是,辨志精舍 1891 年春季课题"宋学"第三题,就是"拟仿湖学,置经义、治道诸斋议"。

续　表

比较项	上海求志书院	宁波辨志文会
物质奖励	每斋内课，第一名奖银六两，第二名奖银五两，第三名奖银四两，第四名奖银三两，第五名奖银二两，第六名奖银一两；外课奖银随时酌定	超等十名，第一名奖励六元，第二、三名各奖励四元，第四至六名各奖励三元，第七至十名各奖励二元；特等十名，每名奖励一元
精神鼓励	所取诸生如有文学格外优长者，备礼招致。愿来沪者，授以各书，或留院肄业，或回家攻习，悉听其便，随时考其进益，优给膏火	每课佳作，各斋选数篇刊刻，以备观摩。屡列前茅、行已有耻者，当岁时延见，远以论荐大府，近亦备斋长之选
史料来源	冯焌光《上海求志书院章程四则》、韩鸿飞《续求志书院季课章程八条》(《万国公报》卷380、381)	宗源瀚《增设辨志文会示》(《申报》1879年2月18日)

注：* 辨志文会在实际运作过程中，其“史学兼掌故”有时单列“史学”，而“算学”往往作“天文与算学”或“天算学”。

但与此同时，辨志文会虽于求志书院颇多借鉴，却也不乏相异之处，特别表现如下：

其一，两者虽皆分为六斋，但无论是斋名还是实质均有所不同，且辨志文会显然更强调经学教育，此一差异或许正如时人所论，乃学术文化具有地域特征的表现：

> 上海创设求志书院，有经学、史学、掌故、舆地、算学、词章六斋，未几而宁波亦设辨志文会，分汉学、宋学、舆地、史学兼掌故、天文算学、词章六项。盖上海因有龙门书院专课性理，故求志不设宋学，而辨志既以汉宋并列，遂并掌故于史学，又以天文为算学首要，故特标天文算学，其立名虽互异，要皆赅括一切，足与时文相辅而行。[①]

其二，在相当长的时间内，参加辨志文会考核的秀才、童生，基本上来自旧宁波府下属六县，仅个别例外，因而无论是规模还是影响，均不及求志书院。[②]

其三，辨志文会分超等、特等进行物质奖励的这种形式，明显是模仿宁波孝

① 参见《书江西黄学使甄别经训书院示谕后》，出自《申报影印本》1896年6月3日，第53册第215页上栏。

② 其显著例证，便是时人殷之辂误以为辨志文会与求志书院皆位于上海。其事详参《格致书院丙戌秋课案出，忝列超等之末，诗以纪之并序》，《申报影印本》1887年6月21日，第30册第1036页下栏。

廉堂而非求志书院月课奖励方式的产物。

其四，假如说“讲求实学，教育时贤”[①]是求志书院的办学宗旨，则“逢岁科试、乡会试酌停”[②]的这一规定正好表明宗源瀚创办辨志文会的初衷就是通过服务科举考试来拉拢宁波士绅。

刊刻于光绪六年(1880 年)五月的《辨志文会课艺初集》[③]，作为辨志文会最早的档案材料汇编，既收录了宗源瀚撰写的《辨志文会课艺初集序》，也保存了辨志文会创立初期六斋斋长的姓名、籍贯与身份(见表 1-26)，以及由六斋斋长所出的 86 道题目和 41 位优秀考核者递交的 116 份答卷。假如将《辨志文会课艺初集》收录的这部分内容与《申报》的相关报道加以综合考量，则不难发现：① 从时间上来说，这 86 道题目无一不是光绪五年的试题；② 辨志文会虽未严格遵照“每年课朔二、三、四、五、七、八、九、十一月，闰月如之”[④]的既有规章准时命题，但每次题量都固定为各斋 3 题(这其实也是辨志文会少有的未曾发生变更的传统之一)；③ 参与辨志文会考核者，虽以宁波本地学子为主，但从一开始就不仅限于甬士(见表 1-27)。或许正是这一开放性，使得辨志文会在 19 世纪末 20 世纪初成为《申报》唯一长期重点关注的宁波文教机构。

表 1-26　光绪五至六年间辨志文会六斋斋长姓名录

斋名	斋长姓名	籍贯及其政治身份
汉学	黄以周	定海人，字符同，庚午(同治九年/1870 年)举人
宋学	刘凤章	鄞县人，字艺兰，岁贡生
史学	何　松	慈豁人，字崃青，岁贡生
算学	黄炳垕	余姚人，字蔚亭，庚午(同治九年/1870 年)举人
舆地	冯一梅	慈豁人，字梦香，丙子(光绪二年/1876 年)举人
词章	陈继聪	镇海人，字骏孙，庚午(同治九年/1870 年)举人

① [清] 林华书院主人：《书〈上海求志书院章程四则〉后》，原出自《万国公报》第 380 卷，后收录于高时良：《中国近代教育史资料汇编——洋务运动时期教育》，上海教育出版社 1992 年版，第 759 页。

② 参见[清] 宗源瀚：《增设辨志文会示》，出自《申报影印本》1879 年 2 月 18 日，第 14 册第 145 页。

③ 《辨志文会课艺初集》在其扉页用金文标示“光绪庚辰夏五开雕”。

④ 参见[清] 宗源瀚：《增设辨志文会示》，出自《申报影印本》1879 年 2 月 18 日，第 14 册第 145 页。

表 1－27　《辨志文会课艺初集》所录题卷统计表

年月 \ 题型		汉学	宋学	史学	算学	舆地	词章	合计
光绪五年	二月	3	2	2	3	2	2	14
	三月	1	2	0	3	1	2	9
	闰三月	3	3	3	3	1	2	15
	四月	2	3	2	2	2	3	14
	五月	1	1	2	1	3	1	9
	十月	3	2	3	1	2	3	14
	十一月	2	3	1	2	2	1	11
出题总量(道)		15	16	13	15	13	14	86
答题总量(份)		21	19	16	22	18	20	116
答题者数量［籍贯(位)］		本地：慈谿 15，鄞县 7，定海 7，镇海 6，籍贯不详但显系甬人者 1 外地：余姚 2，乌程 1，绩溪 1，江宁 1						41

注：汉学题"《周礼》《仪礼》之名始于何时考"乃斋长定海人黄以周所拟作；宋学题，目录中只显示 15 份，而据正文统计，则有 16 份；算学题的命题数、答卷数均据目录统计而成，正文中未收录任何一份答卷。

辨志文会成立未久便引发《申报》等媒体的密切关注，这一良好的发展势头既拉近了宗源瀚与宁波士绅的距离，又进一步膨胀了宗源瀚的成名意识，使之有意将辨志文会打造成为足以引领时代潮流的文化平台，进而借此确立其本人在清代学术思想史、政治生活史上承前启后的崇高地位。这一点在其所作《辨志文会课艺初集序》中有明确的阐述：

风会者，一二人倡于前，举世靡焉从之，……若夫一时风会，则国初尚义理心性之学，……中叶以往，河间、仪征两文达，皆尚考据，以浩博为主，……咸同以来，遭遇兵燹，人文殄瘁，而大勋如曾文正，军中不废讲学，……尝取经济以配义理、考据、词章，而推本于孔门四科。今虽文正往矣，而其流风所被，隐挽狂澜。……己卯，予创设辨志文会，就古今人为学之方，分六斋以课士，……两年以来，甬士争自濯磨，或专一斋，或兼数斋，类能博观约取、潜深研几，彬彬乎，质有其文，方新而未已。……夫四明一州之地耳，源瀚于学又懵焉无所发明，兹何足以言风会！然堂坳之波同于大海，目论者动谓人材限于科举，退然不能有复古之望，是殆不然，予故于《课艺初集》之成，书其说于简端，以谂夫世之有主持风会之责者。光绪七年春，上元宗源瀚叙。[①]

虽然宗源瀚未曾成为足以与纪昀(1724—1805 年)、阮元(1764—1849 年)、曾国藩(1811—1872 年)等清代名臣相媲美的“主持风会之责者”，但辨志文会在各方人士的积极参与和大力支持下，从创办之初服务科举考试的工具迅即转变为“欲士子于应试文字之外，致其心力，广其识见”[②]的文化教育和学术交流平台。

(三) 辨志文会的发展特征

据统计，《申报》有关辨志文会的报道和评论，最早始于光绪五年初，下迄光绪二十九年(1903 年)末。这期间，仅课题(斋长的命题卷)就多达 112 篇(见表 1-28)。有赖于《申报》的长期关注和持续报道，今人既得以考知宗源瀚创办辨志文会的真实意图，又可根据这 112 篇课题，大致了解辨志文会在 1879—1903 年这 25 年间的演进轨迹及其阶段性发展特征。

表 1-28 见录于《申报》的辨志文会(精舍)历年课题

阶段	年份	课题	数量
辨志文会六斋月考	1879	二月、三月、闰三月、四月、五月、十月、十一月	7
	1880	三月、四月、五月、七月、八月、九月	6
	1881	二月、三月、四月、七月、闰七月、八月、九月、十月、十一月	9
	1882	二月、三月、四月、五月、十月、十一月	6
	1883	三月、五月、七月、八月、九月、十月、十一月	7
	1884	三月、五月、闰五月、七月、八月、九月、十月、十一月	8
	1885	二月、三月、四月、五月、十月、十一月	6
	1886	三月、四月、五月、七月、八月、九月	6

① 参见[清] 宗源瀚：《辨志文会课艺初集序》，出自《辨志文会课艺初集》卷首，光绪六年铅印本。光绪七年与“光绪庚辰夏五开雕”相矛盾，当是光绪六年的笔误。

② 参见《论中国培养人材在振兴学校变通选举》，出自《申报影印本》1896 年 6 月 6 日，第 53 册第 237 页上栏。

续　表

阶段	年份	课　　题	数量
辨志文会六斋季考	1887	春季、夏季、秋季、冬季	4
	1888	春季、夏季、秋季、冬季	4
	1889	春季、夏季、秋季、冬季	4
	1890	春季、夏季、秋季、冬季	4
辨志精舍六斋季考	1891	春季、夏季、秋季、冬季	4
	1892	春季、夏季、秋季、冬季	4
	1893	春季、夏季、秋季、冬季	4
	1894	春季、夏季、秋季、冬季	4
	1895	春季、夏季、秋季、冬季	4
	1896	春季、夏季、秋季、冬季	4
	1897	春季	1
辨志文会五斋季考	1897	夏季、秋季、冬季	3
	1898	春季、夏季、冬季	3
	1899	春季、夏季、秋季	3
	1900	夏季、秋季、冬季	3
	1901	春季、夏季、秋季、冬季	4
	1903	秋季	1

从《申报》所载录的课题来看，辨志文会在1879—1903年的发展进程大体上可分为四个阶段：

第一阶段是1879—1886年，该阶段由于运作经费较有保障[①]，不但每年考

① 《申报》1879年7月7日的《筹划公费》云："鄞县士绅前年在杭省设立乡举试馆，……兹闻绅耆陈某等公禀宗太守，请即于蔡杨捐项内拨提数千串，以作试馆历久之费。无如宗太守已将蔡杨所缴之洋，除拨辨志文会、景贤义学存典生息七千元外，又拨体仁局置买义冢地洋三百五十元，……春夏以来辨志文会束修、花红等项千余元，所余已觉无多，再四筹商，实无可拨，故绅等于此举只作罢论矣。"

核次数均不少于6次，而且运转良好，因此成为宁波“诗会”的效仿对象：

> 宁波自宗湘文太守创设文会以来，造就文材，士林钦仰。兹生员王定洋等覆议立诗会，酌定规条，联名禀请提督欧阳军门执骚坛牛耳。军门批示云：……今与尔诸绅约，每年按四季分课，……缴卷过限不收。每课取准前列三十名，奖赏花红，……其课题按会由本军门悬牌署门，名榜亦实贴照墙揭晓。①

第二阶段是1887—1890年，此期间由于经费短缺，不但考核次数降至每季一次，就连花红也随之减少，《申报》1887年3月3日《辨志文会改章》详载其事曰：

> 甯郡辨志文会经前任宗太守创设，已八年矣。每年课期，定于二、三、四、五、七、八、九、十、十一月。兹闻所存经费，去岁被人倒去，今岁不能遵照旧章，拟将改为春夏秋冬四期，而各斋花红，亦须酌减。故与课诸君，大半赴杭省各书院疑业矣。②

第三阶段是1891—1897年春，这期间，辨志精舍既是甬上四家官办书院之一③，也成为设置、评阅课案的主办方，故《申报》在报道时，往往冠以诸如“宁郡辨志精舍甲午春季课题”之类的名称，但辨志精舍的实际运作程序与辨志文会并无二致，故疑两者在此期间已然合二为一，亦即辨志文会的实体化。

第四阶段是1897年夏至1903年末，辨志文会在此阶段至少已誉满两浙，以至于会稽人顾家相（1853—1917年）在任职萍乡县令期间，就有意效仿求志书院、辨志精舍的章程，于鳌洲书院“常课外另设定志文课，专考实学，分经学、小学、理学、史学、掌故、舆地、政治、交涉、词章、艺学诸门”，并拟从1899年起付诸实践④；与此同时，这一阶段又可细分为两期，前期（1897年夏冬之际）的主要特征是辨志文会重新成为设置、评阅课案的主办方⑤，后期（1898—1903年末）最令人瞩目的现象是“宋学”斋处于实际停顿状态，这或许正是传统学术在“西学”冲击下日益边缘化乃至不断萎缩的一个缩影。

---

① 参见《主持风雅》，出自《申报影印本》1887年12月10日，第31册第1054页上栏。另据《申报》1888年6月4日《创立诗院》之报道，可知“诗会”成立次年，即在万寿寺住持僧悟来的支持下，以寺内数楹房屋为基础，扩建成为“言志诗院”。

② 参见《辨志文会改章》，《申报》1887年3月3日。

③ 《申报》1892年3月14日的《四明要录》云：“宁郡共有四书院：一曰崇实，归宁绍台道主政，业于上月十九日开课；一曰辨志精舍，一曰月湖，均归宁波府主政；一曰鄮山，归鄞县主政。此外，又有孝廉堂，亦归宁波府主政。”并见《甬上新语》，出自《申报影印本》1895年2月26日，第49册第295页下栏。

④ 参见《江西萍乡县顾勴堂明府课士说略》，出自《申报影印本》1901年7月23日，第68册第500页上栏。

⑤ 考《申报》1897年11月5日《宁波辨志文会丁酉冬季课题》，其内“史学兼掌故”第三题名为“辨志精舍祔祀史忠定议”，是知，辨志文会虽再度成为设置、评阅课案的主办方，但辨志精舍依然存在。

深入考察这112篇记录辨志课题的报道，不难发现：首先，其中有部分命题卷存在重复的问题。例如辨志文会1879年十月份课题“汉学”类第二题“吴行人仪考”在时隔16年后再度面世，成为辨志精舍1895年秋季课题“汉学”类第二题；此外，包括“军机处缘起”“博文约礼说”在内的其他15道题目也存在类似问题（见表1－29），且以“宋学”题居多，从而表明甬上“宋学”的衰落其实由来已久。其次，命题者既生长于宁波及其周边，又身处外侮接踵而至的动荡时代，这就使得他们一方面十分留意浙东历史、地理和区域文化，并因此设置了诸如“述四明朱学”①“宁波府志源流”②“甬东山水颂”③之类的课题（见表1－30），另一方面非常关注中法战争、甲午战争、戊戌变法等重大时事（见表1－31），故在出题时，或要求与试者草拟“平倭露布”“讨日本檄”等诗文以鼓舞士气、民心④，或事后检讨国策而“问日本自明治以来国势勃兴，其故安在”⑤，或强烈建议“乡会试参用西学议”⑥，或倡论“武科改试枪炮议”⑦。凡此种种，莫不是对家国命运的深切关怀。

表1－29　重复出现的辨志课题

编号	名　称	首　出	重　出
1	吴行人仪考	1879年十月份课题汉学类	1895年秋季课题汉学类
2	军机处缘起	1879年十一月份课题史学类	1894年夏季课题史学类
3	格物说	1880年三月份课题宋学类	1889年冬季课题宋学类
4	刻全谢山《七校水经注》序	1880年九月份课题词章类	1889年冬季课题词章类*
5	读《契丹国志》书后	1881年十月份课题史学类	1895年冬季课题史学类
6	夜气说	1881年十一月份课题宋学类	1895年冬季课题宋学类

① 参见《宁郡辨志文会四月分课题》，出自《申报影印本》1880年5月12日，第16册第505页下栏。
② 参见《宁郡辨志文会四月分课题》，出自《申报影印本》1886年5月9日，第28册第725页下栏。
③ 参见《宁波辨志文会己亥秋季课题》，出自《申报影印本》1899年8月21日，第62册第827页上栏。
④ 光绪二十年（1894年）秋季课题“词章”第二题名为“拟平倭露布”，光绪二十一年（1895年）春季课题“史学”兼“掌故”第二题名为“拟〈讨日本檄〉（骈体）”。
⑤ 参见《宁郡辨志文会庚子冬季课题》，出自《申报影印本》1900年11月17日，第66册第461页上栏。
⑥ 参见《宁郡夏季辨志课题》，出自《申报影印本》1897年5月11日，第56册第63页下栏。
⑦ 参见《宁波辨志文会戊戌夏季课题》，出自《申报影印本》1898年6月26日，第59册第363页下栏。

续　表

编号	名　　称	首　　出	重　　出
7	读《二程粹言》书后	1882 年十一月份课题宋学类	1885 年三月份课题宋学类
8	博文约礼说	1883 年十一月份课题宋学类	1886 年四月份课题宋学类
9	读《脚气集》	1884 年八月份课题宋学类	1897 年冬季课题宋学类**
10	问贾捐之议弃珠厓与曾铣议复河套，两说若何？	1884 年十一月份课题舆地类	1888 年春季课题史学类***
11	六经不言无心说	1885 年四月份课题宋学类	1897 年冬季课题宋学类
12	释学	1885 年十月份课题汉学类	1885 年十一月份课题汉学类
13	函谷关考	1887 年春季课题舆地类	1901 年春季课题舆地类****
14	拟萧大圜《言志》	1888 年春季课题词章类	1894 年春季课题词章类
15	孟尝平原信陵春申四君论	1890 年夏季课题史学类	1893 年夏季课题史学类*****
16	海军赋(拟古不限韵)	1891 年秋季课题词章类	1892 年秋季课题史学类

注：* 重出时题为“全氏《七校水经注》书后”，名称虽有出入，但其实应无差异。
** 重出时题为“读《脚气集》书后”，名称虽略有出入，但其实并无任何差异。
*** 重出时题为“贾捐之议弃珠厓论”，两相比较，虽有较大差异，但也不无联系。
**** 重出时题为“函谷关旧址考”，名称虽略有出入，但其实并无任何差异。
***** 重出时题为“战国四公子优劣论”，名称虽有出入，但其实应无差异。

表 1－30　与浙东历史文化相关的辨志课题

编号	名　　称	来　　源
1	问荪湖以多荪得名，至正、成化《四明志》均谓荪即兰花，而沈存中《梦溪笔谈》则谓荪即菖蒲，两说当孰从	1880 年十月份课题舆地类
2	述四明朱学	1880 年四月份课题宋学类
3	慈湖弟子考	1880 年七月份课题宋学类
4	浙东海防议	1880 年七月份课题史学类

续　表

编号	名　　称	来　　源
5	拟陆士衡《答车茂安书》	1880年八月份课题词章类
6	天封塔赋	1882年二月份课题词章类
7	四明物产八咏	1882年二月份课题词章类
8	拟国朝四明经学诸儒小赞(各自为赞)	1882年五月份课题词章类
9	拟斥慈谿城堙附祀赵文华议	1882年十月份课题史学类
10	读王伯厚《通鉴地理通释》书后	1882年十月份课题舆地类
11	谨序《杖锡山汉隶歌》	1883年三月份课题词章类
12	鲒埼解	1883年五月份课题舆地类
13	明州藏书目考	1883年九月份课题词章类
14	舟山海防策	1884年七月份课题史学类
15	蛟川塞口议	1884年八月份课题舆地类
16	宋《开庆四明志》海岛烽燧二十六铺,试详考其所在	1884年十月份课题舆地类
17	万氏《历代史表》书后	1885年二月份课题史学类
18	四明山赋(不拘韵)	1885年三月份课题词章类
19	《水经注·沔水篇》南江至余姚入海,试证明今地之所在	1886年三月份课题舆地类
20	宁波府志源流	1886年四月份课题史学类
21	月湖十洲古迹考	1886年七月份课题舆地类
22	辨志精舍拟祀明州宋九生议	1886年九月份课题史学类
23	汉勾章、鄮、鄞三县疆域考	1893年秋季课题舆地类
24	杖锡山汉隶拓本歌咏·水仙花(七绝,不拘首数)	1894年春季课题词章类
25	丹山赤水洞天考	1895年夏季课题舆地类
26	《汉志》句章渠水考	1895年秋季课题舆地类

续 表

编号	名　　称	来　　源
27	槐堂之学莫盛于甬说	1897年春季课题宋学类
28	剡溪源流考	1897年春季课题舆地类
29	招宝山望海歌	1899年夏季课题词章类
30	甬东山水颂	1899年秋季课题词章类
31	甯郡巡防营章程私议	1900年秋季课题史学类
32	古鄮郡疆域考	1900年秋季课题舆地类
33	甬东怀古(用杜工部咏怀古迹韵)	1900年秋季课题词章类
34	四明怀古八首(用渔洋水绘园修韵)	1901年秋季课题词章类
35	甯郡中学堂碑记	1903年秋季课题词章类

表1-31　关注时事的辨志课题

编号	名　　称	性质	来　　源
1	台湾防守策	舆地	光绪十年(1884年)八月份课题
2	国朝乾隆以前绥靖四裔考略	史学	光绪十年(1884年)九月份课题
3	问疏濬运沔与兴造铁路两策孰是	舆地	光绪十年(1884年)九月份课题
4	新疆台湾置省论	史学	光绪十三年(1887年)冬季课题
5	铁路利害论	史学	光绪十五年(1889年)夏季课题
6	防倭策	史学	光绪二十年(1894年)秋季课题
7	拟平倭露布	词章	光绪二十年(1894年)秋季课题
8	海战不如海防说	史学	光绪二十年(1894年)冬季课题
9	增设东三省郡县议	史学	光绪二十年(1894年)冬季课题
10	拟《讨日本檄》(骈体)	史学	光绪二十一年(1895年)春季课题
11	寇准论海防	史学	光绪二十一年(1895年)夏季课题

续 表

编号	名 称	性质	来 源
12	效尤《堂外国竹枝词》,述东西洋近事	词章	光绪二十一年(1895年)夏季课题
13	东三省边防议	史学	光绪二十一年(1895年)秋季课题
14	记石浦南田开垦	史学	光绪二十二年(1896年)春季课题
15	南北洋赋(不限韵)	词章	光绪二十二年(1896年)春季课题
16	怀台湾(五排四十韵)	词章	光绪二十二年(1896年)春季课题
17	重设海军议	史学	光绪二十二年(1896年)夏季课题
18	乡会试参用西学议	史学兼掌故	光绪二十三年(1897年)夏季课题
19	旅顺、威海守御策	史学	光绪二十四年(1898年)春季课题
20	上海创设女学堂记(骈体)	词章	光绪二十四年(1898年)春季课题
21	武科改试枪炮议	史学	光绪二十四年(1898年)夏季课题
22	问日本自明治以来国势勃兴,其故安在	史学兼掌故	光绪二十六年(1900年)冬季课题
23	商战说	史学兼掌故	光绪二十六年(1900年)冬季课题

除课题外,《申报》还刊登了辨志文会的88篇课案(见表1-32)。此所谓课案,其实就是荣获"超等"和"特等"者的姓名录,虽数量偏少且部分课案本身就残缺不全①,但无疑是评判辨志文会历史作用的主要依据。辨志文会的历史作用,首先突出地表现为其课试既历时久远,又沾溉甚众,在长达25年的不间断考核中,至少有12 250人次先后荣获"超等"或"特等"(见表1-33)。事实上,清末民初的几乎所有甬上名士都曾参与其中,甚至连国学大师章炳麟(1869—1936年)也曾在1894—1896年先后5次参加辨志文会课试并得奖。② 尤需说明的是,参

① 例如《申报》1880年11月5日的《宁郡辨志文会五月分课案》云:"此案由友抄来,秋蚓春蛇,几致不能认,勉强照录其姓名,容有舛错,阅者鉴之。"又如《申报》1900年1月22日的《宁郡辨志文会秋季课案》云:"宁波访事友来函云:'此次辨志文会案发,适为风(两)[雨]所侵,名字半多剥蚀。兹择其可以辨认者,照录于左。'"

② 参见《宁郡辨志精舍甲午冬季课案》,出自《申报影印本》1895年4月11日,第49册第575页下栏;《宁郡辨志精舍乙未夏季课案》,出自《申报影印本》1895年11月18日,第51册第517页下栏;《宁郡辨志六斋丙申夏季课案》,出自《申报影印本》1896年11月9日,第54册第437页下栏;《宁郡辨志精舍丙申秋季课案》,出自《申报影印本》1897年1月30日,第55册第169页下栏;《宁波辨志精舍丙申冬季课案》,出自《申报影印本》1897年4月8日,第55册第555页上栏。

加辨志文会课试和与试者日后成长之间的关系，虽难予以精确评估，但可以肯定的是，这一经历对课题参与者积累考试经验、丰富社会阅历乃至结交同好、扩大知名度皆当有所裨益。

表 1-32　见录于《申报》的辨志文会(精舍)历年课案

阶段	年份	课　　案	数量
辨志文会六斋月考	1880	三月、四月、五月、七月、八月、九月、十月	7
	1881	二月、三月、四月、七月、闰七月、八月、九月、十月、十一月	9
	1882	二月、三月、五月、六月、十一月	5
	1883	三月、四月、五月、十一月	4
	1884	三月、五月、闰五月、七月、八月、九月、十月、十一月	8
	1885	二月、五月、十月、十一月	4
	1886	三月、四月、五月、七月、八月、九月	6
辨志文会六斋季考	1887	春季、秋季、冬季	3
	1888	春季、冬季	2
	1889	春季、夏季、秋季	3
	1890	春季、夏季、秋季、冬季	4
辨志精舍六斋季考	1891	春季、夏季、秋季、冬季	4
	1892	春季、夏季、秋季、冬季	4
	1893	春季、夏季、秋季、冬季	4
	1894	春季、夏季、秋季、冬季	4
	1895	夏季、秋季、冬季	3
	1896	春季、夏季、秋季、冬季	4
辨志文会五斋季考	1897	春季、夏季	2
	1898	冬季	1
	1899	春季、秋季、冬季	3
	1900	春季、夏季	2
	1901	春季、秋季	2

表 1－33　辨志文会代表性课案的比较

类别	等级	1881 年二月份课案	1889 年春季课案	1893 年春季课案	1899 年春季课案
汉学	超等	何宗镐等 10 人	王亨彦等 10 人	施世杰等 10 人	陈汉章等 10 人
	特等	杨鲁曾等 10 人	汪开祉等 10 人	王亨彦等 10 人	施世杰等 8 人
宋学	超等	朱逢甲等 10 人	黄家桥等 10 人	于梦奎善 2 人	0
	特等	包祖荫等 8 人	林植梅等 10 人	沈重光等 6 人	0
史学	超等	秦在镕等 10 人	朱逢甲等 8 人	谢行滙等 10 人	洪允祥等 10 人
	特等	黄维瀚等 10 人	姚曾荣等 10 人	于鬯等 10 人	赵家艺等 10 人
算学	超等	林植梅等 10 人	卢云鹏等 10 人	曹仰钦等 10 人	王汝成等 10 人
	特等	林际唐等 10 人	程万里等 10 人	王汝成等 10 人	魏廷梁等 5 人
舆地	超等	何宗镐等 3 人	汪开祉等 10 人	陈得善等 10 人	陈汉章等 10 人
	特等	秦在镕等 5 人	王亨彦等 10 人	江起鲲等 10 人	王序宾等 10 人
词章	超等	张美翊等 10 人	张景翰等 10 人	冯善征等 10 人	冯善征等 8 人
	特等	金士衍等 10 人	王英冕等 10 人	李进兴等 10 人	裘绍良等 8 人
合计		106 人次	118 人次	108 人次	89 人次
结论		在辨志文会的历年考核中，平均每期约有 105 人次被评为超等和特等，以此类推，25 年累计共有 12 250 人次被评为超等和特等			

注：四个课案皆属于辨志文会某一发展阶段第三年的第一个课案。

若对这 88 篇课案加以系统整理，就不难发现，有不少与试者是辨志文会的多年常客。譬如江苏南汇人于鬯（1854—1910 年），从 1880 年开始参加该年五月份课题并取得汉学类“超等”第一名的成绩①，到 1899 年 8 月荣获春季课案舆地类“特等”第一名为止②，在这 20 年内先后 25 次获得汉学、舆地、史学的“超等”和“特等”。毋庸置疑，以于鬯为代表的众多积极分子的参与目的理当是学术交流，但对部分与试者来说，赚取花红才是他们参加课试的主要考量。这一点，晚清小说《文明小史》有所叙及：

① 参见《宁郡辨志文会五月分课案》，出自《申报影印本》1880 年 11 月 5 日，第 17 册第 509 页下栏。
② 参见《宁波辨志文会己亥春季课案》，出自《申报影印本》1899 年 8 月 21 日，第 62 册第 827 页上栏。

这姚文通未曾考取拔贡的前头，已经很有文名，后来瞧见上海出的报纸，晓得上海有个求志书院，宁波有个辨志文会，膏火奖赏，着实丰富，倘能一年考上了几个超等，拿来津贴，倒也不无小补。因此托人一处替他买了一本卷子，顶名应课。[①]

这段叙述虽语多戏谑甚至不屑，但表明辨志文会的花红客观上已然成为当时部分与试者养家糊口、继续学业不可或缺的经济来源。

1920年冬，陈训正在得知其恩公喻兆蕃病卒的消息之后，即刻写就《哭萍乡》《喻斋记》两文加以悼念，并在这两篇纪念性文章中，将宁波地方教育从重视科举到兴办新式学堂的转变完全归功于喻兆蕃（曾任宁波知府和甯绍台海防兵备道），其《喻斋记》云：

海通以还，甬为中国五大商港之一，……顾其士重邦献，规旧白首穷举业，……当先朝初议改制，……甬之人翻疑其事之未果真，恐恐然若猛兽毒蛇之将至。呜呼！何见之愎而多乖也。自萍乡喻公来守吾郡，稍稍用材望，推选各属士，任以教化之事，于是朝之新令，乃始得行于甬。……公至一年，富者相劝勉，助公兴学，匝郡之竟，遂有学校三百余所。夫甬自置郡，守者先后至，奚啻百数辈，卒不能夺其俗陋，而必待公乃兴，风气之自，果人为之与。[②]

然而陈训正此论既严重低估了“废八股，兴学堂”这一教育政策的导向作用，也彻底抹杀了辨志文会的历史贡献。事实上，由于辨志文会在其成立之初，不但确立了“分斋课士”的原则，而且鼓励鸿才博学者“兼作”[③]各斋课题，因此仅仅过了6年，就突破了传统科目占据绝对优势地位的原有格局，出现了“风气大开，讲求历算天学者，日新月盛”[④]的全新动向。时至1897年，象山人陈汉章（1864—1938年）在该年春季考核中更是一举夺得汉学“超等”第一名、宋学“超等”第一名、算学“特等”第一名、舆地“超等”第一名、词章“特等”第六名[⑤]这一空前绝后的佳绩。陈汉章的兼通五斋，既是他个人努力的结果，也未尝不是辨志文会20年来积极引导的产物。追本溯源，近代宁波地方教育的新陈代谢，无疑始自且有赖于辨志文会的“分斋课士”。

---

① 李宝嘉：《文明小史》，华夏出版社1995年版，第1页。

② 陈训正：《天婴室丛稿》第一辑之五《秋岸集》，出自沈云龙：《近代中国史料丛刊》第63辑，台湾文海出版社1972年版，第239～240页。陈训正的这一论调，又可见其领衔修纂的《鄞县通志》第二《政教志》第四册庚编上《教育（一）》，宁波出版社2006年版，第767页。

③ 参见[清] 宗源瀚：《增设辨志文会示》，出自《申报影印本》1879年2月18日，第14册第145页。

④ 参见黄维瀚：《家君七旬初度敬乞诗文启》，出自《申报影印本》1884年10月12日，第25册第603页。

⑤ 参见《宁郡辨志文会丁酉春季课案》，出自《申报影印本》1897年7月27日，第56册第538页上栏。

二、1940年宁波鼠疫与官方救治

1940年10月，侵华日军将策划已久的“保号作战”计划付诸实践，分别在22日、27日对宁波城区的同一区域(开明街、东后街一带)先后两次空投带有鼠疫杆菌的跳蚤。于是从29日开始，相继有人染疫发病，时至31日，就有一居民因此暴死。事后来看，这场由细菌战引起的突发性传染病，从10月29日出现疫情到12月2日最后一位病人死亡为止(共计109人病故)，历时35天，大抵可细分为三个阶段。

第一阶段，从10月29日至11月2日晚，为初发期。在这4天内，有多达19人接连病死，因而全城恐慌。11月1日，应县东镇镇长毛稼笙之请而到现场查诊的鄞县中心医院院长张方庆，根据所见症状和临床经验，开始怀疑病原乃鼠疫，而非传说中的恶性疟疾。各种压力遂蜂拥而至。次日，鄞县县政府召开紧急会议，决定立即设置并封锁疫区，抗疫运动也由此进入第二阶段。

第二阶段，从11月2日晚至16日，为隔离期。在此期间，一方面通过鄞县中心医院医师孙金鉐的血液检查、华美医院院长丁立成的科学实验，至11月4日，最终确认病原为鼠疫；另一方面，鄞县县政府迅速摆脱此前的张皇失措，从2日晚上开始，果断采取了一系列行之有效的应对措施：

其一，11月2日晚，将东大路以南、开明巷以北、开明街以东、北太平巷以西大约5 000平方米的地块划为疫区并加以封锁、整治：① 先拦草绳、洒石灰作为临时封锁线，而后砌实叠砖墙，沿着疫区周围筑起一堵比平屋略高的隔离墙；② 开挖1米宽、约1.3米深的隔离沟并撒上石灰；③ 掘毁或堵塞人行道下的地下水沟和各户的排水瓦筒。这三项措施主要用于预防疫鼠、疫蚤外窜。

其二，为防止疫源外泄，一支由30人组成的消毒队在11月3日受命进入疫区，进行全面消毒：① 用白纸粘封沿街壁缝，沿途浇洒石灰水；② 封闭店屋后，先用硫黄蒸12个小时，然后撬开天花板、地板，浇入石灰水；③ 彻底清除死鼠等秽物，捕杀疫区内的所有狗、猫等家畜，以免传播疫菌。

其三，设立三处隔离病房。其中，设在疫区内同顺提庄的甲部专收已被确认染疫的居民。其他疫区居民全部迁居设在开明街永耀电力公司营业处的乙部，进行为期一周的封闭观察。经诊断凡有疑似染疫者，即由乙部转入设在开明巷内的丙部；其不治身亡者，则被集中埋葬在宁波市西南郊的老龙湾(今宁波市火车站)。

其四，先后成立“扑灭鼠疫临时办事处”“鄞县防疫处”等机构，强化对防疫工作的直接领导和现场处置。尤其是“鄞县防疫处”，既下设防治组、工务组、总务组、警备组而能各司其职，又由县长俞济民、秘书长章鸿宾亲自兼任正、副处长，因而效率奇高，在短短 24 天内(11 月 6—29 日)就密集召开了 20 次防疫会议。

其五，鄞县县政府不但允许宁波《时事公报》设置“防疫专辑”以跟进报道，而且经常通过《时事公报》发布各种禁令或建议民众积极防范。例如：“接近病人的家属，须将全身衣服脱下，剃光头发、沐浴清洁后，更换另备衣服，并离开疫区。”①

其六，由于对疫区的封锁迟缓了 4 天，因此有不少疫区居民基于种种考虑而潜逃在外，内有 16 名潜逃者在 11 月 3—10 日病死于慈溪、奉化、象山等地(不包括 11 月 2 日病死的 4 人)，这就极大地增加了防疫的难度。面对如此复杂的情势，鄞县县政府多管齐下：一是责令商店停业、学校停课、公共娱乐场所停演，同时要求旅店拒收疫区来客；二是在《时事公报》发布公告，敦劝民众一经发现疫区居民潜逃在外者，无论已发病或未发病，均需立即“电告”政府或医疗机构，即便是亲友，也必须“一律拒绝收容”；三是在警备组下设“搜查队”，挨户检核，在 11 月 5—11 日发现并追回潜逃者共计 36 人，同时派遣消毒队员远赴慈溪、奉化、象山等县，对外逃者曾经停留的 95 个落脚点或死亡处(城区 83 个、乡村 12 个)进行严格消毒，必要时加以烧毁；四是组织预防注射队，对疫区周围的居民和机关团体进行预防性注射，仅有据可查的，就有多达 23 343 人次被注射鼠疫菌苗。

如此，在这半个月中，虽然染疫病死者多达 81 人，占全部染疫病死者的 74.3%，但自 11 月 16 日起，疫情明显趋于缓和，从而过渡到第三阶段。

第三阶段，从 11 月 17 日至 12 月 2 日，为稳定期。在这 16 天内，虽仍有 9 人染疫病而死，但死亡人数明显下降，且鼠疫已不再蔓延。对于前一阶段官方雷厉风行的防疫举措，民间不无异议。正因如此，鄞县县政府在这一阶段的工作重心发生了从抗疫到善后的转移。具体而言，善后工作又可细分为两类：一是像张方庆《鄞县鼠疫近况与未来之预防》那样，通过列数据、摆事实，强调之前所流行的鼠疫的严重性和危险度，借以平息物议；二是毅然决定焚毁疫区内所有 137 间房屋，并在 11 月 29 日晚 7 至 11 点将之尽付一炬，以期根除鼠疫隐患，巩固业已取得的抗疫成果。

---

① 王祖同：《抗日战争时期宁波鼠疫纪实》，出自《宁波文史资料》第 2 辑，1984 年，第 185 页。

事实上,这场人祸内具四大特征:一是染疫者所感染的鼠疫类型基本上是由疫蚤传染的腺鼠疫,少许为败血鼠疫;二是在109名染疫病死者中,除华美医院勤工徐安林外,感染地点都是在疫区内,而且108人中有103人受感染于封锁疫区之前;三是发病率高、传染性强,"凡毗连之家,无一能幸免者,且发病皆在10月30日至11月10日之十日间"①;四是除陈和尚、钱贵法两人幸存外,其余患者全部死亡,死亡率高达98.2%。

1940年宁波鼠疫所呈现的这四个特征,连同鼠疫传播的三个阶段,充分表明当时鄞县政府所推进的抗疫救治工作确实卓有成效。可以毫不夸张地说,1940年宁波抗疫的成功,不但粉碎了日寇企图利用细菌战摧毁中国军民抗战信念的迷梦,更在较大程度上打乱了日寇急于结束中国战事、抽身向南洋扩张的战略部署。当时鄞县政府所推行的抗疫救治工作成为相关疫情研究与防治的重要史料。

---

① 王祖同:《抗日战争时期宁波鼠疫纪实》,出自《宁波文史资料》第2辑,1984年,第188~189页。

第二章

浙东名士研究

第一节　虞世南行迹编年

虞世南，字伯施，初唐时期著名的书法家和政治家，“初唐四大家”之一，越州余姚（今慈溪观海卫镇）人。今对其行迹以编年研究之，供读者参阅。

陈武帝永定二年（558年）

虞世南生。

据《新唐书·虞世南传》和《旧唐书·虞世南传》可知，虞世南卒于唐太宗贞观十二年（638年），时年八十一。由此逆推，是知其生于本年。

陈文帝天嘉二年（561年）

十二月底，虞世南生父虞荔卒，虞世南居丧过礼。

《陈书·虞荔传》：“天嘉二年卒，时年五十九。文帝甚伤惜之，赠侍中，谥曰德子。及丧柩还乡里，上亲出临送，当时荣之。”

《旧唐书·虞世南传》：“天嘉中，荔卒，世南尚幼，哀毁殆不胜丧。”（《新唐书·虞世南传》同。）

陈文帝天嘉五年（564年）

十一月己丑，陈宝应乱败被擒[①]，虞寄因此得以返乡。于是，虞世南释布食肉。

《旧唐书·虞世南传》：“虞世南字伯施，……叔父寄，……无子，以世南继后，故字曰伯施。……天嘉中，荔卒，世南尚幼，哀毁殆不胜丧。陈文帝知其二子博学，每遣中使至其家将护之[②]。及服阕，召为建安王法曹参军[③]。寄陷于陈宝应，

① 参见《陈书》卷3《世祖纪》，第58页。

② 由虞世南生卒年推算，时当天嘉二年冬虞荔去世，虞世南年方四五岁，焉得博学？既无从博学，则“陈文帝知其二子博学，每遣中使至其家将护”之说，恐亦非事实！

③ 按服丧之制，自宋武帝永初元年（420年）十月辛卯“改晋所用王肃祥禫二十六月仪，依郑玄二十七月而后除”（《宋书·武帝纪下》）以来，历代多承用之。由此推算，虞世南当于天嘉五年三月服阕，然七岁幼童不得释褐甚明，何况其时并无建安王。

在闽、越中，世南虽除丧，犹布衣蔬食。至太建末，宝应破[①]，寄还，方令世南释布食肉。”(《新唐书·虞世南传》近似。)

陈后主至德元年(583年)

约十月丁酉稍后，虞世南被选为西阳王友。

《旧唐书·虞世南传》：“至德初，除西阳王友。”(《新唐书·虞世南传》同。)考《陈书·后主纪》，西阳王陈叔穆受封于至德元年十月丁酉。

陈后主祯明三年，隋文帝开皇九年(589年)

正月丙戌，隋师攻据建康，陈亡。[②] 虞世基、虞世南兄弟随例迁居长安，皆以文名著称，时人将之与西晋陆机、陆云兄弟相提并论。

《新唐书·虞世南传》：“陈灭，与世基入隋。世基辞章清劲过世南，而赡博不及也，俱名重当时，故议者方晋二陆。”(《旧唐书·虞世南传》近似。)

隋炀帝大业元年(605年)

约本年，虞绰、虞世南奉诏与庾自直等人共撰《长洲玉镜》等书。

《隋书·文学·虞绰传》：“大业初，转为秘书学士，奉诏与秘书郎虞世南、著作佐郎庾自直等撰《长洲玉镜》等书十余部。绰所笔削，帝未尝不称善。”(《北史·文苑·虞绰传》同。)

王应麟《困学纪闻》卷10以为《长洲玉镜》撰于隋炀帝南游江都之际，其说甚是。考《隋书·炀帝纪上》，炀帝于大业元年八月首游江都，至次年三月北返，其时与《隋书·文学·虞绰传》“大业初”云云相合，由此当可断定《长洲玉镜》始撰于本年。

隋炀帝大业九年(613年)

虞世南被隋炀帝告知以“我性不喜人谏”。

《资治通鉴》卷182“隋炀帝大业九年”条：“帝从容谓秘书郎虞世南曰：‘我性不喜人谏，若位望通显而谏以求名，弥所不耐。至于卑贱之士，虽少宽假，然卒不置之地上。汝其知之！’”

《增注唐策》卷10《孙伏伽上三事》注：“大业九年，帝谓秘书郎虞世南曰：‘我性不喜人谏，若位望通显而谏以求名者，弥所不耐。至于卑贱之士，虽少宽假，然卒不置之地上。女其知之！’十年，诏百僚议伐高丽，数日无敢言者。”

---

① 《陈书·世祖纪》明言，陈宝应被擒于天嘉五年十一月己丑，此云“太建末”，显非，当改作“天嘉末”。

② 参见《陈书》卷6《后主纪》，第117页。

隋恭帝义宁二年，唐高祖武德元年(618年)

当其兄虞世基遇害之际，虞世南请以身代，也因此备受时人称许。

《旧唐书·虞世南传》："及至隋灭，宇文化及弑逆之际，世基为内史侍郎，将被诛，世南抱持号泣，请以身代，化及不纳，因哀毁骨立，时人称焉。"(《新唐书·虞世南传》和《贞观政要》卷5《孝友第十五》同。)

《新唐书·奸臣上·许敬宗传》："始虞世基与善心同遭贼害，封德彝常曰：'昔吾见世基死，世南匍匐请代；善心死，敬宗蹈舞求生。'"(《唐会要》卷63《杂录上》同。)

唐高祖武德二年(619年)

闰二月，虞世南被窦建德命为黄门侍郎。虞世南的此一抉择，在后世史家看来，"盖大渴不能择泉而饮，大暑不能则荫而息耳，非不识其饮憩之所"[①]。

《旧唐书·虞世南传》："从(宇文)化及至聊城，又陷于窦建德，伪授黄门侍郎。"

《新唐书·虞世南传》："从至聊城，为窦建德所获，署黄门侍郎。"

《资治通鉴》卷187系其事于武德二年闰二月，此从之。

唐高祖武德四年(621年)

五月己未，秦王李世民大破窦建德于武牢，擒之。[②] 事后，虞世南被李世民用为府参军。

《旧唐书·虞世南传》："太宗灭建德，引为秦府参军。"(《新唐书·虞世南传》同。)

十月己丑，诏加秦王李世民天策上将。[③] 当此之际，虞世南与薛收受命各作让天策上将表。

《旧唐书·薛收传》："太宗初授天策上将、尚书令，命收与世南并作第一让表，竟用收者。"

十月，虞世南与褚亮等18人，并以本官兼文学馆学士。其后，又与房玄龄对掌文翰。

《旧唐书·褚亮传》："始太宗既平寇乱，留意儒学，乃于宫城西起文学馆，以待四方文士。于是，以属大行台司勋郎中杜如晦，记室考功郎中房玄龄及于

① 参见《旧唐书》卷72"史臣曰"，第2585页。
② 参见《旧唐书》卷1《高祖纪》，第11页。
③ 参见《旧唐书》卷1《高祖纪》，第12页。

志宁，军谘祭酒苏世长，天策府记室薛收，文学褚亮、姚思廉，太学博士陆德明、孔颖达，主簿李玄道，天策仓曹李守素，记室参军虞世南，参军事蔡允恭、颜相时，著作佐郎摄记室许敬宗、薛元敬，太学助教盖文达，军谘典签苏勖，并以本官兼文学馆学士。”(《新唐书·褚亮传》除明确系之于武德四年外，余同《旧唐书·褚亮传》。)

《旧唐书·太宗纪上》：“十月，加号天策上将、陕东道大行台，位在王公上。……于时海内渐平，太宗乃锐意经籍，开文学馆以待四方之士。行台司勋郎中杜如晦等十有八人为学士，……未几，窦建德旧将刘黑闼举兵反，据洺州。十二月，太宗总戎东讨。”

《旧唐书·虞世南传》：“太宗灭建德，引为秦府参军。寻转记室，仍授文学馆学士，与房玄龄对掌文翰。”

《资治通鉴》卷189系其事于武德四年十月，此从之。

唐高祖武德五年(622年)

约本年，虞世南与裴矩受命合撰《吉凶书仪》。

《旧唐书·裴矩传》：“武德五年，拜太子左庶子。俄迁太子詹事，令与虞世南撰《吉凶书仪》，参按故实，甚合礼度，为学者所称，至今行之。”①

约本年，虞世南与李守素纵论南北朝时各地名门望族。

《唐会要》卷36《氏族》：“武德中，李守素与虞世南论及氏族。初言江左，世南独相酬对，及言北地诸姓，次第如流，陈其事业，皆有援证，世南但抚手而已，不复能答，叹曰：‘肉谱实可畏。’许敬宗曰：‘肉谱非雅名也。’世南曰：‘昔任彦升善谈经籍，梁代称为五经笥，今日号仓曹为人物笥矣。’”

唐高祖武德六年(623年)

十一月壬午稍后，虞世南受命为周墀六世祖黄州总管周法明“铭书墓碑”。

《樊川文集》卷4《唐故东川节度使检校右仆射兼御史大夫赠司徒周公墓志铭》：“……灵起仕梁，为桂州刺史。生炅，在陈为车骑将军。炅生法明。年十二，一命为巴州刺史。陈灭，臣隋，为赵之真定令。隋乱，归黄冈，起兵取蕲、安、沔、黄。武德中，籍四州地请命，授总管安十六州军事、光禄大夫，封国于道。太宗命虞世南铭书墓碑。相国为六代孙。”②

① 参见《新唐书·艺文志二》乙部仪注类录曰：“裴矩、虞世南《大唐书仪》十卷。”

② 参见《文苑英华》卷938题作《东川节度使检校右仆射兼御史大夫赠司徒周公墓志》，未明言此墓志铭乃杜牧所作，且文字多误，“周炅”误作“周冕”，即其显例。

考《陈书》卷13《周炅传》云："周炅字文昭，汝南安成人也。祖强，齐太子舍人、梁州刺史。父灵起，梁通直散骑常侍，庐、桂二州刺史，保城县侯。"又考《新唐书》卷87《萧铣传》云："（武德）四年，诏（赵郡王）孝恭与李靖率巴蜀兵顺流下，庐江王瑗繇襄阳道，黔州刺史田世康出辰州道，会兵图铣。伪将周法明以四州降，即诏为黄州总管，趋夏口道，攻安州，克之。"由此观之，该墓志铭虽颇多舛误，却也近乎史传所载，故予以采信。按《新唐书》卷1《高祖纪上》云："（武德六年）十一月壬午，张善安袭杀黄州总管周法明。"故系其事于本年。

唐高祖武德九年(626年)

虞世南撰并书《孔子庙堂碑》。

欧阳修《文忠集》卷138《唐孔子庙堂碑》武德九年云："右《孔子庙堂碑》，虞世南撰并书。"

六月甲子，秦王李世民被立为皇太子。[①] 同月戊辰，虞世南被选为中舍人。

《旧唐书·虞世南传》："太宗升春宫，迁太子中舍人。"

《资治通鉴》卷191"唐高祖武德九年"条："六月，……戊辰，以宇文士及为太子詹事，长孙无忌、杜如晦为左庶子，高士廉、房玄龄为右庶子，尉迟敬德为左卫率，程知节为右卫率，虞世南为中舍人，褚亮为舍人，姚思廉为洗马。"

八月癸亥，太宗即位于东宫显德殿。[②] 虞世南由太子中庶子转任著作郎。

《旧唐书·虞世南传》："及即位，转著作郎。"

《新唐书·虞世南传》："王践祚，拜员外散骑侍郎、弘文馆学士。"(此从《旧唐书》。)

九月，虞世南以著作郎兼弘文馆学士，被推为文学之宗。

《旧唐书·虞世南传》："及即位，转著作郎，兼弘文馆学士。"

《贞观政要》卷2《任贤第三》："贞观初，太宗引为上客，因开文馆，馆中号为多士，咸推世南为文学之宗。授以记室，与房玄龄对掌文翰。"

《资治通鉴》卷192："武德九年九月，……上于弘文殿聚四部书二十余万卷，置弘文馆于殿侧，精选天下文学之士虞世南、褚亮、姚思廉、欧阳询、蔡允恭、萧德言等，以本官兼学士，令更日宿直，听朝之隙，引入内殿，讲论前言往行，商榷政事，或至夜分乃罢。"(《唐会要》卷64《弘文馆》同。)

---

① 参见《旧唐书》卷2《太宗纪上》，第29页。

② 参见《旧唐书》卷2《太宗纪上》，第30页。

唐太宗贞观元年(627 年)

虞世南与欧阳询受诏为五品以上京官之子教授楷书。

《唐会要》卷 64《弘文馆》:"贞观元年,敕见在京官文武职事五品已上子有性爱学书及有书性者,听于馆内学书。其书法内出。其年有二十四人入馆。敕虞世南、欧阳询教示楷法,黄门侍郎王珪奏:'学生学书之暇,请置博士,兼弘业焉。'敕太学助教侯孝遵授以经典。著作郎许敬宗授以史学。"

唐太宗贞观二年(628 年)

十月甲午,虞世南为作《左武候将军庞某碑序》。

《文馆词林》卷 453 载其词云:"……公讳字,相州邺县人也。……贞观元年七月,诏授左武候将军,……以今贞观二年六月某日遘疾,薨于雍州长安县之安仁里宅,春秋卅有五。……粤其年十月甲戌朔廿一日甲午,窆于雍州长安县之某原。"[①]

唐太宗贞观三年(629 年)

十二月癸丑,在有司受诏为建国阵亡将士立寺于殒身之处的同时,虞世南等人受诏为之撰写碑铭予以表彰。

《旧唐书·太宗纪下》:"十二月……癸丑,诏建义已来交兵之处,为义士勇夫殒身戎阵者各立一寺,命虞世南、李百药、褚亮、颜师古、岑文本、许敬宗、朱子奢等为之碑铭,以纪功业。"[②]

《唐会要》卷 48《寺》系其事于贞观二年十二月癸酉,似误。

唐太宗贞观四年(630 年)

三月甲申,尚书右仆射杜如晦卒。[③] 虞世南受诏为制碑文。

《旧唐书·杜如晦传》:"四年,疾笃,……寻薨,年四十六。太宗哭之甚恸,废朝三日,赠司空,徙封莱国公,谥曰成。太宗手诏著作郎虞世南曰:'朕与如晦,君臣义重。不幸奄从物化,追念勋旧,痛悼于怀。卿体吾此意,为制碑文也。'"

《新唐书·杜如晦传》:"薨,年四十六,帝哭为恸,赠开府仪同三司。及葬,加司空,谥曰成。手诏虞世南勒文于碑,使言君臣痛悼意。"

《宝刻丛编》卷 9 引《金石录》:"《唐赠司空杜如晦碑》,唐虞世基撰。八分书,

---

① [唐]许敬宗编,罗国威整理:《日藏弘仁本文馆词林校证》,中华书局 2001 年版,第 160～162 页。

② 唐太宗此诏,可见《初学记》卷 23 小字夹注,题作《唐贞观年为战阵处立寺诏》。王禹偁《小畜集》卷 17《扬州建隆寺碑》亦提及此事,内称:"唐贞观中,制以天下战阵处为寺,且命虞世南、李百药、岑文本之徒,刊勒碑铭,纪述功业,传诸简册,灿然可观。"

③ 参见《旧唐书》卷 3《太宗纪下》,第 39 页。

无姓名，验其字画，盖欧阳询书也。碑以贞观四年立。"则此"虞世基"显系"虞世南"之误。

五月，虞世南受诏为撰《昭觉寺碑铭》。

《唐会要》卷48《寺》："破刘武周于汾州，立弘济寺，宗正卿李百药为碑铭；破宋老生于莒州，立普济寺，著作郎许敬宗为碑铭；破宋金刚于晋州，立慈云寺，起居郎褚遂良为碑铭；破王世充于邙山，立昭觉寺，著作郎虞世南为碑铭；破窦建德于汜水，立等慈寺，秘书监颜师古为碑铭；破刘黑闼于洺州，立昭福寺，中书侍郎岑文本为碑铭。已上并贞观四年五月建造毕。"

虞世南、房玄龄使薛元超作咏竹诗以观其才。

《大唐故中书令赠光禄大夫秦州都督薛公墓志铭》："公讳震，字元超，河东汾阴人也。……八岁，善属文，时房玄龄、虞世南试公咏竹，援豪立就。卒章云：'别有邻人笛，偏伤怀旧情。'玄龄等即公之父党，深所感叹。……以光宅元年十二月二日薨于洛阳之丰财里，春秋六十有二。"①

兹据薛元超卒年逆推，系其事于本年。

唐太宗贞观六年(632年)

虞世南与褚亮等人受诏分制雅乐歌词。

《旧唐书·音乐志三》："贞观二年，太常少卿祖孝孙既定雅乐，至六年，诏褚亮、虞世南、魏徵等分制乐章。"

虞世南与杜正伦等人因上书直言朝政得失而受赏。

《旧唐书·杜正伦传》："六年，正伦与御史大夫韦挺、秘书少监虞世南、著作郎姚思廉等咸上封事称旨，太宗为之设宴，因谓曰：'……为君不易，为臣极难。我又闻龙可扰而驯，然喉下有逆鳞，触之则杀人。人主亦有逆鳞，卿等遂不避犯触，各进封事。常能如此，朕岂虑有危亡哉！我思卿等此意，岂能暂忘，故聊设宴乐也。'仍并赐帛有差。"(《贞观政要》卷2《求谏第四》同。)

《新唐书·杜正伦传》："累中书侍郎。与韦挺、虞世南、姚思廉论事称旨，帝为设宴具，召四人者，谓曰：'我闻神龙可扰以驯，然颔有逆鳞，婴者死，人君亦有之。卿属遂犯吾鳞，裨阙失，朕其虑危亡哉！'各赐帛有差。"

闰八月戊辰，虞世南奏上《圣德论》。

《旧唐书·虞世南传》："及即位，转著作郎，兼弘文馆学士。时世南已衰老，

---

① 周绍良、赵超：《唐代墓志汇编续集》，上海古籍出版社2001年版，第278～280页。

抗表乞骸骨，诏不许，迁太子右庶子，固辞不拜，除秘书少监。上《圣德论》，辞多不载。”

《资治通鉴》卷194“唐太宗贞观六年”条：“（闰八月）戊辰，秘书少监虞世南上《圣德论》，上赐手诏，称：‘卿论太高。朕何敢拟上古，但比近世差胜耳。然卿适睹其始，未知其终。若朕能慎终如始，则此论可传；如或不然，恐徒使后世笑卿也。’”

唐太宗贞观七年（633年）

正月戊子，太宗制《破阵乐舞图》。[①] 稍后，虞世南和魏徵等人受诏为《破阵乐》填写新词而成《七德舞》。

《旧唐书·音乐志二》：“《破阵乐》，太宗所造也。太宗为秦王之时，征伐四方，人间歌谣《秦王破阵乐之曲》。及即位，使吕才协音律，李百药、虞世南、褚亮、魏徵等制歌辞。”（《唐会要》卷33《破阵乐》近似。）

《新唐书·礼乐志十一》：“《七德舞》者，本名《秦王破阵乐》。太宗为秦王，破刘武周，军中相与作《秦王破阵乐》曲。及即位，宴会必奏之，……乃制舞图，……命吕才以图教乐工百二十八人，被银甲执戟而舞，……后令魏徵与员外散骑常侍褚亮、员外散骑常侍虞世南、太子右庶子李百药更制歌辞，名曰《七德舞》。”（《唐会要》卷33《破阵乐》同。）

考《旧唐书·音乐志一》云：“贞观元年，宴群臣，始奏《秦王破阵之曲》。……其后令魏徵、虞世南、褚亮、李百药改制歌辞，更名《七德》之舞，增舞者至百二十人，被甲执戟，以象战阵之法焉。……七年，太宗制《破阵舞图》：……令吕才依图教乐工百二十人，被甲执戟而习之。……更名《七德》之舞。”故系之于本年。

虞世南转任秘书监，以其博学且敢于犯颜直谏而为太宗所尊重。

《旧唐书·虞世南传》：“七年，转秘书监，赐爵永兴县子。[②] 太宗重其博识，每机务之隙，引之谈论，共观经史。世南虽容貌儒愞，若不胜衣，而志性抗烈，每论及古先帝王为政得失，必存规讽，多所补益。太宗尝谓侍臣曰：‘朕因暇日与虞世南商略古今，有一言之失，未尝不怅恨，其恳诚若此，朕用嘉焉。群臣皆若世南，天下何忧不理。’”

《新唐书·虞世南传》：“改秘书监，封永兴县子。世南貌儒谨，外若不胜衣，

---

① 参见《旧唐书》卷3《太宗纪下》，第42页。
② 参见《唐会要》卷65《秘书省》误系其事于贞观四年十一月。

而中抗烈，论议持正。太宗尝曰：'朕与世南商略古今，有一言失，未尝不怅恨，其恳诚乃如此！'"(《贞观政要·任贤第三》略同。)

《唐会要》卷65《秘书省》："七年九月二十三日，上谓侍臣曰：'朕因暇日，每与秘书监虞世南商量今古。朕一言之善，虞世南未尝不悦；有一言之失，未尝不怅恨。尝戏作艳诗，世南进表谏曰：圣作虽工，体制非雅。上之所好，下必随之。此文一行，恐致风靡，轻薄成俗，非为国之利。赐令继和，辄申狂简。而今之后，更有斯文。继之以死，请不奉诏旨。群臣皆若世南，天下何忧不理?'因顾谓世南曰：'朕更有此诗，卿能死否?'世南曰：'臣闻诗者动天地，感鬼神，上以风化下，下以风应上，故季札听诗而知国之兴废，盛衰之道，实继于兹。臣虽愚诚，愿不奉诏。'"

戴胄卒，虞世南受诏为撰碑文。

《旧唐书·戴胄传》："七年，卒，太宗为之举哀，废朝三日，赠尚书右仆射，追封道国公，谥曰忠，诏虞世南撰为碑文。"

唐太宗贞观八年(634年)

永兴县子虞世南进封县公。

《新唐书·虞世南传》："贞观八年，进封县公。"

七月，虞世南借灾异敦劝唐太宗修德消灾。

《旧唐书·虞世南传》："八年，陇右山崩，大蛇屡见，山东及江淮多大水。[①] 太宗以问世南，对曰：'春秋时梁山崩，晋侯召伯宗而问焉，对曰：国主山川，故山川崩竭，君为之不举，降服、乘缦、彻乐、出次祝币以礼焉。梁山，晋所主也，晋侯从之，故得无害。汉文帝元年，齐、楚地二十九山同日崩，水大出，令郡国无来贡献，施惠于天下，远近欢洽，亦不为灾。后汉灵帝时，青蛇见御座。晋惠帝时，大蛇长三百步，见齐地，经市入朝。案蛇宜在草野，而入市朝，所以可为怪耳。今蛇见山泽，盖深山大泽必有龙蛇，亦不足怪也。又山东足雨，虽则其常，然阴淫过久，恐有冤狱，宜省系囚，庶几或当天意。且妖不胜德，惟修德可以销变。'太宗以为然，因遣使者赈恤饥馁，申理狱讼，多所原宥。"(《贞观政要》卷10《灾祥第三十九》《新唐书·虞世南传》《唐会要》卷43《山摧石陨》同。)

《旧唐书·五行志》云："贞观八年七月七日，陇右山崩，大蛇屡见。太宗问秘书监虞世南曰：'是何灾异?'对曰：'春秋时梁山崩，晋侯召伯宗而问焉。对曰：国主山川，故山崩川竭，君为之不举，降服出次，祝币以礼焉。晋侯从之，卒亦无

① 《旧唐书·太宗纪下》："七月，……陇右山崩，大蛇屡见。山东、河南、淮南大水，遣使赈恤。"

害。汉文帝九年，齐、楚地二十九山同日崩。文帝出令，郡国无来献，施惠于天下，远近欢洽，亦不为灾。后汉灵帝时，青蛇见御座。晋惠帝时，大蛇长三百步，经市入庙。今蛇见山泽，盖深山大泽，实生龙蛇，亦不足怪也。唯修德可以消变。'上然之。"

故系之于七月。

十一月，虞世南借星变敦劝唐太宗戒骄戒躁。

《旧唐书·虞世南传》："后有星孛于虚、危，历于氐，百余日乃灭。太宗谓群臣曰：'天见彗星，是何妖也？'世南曰：'昔齐景公时有彗星见，公问晏婴，对曰：穿池沼畏不深，起台榭畏不高，行刑罚畏不重，是以天见彗为公诫耳。景公惧而修德，后十六日而星没。臣闻天时不如地利，地利不如人和，若德义不修，虽获麟凤，终是无补，但政事无阙，虽有灾星，何损于时。然愿陛下勿以功高古人而自矜伐，勿以太平渐久而自骄怠，慎终如始，彗星虽见，未足为忧。'太宗敛容谓曰：'吾之抚国，良无景公之过。但吾才弱冠举义兵，年二十四平天下，未三十而居大位，自谓三代以降，拨乱之主，莫臻于此。重以薛举之骁雄，宋金刚之鸷猛，窦建德跨河北，王世充据洛阳，当此之时，足为劲敌，皆为我所擒。及逢家难，复决意安社稷，遂登九五，降服北夷，吾颇有自矜之意，以轻天下之士，此吾之罪也。上天见变，良为是乎？秦始皇平六国，隋炀帝富四海，既骄且逸，一朝而败，吾亦何得自骄也。言念于此，不觉惕焉震惧。'"[①]（《贞观政要》卷10《灾祥第三十九》和《新唐书·虞世南传》略同。）

《旧唐书·天文志下》："贞观八年八月二十三日，星孛于虚、危，历于玄枵，凡十一日而灭。太宗谓侍臣曰：'是何妖也？'虞世南对曰：'……臣闻若德政不修，麟凤数见，无所补也；苟政教无阙，虽有灾愆，何损于时。伏愿陛下勿以功高古人而矜大，勿以太平日久而骄逸，慎终如始，彗何足忧。'帝深嘉之。"（《唐会要》卷43《彗孛》同。）

唐太宗贞观九年(635年)

四月壬寅，康国上贡狮子。当此之际，虞世南受诏为之作赋。[②]

《旧唐书·虞世南传》："四月，康国献狮子，诏世南为之赋，命编之东观，辞多

① 吴缜《新唐书纠谬》卷4"《虞世南传》及《天文志》叙星变灾异事与纪、志不同"条，断言《虞世南传》《天文志》"必有误者"。

② 其所作《狮子赋》可见《初学记》卷29。《文苑英华》卷131所录牛上士《狮子赋并序》云："上士曾读《实录》，贞观九年，西域进狮子，秘书监虞世南献赋。前史美之。窃谓虞公博物洽闻，诚则可重，瑰玮倜傥，或非所长。"

不载。”

《旧唐书·西戎传》:“康国,即汉康居之国也。……贞观九年,又遣使贡狮子,太宗嘉其远至,命秘书监虞世南为之赋,自此朝贡岁至。”

《新唐书·西域传下》:“康者,一曰萨末鞬,亦曰飒秣建,元魏所谓悉万斤者。……武德十年,始遣使来献。贞观五年,遂请臣。……却不受。俄又遣使献师子兽,帝珍其远,命秘书监虞世南作赋。”

《旧唐书·太宗纪下》云:“(贞观)九年……夏四月壬寅,康国献狮子。”故系之。《唐会要》卷99《康国》误系其事于贞观九年七月。

五月庚子,太上皇崩。七月丁巳,诏令厚修其陵墓。其后至十月庚寅间,虞世南奏上《谏山陵制度过厚表》等疏,恳请薄葬之。

《旧唐书·虞世南传》:“后高祖崩,有诏山陵制度准汉长陵故事,务从隆厚,程限既促,功役劳弊。世南上封谏曰:‘……伏愿深览古今,为长久之虑。臣之赤心,唯愿万岁之后,神通常安,陛下孝名,扬于无穷耳。’书奏不报。世南又上疏曰:……时公卿又上奏请遵遗诏,务从节俭,因下其事付所司详议,于是制度颇有减省焉。”(《新唐书·虞世南传》和《唐会要》卷20《薄葬》同。)

《资治通鉴》卷194“唐太宗贞观九年”条:“秋七月……丁巳,诏:‘山陵依汉长陵故事,务存隆厚。’期限既促,功不能及。秘书监虞世南上疏,……疏奏,不报。世南复上疏,……上乃以世南疏授有司,令详处其宜。房玄龄等议,以为:‘汉长陵高九丈,原陵高六丈,今九丈则太崇,三仞则太卑,请依原陵之制。’从之。”

高祖五月庚子崩,十月庚寅葬于献陵[①],则《谏山陵制度过厚表》等疏必作于七月丁巳后、十月庚寅前。

十月庚寅前,虞世南为作《唐高祖神尧皇帝哀册文》。

其文见录于《文苑英华》卷835,内称:“维贞观九年岁次癸未,五月乙未朔,六日庚子,大行太上皇崩于大安宫,殡于前殿之西阶。粤十月甲子朔,二十七日庚寅,将迁座于献陵,礼也。”故系之。

唐太宗贞观十年(636年)

虞世南的书法造诣被太宗皇帝推为海内第一。

《唐会要》卷35《书法》:“贞观六年正月八日,命整理御府古今工书锺、王等

① 参见《旧唐书》卷1《高祖纪》、卷3《太宗纪下》,第18、45页。

真迹，得一千五百一十卷。至十年，太宗尝谓侍中魏徵曰：'虞世南死后，无人可与论书。'"

十一月庚寅(初四)，虞世南奏上《文德皇后哀册文》。

《文苑英华》卷641常衮《进贞懿皇后哀册文状》："至贞观中，文德皇后迁座，特诏虞世南撰述，编于文馆，永播徽音。"同书卷837所录虞世南《文德皇后哀册文》云："维贞观十年，岁次甲申，六月己未朔，二十一日乙卯，大行皇后崩于立政殿。粤九月十一日丁酉，将迁座于昭陵，礼也。"[①]

考《旧唐书·太宗纪下》云："夏六月……己卯，皇后长孙氏崩于立政殿。冬十一月庚寅，葬文德皇后于昭陵。"故系其事于十一月庚寅。

十一月壬寅(十六日)，虞世南为作《大唐故汝南公主墓志铭并序》[②]。

《式古堂书画汇考》卷7所录虞伯施《大唐故汝南公主墓志铭并序》内有"以今贞观十年十一月丁亥朔十六日"云云，故系之。

唐太宗贞观十一年(637年)

太宗后颇好游猎，十一月乙未(十五日)，虞世南上疏规谏之，因此备受礼遇。

《旧唐书·虞世南传》："太宗后颇好猎，世南上疏谏曰：'臣闻秋狝冬狩，盖惟恒典；射隼从禽，备乎前诰。……伏愿时息猎车，且韬长戟，不拒刍荛之请，降纳涓浍之流，袒裼徒搏，任之群下，则贻范百王，永光万代。'其有犯无隐，多此类也。太宗以是益亲礼之。尝称世南有五绝：一曰德行，二曰忠直，三曰博学，四曰文辞，五曰书翰。"(《贞观政要》卷10《畋猎第三十八》近似。)

《新唐书·虞世南传》："帝数出畋猎，世南以为言皆蒙嘉纳。……帝每称其五绝：一曰德行，二曰忠直，三曰博学，四曰文词，五曰书翰。"

揆《新唐书·太宗纪》和《旧唐书·太宗纪》不难发现，贞观十一年游猎之事较他年为多，如《新唐书·太宗纪》载曰："十一年……二月……壬午，猎于鹿台岭。三月……辛亥，猎于广成泽。……十一月……乙未，猎于济源麦山。"《唐会要》卷28《蒐狩》正系之于本年十一月乙未。此从之。

唐太宗贞观十二年(638年)

虞世南表请致仕，诏许之，仍授银青光禄大夫、弘文馆学士。

《旧唐书·虞世南传》："十二年，又表请致仕，优诏许之，仍授银青光禄大夫、

---

① 文中"甲申""六月己未""二十一日乙卯""九月十一日丁酉"，显系"丙申""六月己未""二十一日己卯""十一月庚寅"之误。

② 现藏于上海博物馆，纸卷本，纵25.9厘米，横38.4厘米，共18行222个字。

弘文馆学士，禄赐、防合并同京官职事。”（《新唐书·虞世南传》同。）

五月壬申，虞世南卒，时年八十一，赠礼部尚书，谥曰懿。太宗致哀之余，不但诏令陪葬昭陵，而且追忆不已。

《旧唐书·太宗纪下》：“十二年……夏五月壬申，银青光禄大夫、永兴县公虞世南卒。”（《资治通鉴》卷195同。）

《旧唐书·虞世南传》：“十二年，又表请致仕，优诏许之，……寻卒，年八十一。太宗举哀于别次，哭之甚恸。赐东园秘器，陪葬昭陵，赠礼部尚书，谥曰文懿。手敕魏王泰曰：‘虞世南于我，犹一体也。拾遗补阙，无日暂忘，实当代名臣，人伦准的。吾有小失，必犯颜而谏之。今其云亡，石渠、东观之中，无复人矣，痛惜岂可言耶！’未几，太宗为诗一篇，追述往古兴亡之道，既而叹曰：‘锺子期死，伯牙不复鼓琴。朕之此诗，将何以示？’令起居郎褚遂良诣其灵帐读讫焚之，冀世南神识感悟。”（《贞观政要·任贤第三》和《新唐书·虞世南传》略同。）

十一月，诏改虞世南谥曰“文懿”。

《唐会要》卷80《朝臣复谥》：“贞观十二年十一月敕：虞世南学综古今，行笃终始，至孝忠直，事多宏益，易名之典，抑有旧章，前虽谥懿，未尽其美，可谥曰文懿。”

由此可知，虞世南原谥“懿”，后来才改为“文懿”。

唐太宗贞观十七年(643年)

二月戊申，虞世南和长孙无忌等24位开国元勋被图形于凌烟阁。

《旧唐书·虞世南传》：“后数岁，太宗夜梦见之，有若平生。翌日，下制曰：‘礼部尚书、永兴文懿公虞世南，德行淳备，文为辞宗，夙夜尽心，志在忠益。奄从物化，倏移岁序。昨因夜梦，忽睹其人，兼进谠言，有如平生之日。追怀遗美，良增悲叹。宜资冥助，申朕思旧之情，可于其家为设五百僧斋，并为造天尊象一区。’[①]又敕图其形于凌烟阁。”

《旧唐书·长孙无忌传》：“十七年，令图画无忌等二十四人于凌烟阁，诏曰：‘……故礼部尚书、永兴文懿公虞世南，……并契阔屯夷，劬劳师旅，赞景业于草昧翼淳化于隆平。茂绩殊勋，冠冕列辟；昌言直道，牢笼搢绅。宜酌故实，弘兹令典，可并图画于凌烟阁。庶念功之怀，无谢于前载；旌贤之义，永贻于后昆。’”

① 《东坡全集》卷50“唐太宗梦虞世南”条就此论曰：“轼谓古之贤君，知直臣之难得，忠言之难闻，故生则尽其用，殁则思其言，想见其人形于梦寐，可谓乐贤好德之主矣。汉武帝雄才大略不减太宗，汲黯之贤过于世南。世南已死，太宗思之；汲黯尚存，而武帝厌之。故太宗之治，几于刑措，而武帝之政，盗贼半天下，由此也夫。”《容斋随笔》卷7“虞世南”条论曰：“夫太宗之梦世南，盖君臣相与之诚所致，宜恤其子孙，厚其恩典可也。斋僧、造像，岂所应作？形之制书，著在国史，惜哉，太宗而有此也！”

(《唐会要》卷45“功臣”条、《新唐书·秦琼传》略同。)

《资治通鉴》卷196[①]大抵依据《新唐书·太宗纪》“二月己亥，虑囚。戊申，图功臣于凌烟阁”云云，而系其事于二月戊申。此从之。

第二节　王应麟蒙学研究

中国的儿童教育开展甚早，流风所及，蒙书的编撰亦备受重视，因之，《史籀篇》《仓颉篇》肃滥觞于周秦，《急就章》《兔园册府》又踵兴于汉唐，风起云涌之际，蒙书蔚为大观。宋末元初，博学大师王应麟致趣于斯，奋力私撰，其用功之勤、建树之隆，于中国蒙学之发展，功不可没。

一、王应麟生平及其蒙学著作

王应麟(1223—1296年)，字伯厚，号深宁居士，又号厚斋，祖籍河南浚仪，南宋初年曾祖王安道扈跸南渡，定居于庆元府鄞县。其于淳祐元年(1241年)登进士第，宝祐四年(1256年)复中博学鸿词科，度宗时官至吏部尚书兼给事中，宋亡之后以遗民自居，杜门不出，潜身著述。

王应麟崇尚博学，“自经史传记、诸子百家、浮屠老氏之书，以至当代典章之因革、食货之源流、衣冠之谱系、群公先正嘉言善行、家乘野史之各见殊闻，莫不遍览而周之”[②]。治学兼取众家之长而又有所偏重，其于天文、地理、史学、目录学、辑佚学等无不造诣精深，可谓俊拔笃挚之士。一生著述等身，可确考者，凡三十三种、七百余卷，其中关于蒙学方面的著述颇多，今分述如下：

(一)《小学讽咏》4卷和《蒙训》44卷

《小学讽咏》4卷和《蒙训》44卷见于《宋史·艺文志》著录。今两书皆佚。

(二)《小学绀珠》10卷

此为一部类书，“分门隶事，与诸类书略同”，但“每门之中，以数为纲，以所统之目系于下，则与诸类书迥异”，此种编排虽不如韵语体易诵便记，但能一目了然、极

---

① 至唐高宗永徽六年(655年)，诏遣使者致祭包括虞世南在内的7位被图形于凌烟阁的开国元勋。详见《新唐书·秦琼传》。

② [宋]王应麟：《小学绀珠》卷首《序》，中华书局1987年版，第1页。

便观览,因而"为类事者别创一格"[①]。是书分天道、律历共 17 个类目,内容广博,"几乎是中国传统知识类型的一个浓缩,旧时知识分子所要求掌握的知识在这里都可以找到"[②]。对此,王应麟亦颇自得:"君子耻一物不知,讥五谷不分。七穆之对,以为洽闻;束帛之误,谓之寡学。其可不素习乎?乃采掇载籍,拟锦带书,始于三才,终于万物。经以历代,纬以庶事,分别部居,用训童幼。夫小学者,大学之基也。见末知本,因略致详,诵数以贯之,伦类以通之,博不杂,约不陋,可谓善学也已。"[③]然而,一则因为内容过于博杂,二则由于草创轫始,采摭未备,故流传不广。

(三)《姓氏急就篇》2 卷

姓氏是次序彝伦、辨明宗法的关键,历来有关此类的著作大多混淆舛讹,因而王应麟"韵属句摹,辑为此书。希镜百帙,指掌可述。对息问董,若龟五总。姓复言重,余皆汇从。尚友得师,讽诵自始。稽经订传,蒙士用劝"[④]。该书虽以记录姓氏为主,但在胪列名物、组织典故方面"意义融贯",故"可为小学之资"[⑤]。王应麟在著正文的同时,自为之注。注文内容既注明某姓"受氏之源",又列举历代知名人士为证,并说明所依据的文献,甚为详密。

(四)《三字经》

此书的撰者历来多有争议,世人多以《宋史·艺文志》及《宋史·王应麟传》均未加以明确记载而疑非王应麟之作。但据清人夏之翰所云,"吾就塾时读三言之文,不知谁氏作。迨年十七,始知其作自先生。因取文熟复焉,而叹其要赅也"[⑥],及王相《三字经训诂》、章太炎《三字经法》之考证,可确认之。《三字经》内容精当、结构精巧、形式精妙,虽篇幅不长,但包含了十分丰富的知识,前人论及此点,无不交口称赞。如明代的吕坤就把它当作增广见闻的读物,清人王相以其"言简意长,词明理晰,淹贯三才,出入经史,诚蒙求之津逮,大学之滥觞也"[⑦]而为之作注。《三字经》以通俗浅近的文字叙及人性与教育的关系、自然与社会的常识、伦理道德与学习的方法,该书无论是形式还是内容均具较高的学术价值和

---

① 参见《四库全书总目》卷 135《小学绀珠提要》,中华书局 1965 年版,第 1151~1152 页。
② 徐梓:《蒙学读物的历史透视》,湖北教育出版社 1996 年版,第 97 页。
③ [宋] 王应麟:《小学绀珠》卷首《序》,中华书局 1987 年版,第 1 页。
④ 参见[宋] 王应麟:《姓氏急就篇跋》,出自《深宁先生文钞摭余编》卷 2 鄞县张氏约园刊《四明丛书》本,1932 年。
⑤ 参见《四库全书总目》卷 135《小学绀珠提要》,中华书局 1965 年版,第 1152 页。
⑥ [清] 夏之翰:《小学绀珠序》,出自胡朴安:《俗语典》,上海书店出版社 1983 年版,第 44 页。
⑦ [清] 王相:《三字经训诂·序》,出自璩鑫:《中国近代教育史资料汇编·鸦片战争时期教育》,上海教育出版社 2007 年版,第 373 页。

社会价值，遂成为宋以后相当长时间内私学蒙童的必读之书，在某种意义上，甚至成为传统蒙书的代称。

王应麟以命世之才、旷代之识，致趣于蒙书之编撰，用功甚勉，建树颇丰，足以彪炳青史。其所撰诸蒙书，尤其是《三字经》的广泛流传，奠定了其在中国蒙学发展史上的重要地位。

二、王应麟对中国蒙学发展的贡献

"字书之祖"[①]《史籀篇》的面世，既揭櫫了中国儿童教育的"源远"，也开启了蒙书编撰史的"流长"。自兹以往，撰蒙书者代不乏人，名世之蒙书亦不绝如缕。纵览历朝诸多蒙书，依其性质，可大致分为以下三类：

其一为识字类。汉司马相如的《凡将篇》、史游的《急就篇》、晋王义的《小学篇》、南朝梁周兴嗣的《千字文》、宋侍其玮的《续千文》、葛正刚的《三续千字文》、陈淳的《启蒙初诵》及无名氏的《百家姓》等蒙书，皆属此类。"蒙养之时，识字为先"，儿童教育的途径虽各不相同，但小到备忘记事，大到文化传承，均离不开文字，这是不争的事实。

其二为知识类。此类蒙书旨在传授日常生活知识，较著名的有唐杜嗣先的《兔园册府》、李翰的《蒙求》、宋王令的《十七史蒙求》、黄继善的《史学提要》及黄日新的《通鉴韵语》等，其中历史知识占有很大比重，似有"以古为鉴，可知兴替"的意味。

其三是伦理类。儿童教育不只是知识的传授，更负载着道德教化的使命，体现在教材内容上，即致力于伦理道德之灌输，以收"蒙以养正"之功效。伦理教材虽肇始于南北朝时期，但专为蒙童编制的却始自南宋初年，这类蒙书在体裁上多用文言语录体，如吕本中的《童蒙训》；当然也有用韵语写就的，如陈淳的《小学诗礼》《训蒙雅言》。

（一）王应麟的蒙书贡献

王应麟的蒙书就其性质而言，无出上述三个类别。譬如《小学讽咏》，虽已不可得而详，但据书名可大致推定其与识字有关，同样，以姓氏诸字排纂而成的《姓氏急就篇》显然应归入识字类；又如《小学绀珠》，《四库全书》录之于类书类，称其"仿世传陶潜四八目之例，以数目分隶故实"，据此而论，其应为知识类；至于《蒙

① 王国维：《史籀篇疏证序》，出自《王国维手定观堂集林》卷5，浙江教育出版社2014年版，第131页。

训》，既是辑古今言行而成，将之列入伦理类就应不成问题。如此，王应麟对前代蒙书的借鉴确然可知。

王应麟对上述三个类别的借鉴绝非简单模仿，较之前者，其所著蒙书无论是在体例上还是在内容上，都有进一步的发展。譬如《姓氏急就篇》，其书虽仿史游《急就篇》体，但它不仅记录姓氏、胪列名物、组织典故，被四库馆臣赞为“文词古雅，不减游书”[①]，而且在正文之后有自注，这无疑是一种创新。又如《三字经》，它作为王应麟蒙书的代表作，一方面高倡人性本善、综述纲常伦理，另一方面包含极系统的历史知识，全书共 1 248 字，有关中国历史的叙述就占去 468 字，而且“叙述史实，简明易记，即在现代社会情况下论之，仍不失为《三字经》中最神彩之部分”[②]，当得了“一部袖里《通鉴纲目》”[③]。诚如章太炎所论：“其书先举方名事类，次及经史诸子，所以启导蒙稚者略备。观其分别部居，不相杂厕，以较梁人所集《千字文》，虽字有重复，辞无藻彩，其启人知识，过之《急就章》《凡将篇》之比矣”[④]。

（二）王应麟考证、注释前代蒙书的贡献

王应麟之于中国蒙学发展史的贡献，不仅表现在奋笔撰写蒙书，而且表现在孜孜不倦地考证、注释前代蒙书。他的这项基础性工作为后世考订典籍，如《急就篇》《兔园册府》等提供了依据。

1. 补注《急就篇》

《急就篇》由汉元帝时黄门令史游著。该书“前后之次，以类相从，种别区分，不相间错”，既详细该备，又简约可守，故而成篇之后，尽管“缙绅秀彦、膏梁子弟谓之鄙俚，耻于窥涉”，但“蓬门野贱、穷乡幼学，递相承禀，犹竞习之”，成为汉魏以后最重要的儿童读物。然而该书在流传过程中，因“时代迁革，亟经丧乱，传写湮讹，避讳改易”而“渐就芜舛，莫能厘正”。[⑤] 这就使得对它的注释工作成为必要。

事实上，注《急就篇》者代不乏人，东汉曹寿，北魏崔浩、豆卢氏、刘芳，北齐颜之推及唐颜师古皆曾为之作注。在此基础上，王应麟考逸搜遗，撰就四卷本《急就篇补注》。对于《急就篇》的书名，历来意见不一。众说纷纭间，王应麟穷源竟委，于补注之中力主《急就篇》及其本名，并推定该书应是作者史游仓促间写就，

---

① 参见《四库全书总目》卷 135《姓氏急就篇提要》，中华书局 1965 年版，第 1152 页。
② 常镜海：《中国私塾蒙童所用课本之研究》，《新东方》1940 年 1 月第 8 期。
③ ［清］紫巢氏：《三字经注解备要序》，出自璩鑫：《中国近代教育史资料汇编 · 鸦片战争时期教育》，上海教育出版社 2007 年版，第 373 页。
④ 章炳麟：《重订三字经题词》，出自《三字经 · 百家姓 · 千字文》，四川文艺出版社 2008 年版，第 87 页。
⑤ 参见［唐］颜师古：《急就篇 · 原序》，影印文渊阁《四库全书》本。

故称“急就篇”。此外，王应麟还在《汉书艺文志考证》中断言，《急就篇》并非完全出自史游之手，后世文人多有增减。王应麟此论被四库馆臣誉为“最为精确”。总之，王应麟在颜师古注解的基础上，“捃摭旧文，各为补注”[①]，不乏一管之见。

2. *考辨《兔园册府》*

《兔园册府》自唐初至五代盛行于民间，《新五代史》说此书乃“乡校俚儒教田夫牧子之所诵”[②]。因其文辞古奥艰涩，不大适合儿童，故一度佚失不传。宋人晁公武对该书有所研究，他说：“《兔园策》十卷，唐虞世南奉王命，纂古今事为四十八门，皆偶俪之语。至五代时，行于民间，村野以授学童。”[③]王应麟不同意晁公武的论断。首先，关于书名、著者及卷数，据王应麟考证，名为“兔园册府”，凡三十卷，是唐杜嗣先奉蒋王李恽之命所撰而成，并说明书名来由：“恽，太宗子，故用梁王兔园名其书。”王应麟此说后为敦煌文献证实。《敦煌宝藏》斯 1068 号及斯 1722 号均称“兔园册府”，斯 1068 号更明确记载《兔园册府》是“杜嗣先奉教（疑为“敕”字之误）撰”。其次，关于体例，王应麟说它“仿应科目策，自设对问”，问句没有固定格式，对句总是以“窃”或“窃闻”开始，以“谨对”结束。最后，关于内容，王应麟说它“引经史为训注”[④]，这同样为《敦煌宝藏》斯 1068 号印证。这份残卷虽只有“议封禅”“征东夷”两部分内容，但在正文之下又有双行小注，所征引的正是儒家经典及历代史书。

综上所述，王应麟对《兔园册府》的考辨可与王国维《唐写本〈兔园册府〉残卷跋》相佐证，亦为敦煌文献所证实，较之晁公武所论，更详尽也更可信。

三、王应麟蒙学思想探微

对于王应麟的教育事迹，史书语焉不详，考王应麟生平，其大致在淳祐元年（1241 年）进士及第后不久任扬州教授，开庆元年（1259 年）九月丁大全去位之后，被“召为太常博士，擢秘书郎，俄兼沂靖惠王府教授”[⑤]，宋末又与舒元祥、戴表元、胡三省诸人避居鄞县袁氏家塾。另据《宋元学案·深宁学案附录》所载，“先生入元，曾为山长一节也”，可知王应麟曾亲历教育实践。或许此一经历

① 参见《四库全书总目》卷 85《汉艺文志考证提要》，中华书局 1965 年版，第 730 页。
② ［宋］欧阳修：《新五代史》卷 55《刘岳传》，中华书局 1974 年版，第 632 页。
③ ［宋］晁公武撰，孙猛校证：《郡斋读书志校证》卷 14，上海古籍出版社 1990 年版，第 650 页。
④ ［宋］王应麟著，［清］翁元圻等注，栾保群等点校：《困学纪闻》卷 14，上海古籍出版社 2008 年版，第 1670 页。
⑤ ［元］脱脱等：《宋史》卷 438《儒林八·王应麟传》，中华书局 1977 年版，第 12988 页。

促成王应麟锐意于蒙学研究，并于教育实践中初步形成颇具时代特征的儿童教育思想。

（一）旨在普及知识的教学内容

学术经世致用思想是浙东学术的一大传统。“浙东学术，自王充以降，形成求实的学风。这种求实精神，在理论上表现为实事求是，在实践上强调经世致用。”①此种经世精神亦为王应麟治学之宗旨。如他作《通鉴地理通释》，详于军事地理分析，完全是有感于宋亡于蒙元而作，“最能体现王应麟的经世致用思想”②。

在此种精神的指导下，王应麟认为儿童教育应以引导儿童读书识字、知晓自然及社会常识为指归，务求经世致用。如《小学绀珠》所述即内容浅近的“天地万物之名数”；《姓氏急就篇》所载除姓氏知识外，也不过是有关历代名物、典故、天文、地理、动植物的常识；百科全书式的蒙学读物《三字经》几百年来的广泛流传，正说明它在内容取舍上迎合了儿童的需要。

（二）蒙以养正的教育目的

宋代理学兴起并深刻地影响教育领域，其时诸多教育家的教育思想带有理学的烙印。如朱熹始终坚持把道德教化放在儿童教育的首位，其汇集古代圣贤名流的嘉言善行编成《小学》一书。以立教、明伦、敬身、稽古为纲，以父子、君臣、夫妇、长幼、朋友、心术、威仪、衣服、饮食为目，贯以伦常，蒙以养正。

王应麟也十分重视道德教育，他明确指出：“尊名节，崇礼教，重伦纪，厚风俗，立国之根本也。”③为了实现道德教育的目的，王应麟在编撰蒙书过程中，不断地载入三纲五常等政治伦理说教，冀以规范儿童的日常行为举止。《小学绀珠》特辟“人伦类”“性理类”，高唱“忠则顺天，孝则生福”的封建伦常；《姓氏急就篇》谆谆教诲儿童要“宝慈俭，帅典常，友直谅”；《三字经》畅论“父子恩，夫妇从；兄则友，弟则恭；长幼序，友与朋；君则敬，臣则忠”等封建道德。蒙以养正的教育目的何其鲜明！

（三）寓教于乐的教学方法

儿童的心理性情自有其特征，“大抵童子之情，乐嬉游而惮拘检，如草木之始

---

① 曹屯裕：《浙东文化概论》，宁波出版社 1997 年版，第 96 页。
② 管敏义：《浙东学术史》，华东师范大学出版社 1993 年版，第 188～189 页。
③ 参见[宋] 王应麟：《通鉴答问》卷 2《田单复齐》，影印文渊阁《四库全书》本。

萌芽,舒畅之则条达,摧挠之则衰痿”[1]。王应麟深谙此理,主张在传授知识、灌输纲常伦理的过程中,顺应儿童身心发展的自然规律,采用鼓舞儿童学习兴趣的方法,使其乐学,日有长进。王应麟的此种主张,体现在内容上,即注重提高蒙学读物的趣味。如《姓氏急就篇》将二千余个姓氏以韵文体排列,组成具有一定意义的名物、典故,整齐、押韵,念起来顺口,听起来悦耳,既合乎儿童的兴趣,又容易记忆,便利了儿童的学习;《小学绀珠》在编排上充分利用儿童对数字比较熟悉、感兴趣的心理特点,在每门之下以数为纲统领其目;《三字经》则寓忠、孝、节、悌等伦理道德于故事之中,既能使学习与道德教育相结合,又照顾到通俗性和趣味性,因而备受欢迎。

至此,王应麟的教育思想厘然可知。此种教育思想虽不全面、系统,但融知识性、思想性、趣味性于一体,颇符儿童的身心发展实际。

第三节　张美翊活动研究

一、张美翊信函考释

以下皆为《汪康年师友书札》一书所录,集登于下:

◎ 光绪二十三年三月初一(1897 年 4 月 2 日)前后,张美翊致函汪康年,不但声称脚踏实地、忍辱负重乃当下所急需,而且随信奉上第 24 册《时务报》的地名、人名校正稿和用于订购第 22 册《时务报》的款项。在文末,张美翊既对康有为所倡导的“公论”不以为然,又希望汪康年敦劝梁启超与康有为保持距离。

按,《张美翊四》云:“昨日畅谈,深领教益。吾辈处此时势,虽不能做到忠、信、笃、敬功夫,然终当以曾文正‘多做实事、少说大话’两语为法,复济之以忍辱负重,自可立于不败之地,质之先生,以为何如?译报校正奉上,颇有节删文义处,迟误之咎,乞恕之。廿二期报想已出,即交敝价。《知新报》如续到,亦希发下,该价稍缓缴还。某公所办‘公论’二字,恐与京中言路不合,日后当有违言,务劝卓公不必与闻,或与闻而不出名,良金美玉,固宜彼此保护也。穰卿先生台照。教弟美翊

---

① [明]王守仁:《传习录校释》,岳麓书社 2020 年版,第 139 页。

顿首。"①

此云"廿二期报想已出",而《时务报》第22册封面又明确交代该册印行于光绪二十三年三月初一日,故此推定张美翊此函作于光绪二十三年三月初一前后。

◎ 为给恩师薛福成做阴寿,张美翊专程在光绪二十三年三月十八日(1897年4月19日)晨抵达无锡,"拜公遗像于堂"②。受薛慈明之托,既费时四天四夜,将薛福成的书牍、电报编入《出使公牍》,而后又在二十三日夜返沪时,带回47本《地志译稿》以便悉心整理。三月二十五日,张美翊在返甬之前致函汪康年,一则告之三月十八日以来的行迹,二则烦请其将日文《吕宋群岛图》三幅、日文《南洋群岛图》三幅、《浙洋各岛附千里石塘图》六幅及《野人山图》转寄或转送给邹代钧(1854—1908年)。

按,《张美翊一》云:"穰卿先生左右:弟以十八日早晨抵锡,一瞻先师叔耘先生遗像。其三世弟慈明嘱编定《出使公牍》遗稿,在外臣时曾为编定大略,费四日夜之力,迅为编定,已促发刻,极为有用。甫于前夕来沪,不以为苦也。《地志译稿》亦为取来,计四十七本。然皆未定之稿,且多舛编,此弟所知。余亦未经润色,即润色者文笔亦陋,如顾廷卿所编尚嫌简略,不甚合用,其他更可知矣。官书之弊,大致如此。窃谓此书整比增删,大非易事,似断不能刻板。非有沅帆为之主政,或以鄙人参预其间,再有翻译好手详细补译,不能集事,故弟南洋及俄属诸稿,准拟单行。又,《土耳其稿》曾经梁卓公询及,今在其内,乞赐政为荷。沅帆推奖过当,何以副之。今奉上日文《吕宋群岛图》三幅、日文《南洋群岛图》三幅、《浙洋各岛附千里石塘图》六幅,祈为转寄。《野人山图》系送沅帆。包皮请饬缝好,沅信暂不通候。瞿詹事师颇称其人,弟亦神交久矣。此其所无也。其余荷文《南洋图》系一八八三年至一八八五年所出,沅处必有之,故不寄。《法人游历西藏图》俟续寄。见廿四期报《告白》,齿及贱名,在公不藏人美,固是美德,然些少之事,即欲居其名,鄙人生平不如此也,以后望弗再提。弟以今日回甬,下月中旬再见。匆匆不及多详。敬请台安。教弟张美翊顿首。二十五日。"③

此所谓"见廿四期报《告白》,齿及贱名"云云,即光绪二十三年三月二十一日发行的《时务报》第24册所载之《本馆告白》,其词云:"本馆所译之报,其地名、人名由

① 上海图书馆:《汪康年师友书札(二)》,上海古籍出版社1986年版,第1756页。
② [清]薛福成:《出使公牍》,出自沈云龙:《近代中国史料丛刊》第81辑,台湾文海出版社1966年版,第779页。
③ 上海图书馆:《汪康年师友书札(二)》,上海古籍出版社1986年版,第1753~1754页。邹代钧,字甄伯,号沅帆,新化人,曾创办武昌舆地学会,民国间凡主持各学堂地理讲席者,多出其门。

译者依本音译出，或与旧有之名不无同异。故自今春始，特请宁波张美翊先生详加校正，并附注释。”[①]是知张美翊此函作于光绪二十三年三月二十五日。

◎ 光绪二十三年十月十三日（1897 年 11 月 7 日），张美翊在致函汪康年时，既认定王锡祺（1855—1913 年）根本没必要创建《地学报》，又在充分肯定《译书公会报》的同时，以该报译者未得其人为憾事。

按，《张美翊二》云：“穰卿先生左右：久未趋谈，觉胸中鄙吝复生，前奉惠教，敬承种切。王寿蘐部郎开《地学报》一事，实为盛举。惟中国风气未开，士溺章句，即《方舆纪要》《郡国利病》诸书，且无人过问，复何论五洲形势耶？窃料此报亏本，可立而待。即意不在图利，若阅者寥寥，则办者有何趣味？鄙意以为不如先开地学会，译印地理诸书，即托报馆、书坊寄售，即译《游历报》成片段者，如新印俄属游记之属，亦可行远，俟阅者稍众，再议开报，则立脚既定，诸事易办。近时除《时务》《农学报》外，颠蹶相望，訿议乘之，颇劝部郎慎重其事也。至地学会译书一事，弟愿相助为理。他报可无图，地学不可无图。所憾部郎来而我去，不能一商体例耳。《译书公会报》极好，惜译者未善。汉口至滠口铁路仅三十里，而朱总办派人至一百余员之多，可胜浩叹。德事未了，分崩之势岌岌可危，奈何！王启人承照料，极感！五百两之说近未便提及，容俟后图。矿质具另纸，敬请道安。美翊谨状，十三。《知新报》未寄，乞转知之。”[②]

光绪二十三年十月初一日（1897 年 10 月 26 日）创办于上海的《译书公会报》，实乃外国报纸的中文选编，对于开拓时人的视野具有不言而喻的意义。[③] 诸如此者，与“《译书公会报》极好，惜译者未善”“德事未了”及“美翊谨状，十三”云云正相吻合，因而足以认定此函作于光绪二十三年十月十三日。

◎ 光绪二十三年十一月十二日（1897 年 12 月 5 日）前，张美翊致函汪康年，一则详细交代所寄矿物的分类及其特征，二则敦促汪康年速将 47 本薛福成《地志译稿》寄还给无锡薛慈明，三则告之李一琴、梁启超两人的近况，四则点赞张之洞集股开建铁路之举，却又并不看好其创办农务学堂的前景。

按，《张美翊三》云：“所来矿质三种，业由洋矿师验过。其温州砂样黄色者，无金

---

① 参见《时务报》第 24 册，光绪二十三年三月廿一日发行，第 64 页。

② 上海图书馆：《汪康年师友书札（二）》，上海古籍出版社 1986 年版，第 1754～1755 页。《知新报》，以康广仁、何廷光为经理，徐勤、何树龄等为主笔，光绪二十三年正月创办于澳门，次年十二月停办，在此期间，与《时务报》《湘学新报》鼎足而三。

③ 汤志钧：《章太炎年谱长编》，中华书局 1979 年版，第 57 页。《译书公会报》共出 20 册，至次年四月初五闭馆。

质在内。其诸暨金砂白色者及矽砂黑色者，皆系千层纸，或名玻璃纸，西名迈盖(mica)，皆非金矽之质，无甚用处。惟千层纸如有整块宽大者，西洋亦甚贵重，电学家用以隔电，其价颇昂。右呈穰卿先生台览。弟张美翊谨状冬月十二到。再，送督办矿样，出常州，黑色者系煤皮。出温州，青色者铅质，极佳。且含银在内，非煤质也，合并附闻。薛星使师《译稿》四十七本，有寄还慈明否？务请从速，免弟失信。且因坊间假托薛公《续志略》之名编书出售此书未见，疑弟图利也。李一琴来此一见，闻湘帅限期一月，即令来鄂办事。梁卓如曾拜盛公，弟未之见。闻湖南铁路将集股开办，湘人诚不可及。浙路乃由敝县林某经手，此君白腹孝廉、空身富翁，而人极混账。今言路奏停，于中丞有光矣。湘帅又拟开农务学堂，乃不招罗、蒋二君为之，恐官办徒糜费无成效也。"[①]

一则由于汪康年明言十一月十二日收到张美翊此函，二则因为《蔡道致上海时务报馆李一琴电》所谓"帅意坚请译书，……盼速来。勇寒，丁酉年九月十四午刻发"[②]云云，正与"李一琴来此一见，闻湘帅限期一月，即令来鄂办事"相合，故系于丁酉十一月十二日。

◎ 光绪二十四年五月初四(1898年6月22日)前，张美翊致函汪康年，既简论《俄国新志》《德岁计政要》两书之优劣，又略述四月二十一日以来宁波百姓请弛米禁事件的来龙去脉，更对康有为等维新人士的作风很不以为然。

按，《张美翊五》云："穰卿先生左右：两奉来教敬悉。《俄国新志》于山川、郡国俱未详悉，他事亦略，此盖从极简、极浅之书译出。《德岁计政要》尚新，总之，此等稿本尚未成片段，刻之新报则可，镌入丛书则不可，乞酌夺。《施行钱谱》因近月事冗心烦，尚未校究。敝郡聚众閧署，数十年所罕见。而请弛米禁，官绅乃托之法教士赵保禄，可为骇怪！经弟与陈瑶圃太常面商，请中丞电奏或电商南洋，今一律弛禁，吾省不至乏食矣。翁六先生下场如此，殊不可测。康、黄、谭、梁联翩以上，想有一番振作。然鄙意以为吾辈处此时势，当以苦身力行为先。曾文正一生好取多做实事、少说大话之人，究竟颠扑不破。《日报》极佳，今日所记德国欲踞苏罗一节，苏罗即苏禄，本我入贡九国之一，咸丰间为日人所夺，见拙著《图经》，并以奉闻。《庄谐杂录》颇有妙趣，是何人手笔？便乞示知，许稿缴还。敬请著安。弟美翊谨状。王菀生尚无南来之信，闻其债累甚重。舟山人之穷无聊赖者，皆赴津求王，每日坐食候事者凡

① 上海图书馆：《汪康年师友书札(二)》，上海古籍出版社1986年版，第1755～1756页。此所谓"罗、蒋二君"，即罗振玉、蒋伯斧，光绪二十三年四月，两人在上海创办《农学报》，提倡改良农工商业，出至350册，于光绪二十四年九月转让给日本人香月梅。

② 中国社会科学院近代史研究所：《近代史所藏清代名人稿本抄本》第2辑第48册，大象出版社2014年版，第115页。

数人，良恶不齐，菀生必一律设法，终恐受累不浅也五月初四到。”①

此所谓“翁六先生下场如此，殊不可测”，即指戊戌四月二十七日（1898 年 6 月 15 日），在慈禧太后的授意下，光绪帝师翁同龢被逐回籍：“同龢久授上读，频劝上振君权。太后虽归政，大事上必关白。同龢教上独断，太后恶之。自文廷式、汪鸣銮、长麟、志锐被谴，帝党势益孤。同龢且主张新政，太后逼上逐回籍。”②准此并参汪康年“五月初四到”之说，足以认定张美翊此函作于戊戌五月初四之前。

◎ 光绪二十四年五月初十（1898 年 6 月 28 日），汪康年收到张美翊的来函，一则谓“新约”所载越南、缅甸两国边界线与“旧约”大相径庭，二则解释迄今尚未购置《明鉴》的原因。

按，《张美翊六》云：“穰、颂两公鉴：承示敬悉。越、缅界线，与旧约大异。车里十三板纳，五隶宁洱，八隶思茅。敝处新约、旧约俱有见贵报，惜逐日有事尚未细考，属草容赶紧为之。万《明鉴》本嘱盛太史购归，乃因吾郡米事久无回音，容再询之。敬请台安。弟美翊顿首五月初十到。跋限三日内缴。时文已废，老学究无用处矣。”③

此所谓“吾郡米事”，显系《汪康年师友书札·张美翊五》所提及的“敝郡聚众閧署”“请弛米禁”，《申报》1898 年 6 月 10 日第 1 版《甬民肇事》云：“昨日宁波来电，云宁属米贵如珠，贫民无以果腹，地方官忽又欲征药料，以致贫民大为哗变。本月二十日午后四下钟许，官长下令紧闭城门，正繙译间，又接本馆派赴甬江采访友人手函，谓城之西南乡鄞江桥里章村所产贝母，向来照例纳捐，刻下乡民因米价甚昂，难于度日，以致纠聚二三千人，约期本月二十日入城，求官宪将捐豁免。道府署闻此消息，立饬鄞江司徐少尹、鄞县刘大令驰往晓谕，不料乡民性成顽梗，以致肇此事端。”④故张美翊此函必作于戊戌五月初十日前。

◎ 光绪二十四年六月十八日（1898 年 8 月 5 日）前，张美翊致函汪康年、汪诒年兄弟，一则宣称皇上听从康有为的建议，将向各家报馆派驻督办；二则打算将严筱舫所收集的法国人同意协商解决与四明公所纠纷的相关材料，分送给在京同人，并刊登于报章。此外，张美翊在此函中，既因郑孝胥持与康有为不同政见而予以充分肯定，又对梁启超的近况表示同情。

① 上海图书馆：《汪康年师友书札（二）》，上海古籍出版社 1986 年版，第 1756～1757 页。
② 赵炳麟著，黄南津等点校：《赵柏岩集》（上），广西人民出版社 2001 年版，第 225 页。
③ 上海图书馆：《汪康年师友书札（二）》，上海古籍出版社 1986 年版，第 1757～1758 页。
④ 参见《申报影印本》第 59 册，上海书店 1983 年版，第 253 页。

按,《张美翊七》云:"穰卿、颂穀先生左右:朝事大变,报馆乃派督办,岂非骇人听闻,且五洲未有之事也。惟南海之氛甚恶,吾衹可示以让,不可与之争,闻有易名之说,最为稳着。四明公所之事,略闻法已签字,准照成案[①],未知确否?顷严筱翁送到石印前法领事《议单》《告示》之属,托于抵京后分贻同人,弟拟增入《日报》。所登如担文书函、伤毙人数各节,分黏成册,徧示浙中同乡,并告陈瑶圃太常,请其加函,未审阁下有致京友信否?弟从盛京卿北上,现改廿一日坐新丰,倘有函件,尽可代为带去。郑苏龛有旨催令进京,想亦同往。苏翁亦不涉康氏之藩者,且其人极可敬,盍与商之。卓如良金美玉,前劝公曲加保护。盖虑其年少气盛,享名太骤太早,必致横决,乃竟不幸而言中。昔鲁通有尝言,世风日下,人才最难,何苦自相攻伐如此,读之每为浩叹!公虽不与较,窃为卓如深惜之。今湘中复有书院互讦之案,盖亦主张太过意气用事之故,可胜慨然。《合璧表》极佳,惟重复处似宜分注华名于后,而洋文不必重见,惜事冗不及细校。《明鉴举要》盛星旋竟无回音,想因米事中搁,容于明、后日统行缴还,舍侄极承指教,感甚。敬请著安。教弟张美翊顿首六月十八收。"[②]

汪康年既谓"六月十八收"张美翊此函,而《汪穰卿先生传记卷三·年谱二》"光绪二十四年戊戌"条又云:"六月奉谕,将上海《时务报》改为官报,派康有为督办。"[③]故足以认定张美翊此函作于戊戌六月十八日稍前。

◎ 光绪二十四年六月二十九日(1898 年 8 月 16 日),张美翊乘船抵达天津,随后与王修植、夏曾佑商议调和康有为、汪康年之间的矛盾;七月初三(1898 年 8 月 19 日),致函汪康年、汪诒年兄弟,断言矛盾难以调和。

按,《张美翊八》云:"穰卿、颂穀先生左右:廿九晨抵津,海舟平稳,勿以为念。《国闻报》登黄公度诸君告白,敬以奉览。粤中诸君似与公意见甚深,日后恐有一番口舌,将何以应之?且应之而互相攻伐,于时局有碍,亦非计也。晤王菀生谓:'此事惟穗卿能通两家之邮。'晤穗卿谓:'斧凿已成,恐难补救。'穗卿昨晚与谈极惓,今日晋京矣,当为设法解围。然其力量尚似不及,康君闻不愿出京,谓当遥制各处报事云云,未知确否?此事若兴波澜,似不值得,蒋伯斧亦以为然,公在局中颇计及之否?

① 《汪穰卿先生传记卷三·年谱二》"光绪二十四年戊戌"条云:"五月,居上海之法人有抢夺四明公所义冢事,甬人之旅沪者大愤,起而与之抗。先生始则指导之,使表示不可夺之义;继则裁制之,使勿有逾分之举,一于报纸发表其意见,以是甬人虽全体一致与法相争,而自始至终未尝逾越范围。法人亦曲意让步,皆报纸之力为多。"详参汪林茂:《汪康年文集》,浙江古籍出版社 2011 年版,第 715 页。

② 上海图书馆:《汪康年师友书札(二)》,上海古籍出版社 1986 年版,第 1758~1759 页。又,郑孝胥《戊戌日记》云:"(五月二十八日)法人撤四明公所围墙,迫使立迁义冢,宁波人为之罢市,欲巷战,法界商人皆震,多逃避者。……(六月初三日)闻宁波人已开市如常,四明公所可不改。……叶曼卿来,言宁人有商团之议。"详参中国历史博物馆编,劳祖德整理:《郑孝胥日记》第二册,第 666~667 页。

③ 汪康年著,汪林茂编校:《汪康年文集》,浙江古籍出版社 2011 年版,第 716 页。

舍侄乞格外指教。敬请台安。弟美翊顿首，初三日七月初七到。京卿今日计路至卢沟。初五日至京，并及。”①

此云“弟美翊顿首，初三日七月初七到”，又黄遵宪《上海时务报馆告白》谓自“丙申五月”“于今两年”，综此两点，不难推知张美翊此函作于光绪二十四年七月初三。

大日本明治二十一年八月十九日 礼拜五 第二百八十九号
上海时务报馆告白
启者：丙申五月，遵宪、德潚与邹君殿书、汪君穰卿、梁君卓如，同创《时务报》于上海，因强学会余款开办，遵宪并首捐千金为倡，当经公推汪君驻馆办事，梁君为主笔，于今两年，藉海内同志惠然相助，捐款万余金，以成斯举。今恭读邸报，知已奉旨改为官报，以后各事即一切归官接办。特此布闻。嘉应黄遵宪、达县吴德潚同启。②

◎ 光绪二十四年七月十九日（1898 年 9 月 4 日）前数日，张美翊致函敦劝汪康年兄弟静观其变，因为在他看来，康有为不可能有大作为。

按，《张美翊九》云：“穰卿、颂穀先生左右：昨谈极惓，望善自保卫，留吾身以有用，吾浙人非尽不可为也。颇劝蒋、罗二君速译东文《农工学堂章程》寄致王菀生，晤时乞再三致意。吾辈此时宜后名而先实，一切务从平地筑起，徒以空言号召天下，断无益处，且有流弊。平时立论，务平正易行，不必过激，朋友相遇，务彼此相助，互为规劝，庶不涉南海氏之藩。昨途中见译书局有‘钦差’字样，骇人听闻。近时诏令且有所不行，吾知南海固无大能为也。公等俟之而已，严作书后奉阅，敬请台安。弟美翊谨状七月十九收。伊藤事刻又函告菀生，请其加意联络，并劝其勿深拒康氏，以生波折。”③

此所谓“伊藤事”，即日本前首相伊藤博文将在戊戌七月二十一日来华访问④，准此并旁参“七月十九收”，足以认定张美翊此函作于戊戌七月十九日前数日。

◎ 光绪二十四年八月初六（1898 年 9 月 21 日），慈禧太后宣诏再出训政，“百日维新”就此终结。大概就在该日，张让三致函汪康年，对“后党”严厉镇压维

---

① 上海图书馆：《汪康年师友书札（二）》，上海古籍出版社 1986 年版，第 1759 页。

② 戊戌六月，上谕改上海《时务报》为官报，命康有为为督办。汪康年乃改《时务报》为《昌言报》，延梁鼎芬为主笔，另行出版。详见戈公振：《中国报学史》，湖南大学出版社 2013 年版，第 107 页。

③ 上海图书馆：《汪康年师友书札（二）》，上海古籍出版社 1986 年版，第 1760～1761 页。

④ 例如《国闻报》所载《伊侯来津确信》云：“日本前内阁大臣伊藤侯游历来华，经中堂特委王菀生观察先期至塘沽迎接照拂，曾纪前报。顷据官场传说，伊藤侯由高丽来电，定二十一日晚由仁川乘肥后丸船起程，约二十三日可到烟台，即夕由烟台开行，二十四夜可抵大沽。王观察同东文翻译官陶杏南大使，拟于二十四日上午乘坐火车前赴塘沽接待，并闻天津日本领事与北京日本使署人员至大沽迎迓者，亦颇不乏人云。”

新派之举不以为然。初八,此函便为汪康年所收悉。

按,《张美翊十》云:"穰卿先生左右:朝事变端百出,洋报所传,尤骇听闻,究未知确否?此间亦未有所闻也。蔡松甫奉到刘岘帅长电,奉旨严拏康有为,通饬三公司并野鸡轮船,一到吴淞口外,即行密查务获。搭客一时不准登岸,现已密饬遵办。究不知康犯何罪?至于雷厉风行如此。旨称康犯甚奇,然弟早知康之不终。梁君前登《源委记》,不啻为公洗雪一切,乃知吾辈为学宗旨,自不可差,仍望慎益加慎,留吾身以待时。惟祸起萧墙,恐外人因而生心,滋可忧耳。然此非草野所敢任,听之而已,公得毋谓我无人心乎?阅后付丙,万勿告人。敬请台安。弟美翊顿首八月八日收。"①

此所谓"梁君前登《源委记》",即《申报》1898年8月28日第4版《创办〈时务报〉源委记》:"本日在《国闻报》中见有汪君穰卿告白,云'康年于丙申秋,在上海创办《时务报》,延请新会梁卓如孝廉为主笔'等语,阅之不胜骇诧。现《时务报》既奉旨改为官报,又适派吾师南海康先生督办,局外人见穰卿告白,恐将有谓启超攙夺彼所独创之事者,故不得不详细言之。……此后之事既改归官办,则亦非启超之所敢言。惟于创办之原委,及启超之果为佣工与否,不得不哓哓一辨白之。褊心之诮,固不敢辞,知我罪我,听之海内同志而已。六月二十四日,新会梁启超谨白。"②准此,并据汪康年"八月八日收"的备注及相关史实,推定张让三此函作于戊戌八月初六。

◎ 光绪二十四年八月十三日(1898年9月21日),康广仁、杨深秀、杨锐、林旭、谭嗣同、刘光第以大逆不道罪被处斩。张让三得知此消息后致函汪康年,一则断然否决王某有关四明公所的提议,二则对戊戌政变后的政局走向表示悲观,并建议汪康年明哲保身。

按,《张美翊十一》云:"穰卿先生左右:久不见念甚。复任来呈出公所条议稿,已悉。此议似出自瑞记王君。前晤王君于一壶春,亦谈及此事,弟嫌其局面阔大,窒碍难行。惟设立学塾,施送医药,事属可办。至停柩、运柩之事,从前办法甚好,老公所本不停柩,每年运柩久经三公司允办。月捐亦自可办。然非殷富绅商,如叶、严、朱诸君为首,钱庄大号为辅,公举清正可信之人经理,必不能取信于人,恐非王君所能胜任。睹王君面有浮嚣之气,似非办事之材。办事者必才、识、量、品俱优,又加以忍辱负重,委曲周全,方能收效。前弟劝叶君办工商学堂,叶君谓:'君辈如创议,我愿出力相助,若令我为主,万不敢任。'因告以俟盛省传太史到沪再说,倘能即就公所

---

① 上海图书馆:《汪康年师友书札(二)》,上海古籍出版社1986年版,第1761页。

② 参见《申报影印本》第59册,上海书店1983年版,第820页。该文次日又见刊于《申报》第5版。

办工商学堂，诚属好事，然愿办者无钱，有钱者不办，天下事每相左，亦无如何也。执事闻之得毋谓我学黄老而近乡愿乎？然凡事不易措手，兄经前此波折，想已审之矣。新政四人，皆伏重刑，为之一哭。闻杨侍读品学俱优，亦遭此劫，不知是何因果？吾辈总以慎言慎事为要。兄不与闻《日报》事，极是，此后尤当以慎交互勖，保吾身以待时。党锢兴而汉纲堕，东林起而明祚绝，甚无谓也。弟前与罗、蒋、李三君言，颜习斋、李刚主苦身力行之际，以为可救近时空言无用之弊，先生其有意乎？处此时势，惟须尽我可为之事，如劝学明农，奖掖后进，开通民智，则教一人得一人之益，教一乡得一乡之益，至出位之谋，如变法、保国与守旧不死者为仇，似不值得。弟七月在京，谓康所为诸事皆不惬人意，若一蹶不振，反授守旧者以口实，而朝廷亦始知少年新进之不可用，而国势益不可挽救，同人皆以为然，今不幸而言中矣！张菊生幸免于难，可为遥贺。胡文忠谓：'朝廷至多用旗人之时，天下必乱。'今似近之。以粤土匪迭起，而都中又有萧墙之祸，不知今上何如？迄无确信。北望慨然，忧思无已。张湘帅电属毗陵，求仁和昭雪杨侍读，而彼不肯同意，何其葸也！匆匆作书，遂盈数纸，阅后付丙，除颂兄外望勿示人。敬请台安。弟美翊顿首。"①

考赵凤昌《戊庚辛纪述(节录)》云："戊戌，德宗皇帝以国事日非，颇思奋发，冀成英主，惜不易内睦宫庭，外融新旧，以致决裂。忽八月十三日朝旨，不谳即决新党六人，枢臣奉旨方下，鄂督张南皮电王仁和，电文六百余言，力救其门人杨锐。仁和以原电示刚毅，商再请起，刚毅竟曰：'此辈多杀个何惜？'仁和不敢与争，即遵旨办矣。中外震惊，以为将有废立。"②据此，足以认定张让三此函之作，稍后于戊戌八月十三日。

◎ 光绪二十四年十月二十六日(1898年12月9日)，张让三致函汪康年，略述十月初入鄂以来的所见所闻，并直言《昌言报》的版面设计不如《时务报》，又在信末交代《蒙古西域诸国钱谱》的当前进展。

按，《张美翊十二》云："穰卿先生左右：月初匆匆赴鄂，不及作别为歉。闻阁下竟有鼓盆之戚，乃未奉慰。时局如此，心绪又如彼，想更难以为情。惟是老亲在堂，总须保养吾身，以慰慈心，而备世用，勿过为郁郁也。英世爵贝思福与《日报》异译来此，其所议论，尊处已有所闻。自抵鄂后，与湘帅议及练兵事宜，谓如允招英人练兵，彼可不夺督抚之权，并先函致议院，议及加增税则，以备饷需，倘他国阻扰，彼即与为

① 上海图书馆：《汪康年师友书札(二)》，上海古籍出版社1986年版，第1761～1763页。文中"颜习斋""李刚主""胡文忠""杨侍读""张香帅""毗陵""仁和""张菊生"，分指颜元、李塨谷、胡林翼、杨锐、张之洞、盛宣怀、王文韶、张元济。

② 中国史学会：《戊戌变法(四)》，上海人民出版社1957年版，第318～319页。

难等语。经郑苏龛劝京卿，告湘帅加意联络，稍肯相助，岘帅亦愿加意优待，今已往金陵矣。此语甚长，容后详告，万勿登报。贵报重开，想可支持，惟首篇《斯宾塞文集》颇不惬人意，似乎徒费重赀，不如仍前用论为是。舍侄仍蒙收银，感激之至。汉上工程尚无把握，京卿尚拟赴湘一行。然湘中官绅议论远不如前，办理铁路，处处掣肘。大厦将倾，人材难得，良用忧虑。速成经费一节，已被办事者中駮不必指其名。然京卿之意尚在游移，故原呈尚未批定，容俟后商，不必告浩吾先生也。《蒙古钱谱》经弟将系统图表译出，并考定古地数处，其世次往往与《蒙古源流考》相合，已交树堂重改，可成完书，亦佳制也。敬请台安。诸维心照不具。教弟美翊顿首。廿六日十一月初三到。"①

《时务报》被改为官报后，汪康年在后台老板张之洞的建议和支持下，于光绪二十四年七月初一日（1898年8月17日），将《时务报》改版为《昌言报》，聘梁鼎芬任总董。② 此所谓"贵报重开，想可支持，惟首篇《斯宾塞文集》颇不惬人意"③，显系就《昌言报》改版而发，故张让三此函必作于光绪二十四年十月廿六日。

◎ 光绪二十四年十一月，张让三自沪致函汪康年，既痛贬康有为等维新派人士的学问、人品，又在信末交代《蒙古西域诸国钱谱》的写作近况。

按，《张美翊十三》云："穰卿、颂穀先生左右：久未晤，怅念之至。闻公不往东瀛，所见极高。康、梁在彼，此行固无谓也。京友来，言上疾极可忧，不任久坐，且自召见侍坐外，非但章奏概不与闻，且有禁锢之意，变政党之罪，其可恕乎？近阅《改制考》，颇恨其浅陋狂谬，学术不正，为祸如此。独怪卓如通才，乃为所惑，余子琐琐，更何足论。闻《湘报》多载学堂问答，乞一借阅。穗卿来申，务乞示知。闻梁节庵先生来此，颇思一见。然弟佣书毘陵之门，恐其拒而不纳，故亦不敢造次也。敬请侍安。诸维心照不具。教弟美翊顿首。再，《蒙古钱谱》核对英文皆系节译，今拨冗为补译图表，并加考证。适柳堂来信，谓须重订。一俟各表写毕，寄甬请其董理，此书若厘订清楚，实传作也。先此奉闻。"④《戊戌变法文献资料系年》系之于戊戌十一月⑤，此从其说。

---

① 上海图书馆：《汪康年师友书札（二）》，上海古籍出版社1986年版，第1763～1764页。此所谓"浩吾先生"，当是浙江余杭人叶瀚（1861—1936年）。光绪二十一年，叶瀚与汪康年合办国内最早介绍西方少儿启蒙读物的《蒙学报》，其生平可见自传《块余生自纪》，出自丁守和：《中国文化研究集刊》第5辑，复旦大学出版社1987年版，第476～491页。

② 马勇：《觉醒与沉沦》，四川人民出版社2019年版，第319～321页。戊戌政变后，梁鼎芬辞去总董职务，改以日人安藤虎雄为总监，直至戊戌十月初六（1898年11月19日）停刊。

③ 《昌言报》之弊实不止于此，严复在作《论译才之难》时就曾举以为例，《国闻报》1898年9月11日载其词曰："近见《昌言报》第一册译斯宾塞尔《进说》数段，再四读，不能通其意。"

④ 上海图书馆：《汪康年师友书札（二）》，上海古籍出版社1986年版，第1764页。

⑤ 清华大学历史系：《戊戌变法文献资料系年》，上海书店出版社1998年版，第1290页。

◎ 光绪二十五年三月初一(1899 年 4 月 10 日),张让三致函同在上海的汪康年,希望汪康年出面恳请郑汝骙同意保释郑峨卿。

按,《张美翊十四》云:"穰卿先生左右:敬启者:昨致郑瀚生司马一函,恳为保释郑峨卿。今瀚翁交卸在即,而峨卿久押患病,虮虱满身,家已赤贫,情实可悯。兹具保状前来,务求台端加函,代恳瀚翁即行释放,一切在外议结。如日后尚有樛葛,可向二马路兴隆里敝寓,或宝源祥盛公馆差次,问弟索人还押,此函存卷可也。弟谊属亲戚,目击情形,不忍坐视,惟与瀚翁并无一面,故乞代恳,临笺谦悚。敬请台安。诸维亮察不具。愚弟张美翊顿首。初一日己桃朔收。如荷瀚翁情允,即饬差偕同贵纪带领峨卿来敝寓交明可也。并及。"①

兹据文末"初一日"及汪康年"己桃朔收",系其事于己亥三月初一。此所谓"己桃",显系"己亥桃月"之简写,而彼时张美翊和汪康年两人无疑同在上海。

二、张美翊与沙孟海往来考辨

按年编列书法大师沙孟海与其鄞县同乡张美翊之间的交往,不仅有助于深入了解书法大师沙孟海的人生经历,而且对补充张美翊的行迹与学术成就具有不言而喻的价值。只因所据文献仅沙孟海《僧孚日录》及张美翊传世书札,故虽多系原始史料,但不免有所遗漏。

◎ 庚申(1920 年)夏秋之际,冯君木偕弟子沙孟海登门拜访张美翊。

按,《僧孚日录》辛酉八月廿二日(1921 年 9 月 23 日)条:"张蹇叟先生年六十余,……奖宠后进,惟恐不至。去年夏秋间归,娄因人寄言招余顾一见,余曾从夫子一往谒之。"②

◎ 辛酉正月三十日(1921 年 3 月 9 日),沙孟海在阅读《甬上屠氏家集》时,对张美翊戊午年所作《甬上屠氏家集序》赞赏有加。

按,《僧孚日录》辛酉正月三十日条:"屠君尔生彝赠我所辑《家集》十二卷并所校订《先世见闻录》二卷,已复视余以《家谱》。灯下略读一过,屠氏先世南渡,时由汴之尉氏来迁。自明以来,尤多名人,张蹇叟先生美翊《序》所举……皆其著者。《屠氏家谱》中,《艺文录》一卷,所录书目都二百余种,亦可谓盛矣!"③

① 上海图书馆:《汪康年师友书札(二)》,上海古籍出版社 1986 年版,第 1765 页。

② 洪廷彦:《沙孟海全集·日记卷》,西泠印社出版社 2010 年版,第 215～216 页。

③ 洪廷彦:《沙孟海全集·日记卷》,西泠印社出版社 2010 年版,第 97～98 页。张美翊:《甬上屠氏家集序》,出自张美翊:《甬上青石张氏家谱》卷四《家集》,味芹堂铅印本 1925 年。

◎ 辛酉七月二十二日(1921 年 8 月 25 日),张美翊致函朱复戡,希望朱复戡效法张千里、沙孟海、葛旸,志存高远。

按,张美翊《致朱复戡》:"百行贤友文览:……此间张千里写《黑女》,沙孟海写黄石斋极神似,葛夷甫改魏碑,足与贤颉颃。千里为老夫写陆渔师像赞、大副挽对长联,以《黑女》参《龙颜》,绝佳,乃人谓贤写。不出数月,张、沙、葛出名矣。贤务与竞争,万勿山中无鸟麻雀封王。老夫一生受谦之益,愿贤效我,多读书为要。贱体稍平,头晕未发,手颤如故。各乡水灾,人心危之,奈何!敬问侍祺。蹇具,廿二。"①

◎ 辛酉八月初五(1921 年 9 月 6 日)早上,张美翊致函沙孟海,预约见面,同时请沙孟海抄写柱铭。

按,张美翊《致沙孟海》:"孟海贤友左右:大嵩又被灾,忧念无已。老朽病矣,无能相助,幸有沪上同乡代呼(将)[蒋]伯贤长官,饥溺由己,尤可敬也。藻弟已来,得暇能枉临一谈否?道远宜呼舆,中午便饭,不拘日期。老朽精气涸竭,静养一月,渐能谈话作字。喜贤通小学,不慕荣利,此真吾党星凤。见千里箑头摹石斋极神似,谢山所谓'不钩之钢'者也。所欲谈者正多,祇好面罄。奉上喜联,拜烦大笔,三日内走领。陆生可教,然先宜学字。敬问　道祺。张美翊谨状,八月初五早。"②

考《僧孚日录》辛酉八月五日条云:"陆生彦伯来,持张蹇叟先生美翊书,属代写柱铭。"③两相比对,足以确认张美翊此函作于辛酉八月初五。

◎ 辛酉八月二十二日(1921 年 9 月 23 日),张美翊移居"薛楼"。同日,沙孟海应邀,与葛夷父一道前来拜谒。

按,《僧孚日录》辛酉八月廿二日条:"与夷父谒张蹇叟先生于薛楼中,……张蹇叟先生年六十余,向在扈上,近谢事回乡,奖宠后进,惟恐不至。……此次归来,又有书来招余,故又往谒。吾邑耆旧凋谢略尽,独此一老存耳。先生见余二人,便谓:'不有尻者,谁守社稷?老弟能是,亦吾所深愿也。'先生日前寓北郭,今日适移居薛楼,方扫室布席,匆匆未及多言而出。"④

又,张汝钊《整理薛楼藏书记》:"清光绪间,无锡薛叔耘氏为宁绍台观察使,就署

① 侯学书:《张美翊书札考释注评》上册,文物出版社 2020 年版,第 221 页。又可见《菉绮阁课徒书札·致朱百行 22》,山西画院《新美域》2008 年第 2 期,第 39 页。

② 侯学书:《张美翊书札考释注评》上册,文物出版社 2020 年版,第 244 页。

③ 洪廷彦:《沙孟海全集·日记卷》,西泠印社出版社 2010 年版,第 205 页。

④ 洪廷彦:《沙孟海全集·日记卷》,西泠印社出版社 2010 年版,第 215～216 页。1913 年,宁波六邑公会在后乐园原址重建西式楼房三楹,收入前宁绍台道薛福成、前宁波知府喻兆蕃等人的藏书,并命名为"薛楼""喻斋",用以纪念薛福成、喻兆蕃。

旁隙地筑后乐园以课三郡之士，购藏四部普通书籍供士人阅览。继任吴氏福茨，又能采集藏书，搜罗益富。清季府教育会复购置中日新书，以应时需。民国二三年间，六邑公会始建西式屋宇于园北，移书于其中，以倡自薛氏，故颜曰'薛楼'，示不忘也。壬戌岁，邑故绅张让三先生养疴斯楼，检理藏书，厘订目录，预备开放以惠读者，寻病终。"①

◎ 辛酉九月十三日（1921 年 10 月 13 日），沙孟海等人来访，张美翊示以薛楼所藏明覆宋本《南北史详节》。

按，《僧孚日录》辛酉九月十三日条："吴公駘来后，夷父亦来，俱访张蹇丈。日晡，始及馆。……《南北史详节》，明覆宋本，旧藏吴氏有福读书堂，今藏薛楼。蹇丈取视吾辈。按吕东莱于十七史皆有详节，此其二焉。"②

◎ 辛酉九月十六日（1921 年 10 月 16 日），张美翊致函沙孟海，请沙孟海代写联语。

按，张美翊《致沙孟海》："孟海仁弟左右：昨谈甚惓，老朽衰病，无以补益高明为谦。奉上楹联，祈为费神加墨；字用工楷或篆隶，大才酌之。敬问道祺。张美翊谨状，十六日。"③

考《僧孚日录》辛酉九月十七日条云："午后，代蹇叟先生写赠人联语。"参此，足以确定张美翊此函作于辛酉九月十六日。

◎ 辛酉九月十九日（1921 年 10 月 19 日），沙孟海致函张美翊，请教薛楼藏书特征之成因。

按，《僧孚日录》辛酉九月十九日条："薛楼藏书多有真州吴氏有福读书堂印记。询诸蹇丈。丈来书，云此楼藏籍始从无锡薛师乞得，继由扬州吴福茨方伯续储。有福读书堂即吴福茨物也。薛庸盦、吴福茨皆曾观察吾郡。福茨名引孙。"④

◎ 辛酉九月二十日（1921 年 10 月 20 日），张美翊早晚两次致函沙孟海，一则答复薛楼藏书的来历，二则催促沙孟海尽快写定用悼忻江明之母的挽联。

按，张美翊《致沙孟海》："孟海老弟左右：前奉书联并札，大佳，已寄朱百行，令其仿之。兹送上喜、挽联，仍希速藻'喜'傍晚，'挽'明日来领。书楼藏籍始从无锡薛

---

① 邓大鹏：《宁波图书馆志》，宁波出版社 1997 年版，第 354～355 页。
② 洪廷彦：《沙孟海全集・日记卷》，西泠印社出版社 2010 年版，第 230 页。
③ 侯学书：《张美翊书札考释注评》上册，文物出版社 2020 年版，第 282 页。
④ 洪廷彦：《沙孟海全集・日记卷》，西泠印社出版社 2010 年版，第 237 页。沙孟海日记，疑似追记。

师乞得，继由扬州吴福茨名引荪方伯续储，皆当时观察使。《世本》及《宋元学案补》，能移藏义庄最好。敬问道祺。美翊谨状，二十早。”[①]

又，张美翊《致沙孟海》：“孟海贤弟左右：联字颇有兰台《道因》笔意。君木兄尝谓：随唐字究系正统，蝯叟曾临《道因》，放大便近蛮犷。老朽前由长儿寄来王孝禹所藏《道因碑》，绝精，希便中来看，可以借观百行曾借。近人无以《道因》作大字者，弟能临一二月，可以独步。方乐雨来谈，谓作字须认定一家。百行好《宝子》，弟能专摹《道因》，亦一奇也。挽联乞交下[②]，夷伯归来，嘱其放笔作书。敬问　道安。美翊谨状，二十夕。百行今早寄喜联，学苏堪，颇雄杰，无犷气，惜已送人。”[③]

考《僧孚日录》辛酉九月二十日条云：“蹇丈又有王孝禹旧藏《道因碑》，绝精。丈来书云：‘弟大字颇有《道因》笔意。君木曾谓：隋唐字究系正统，何蝯叟曾临《道因》，放大便近蛮犷。’‘近人无以《道因》作大字者，弟能临一二月，可以独步。方乐雨来谭，谓作字须仞定一家。弟能专摹《道因》，亦一奇也。’此碑余尝临摹之，苦于拘孿，弃去。今有此佳本，匪可易得，将复学之。方药雨者，名若，定海人。”准此，则知张美翊此函必作于辛酉九月二十日。

◎ 辛酉九月二十一日（1921 年 10 月 21 日），张美翊请沙孟海代书所拟挽联。晡后，沙孟海与冯堺望一道拜谒张美翊。

按，《僧孚日录》辛酉九月廿一日条：“张蹇丈有挽忻君祖年江明母夫人联，属余书之。……晡，偕堺望谒蹇丈。夕飧后出。”[④]

◎ 辛酉九月三十日（1921 年 10 月 30 日）午饭后，沙孟海、童第德同访张美翊，日晡而出。

按，《僧孚日录》辛酉九月三十日条：“童次布薄午来。午食后，俱谒张蹇丈，日晡而出。……《剡源集》旧有宜稼堂刻本，近时孙锵玉仙更搜集佚文，补入刻之。张蹇丈极尊崇戴氏书，行坐必与俱。”[⑤]

◎ 辛酉十月一日（1921 年 10 月 31 日），沙孟海摘录沙氏谱中两文，寄示张

---

① 侯学书：《张美翊书札考释注评》上册，文物出版社 2020 年版，第 292 页。此所谓“前奉书联并札”，在《僧孚日录》辛酉九月十七日条中有如下记载：“午后，代蹇叟先生写赠人联语。”

② 考《僧孚日录》辛酉九月二十一日条云：“张蹇丈有挽忻君祖年江明母夫人联，属余书之。”是知此挽联，用悼忻母之丧。

③ 侯学书：《张美翊书札考释注评》上册，文物出版社 2020 年版，第 295 页。

④ 洪廷彦：《沙孟海全集・日记卷》，西泠印社出版社 2010 年版，第 239 页。《僧孚日录》辛酉九月廿二日条云：“午后，写《孔君寿序》，朱炎父所撰。又联语。及其写毕，天垂莫矣。”

⑤ 洪廷彦：《沙孟海全集・日记卷》，西泠印社出版社 2010 年版，第 245 页。袁惠常《雪野堂文稿》卷中《五先生文钞目录序》云：“张先生名原炜，字于相，童先生名第德，字次布，皆鄞人。”

美翊。

按，《僧孚日录》辛酉十月一日条："从家乘中迻录戴帅初撰十一世祖墓志铭及袁清容《梅峰书院记》二文，寄眎张蹇丈。二文俱出当代巨家手，洵可贵。然其文词殊无足观耳。"①

◎ 辛酉十月五日（1921 年 11 月 4 日），沙孟海将张美翊《杖铭》抄录至《僧孚日录》。

按，《僧孚日录》辛酉十月五日条："张蹇丈《杖铭》云：'《说文》云楷木也。《孔子家》：盖树之取材，制为杖。引此当铭词。'爱其简朴，录之。"②

◎ 辛酉十月六日（1921 年 11 月 5 日）上午，葛旸持姚复庄诗文稿本以示张美翊，沙孟海、冯都良同行。

按，《僧孚日录》辛酉十月五日条："翁须之昏，今日妆簌至，过饮。间与夷父、衷博谒张蹇丈。有叶君以百金于市上购得姚复庄诗文稿本，凡十三册，夷父持以示蹇丈也。午后，以事出东门，并往南城。"③

◎ 辛酉十月初九（1921 年 11 月 8 日），沙孟海、葛旸、朱复戡三人相会于张美翊住所。

按，《僧孚日录》辛酉十月九日条云："朱百行义方，年十九，天资迥绝，于书有不摹，摹则立能神似，若有天授者。亦能篆刻。向从蹇丈在沪鬻字，有声一时，惜其未学耳。余尝见其题签、楹帖，于今人尤善效海藏、寐叟，作吴缶庵《石鼓》尤酷肖。今日与夸父谒蹇丈，适百行亦在，因与相识。别后，书来所观近刻，乃就匧笥中所存者，录十数纽与之。百行于篆刻不及其书，要皆全仗聪明而无实功夫，不足畏也。"④

◎ 辛酉十月初十（1921 年 11 月 9 日）上午，沙孟海与葛旸一道拜访张美翊。

按，《僧孚日录》辛酉十月十日条："次曳、翁须蚤来，次布、夷父亦继来。后与夷父谒蹇丈。午后，欲刻印而未果。"⑤

◎ 辛酉十月十四（1921 年 11 月 13 日）上午，沙孟海拜谒张美翊，谈顷而出。

① 洪廷彦：《沙孟海全集·日记卷》，西泠印社出版社 2010 年版，第 247 页。
② 洪廷彦：《沙孟海全集·日记卷》，西泠印社出版社 2010 年版，第 250 页。
③ 洪廷彦：《沙孟海全集·日记卷》，西泠印社出版社 2010 年版，第 250 页。
④ 洪廷彦：《沙孟海全集·日记卷》，西泠印社出版社 2010 年版，第 251～252 页。
⑤ 洪廷彦：《沙孟海全集·日记卷》，西泠印社出版社 2010 年版，第 252 页。

按，《僧孚日录》辛酉十月十四日条："谒蹇丈，谈移时出。午刻，与诸子饮陈天婴、钱太希两先生酒。天婴先生今五十，太希先生四十也。"①

◎ 辛酉十月二十七日（1921 年 11 月 26 日），张美翊致函沙孟海，并赠以张苍水遗墨拓本。在信中，张美翊既称虞辉祖文风酷似桐城派，又拜托沙孟海代写联语。

按，张美翊《致沙孟海》："孟海仁弟左右：近拓得苍翁砚铭奉览考跋续写。又，寒老文稿纯乎桐城，老朽弗及远甚，送请先睹。有送刘祠联，百行写联语，恐其叙款草率，奉求加墨，谅勿计较后日走领。敬问箸祺。美翊谨状，廿七日。"②考《僧孚日录》辛酉十月廿六日条云："张蹇丈寄贻苍水翁遗研拓本，有万九沙题字。"③是知张美翊此函作于辛酉九月二十七日。

所谓"寒老文稿纯乎桐城"，沙孟海亦持此论，其《僧孚日录》庚申八月廿五日条云："郡中诸公，虞含章先生辉祖专主桐城，洪佛矢先生允祥痛诋桐城，张于相先生为桐城而兼好桐城以外文字，陈天婴先生训正亦与桐城殊，吾师为汉魏文而并不轻眡方、姚。杨逊斋先生敏曾于诸公为前辈，其为文不喜桐城，并不喜汉魏文字，乃服膺于侯、魏、湛园诸人；师语余，以为可异也。杨先生好《二十四家文钞》，归安徐斐然敬斋所辑。含章先生半月前曾来，为翁须与余言：'甬上文人诗，自推天婴、回风二公，足传无疑。二公之文，天婴尚欠声调一番功夫，回风为汉魏文，余所不讲者，要皆能附于其诗以传。至言文，则吾自居矣。'含章先生论文，非桐城则不为家数，故所言如是。师谓：'含章、于相二人，若言古文，则于相自不及含章功力之深；若论文章，则含章不及于相之范围宽大而中正也。'"④

◎ 辛酉十月二十八日（1921 年 11 月 27 日）下午，张美翊在沙孟海的安排下，会见谢镇涛（1905—1924 年，浙江象山人，原名镇涛，字彦冲，后改名道用，字冲尹）。

按，《僧孚日录》辛酉十月廿八日条："张蹇丈常念冲尹，欲一见。晡后，导之往适，夷父、翁须亦在。坐定，丈为述曩日从无锡薛公出使欧洲时事，吐言如屑，移时不倦，薄莫始出。"⑤

◎ 辛酉十一月十一日（1921 年 12 月 9 日）晚饭后，沙孟海来访，张美翊与其论当世文坛及宁波乡邦耆旧。

---

① 洪廷彦：《沙孟海全集·日记卷》，西泠印社出版社 2010 年版，第 254 页。
② 侯学书：《张美翊书札考释注评》上册，文物出版社 2020 年版，第 306 页。函中"苍翁""寒老"，即指张苍水、虞寒庄（辉祖）。
③ 洪廷彦：《沙孟海全集·日记卷》，西泠印社出版社 2010 年版，第 261 页。
④ 洪廷彦：《沙孟海全集·日记卷》，西泠印社出版社 2010 年版，第 12～13 页。
⑤ 洪廷彦：《沙孟海全集·日记卷》，西泠印社出版社 2010 年版，第 263 页。

按，《僧孚日录》辛酉十一月十一日条："傍晚，夷父来。饭后，过谒张蹇丈，从丛篁中入曲折，乃至薛楼。月下景色绝幽，蹇丈为纵论当世文人，并及乡邦耆旧，因劝吾辈为学宜先务广博。九时回馆。"①

◎ 辛酉十一月廿八日（1921 年 12 月 26 日）傍晚，沙孟海偕屠武仲过谒张美翊，少顷即返。

按，《僧孚日录》辛酉十一月廿八日条："晡，与武仲过谒张蹇丈，夷父亦在，少顷即反。"②

◎ 壬戌三月十一日（1922 年 4 月 7 日），张美翊致函沙孟海，一则请为葛夷谷书写葛豫斋（1856—1895 年）诗扇，二则希望张安令、张慧令两孙能跟随沙孟海学习。

按，张美翊《致沙孟海》云："孟海老弟左右：连月阴寒，衰躯未健。欣闻文从来城讲学、读书，倏然物外，慰颂无颂。前为夷谷题豫斋刺史诗扇，乃界格强我写，手颤耳鸣，难以下笔。弟工小楷，求为代劳。倘春和体强，再为诸君写字奉报何如？兹有恳者，安令、慧令自杭来，本拟赴津，鄙意拟令留此，求弟教授经书，兼习英、算，寄食午膳，夜随老朽宿薛楼；先命叩谒请示，希面试程度，推爱收录，进而教之。敬问　道祺。张美翊谨状，十一。"③考《僧孚日录》壬戌十月八日条云："（莫）[暮]春时，张安、张宜兄弟初从余读书，……忽忽七八月，二张北上。"④准此，足以推知张美翊此函作于壬戌三月十一日。

又，《僧孚日录》壬戌九月廿一日条云："葛豫斋诗扇，夷父宝藏之，首录一绝云：'重重叠叠是姑嫜，提挈还须娣姒行。四十七年娇女子，今朝初学作新娘。'盖光绪十六年成进士后需次苏垣时作也。蹇丈题语有云：'可见当时官场阶级之重，虽以老年名士，到官犹不能不仰赖首县之指导，至督抚、藩臬，则如在天上矣。'"⑤是知张美翊对葛豫斋诗扇的内容颇为关注。

◎ 壬戌三月十五日（1922 年 4 月 11 日），张美翊致函沙孟海，主要是商讨其两孙明晨求学事宜。

按，张美翊《致沙孟海》云："孟海老弟先生阁下：两孙拟令明晨来学，先读《论

---

① 洪廷彦：《沙孟海全集・日记卷》，西泠印社出版社 2010 年版，第 275 页。
② 洪廷彦：《沙孟海全集・日记卷》，西泠印社出版社 2010 年版，第 282 页。
③ 侯学书：《张美翊书札考释注评》上册，文物出版社 2020 年版，第 336 页。
④ 洪廷彦：《沙孟海全集・日记卷》，西泠印社出版社 2010 年版，第 382 页。
⑤ 洪廷彦：《沙孟海全集・日记卷》，西泠印社出版社 2010 年版，第 368 页。

语》《孟子》，每日各读数章，可解者略为解说。外《古文观止》《小学》《龙文鞭影》之属，先生酌之。大小楷、日记，如何分配，求高明指示。英、算再说。书桌椅等有否？有抽屉尤好。每日午膳，早晚仍归新巷，三月初宿薛楼。惟两孙太活动，无恒心，求师从严教督，令其看武仲等沈静好样。诗扇题语，求大笔代写。敬问　道祺。张美翊谨状，十五日。夷弟附念。”①

考《僧孚日录》辛酉正月廿六日条：“余今岁馆于屠氏，……屠氏子名洵规，年十五，以足疾，父命专习中国文学，弗能入学堂也。”②

◎ 壬戌三月十七日（1922年4月13日），张美翊致函沙孟海，并随信附上新作《沙母周太孺人八秩寿燕诗序》。

按，张美翊《致沙孟海》：“孟海老弟左右：晨起为拟《重堂寿醼诗序》，逾改逾拙，无力再誊，原稿奉览，乞为推勘酌定。如可用，以小楷写之。两孙拟先习五分小楷，令其心细。敬问　道祺。张美翊谨状，十七。”③

《僧孚日录》详载张美翊《沙母周太孺人八秩寿燕诗序》云：“沙生文若孟海，居邑东南大咸乡沙邨，距城八十里，滨海斥卤地也。生独以孤童奋起，修学敦行，讲求经史、小学于举世不为之时。财及弱岁，接交老苍，声誉翔起。事祖母与母，能尽色养。去岁仲冬中旬，为其祖母周太孺人八十生日，吾友冯君木、陈无邪诸君，多为诗文张之，非凡为谀颂之词者比也。沙氏世力农，太孺人归规墨翁，逮事重闱，必敬必戒，翁往于田，太孺人未明而起，为馌食佃者。昼治酒浆，夜织麻枲，复于其间，督子可庄君读，终日操劳，岁以为常。无何翁卒，可庄君以羸疾困郡县试，郁郁不得志，未四十又告逝。太孺人则率妇陈氏，抚育诸孙。沙氏两世单传，至是始有孙五人，并见曾孙，而孟海尤以贤著闻州闾间，论者谓太孺人端严勤苦，妇姑相继，有以致之云。太孺人习农事，知种植，审于水土气候，凡稻谷果蔬之所宜、松杉材木之取用，言之瞭然，虽老于农圃者无以过，绸缪拮据，老而不倦。其教诸孙，常述先训圣善之德、义方之教，历久而弥虔，再世而获报，君子称焉。往读张皋闻《祖妣母氏事略》及曾文正《欧阳氏姑妇家传》，叹其所遭至苦、其行至庸，而终以昌其后；孟海重慈在堂，兄弟无故，岁时上寿，独能以名流颂德之辞，施荣其亲，令名所贻，国人称愿，则所以报答慈恩者，其在斯乎？其在斯乎！壬戌三月。”④其所载录，与天一阁博物院所藏《张蹇叟先生文稿》有六处相异。

其实早在1921年，沙孟海就已为其祖母八十寿诞征集诗文稿，除张美翊《沙母

① 侯学书：《张美翊书札考释注评》上册，文物出版社2000年版，第336页。
② 洪廷彦：《沙孟海全集・日记卷》，西泠印社出版社2010年版，第95页。洵规乃屠用锡次子，字孟昭，后改名果，字武仲。
③ 侯学书：《张美翊书札考释注评》上册，文物出版社2020年版，第342页。
④ 洪廷彦：《沙孟海全集・日记卷》，西泠印社出版社2010年版，第587～589页。

周太孺人八秩寿燕诗序》外，尚收到冯君木《沙母周孺人寿诗》（1922 年 9 月 12 日交稿）[①]、冯都良《沙僧孚大母周夫人八十寿序》（交稿时间不详，但明显早于陈训正）、陈训正《贻沙生文若》（1924 年 3 月 3 日交稿）[②]。

◎ 壬戌三月三十日（1922 年 4 月 26 日），张美翊将新作诗篇若干首寄示沙孟海。

按，张美翊《致沙孟海》："孟海老弟先生侍史：臣已间命小孙奉呈反正体诗（亮）[量]达清览，兹复得二律，纸幅加多，故拟另改款式，各件附上。诗有感慨，尚自然，拟寄沈寐叟、吴修老及上海襟社诸君，以为然否？老朽见弟与鄮卿细书，主张小楷。朱百行违省久，恐其诞傲，(遗)[遣]书问之。近得函，谓用心极细，尚可教。鄙意命孙辈专学细楷以收放心，省纸也。敬候　起居，夷弟、武仲同鉴。张美翊谨状，三月晦。"[③]

◎ 壬戌四月，张美翊致函沙孟海，请沙孟海效仿黄道周"不钩之钢"法，书写栎亭楹帖。

按，张美翊《致沙孟海》："栎亭楹帖黄纸适有预备，今以附上，希仿石斋'不钩之钢'为之。玉殊隶大进，已为题语并书牍，缴希詧入。此请孟弟道安。美翊状。"[④]

◎ 壬戌五月，张美翊收到朱复戡所寄新作，在赞赏之余，又致函沙孟海、葛旸，欲请两位到住处欣赏。

按，张美翊《致沙孟海、葛夷谷》："示敬悉。百行写《寿讌诗序》，仿小爨绝佳，究不能效老朽之拙也。近镌瘦劲印，合鄙意。又为作《太康(专)[砖]铭》，似《广武》。能来看否？此问　孟海、夷谷老弟大安。美翊状。"[⑤]

已知张美翊所题《太康九月九日砖砚铭拓本》作于壬戌四月末，则张美翊此函理当作于壬戌五月。

◎ 壬戌五月十五日（1922 年 6 月 10 日），张美翊题沙孟海所辑《僧孚裒集师友尺牍》。

按，张美翊《为沙孟海》："汉晋人崇尚笺奏，《文选》所录可考也。曾文正《经史百

---

① 洪廷彦：《沙孟海全集・日记卷》，西泠印社出版社 2010 年版，第 323 页。

② 洪廷彦：《沙孟海全集・日记卷》，西泠印社出版社 2010 年版，第 584～586 页。

③ 侯学书：《张美翊书札考释注评》上册，文物出版社 2020 年版，第 352 页。此所谓"吴修老"，即钱塘人吴庆坻（1848—1924 年），乃"葵园学派"的代表人物。

④ 侯学书：《张美翊书札考释注评》上册，文物出版社 2020 年版，第 366 页。竺理字玉殊，原名安汾，字美度，奉化人，系冯君木弟子。

⑤ 侯学书：《张美翊书札考释注评》上册，文物出版社 2020 年版，第 419 页。

家杂钞》乃采右军书。古近丛帖，率以书简为多。以笔札通情愫，致足尚矣。吾乡范莪亭先生好收名人尺牍，今归慈溪严氏。《小长芦馆集帖》有季野、谢山诸先生笺字，不以书名，而字独古雅，读书多故耳。沙君孟海聚师友函成册，乃有老朽恶札滥厕其间，甚媿甚媿。生平颇好推奖气类，与人为善，尤喜长笺言事，手自书之。今年老手颤，无能为矣。披阅一过，惘然久之。壬戌五月望，蹇叟题，时年六十有六。"①

◎ 壬戌五月二十日（1922 年 6 月 15 日），张美翊致函沙孟海，纵论所见与张母像赞相关的诸家诗文，进而建议宁波文人走出去，多与海内同志交流。

按，张美翊《致沙孟海》云："孟海老弟先生左右：张母像赞，尊论以更生、药禅为胜，极是。寐叟三字短句贻古，特禅语太多。絅斋诚工雅，余则不过尔尔。一山讥其房从草命太过。老朽尝告君木、天婴，海上名人何渠不若仆，特吾辈当读书交友，勿一得自封耳。夷弟以为何如？连日哭老友邹鹿宾、洪复斋，皆卌六年同入学者，计惟陈元升与老朽存耳！此昌黎为《马少监铭》、欧公为《张司录铭》所以悲也。有挽诗能为代写否？日来，尺牍之风大行，此亦莪亭以后盛事。初暑，伏惟崇摄。张美翊状，五月二十。"②

◎ 壬戌闰五月七日（1922 年 7 月 1 日），张美翊致函沙孟海，感谢沙孟海书写《栎亭记》。

按，张美翊《致沙孟海》："孟海仁弟侍史：《栎亭记》大佳，足与《告示》相配，代为致谢。藻荪《开通金山记》与大著均拜读，榆陋之俗一变而山川之气大昌，文人力量，原是不小。然非有钱雨岚高掌远跖，不能集事，故汉碑必署出钱人也。衰病见炎光即昏瞀，惟侵晨稍清爽耳。梅蒸摄慎为宜。张美翊谨状，壬戌闰五月七日。"③

◎ 壬戌六月二十八日（1922 年 8 月 20 日）上午，沙孟海与童第德、葛旸一道拜谒张美翊。

按，《僧孚日录》壬戌六月廿八日条："次布自邑归，过我，谈顷，与次布、夷父谒张

---

① 侯学书：《张美翊手札考释注评》上册，文物出版社 2020 年版，第 397 页。范永祺（1727—1795 年），字凤颉，号莪亭，乾隆五十一年（1786 年）举人。这位天一阁后裔，工篆隶、刻印，富藏明人尺牍。

② 侯学书：《张美翊书札考释注评》上册，文物出版社 2020 年版，第 401 页。更生、药禅、寐叟、絅斋、一山、莪亭，分别是康有为、吕景瑞、沈曾植、吴士鉴、章一山、范永祺。此所谓"房从"，意即房族、近支宗亲。《马少监铭》《张司录铭》显系韩愈《殿中少监马君墓志铭》、欧阳修《张子野墓志铭》。

③ 侯学书：《张美翊手札考释注评》下册，文物出版社 2020 年版，第 4 页。钱汝雯（1866—?），字雨岚，鄞县梅岭金山村人，光绪举人，编有《宋岳鄂王文集》《宋岳鄂王年谱》。《开通金山记》全称《开通鄞大咸乡金山山道记》，童第德撰文，钱罕书丹，其捐款碑则由沙孟海书丹，1922 年 2 月建。

蹇丈。反馆，午食。”①

◎ 壬戌七月五日(1922年8月27日)，张美翊致函沙孟海，烦请代写挽联、挽诗，用悼鄞县姜知事。午后，沙孟海、冯都良一道前来拜谒。

按，张美翊《致沙孟海》云：“孟海仁弟先生左右：奉上布联、纸屏，敬烦大笔。又：姜知事联极狭，乞以瘦体书之，备刻也。敬问道祺。张美翊状，初五日。”②考《僧孚日录》壬戌七月五日条云：“蹇丈书来，属代书挽联、挽诗，数事即写寄之。”③故可确定该函作于壬戌七月五日。

按，《僧孚日录》壬戌七月五日条：“翁须来。近自写文稿，得二十余篇。出而视余，余乃循读一过。翁须自年十五六即善为古文辞，如书朱渠弥、姚孝诒哀辞，皆造诣已深。十七八时，所作《先母行略》《叙交》诸篇，杂入归、方集中，辨不得也，真可敬服。午后，同谒蹇丈，惠令病已痊。”④

◎ 壬戌七月八日(1922年8月30日)，张美翊致函沙孟海，一则交代其孙安令继续跟读，二则烦请沙孟海尽快篆刻“永丰鲜船渔商公所章”阳文九字。

按，张美翊《致沙孟海》云：“孟海老弟先生左右：安令暂缓北行，仍命受读函丈，希从严管教，勿任偷懒，每日责令多临小楷以收放心。恃爱奉渎，乞鉴及之。奉上石章一方，烦费神刻‘永丰鲜船渔商公所章’阳文九字，能速藻尤感。敬问道祺。张美翊谨启，初八。楹帖旁晚带回为盼。”⑤

考《僧孚日录》壬戌七月八日条云：“惠令病后休养，不能赴津，蹇丈命安令仍来馆就学。”故可确定该函作于壬戌七月八日。

◎ 壬戌七月二十三日(1922年9月14日)，沙孟海等人专程前来拜访，张美翊赠以张季直、寄禅的手札。

按，《僧孚日录》壬戌七月廿三日条：“王冰生来，夷父亦来，同诣张蹇丈。张君一香颐为蹇丈从子，年五十余，侨寓天津，近日方回乡，得与相见。午食后，从蹇丈处索得张季直、释寄禅手札以归。”⑥

◎ 壬戌七月二十四日(1922年9月15日)，经张美翊介绍，陈宗范追随沙孟

① 洪廷彦：《沙孟海全集·日记卷》，西泠印社出版社2010年版，第305页。
② 侯学书：《张美翊书札考释注评》下册，文物出版社2020年版，第73页。
③ 洪廷彦：《沙孟海全集·日记卷》，西泠印社出版社2010年版，第311页。
④ 洪廷彦：《沙孟海全集·日记卷》，西泠印社出版社2010年版，第311～312页。
⑤ 侯学书：《张美翊书札考释注评》下册，文物出版社2020年版，第76页。
⑥ 洪廷彦：《沙孟海全集·日记卷》，西泠印社出版社2010年版，第325页。

海读经。

按，《僧孚日录》壬戌七月廿四日条："有陈颖冠者，欲令其子就余受经，请蹇丈为介，余既诺之，今日来馆陈氏子名宗范，生徒渐多，殊非余之本意。"①

◎ 壬戌七月二十七日（1922 年 9 月 18 日），张美翊致函沙孟海，烦请篆刻"岘台"二字用作后乐园匾额。

按，张美翊《致沙孟海》："请篆'岘台'二字，缘团中无篆字也。并署大名。《说文》无'岘'字，然杨邈翁曾刻名章，似无害也。《说文》'见''山'二字均有，不妨合一。孟海老弟先生。美翊代求。"②

考《僧孚日录》壬戌七月廿七日条云："惠令亦曾来，递到蹇丈片，属与夷父分写后乐园'岘台''送香亭'匾额。"准此，足以确定此函作于壬戌七月二十七日。

◎ 壬戌七月二十九日（1922 年 9 月 20 日），张美翊致函沙孟海，既提醒若干注意事项，更望沙孟海能为空同刻印。

按，张美翊《致沙孟海》："示悉。费寿屏润笔必不迟延，想陈定元必照送。前王儒堂联'钓'字多一点，已为修正，而公所乃装玻匡，计洋八元，冤哉。贤天分太高，落笔稍大意，望留神为。来函'何以'二字，亦不能歇脚。空同今日来沪，已告贤寓处，必奉约，烦刻印。顺问日佳。蹇手启，廿九。"③

考《僧孚日录》壬戌七月廿三日条云："张君一香颐为蹇丈从子，年五十余，侨寓天津，近日方回乡，得与相见。午食后从蹇丈处索得张季直、释寄禅手札以归。"两相比对，足以确定此函作于壬戌七月二十九日。

◎ 壬戌八月三日（1922 年 9 月 23 日），沙孟海等人到后乐园拜谒张美翊。

按，《僧孚日录》壬戌八月三日条："次布来，午后去。徐和父来，夷父与玉殊、薇泉亦来。谈顷，同往后乐园谒蹇丈，傍晚归。"④

◎ 壬戌八月四日（1922 年 9 月 24 日），张美翊致函沙孟海，一则麻烦沙孟海书写寿诗、挽联，二则告知入秋后的身体状况。

按，张美翊《致沙孟海》："孟海老弟左右：段翁寿诗奉求大笔。末书：壬戌八月，甬上友弟张某某呈稿；沙某某书。原稿仍还段，绳伯亦要也。尚有挽联、诗求写，容

① 洪廷彦：《沙孟海全集·日记卷》，西泠印社出版社 2010 年版，第 327 页。
② 侯学书：《张美翊书札考释注评》下册，文物出版社 2020 年版，第 86 页。
③ 侯学书：《张美翊书札考释注评》下册，文物出版社 2020 年版，第 91 页。又可见《菉绮阁课徒书札·致朱百行》，山西画院《新美域》2008 年第 2 期，第 103 页。
④ 洪廷彦：《沙孟海全集·日记卷》，西泠印社出版社 2010 年版，第 332 页。

再呈。秋凉祗惟崇护。张美翊谨状，初四。”[①]同封又函云：“月来老友作古者四人，伤逝亦自念也。老态日增一日，又不肯暇逸，药力岂能挽救，多活亦少意味，听之而已。再问道祺。美谨又启。壬戌八月四日，时年六十有六。”[②]

考《僧孚日录》壬戌八月四日条云：“得蹇丈、二舅氏及公廷书。”[③]两相比对，足以确定张美翊两函同作于壬戌八月四日。

◎ 壬戌八月十日（1922 年 9 月 30 日），沙孟海用篆书为张美翊代写寿人诗笺；次日，张美翊致函沙孟海，既大加夸奖，又随寄所藏隋唐墓志小品，谨志谢忱。

按，《僧孚日录》壬戌八月十日条云：“代蹇丈写寿人诗笺。”又，张美翊《致沙孟海》：“孟海老弟先生侍史：法篆大好，‘榭’字既见新坿，请改从木。今日检阅隋唐墓志小品，足供炎暑消遣。敬问 道安。张美翊谨状，十一日。”[④]

◎ 壬戌八月十三日（1922 年 10 月 3 日），沙孟海、冯衷博等五人一道拜谒张美翊。

按，《僧孚日录》壬戌八月十三日条：“感孙病后始来馆。与夷父、次曳、騋公谒蹇丈，衷博亦至。”[⑤]

◎ 壬戌八月十四日（1922 年 10 月 4 日），即将离甬赴沪的沙孟海婉拒张美翊为两孙支付上课费。

按，《僧孚日录》壬戌八月十四日条云：“蹇丈送安令、慧令束修，裁书却之。”[⑥]

◎ 壬戌八月二十一日（1922 年 10 月 11 日）晚，张美翊致函沙孟海，请沙孟海或冯君木、洪佛矢、童第德修改己文。

按，张美翊《致沙孟海》：“孟海老弟先生左右：示敬悉，乌丝阑收到，笔尤佳，惜太软耳。老年神观不足，往往误记古人名，不胜愧恧。细思‘令伯陈情’‘景完致欢’云云，与通篇不类，总少研炼功夫，下笔流易不修。可否代为酌定？抑转请冯、洪、童诸君一讥弹之。牖额领谢，夷弟致意。敬问道祉。美翊谨状，廿一夕。”[⑦]

---

① 侯学书：《张美翊书札考释注评》下册，文物出版社 2020 年版，第 94 页。
② 侯学书：《张美翊书札考释注评》下册，文物出版社 2020 年版，第 96 页。
③ 洪廷彦：《沙孟海全集・日记卷》，西泠印社出版社 2010 年版，第 333 页。
④ 侯学书：《张美翊书札考释注评》下册，文物出版社 2020 年版，第 106 页。
⑤ 洪廷彦：《沙孟海全集・日记卷》，西泠印社出版社 2010 年版，第 340 页。
⑥ 洪廷彦：《沙孟海全集・日记卷》，西泠印社出版社 2010 年版，第 342 页。
⑦ 侯学书：《张美翊书札考释注评》下册，文物出版社 2020 年版，第 115 页。

◎ 壬戌八月廿八日（1922 年 10 月 18 日）上午，沙孟海、葛夷谷相继到后乐园拜谒张美翊。

《僧孚日录》壬戌八月廿八日条："谒张蹇丈。夷父过我，知我在后乐园，亦来后乐园。旁午，与俱来馆。"①

◎ 壬戌九月三日（1922 年 10 月 22 日）上午，沙孟海和葛旸等人一道拜谒张美翊。

《僧孚日录》壬戌八月廿八日条："与夷父、公騃过谒张蹇丈。午后，更访明远伯父。"②

◎ 壬戌九月五日（1922 年 10 月 24 日），沙孟海收到张美翊的来函。

按，《僧孚日录》壬戌九月五日条："阴有雨。为人题墓及写楹帖二耦。得蹇丈书。"③

◎ 壬戌九月八日（1922 年 10 月 27 日）上午，沙孟海、葛旸等人专程前往东门，排印由张美翊代定的"书例"，归途中顺道拜谒张美翊。

按，《僧孚日录》壬戌九月八日条："与夷父、公阜以事往东门市。反，同谒蹇丈，日午，回馆。夷父、公阜各归家。九日，与夷父、公阜往东门，取前命工排印余与夷父书例蹇叟先生代定，并渡江看王冰生。"④

◎ 壬戌九月十三日（1922 年 11 月 1 日），张美翊致函沙孟海，感谢沙孟海代写葛旸乔迁新居对联，同时馈以酒四缸、饼饵四罐、蒲桃、甘蔗。

按，张美翊《致沙孟海》："孟海老弟先生：示敬悉。谢山先生《裴府君碑铭》早见之。拟联附览。来书写篆楷，颇似老朽光绪初所为也。复问文慎师寿诗系写屏四帧道安。美翊谨状，十三。"⑤

考《僧孚日录》壬戌九月十三日条云："代蹇丈写赠夷父徙居联。……蹇丈餽酒四缸、饼饵四罐并蒲桃、甘蔗。受果、饵，反酒。"⑥又，冯君木《回风堂诗文集》有诗曰："自吾家甬上，与葛氏姊为邻，葛甥旸相依问学几十年所。壬戌九月徙而他适，感旧

① 洪廷彦：《沙孟海全集・日记卷》，西泠印社出版社 2010 年版，第 350 页。
② 洪廷彦：《沙孟海全集・日记卷》，西泠印社出版社 2010 年版，第 352 页。
③ 洪廷彦：《沙孟海全集・日记卷》，西泠印社出版社 2010 年版，第 353 页。
④ 洪廷彦：《沙孟海全集・日记卷》，西泠印社出版社 2010 年版，第 355 页。
⑤ 侯学书：《张美翊书札考释注评》下册，文物出版社 2020 年版，第 125 页。
⑥ 洪廷彦：《沙孟海全集・日记卷》，西泠印社出版社 2010 年版，第 360 页。

恻怅，不能无词，会张蹇叟有诗赠旸，遂次其韵兼呈吾姊。”①不难确定张美翊此函当作于壬戌九月十三日。

◎ 壬戌九月十九日（1922 年 11 月 7 日），张美翊致函沙孟海，烦请其代写挽联。

按，张美翊《致沙孟海》云：“孟海老弟：兹复求大笔，范翁今日成主，速藻尤感。午后走领何如？敬问道祺。美翊状，十九。寒冬山居，勃兰提于年老人相宜，微寓有之，来取一瓶甚便。”②

考《僧孚日录》壬戌九月十九日条云：“得蹇丈片，属代写挽诗，……张蹇丈挽友范某联有云：‘可堪款款下泉心’，刘孝标《广绝交论》‘范张款款于下泉’，切两人姓氏也。”③故知此函作于壬戌九月十九日。

◎ 壬戌九月二十日（1922 年 11 月 8 日）上午，沙孟海来访。

按，《僧孚日录》壬戌九月二十日条云：“未明，风雨。后晴，增寒。谒蹇丈。午后，遣仲己入校。”④

◎ 壬戌九月二十二日（1922 年 11 月 10 日），张美翊寄赠沙孟海白兰地一瓶、红茶四包。

按，《僧孚日录》壬戌九月廿二日条云：“得蹇丈书，有勃兰提一瓶，红茶四包，属寄奉重堂。”⑤

◎ 壬戌九月下旬或十月初，张美翊致函沙孟海，拜托沙孟海代为抄写电函，并请其组织若干书法爱好者一道整理薛楼藏书。

按，张美翊《致沙孟海》：“孟海仁弟左右：兹有代电一件，烦大笔行草照格一写，并录如意笺一纸，俾十一时前分寄两处。将来以上好海味相饷，何如？敬问道祺。张美翊谨状，即刻。惠纕楼圣手必多，分写尤感。午后尚有奉烦各件，当蒙诸君相助。”⑥据《僧孚日录》所载，可知沙孟海、葛旸曾在壬戌九月二十三日至十月三日间，帮张美翊整理薛楼藏书（如表 2－1 所示），故疑张美翊此函作于此期间。

---

① 参见冯君木：《回风堂诗文集》，中华书局 1941 年铅印本。
② 侯学书：《张美翊书札考释注评》下册，文物出版社 2020 年版，第 136 页。
③ 洪廷彦：《沙孟海全集・日记卷》，西泠印社出版社 2010 年版，第 366 页。
④ 洪廷彦：《沙孟海全集・日记卷》，西泠印社出版社 2010 年版，第 367 页。
⑤ 洪廷彦：《沙孟海全集・日记卷》，西泠印社出版社 2010 年版，第 368 页。
⑥ 侯学书：《张美翊书札考释注评》下册，文物出版社 2020 年版，第 139 页。此所谓“惠纕楼”，当指葛夷谷的“蕙纕阁”。

表 2-1 《僧孚日录》部分摘录

时　间	内　　容	页码
九月二十三日	约公阜同往薛楼编写书目	369
九月二十四日	与公阜诣后乐园	371
九月二十六日	招公阜为助，蹇丈又招中饭，后为缮写一切	373
九月二十七日	夷父来，与俱至后乐园，衷博亦至。蹇丈命按所写书目检点藏籍，勘误补遗，自朝达晚，已毕十二橱，余待明日续检之	374
九月二十八日	黄策群来，往后乐园，整比书籍	374
九月二十九日	夷父来，与俱往后乐园，玉殊它去，与夷父续检薛楼藏籍，半日而毕	376
十月三日	夷父来，与俱诣后乐园，检理新书对古书言，并记书目，日暮竣事	378

◎ 壬戌十月十七日（1922 年 12 月 5 日），张美翊致函沙孟海，并在十九日午送抵沙孟海住所。

按，张美翊《致沙孟海》："孟海仁弟左右：前示敬悉。琴弟致君木先生函，盛称弟所学，自必相得。木公吾乡师表，老朽拟劝咏霓兄刻书，请木公总校，已函琴弟讬康兄怂恿，弟以为然，嘱武仲转达为要。兹有百行函，希为持访。初至上海，当学官话，以与各省人士接近。郑苏老写夷弟额何字？乞示。黄道尹烦弟与百行代写振联，最好约百行至贵斋，烦馆佣磨墨，武仲代为照料，以一日成之，各节均好，必须精美，此好事也。夷弟时来，颇不寂寞。贱体如常，但畏冷耳。复问道祉。美翊谨状，十七日。时已三点矣，臧菴不及写，希告百行。适傅砚老来，故迟一日寄。"又，其信封上书："威海卫路三十六号蔡宅，沙孟海先生文启，蹇缄。"①

又，《僧孚日录》壬戌十月十九日条云："午，傅研翁来。又得蹇丈书，属学官话，可与各省人士接近。又复之。"②

◎ 壬戌十月廿五日（1922 年 12 月 13 日）前，张美翊致函吴子茹，敦请吴子茹将沙孟海引荐给其父吴昌硕。

① 侯学书：《张美翊书札考释注评》下册，文物出版社 2020 年版，第 147 页。
② 洪廷彦：《沙孟海全集・日记卷》，西泠印社出版社 2010 年版，第 395 页。

按,《僧孚日录》壬戌十月廿五日条:“待安吉吴子茹涵未至。先是,蹇丈有书抵吴,为余绍介,并属引见其父仓石现实。蹇丈之意真可感。然仓公年老名盛,乡曲鲰生恐未必遽肯相见,即见,亦未必诚意教导也。”①

◎ 壬戌十月廿七日(1922年12月15日)前,张美翊为沙孟海写定“润例”,并取号“郁斋”。

按,《僧孚日录》壬戌十月廿七日条云:“蹇丈为余写定润例,用曲园放唐人行卷格。书绝疏宕,似山谷晚岁作,并为余取号曰‘郁斋’。余所不熹也。继思前人亦有此格章实斋是也,又感前辈推奖之意,因即命工付刊。”②

又,《僧孚日录》乙丑二月廿二日条:“壬戌十月,张蹇丈为余写定润例,其纸久佚,顷检得之。先辈遗墨宛然到眼,不觉破涕为笑,深恐原迹再遭亡失,因录其小引于此云:‘吾乡沙某,通《说文》、小学,好古文辞,作书效黄石斋,篆刻得鹧鸪先生之意,谢山太史所谓不鉤之钢也。今授馆海上,不能无应酬笔墨,为定书例如左云云。’师友风期,情深潭水,曾谓之子顑頷,如今吁可伤已!”③

◎ 壬戌十一月九日(1922年12月26日),张美翊致函沙孟海。次日,沙孟海收到此函。

按,张美翊《致沙孟海》:“孟海老弟左右:别来甚念,闻明岁可留沪与夷谷书舍相望,吾道不孤。百行谓题襟社已往访。最好请藏菴引见仓老,此翁粹然霭然,一团和气,必须一见。弟论仓老极确,完白篆法变古,仓老又变之。老一生有功夫,能开此径界,岂皮相者所及。效完白者,徐袖海;效仓老者,朱百行耳。若王篛林篆似太板。老朽所见,独钱十兰胜于稚存、渊如。近时罗雪堂,自正派,未能超过十兰。若仓老左伸右缩,出自瓦当,印文亦有来历。率臆及之。敬问道祉。张美翊谨状,初九。”④

考《僧孚日录》壬戌十一月十日条云:“得蹇丈、夷父、公阜书。蹇丈属一诣吴子茹,请引见仓老,谓此老粹然蔼然,必须一见。”⑤是知张美翊此函作于壬戌十一月九日。

◎ 为参加其师冯君木的五十寿宴,沙孟海于壬戌十一月十八日(1923年1月4日)自沪返甬,随即拜谒张美翊。

---

① 洪廷彦:《沙孟海全集·日记卷》,西泠印社出版社2010年版,第405页。

② 洪廷彦:《沙孟海全集·日记卷》,西泠印社出版社2010年版,第407页。

③ 洪廷彦:《沙孟海全集·日记卷》,西泠印社出版社2010年版,第786页。

④ 侯学书:《张美翊书札考释注评》下册,文物出版社2020年版,第156页。

⑤ 洪廷彦:《沙孟海全集·日记卷》,西泠印社出版社2010年版,第417页。又,《僧孚日录》壬戌十一月十二日条称沙孟海于十二日回复张美翊的这一来信。

按,《僧孚日录》壬戌十一月十八日条:"到甬,寒冻,小河皆胶舟矣。早抵回风堂,师与翁须皆未起。……间出,看蔡芝卿,又谒蹇丈、夷父、次曳、公阜。"①

◎ 壬戌十一月廿二日(1923 年 1 月 8 日),沙孟海来访,未遇。

按,《僧孚日录》壬戌十月廿二日条云:"十一时起,与夷父看朱鄮卿,又看公阜。招公阜同出,往屠氏义庄。又看吴省奔,未值,遇顺父,坐其家小谈。又诣回风堂。谒蹇丈,值丈它出。"②

◎ 壬戌十一月廿三日(1923 年 1 月 9 日),洪佛矢、冯君木、沙孟海等人相继来访。当时,张美翊刚在上月迁居至新巷。

按,《僧孚日录》壬戌十月廿三日条云:"午后,与夷父、公阜俱谒蹇丈,未遇。公阜归家。诣回风堂。日过晡,随夫子及菊师、夷父、翁须、范卿媛过蹇丈。蹇丈于十月间归处新巷,去夷父家甚近。洪佛矢、童次布亦在。傍晚,回回风堂。"③

◎ 壬戌十一月廿四日(1923 年 1 月 10 日)午后,沙孟海、周微旃等人同谒张美翊,并在张美翊处与俞次曳不期而遇。

按,《僧孚日录》壬戌十月廿四日条云:"朱鄮卿见过,与夷父往西郊看周微旃师为薇泉更名道玄,字微旃。午后,与微旃同谒蹇丈。次曳自奉来甬,亦在蹇丈许。日过晡,与俱来葛氏,途遇夫子,因同来。"④

◎ 壬戌十一月廿五日(1923 年 1 月 11 日),沙孟海等人陪冯都良去岳父家,当晚,相聚于葛家,比邻而居的张美翊馈以雉、笋。

按,《僧孚日录》壬戌十一月廿五日条云:"早起,与夷父、次曳过翁须,同往竺杨邨慈溪东乡。主徐氏,翁须之妻家也。翁须妻父徐君句羽韬,亦出吾师门下。宦游河北,不恒家处。……午饭罢,乘车回甬,车次遇叔棐从慈城来。日晡,同至回风堂。濒晚,同来葛氏。蹇丈馈雉及笋。"⑤

◎ 壬戌十一月二十六日(1923 年 1 月 12 日)上午,沙孟海来访。

按,《僧孚日录》壬戌十一月廿六日条:"阴,诣蹇丈。既回,鄮卿见过,……为鄮卿成二石,一曰别宥斋,一其小印也。"⑥

---

① 洪廷彦:《沙孟海全集·日记卷》,西泠印社出版社 2010 年版,第 427～428 页。
② 洪廷彦:《沙孟海全集·日记卷》,西泠印社出版社 2010 年版,第 431 页。
③ 洪廷彦:《沙孟海全集·日记卷》,西泠印社出版社 2010 年版,第 431 页。
④ 洪廷彦:《沙孟海全集·日记卷》,西泠印社出版社 2010 年版,第 432 页。
⑤ 洪廷彦:《沙孟海全集·日记卷》,西泠印社出版社 2010 年版,第 432 页。
⑥ 洪廷彦:《沙孟海全集·日记卷》,西泠印社出版社 2010 年版,第 433 页。

◎ 壬戌十一月二十七日(1923 年 1 月 13 日),沙孟海等人来访。张美翊看好沙孟海,并愿尽力提供帮助。

按,《僧孚日录》壬戌十一月廿七日条云:“与夷父、次曳诣蹇丈。丈于余赴申颇引以为怅,并语余‘异日必成名,前途幸自爱’也。既退,以事往星荫小学。反于回风堂,蹇丈又遣童子以书至,并附致罗子经振常、丁辅之仁两书,亦为余绍介。罗乃叔言弟,效樊榭卖书海上;丁藏有汉印数百方。前辈奖导之恩,所当永矢弗谖者也。”[①]

◎ 壬戌十一月二十六日(1923 年 1 月 12 日)上午,沙孟海、葛旸行将离甬赴沪讨生活。在沙孟海前来告别后,张美翊先后写就两函寄给沙孟海、葛旸。前函主要是请两人到沪后帮忙要回于式枚等人合编的《李文忠公尺牍》。后函要点有三:一是推荐沙孟海去刘锦藻(1862—1934 年)家做家教,二是介绍沙孟海和葛旸行前往拜谒郑孝胥,三是烦请两人刻章、写字。

按,《僧孚日录》壬戌十一月廿六日条:“阴,诣蹇丈。既回,鄮卿见过,……为鄮卿成二石,一曰‘别宥斋’,一其小印也。”[②]又,张美翊《致沙孟海、葛夷谷》:“孟海、夷谷老弟左右:欣闻今日启程就馆海上,读书交友,另辟境界,定有所得。惟‘东都处士之庐无人’,何所资以待老。此则读昌黎文,不能无睠睠也。茶食希惠存。刻尚拟写信烦代寄,午后来送。于晦若尺牍乞检还。木公有诗文送行否?敬问装安,诸惟爱照。张美翊谨状,廿六。”[③]又,张美翊《致沙孟海、葛夷谷》:“孟海、夷谷仁弟:今日作刘葱石同年函李鱓叟馆其家,寄《桃花扇跋》。刻将致苏、刘二函写就奉上。游大人以成名,古亦有之。县印模黏不能刻扁,烦照摹一颗。又,致王儒堂快电,烦代写一式二分,探送北京、青岛。各件明日即烦带沪。又,道尹送来振联可知前联大好,再求大笔。敬问学祉。美翊顿首,即。”[④]

考《僧孚日录》壬戌十一月廿六日条云:“得蹇丈书,附刘澄如锦藻书,荐余教其子《说文》之学。又致郑苏戡先生书,俾往申后持而往见之,丈谓‘游大人以成名,古亦有之’。”[⑤]

---

① 洪廷彦:《沙孟海全集·日记卷》,西泠印社出版社 2010 年版,第 434 页。

② 洪廷彦:《沙孟海全集·日记卷》,西泠印社出版社 2010 年版,第 433 页。

③ 侯学书:《张美翊书札考释注评》下册,文物出版社 2020 年版,第 161 页。此所谓“于晦若尺牍”,当是于式枚(字晦若,1853—1916 年)与李经方、李经迈合编的《李文忠公尺牍》。又,“东都处士之庐无人”,显然典出韩愈《送温处士赴河阳军序》中的“大夫乌公一镇河阳,而东都处士之庐无人焉”。又,所谓“读昌黎文”,即民国初年,张让三曾批校涵芬楼影印宋本《五百家注音辨昌黎先生文集》,其长题两页,在 2006 年中国古籍秋拍中以 1.3 万元成交(拍卖时间:2006 年 12 月 2 日下午;拍卖地点:上海展览中心友谊会堂),详参韦力:《中国古籍拍卖述评》,故宫出版社 2011 年版,第 176~177 页。

④ 侯学书:《张美翊书札考释注评》下册,文物出版社 2020 年版,第 164 页。刘葱石、李鱓叟、道尹,即刘世珩、李详、会稽道尹黄涵之。

⑤ 洪廷彦:《沙孟海全集·日记卷》,西泠印社出版社 2010 年版,第 434 页。

准此，足以认定两函作于壬戌十一月廿六日。

◎ 壬戌十一月二十七日（1923 年 1 月 13 日）上午，沙孟海等人登门造访。张美翊看好沙孟海，不仅当面鼓励有加，而且特地修书两封，急欲将沙孟海介绍给罗振常（1875—1942 年）、丁辅之（1879—1949 年）。

按，张美翊《致沙孟海》："孟海仁弟：衢路屏营，至深怅惘。天寒道远，如何如何！雪堂老人之弟子敬，学人也，效樊榭卖书，气象谦和，非吾乡有士气者比。兹具一函。弟暇时可往访丁辅之，有汉印数百方丁君印书极多，有书目寄一纸，可偕百行诣谈，于浙派极精博也，亦具一函。又，《桃花扇跋》乞带去代录一纸，附入澄老函中。敬问装安。美叩，廿七。《四部丛刊》另种，如何折扣？烦喜孙弟问陈谦兄见示。"①

考《僧孚日录》壬戌十一月廿七日条云："与夷父、次曳诣蹇丈。丈于余赴申，颇以为怅，并语余：异日必成名，前途幸自爱也。即退，以事往星荫小学。反于回风堂，蹇丈又遣童子以书至，并附函罗子经振常、丁辅之仁两书，亦为余绍介。罗乃叔言弟，效樊榭卖书海上。丁藏有汉印数百方。前辈奖导之恩，所当永矢弗谖也。午后与翁须同行登舟，夷父……送之至江岸。"②由此，足以确定此函作于壬戌十一月二十七日。

◎ 壬戌十一月三十日（1923 年 1 月 16 日），沙孟海组织弟子帮张美翊抄写《桃花扇传奇跋》。

按，《僧孚日录》壬戌十一月三十日条："晚，与诸弟子合校书目，并为蹇丈抄《桃花扇传奇跋》凡千余言。丈近为贵池刘葱石世珩作也。……刘葱石近刻《桃花扇》，丈为作跋，考述甚详。"③

◎ 壬戌十二月十日（1923 年 1 月 26 日），沙孟海将昨日索自坊间的世彩堂《柳集》影印本样纸寄给身处宁波的张美翊。

按，《僧孚日录》壬戌十二月十日条："寄蹇丈世彩堂《柳集》影印本样纸，昨日索自坊间者也。"④

◎ 壬戌十二月十二日（1923 年 1 月 28 日）夜，沙孟海致函张美翊。

按，《僧孚日录》壬戌十二月十二日条："致蹇丈、于师、夷父、仲弟书，并与屠芝泉书。夜雪。"⑤

---

① 侯学书：《张美翊书札考释注评》下册，文物出版社 2020 年版，第 168 页。
② 洪廷彦：《沙孟海全集 · 日记卷》，西泠印社出版社 2010 年版，第 434 页。
③ 洪廷彦：《沙孟海全集 · 日记卷》，西泠印社出版社 2010 年版，第 437 页。
④ 洪廷彦：《沙孟海全集 · 日记卷》，西泠印社出版社 2010 年版，第 442～443 页。
⑤ 洪廷彦：《沙孟海全集 · 日记卷》，西泠印社出版社 2010 年版，第 444 页。

◎ 壬戌十二月十四日(1923 年 1 月 30 日),张美翊致函沙孟海,恳请将其所作《桃花扇传奇跋》抄示刘锦藻,并述及冯君木专程到沪拜见李审言而不得,却与义宁陈三立不期而遇的文坛趣事。同日,沙孟海、朱复戡手持张美翊的介绍信,登门造访郑孝胥于上海。

按,张美翊《致沙孟海》:"孟海仁弟:印及前寄《柳集》样本并木公诗,敬悉。烦录《桃花扇跋》转澄老,而枕雷亦无复函。木公未见齴叟,而是散原,大好。不知前拙诗代寄否?缶老父子,雅人深致,异与吾党中坚匏父子,亦嗛嗛也。老朽稍能久坐,昨雪牕写寄药雨《美人画砖歌》,为养农题王廷直《秋林惊湍》画箑七古,又录长古一首,并烦百行代寄。劳合路、威海卫路相距近,见之否?《柳集》已定四部,实则汇刊另种《韩柳集》尽佳。闻武仲甚强健,极慰。敬问道祺。美翊谨状,壬戌十二月十四日。"①

又,信封:"内函烦新宁绍官舱三号邵荣佩送威海路三十六号蔡公馆,沙孟海先生文启,让缄。"②

又,《郑孝胥日记》1923 年 1 月 30 日条云:"张美翊以书介绍沙孟海、朱百行来见。沙名文若,朱名义方;沙好公文,小学,能篆刻。"③

又,《僧孚日录》壬戌十二月十四日条:"午,约百行同往小沙渡谒郑海藏先生。百行来会我,俱去。海藏先生今年六十有三,挺健如四十许人。所居室庐绝高敞,一几一榻,亦复精好。初次谒见,殊无可谈,只道寒暄,致钦敬止意耳。先生知余书学石斋,此去以《寒庄文编》《霓仙遗稿》二书为贽。《霓仙遗稿》中有余所写题辞,蹇丈致先生书亦及之。因谓'黄公之书初亦学二王,后乃力变其意,自辟一径'云。既退,别百行,往商报馆。师它出。"④

◎ 壬戌十二月十五日(1923 年 1 月 31 日)前,张美翊致函沙孟海,断言美人画砖乃新出土物。

按,《僧孚日录》壬戌十二月十五日条:"得蹇丈复书,谓雪窗写寄方药两美人画砖歌,此砖乃新出土者。余曾于赵叔孺先生许见其拓本,凡四躯,作宰鱼奉盘之状,形体绝姿媚,不若汉画象之朴简,殆非古物也。方长于鉴别古器,不知其自谓何代也?"⑤

◎ 壬戌十二月廿二日(1923 年 2 月 7 日)晚,沙孟海致函张美翊,并寄视新

---

① 侯学书:《张美翊书札考释注评》下册,文物出版社 2020 年版,第 173 页。
② 侯学书:《张美翊书札考释注评》下册,文物出版社 2020 年版,第 173 页。
③ 劳祖德:《郑孝胥日记》第四册,中华书局 1993 年版,第 1936 页。
④ 洪廷彦:《沙孟海全集·日记卷》,西泠印社出版社 2010 年版,第 445 页。
⑤ 洪廷彦:《沙孟海全集·日记卷》,西泠印社出版社 2010 年版,第 447 页。

作《费冕卿传》。

按,《僧孚日錄》壬戌十二月廿二日条:“晚,翁须亦来我处,语及夷父手写一笺寄之。翁须去后,余又作书致蹇丈,并寄视近作《费冕卿传》。”①

◎ 壬戌十二月二十六日(1923 年 2 月 11 日)上午,沙孟海返回宁波后,前来拜谒。张美翊示以《费冕卿传》的评阅意见。

按,《僧孚日录》壬戌十二月廿六日条:“午前尚微,晚来益急,舟抵甬,先往回风堂,……又谒蹇丈。丈于吾辈举止无不关心,细事小节,指导周至。《费冕卿传》丈评阅既毕,以‘用笔欠放’相戒,题记百余言,当好藏之。”②

又,《僧孚日录》甲子七月十二日条:“回忆壬戌之岁,相处密迩,侍丈谈语,其日最多。后乐园亭榭草树之间,无不有丈履綦之迹,瞑目以思,恍如昨日。”③

◎ 癸亥四月二十二日(1923 年 6 月 6 日),张美翊致函沙孟海,举凡蔡家破产、吴昌硕的篆刻艺术、冯君木近来与李详如愿相见、朱复戡更改婚期、宁波欲设公书库等,皆有述及。

按,张美翊《致沙孟海》:“孟海仁弟:顷甫弟来,奉手书,欣慰无已。傅云老称蔡氏姊妹勤俭好学,大有进步,宾年能刻印,可喜。能将其姊弟近制见示否?琴孙好人,其室人尤难得,宜有后。失败何害耶?聚儿甚爱宾年。缶老志行高淡,作篆自横绝一世。前告百行,谓完白自秦石出,故篆文左右脚长;缶老自金文出,故左伸右缩。贤以为然否?叔孺兄在沪,吾乡一人而已,望敬事之。䵷叟相见,自比快慰,木公不虚此行。鄙意宜令畏磊、翁须诸君一见叟,方知老杇交满天下,亦不让西溟、谢山,惜所诣不逮耳。老杇久病,不愿问人病,公阜久不见,亦未往问,然时时念之。百行婚期改在九月,上海商界环境,殆不可闻,女界社交,昌言不讳。前闻有某夫妇颇与往来,因详询百行。百行答谓有白戏可到处,白菜可吃,似乎乐得,而不知有黑幕,今已谢绝。真天真烂漫,幸其有志向上,有师友扶持。望于星期约相见,互证所得。其篆刻实有独到处,最好约其来馆,夷弟想愿见也。公书库事,时机似尚未到。老杇寓此甚适,勿念。复问 道祺。张美翊谨状,四月廿二。”④

◎ 癸亥七月三十日(1923 年 9 月 10 日),沙孟海分别致函张美翊、朱酂卿、俞次曳、陈器伯等人。

---

① 洪廷彦:《沙孟海全集·日记卷》,西泠印社出版社 2010 年版,第 451 页。
② 洪廷彦:《沙孟海全集·日记卷》,西泠印社出版社 2010 年版,第 453 页。
③ 洪廷彦:《沙孟海全集·日记卷》,西泠印社出版社 2010 年版,第 670 页。
④ 侯学书:《张美翊书札考释注评》下册,文物出版社 2020 年版,第 262 页。

按,《僧孚日录》癸亥七月三十日条:“致蹇丈、端师、鄮卿、次曳、器伯、仲己书。午后,续撰《郭君生圹铭》。”①

◎ 癸亥八月初四(1923 年 9 月 14 日)上午,沙孟海收到张美翊的来函。来函附经由张美翊修改的《书穆子湘事》两文。

按,《僧孚日录》癸亥八月四日条:“得蹇丈长笺。前寄阅武仲及柔宜所作《书穆子湘事》二篇,丈为改定,补入事实。”②

◎ 癸亥八月十四(1923 年 9 月 24 日),身在鄞县老家的沙孟海分别致函冯君木、张美翊。

按,《僧孚日录》癸亥八月十四日条云:“午后,雨。致师及蹇丈书。”③

◎ 癸亥八月十八日(1923 年 9 月 28 日),沙孟海在乘船自甬返沪前,特与朱鄮卿一道拜谒张美翊。

按,《僧孚日录》癸亥八月十八日条:“晨,往师范,因过鄮卿。与鄮卿俱出北门,谒蹇丈。日午,俱诣回风堂。”④

◎ 癸亥十月三日(1923 年 11 月 10 日),沙孟海因参加其二弟的婚礼而返抵宁波;午饭后,与冯都良一道拜谒张美翊。

按,《僧孚日录》癸亥十月三日条:“舟抵甬,……翁须本拟赴慈,余亦拟即日下乡,相约留一日行。午食东城馔肆,食后俱谒蹇丈,并访朱百行。”⑤

◎ 癸亥十月十五日(1923 年 11 月 22 日),沙孟海自老家回到宁波城内,又和冯都良一道拜谒张美翊。

按,《僧孚日录》癸亥十月十五日条:“早适伏跗室看曼孺父子,后会翁须,俱谒张蹇丈,又谒葛氏。”⑥

◎ 癸亥十一月一日(1923 年 12 月 8 日),沙孟海专程到商务印书馆为张美翊购买书页。

① 洪廷彦:《沙孟海全集・日记卷》,西泠印社出版社 2010 年版,第 473 页。
② 洪廷彦:《沙孟海全集・日记卷》,西泠印社出版社 2010 年版,第 475 页。
③ 洪廷彦:《沙孟海全集・日记卷》,西泠印社出版社 2010 年版,第 485 页。
④ 洪廷彦:《沙孟海全集・日记卷》,西泠印社出版社 2010 年版,第 487 页。
⑤ 洪廷彦:《沙孟海全集・日记卷》,西泠印社出版社 2010 年版,第 516 页。
⑥ 洪廷彦:《沙孟海全集・日记卷》,西泠印社出版社 2010 年版,第 522～523 页。

按,《僧孚日录》癸亥十一月一日条:“晡,往商务印书馆为蹇丈配书叶,又自购《礼器碑》及《碑阴》二本。”①

◎ 沙孟海手持张美翊亲笔信,与葛旸一道拜谒顾鼎梅先生,并在癸亥十二月十一日(1924 年 1 月 16 日)致函张美翊,禀告拜见情形。

按,《僧孚日录》癸亥十二月十一日条:“致蹇丈、公阜、师及宛颀书。又致器伯书。器伯在甬,闻其失意宾谐,书以慰之。蹇丈有书致顾鼎梅先生燮元,属余与夷父持往访之。顾寓棋盘街科学仪器馆中,清癯蔼和,长于金石之学,所辑录有《两浙金石别录》三卷、《古志汇目初集》二卷、《金佳石好楼流通金石目录》无卷数,右三种并《循园金石文字跋尾》二卷、《缀学堂河朔碑刻跋尾》及其先世守陕西潼关厅同知生先生墓表搨片,分赠吾两人各一部。顾先生,会稽人,其自署曰褍癯。褍字甚奇,字书无之。”②

◎ 癸亥十二月十六日(1924 年 1 月 21 日),沙孟海请即将返回宁波的葛旸,顺便将其所作信函分别交给张美翊、朱酂卿和吴泽。

按,《僧孚日录》癸亥十二月十六日条:“太希先生与夷父皆今日旋甬。……致蹇丈、酂卿、公阜书,皆托夷父带去。”③

◎ 癸亥十二月二十七日(1924 年 2 月 1 日)晚,沙孟海在朱酂卿家用餐,饭后,为其写楹帖、屏条,内有张美翊所送赠联一幅:“词学博通毛征士,法家仁厚汪令君。”

按,《僧孚日录》癸亥十二月廿七日条:“晚,就酂卿吃年糕汤,剧谈大笑,雨雪中难得此佳集也。食罢,为主人写楹帖、屏条之属。张蹇丈赠酂卿联云:‘词学博通毛征士,法家仁厚汪令君。’自记云:‘以卿先哲期之也。’屏写次曳赠酂卿五言古诗一章。”④

◎ 甲子正月七日(1924 年 2 月 11 日),在鄞县老家过年的沙孟海,致函张美翊。

按,《僧孚日录》甲子正月七日条:“灯次作书,寄蹇丈、木师、夷父、翁须、酂卿、公阜、武仲、衣如。”⑤

◎ 甲子正月十九日(1924 年 2 月 23 日),沙孟海自鄞县老家返回上海时,登门拜访张美翊于宁波住所。

按,《僧孚日录》甲子正月十九日条:“又过谒蹇丈。”又,同书甲子七月十二日条:

① 洪廷彦:《沙孟海全集·日记卷》,西泠印社出版社 2010 年版,第 532~533 页。
② 洪廷彦:《沙孟海全集·日记卷》,西泠印社出版社 2010 年版,第 560 页。
③ 洪廷彦:《沙孟海全集·日记卷》,西泠印社出版社 2010 年版,第 564 页。
④ 洪廷彦:《沙孟海全集·日记卷》,西泠印社出版社 2010 年版,第 570 页。
⑤ 洪廷彦:《沙孟海全集·日记卷》,西泠印社出版社 2010 年版,第 576 页。

“检蹇丈三年中所贻手札，得三十五通，绝笔于去年八月三日，经冬，体气已少衰竭，不恒执笔，故遂不得吾丈之教。正月十九日，由家来申，道甬谒见，犹据床健谈，曾为草函牍数通，迫于行期，日午，匆匆辞去，不图是别，遂成永诀。”①

◎ 甲子二月九日(1924 年 3 月 13 日)，沙孟海为张美翊写《王隐君墓表》。

按，《僧孚日录》甲子二月九日条云：“傍晚，写《王隐君墓表》。张蹇丈撰文。所谓王隐君，镇海人，吾识其子。”②

◎ 甲子四月二十五日(1924 年 5 月 28 日)前后，张美翊在上海广慈医院接受治疗，沙孟海等人特地前往探视，因医院有戒条而作罢。

按，《僧孚日录》甲子四月廿五日条：“与武仲、仲合往金神父路广慈医院谒张蹇丈，丈近养疴于此，医戒勿见客，留刺而退。”③

◎ 甲子五月十八日(1924 年 6 月 19 日)，沙孟海在阅读吴子常《历代治权分合系统表》时，看到张美翊所作书序，内称著书避讳的做法始于东汉许慎《说文解字》(如表 2－2 所示)，而刻书避讳则始自赵宋。

按，《僧孚日录》甲子五月十八日条：“张蹇丈云：‘著书必避讳者，始于许氏，《说文解字》所称上讳是也。刻书自宋以来无不避讳，吾乡当顺康间，尚不敢写崇祯庙讳，谢山先生尝叹异之，见吴子常宝忠《历代治权分合系统表》。’丈所为序。”④

表 2－2　《说文解字》所见“上讳”列表

编号	位　置	详　情	备　注
1	卷 1 示部	祜，上讳	臣铉等曰：此汉安帝名也
2	卷 1 艹部	庄，上讳	臣铉等曰：此汉明帝名也
3	卷 7 禾部	秀，上讳	此汉光武帝名也
4	卷 10 火部	炟，上讳	臣铉等曰：此汉章帝名也
5	卷 12 戈部	肇，上讳	臣铉等曰：此后汉和帝名也

① 洪廷彦：《沙孟海全集・日记卷》，西泠印社出版社 2010 年版，第 581、670 页。
② 洪廷彦：《沙孟海全集・日记卷》，西泠印社出版社 2010 年版，第 596 页。
③ 洪廷彦：《沙孟海全集・日记卷》，西泠印社出版社 2010 年版，第 634 页。
④ 洪廷彦：《沙孟海全集・日记卷》，西泠印社出版社 2010 年版，第 643 页。

◎ 甲子五月三十日(1924 年 7 月 1 日),沙孟海、葛旸前来探望,但原本在上海西门路润安里静养的张让三先生,已于前一日启程回宁波。

按,《僧孚日录》甲子五月三十日条:"蹇丈出医院后,赁屋西门路润安里以养疴。今与夷父寻至其处,过谒之,则丈已于昨日旋甬矣。老人衰惫,不知此去,病体果愈否? 为可念耳。"[①]

◎ 甲子七月十七日(1924 年 8 月 17 日),沙孟海专程到新巷张宅祭拜张美翊之灵。

按,《僧孚日录》甲子七月十七日条:"余诣夷父,夷父方为人作书。少谈,便过新巷张宅,拜蹇丈之灵。"[②]

第四节 冯君木学术研究

一、冯君木的文学与史学

浙江慈谿人冯鸿墀(1873—1931 年),字阶青,又字君木,[③]三十岁那年改名为"幵"。[④] 冯君木生前除"戊戌客京师"[⑤]外,足迹不出两浙和上海,且仅仕至丽水县学训导,但即便如此,这位培养出陈布雷(1890—1948 年)、沙孟海(1900—1992 年)等众多卓越人才,并在主持上海修能学社期间,与"安吉吴昌硕、吴兴朱孝臧、桂林况周颐、宁乡程颂万、兴化李详交尤笃"[⑥]的雅士,仍在甬沪两地的文教界享有盛誉。

冯君木早年兼好赋诗填词,但他对词的理解明显受到清人周济(1781—1839 年)的影响。三十岁后,大抵出于对戊戌政变后清朝政权的彻底失望,冯君木不再以时务经怀,此后所作诸诗往往兼具"史诗"的况味,其文学理论也在整体上日益偏重对写作技巧的讲究。与此形成鲜明对比的是,冯君木因为从未有编纂史

① 洪廷彦:《沙孟海全集·日记卷》,西泠印社出版社 2010 年版,第 649 页。
② 洪廷彦:《沙孟海全集·日记卷》,西泠印社出版社 2010 年版,第 673 页。
③ 顾廷龙:《清代硃卷集成》,台湾成文出版社 1992 年版,第 400 册第 377 页。
④ 洪廷彦:《沙孟海全集·日记卷》,西泠印社出版社 2010 年版,第 222 页。
⑤ 参见《回风堂文》卷 1《叶蜕仙遗稿序》,《回风堂诗文集》,中华书局 1941 年铅印本。
⑥ 参见陈三立:《慈谿冯君墓志铭》,《回风堂诗文集》卷首,中华书局 1941 年铅印本。

志的经历和经验，所以其史学观念存在理想化、绝对化的倾向。

当下学界对冯君木的学理探讨始于世纪交替之际，并大体上可分为四类：第一类以《冯君木和他的书法弟子》《国学家冯君木和他的子侄》两文为代表，内容简略，学术性不强；[①]第二类以《近代上海词学系年初编》《近代上海诗学系年初编》为典范，将冯君木的诗词置于特定地域的文学流变之中，借以呈现冯君木诗词的内在价值与学术影响，只可惜其所设定的时间范围太小，且部分系时有误；[②]第三类像《谈冯幵墓志铭拓本》《冯幵、张原炜批校本〈后山集〉述略》《晚清民初学者冯幵及其未刊抄本〈秋辛词〉》那样，着眼于挖掘相关文本的史料价值与文学主张，但大多浅尝辄止；[③]第四类成果虽然只是在专题研究沙孟海时附带论及，但是凸显了冯君木对沙孟海的学术影响。[④]

综上以观，可知学界迄今尚未对冯君木的学行作全面深入的探讨。是以不揣浅陋，拟在整理《回风堂诗文集》《回风堂词》等传世作品、编列冯君木生前行迹的基础上，始则按时序、分类考察冯君木的文学活动与史学实践，继而概括、剖析其文学理论和史学观念的内涵与价值，终乃通过与陈训正的对比，尝试界定冯君木在近代浙东学术史上的地位。

（一）冯君木早期诗词成就

在作于光绪二十一年（1895 年）的《先兄莲青先生事略》中，冯君木自称与堂兄冯莲青（1864—1893 年）实乃本族崇文门风的重建者：

> 君讳鸿熏，字莲青，……曾祖讳应翥；本生曾祖应翱，廪生。祖讳梦香，父名允骙，……吾冯氏自高祖以上数世，读书多清德，而皆不显，逮本生曾祖白于公，以诸生为一邑大师，其文章尤有名，而亦以不遇终。其后吾祖若父辈，皆以家贫习贸迁术，家学寖微矣。至君与鸿墀，乃复稍稍以读书著，以为先人未竟之绪，庶几自吾

---

① 参见周乐：《冯君木和他的书法弟子》，出自邬向东：《20 世纪宁波书坛回顾——论文史料选辑》，宁波出版社 1999 年版，第 112～113 页；邬向东、谢典勋、骆兆平：《国学家冯君木和他的子侄》，《古镇慈城》合订本，上册，第 65～72 页。

② 杨柏岭：《近代上海词学系年初编》，上海教育出版社 2003 年版，第 131、136、137、146、193、202、210、253 页；胡晓明、李瑞明：《近代上海诗学系年初编》，上海教育出版社 2003 年版，第 90、91、152、205、247 页。两书叙事，前者始于 1840 年，止于 1919 年；后者始于 1898 年，止于 1919 年。

③ 杜志勇：《谈冯幵墓志铭拓本》，《衡水学院学报》2012 年第 2 期，第 76～78 页；逯铭昕：《冯幵、张原炜批校本〈后山集〉述略》，《宁波大学学报（人文版）》2014 年第 4 期，第 12～15 页；沈燕红、朱惠国：《晚清民初学者冯幵及其未刊抄本〈秋辛词〉》，《浙江社会科学》2017 年第 2 期，第 140～147 页。

④ 岑欢科：《沙孟海书学思想考论——以沙孟海早年师承交游为中心》，杭州师范大学 2012 年硕士学位论文，第 11～22 页；徐清：《沙孟海早年治学思想生成的群体和地域因素考察》，《新美术》2015 年第 12 期，第 36～40 页；胡鹏：《沙孟海书学思想的生成——从回风堂问学（一九二〇—一九二二）说起》，《中国书法》2018 年第 18 期，第 43～55 页。

兄弟振之。[①]

无论是从《清代朱卷集成》有关冯君木家世的记载来看，还是就冯君木学行及其影响而言，《先兄莲青先生事略》确实并无夸大不实之词。诚如陈三立《慈谿冯君墓志铭》所论，冯君木早在十五六岁时就“斐然有著作意”[②]，彼时不但业已撰就《题夏内史集》《松江忆家园桂花》《缔交篇赠应启墀》诸诗，而且开始涉足词坛，光绪十七年(1891 年)姚寿祁(1872—1938 年)作《题君木〈秋弦词〉》，内称“湖海飘零载酒船，钿筝离思托《秋弦》。可怜弱岁冯当世，落拓词场已五年”[③]，即其明证。正是在阅读、写作、交流的过程中，冯君木逐渐增进了对词的认识，譬如宁波天一阁博物馆所藏抄本《秋辛词》卷首《自序》云：

> 予自童年即溺词章，诗赋以外，兼耽填词。初嗜《花间》一集，继厌薄之。以为词者，乐府之余也，温柔敦厚，无取谣哇。于是问途于碧山，取裁于清真，由南宋而上窥北宋，斐然有作，托体亦匪庳矣。[④]

又如其《叶蜕仙遗稿序》曰：

> 词之为道，意内言外。止葊有言：“以有寄托入，以无寄托出。”入于意内，出于言外，匪直达诂，实为悬解。[⑤]

此外，冯君木亦曾宣称：

> 词有北宋、南宋之派别，北宋词比于文章，犹如归震川，南宋犹如曾湘乡也。周止奔云：“北宋词下者多在南宋下，高者在南宋上。南宋则下不犯北宋拙率之病，高不到北宋浑涵之诣。”[⑥]

平心而论，冯君木对词的性质、派别、意蕴的理解，确实明显受到清人周济的影响(见表 2-3)，然其数量有限的词作中，仍不乏诸如《百家令·落叶》之类的精品：

---

① 冯幵：《先兄莲青先生事略乙未》，出自沈粹芬等：《清文汇》丁集卷 19，北京出版社 1996 年影印国学扶轮社 1910 年刻本，第 3120 页。

② 参见冯君木：《回风堂诗文集》卷首，中华书局 1941 年铅印本。

③ 参见姚寿祁：《寥阳馆诗草》，出自黄立钧：《悔复堂诗 寥阳馆诗草》合刊本，1942 年。沙孟海《僧孚日录》称冯君木早年曾抄录《清人词》，详参洪廷彦：《沙孟海全集·日记卷》，西泠印社出版社 2010 年版，第 269 页。

④ 参见冯君木：《秋辛词》，宁波天一阁博物院藏，索书号“冯 2986”。

⑤ 参见《回风堂文》卷 1《叶蜕仙遗稿序》，出自冯君木：《回风堂诗文集》，中华书局 1941 年铅印本。

⑥ 参见《僧孚日录》1921 年 12 月 2 日条，出自洪廷彦：《沙孟海全集·日记卷》，西泠印社出版社 2010 年版，第 267 页。

是愁是泪，怎一宵、庱得青山如许。已被荒山收拾了，更被回波卷去。带尾风干，屐牙云碎，寂寞靡芜路。秋心贴地，夕阳红上无数。曾记烟景浓春，织阴如梦，绿到濛濛处。今日西风都不管，只有铜笳送汝。帘外天低，酒边人远，月黯重楼雨。哀婵老也，昏灯一笛无语。①

表 2-3　冯君木词论的学术渊源

冯君木的认知	渊　　源
词乃乐府之余	周济《词调选隽序》："古之歌者，一倡而三叹。一倡者，宣其调，三叹者，永其声。是以词可知而声可感。诗之变为乐府，乐府之变为词，其被之声而歌，播之管弦，未有不如是者也。"*
词之为道，意内言外	张皋文、张翰风兄弟辑《词选》而序之，以为词者，意内而言外，变风骚人之遗
入于意内，出于言外	周济《宋四家词选序论》："夫词，非寄托不入，专寄托不出。"**
词有北宋、南宋之派别	周济《介存斋论词杂著》："北宋词，下者在南宋下，以其不能空，且不知寄托也；高者在南宋上，以其能实，且能无寄托也。南宋则下不犯北宋拙率之病，高不到北宋浑涵之诣。"***

注：* 参见《周济词集辑校》附录二，段晓华点校，华东师范大学出版社 2016 年版，第 156～157 页。
** 参见《宋四家词选》，出自周济：《续修四库全书》第 1732 册，第 592 页。
*** 参见《词辨》附录，出自周济：《续修四库全书》第 1732 册，第 577 页。

这首写于 1895 年并见录于《秋辛词》的早期词作，曾深得陆镇亭（1855—1921 年）的赏识，陆镇亭甚至在"诧为秦、柳复生"的同时"百计罗致"，"欲著之门籍"。②

若从自今而古的角度加以回溯，则不难发现，从光绪十四年到二十四年（1888—1898 年）这十年，既是清朝从"同光中兴"迭经甲午失利、戊戌政变而转趋衰败之秋，也是冯君木生前经世意识最强烈的时期。在此期间，冯君木既自觉走上科举入仕之路并在 1897 年"由拔贡官丽水训导"③，又时常与应叔申（1872—1914 年）、姚寿祁、陈训正等好友结社聚会、唱和诗词（见表 2-4）。其虚构于甲午战争背景下的《含黄伯传》，看似荒诞不经，却洋溢着对清军外强中干的

① 该词后又以"念奴娇 · 落叶"为题，被收录于《回风堂词》。据《晚清民初学者冯幵及其未刊抄本〈秋辛词〉》比对，《念奴娇 · 落叶》较《百家令 · 落叶》，除题目外，尚有八处改动。沙孟海《僧孚日录》亦载该词，且与《秋辛词》完全相同。

② 参见冯君木：《秋辛词》，宁波天一阁博物馆藏，索书号"冯 2986"。

③ 参见袁慧常：《雪野堂文稿》卷上《冯回风先生事略》，1949 年铅印本。从《回风堂诗文集》的相关诗文可知，冯君木任职丽水，前后两期：第一期为光绪二十三年至二十四年末，第二期为光绪二十六年二月至次年上半年，合计两年多。

辛辣讽刺和对国家前途命运的无尽忧虑：

含黄伯，郭姓，名索，字介士，……少时有相者见之诧曰："此子异日当横行一世，非泥涂中物也。"……炀帝幸江都，索以术干上，上以鼎鼐任之，……因封索为含黄伯。索虽见知于上，顾为人孤僻，无热肠，每见上，辄以冷语讽。上亦微厌之，……未几，索以醉死。……野史氏曰：当时有无肠公子者，以戈矛纵横天下，索岂其族耶？抑吾闻索慕司马相如之为人，故又自号长卿，则索亦翩翩佳公子也。无肠公子殆即索之别称邪？然索之名，至今犹籍籍人颊齿间也。①

表 2－4　1898 年前冯君木的主要行迹

年份	主要行迹	出处
1888	父卒，扶榇自松江返归慈城	《回风堂文》卷 5《五十生日前告诫贞胥贞用》
1889	求学于魏和诘门下	《回风堂文》卷 1《魏陔香六十赠序》
1889	与姚寿祁、应叔申等人联句于慈湖师古亭	《寥阳馆诗草》之《〈慈湖联吟图〉为俞季调作》
1891	撰就《秋弦词》	《寥阳馆诗草》之《题君木〈秋弦词〉》
1892	雅好唐人李贺、温庭筠之诗，常与应叔申共相模拟	《僧孚日录》1921 年 4 月 17 日条引冯君木《笔记》
1894	求学于杨省斋门下	《回风堂文》卷 1《杨省斋先生六十寿诗序》
1894	整理冯莲青藏书，编成《求恒斋藏书目》	《求恒斋书目》卷首冯贞群题记
1894	撰就《含黄伯传》	《清文汇》丁集卷 19《含黄伯传》
1896	将冯莲青诗作编为《适庐诗》1 卷	《回风堂文》卷 3《清儒林郎冯君木墓志铭》
1897	与陈训正、应叔申等挚友合作创办剡社	陈训正《慈溪冯先生述》，出自《文澜学报》第 1 期
1897	被选为拔贡生，就任丽水县学训导	《雪野堂文稿》卷上《冯回风先生事略》
1898	在京城结识同乡叶同春，相与探讨填词之道	《回风堂文》卷 1《叶蜕仙遗稿序》

诸如此类的辛辣讽刺和无尽忧虑，显然不只是个人情感的表达，更该是冯君

① 参见冯君木：《含黄伯传甲午》，出自沈粹芬等：《清文汇》丁集卷 19，第 3119～3120 页。

木经世意识的外发。

（二）冯君木词风的演进与成熟

从光绪二十四年底起，大抵出于对戊戌政变后清朝政权的彻底失望[①]，冯君木不但拒绝调任宣平县学教谕，而且不再积极入世，尤其是其发妻俞因（1871—1911年）于"辛亥八月，以腹疾死"[②]后，其更是心灰意冷。事实上，冯氏《秋辛词·自序》亦曾约略述及戊戌年底以来的这一转变：

> 《秋辛词》一卷，始于戊子，止于戊戌，盖余二十前后回肠荡气时作也。自是厥后，耗心忧患，神思都索，扼亢不飞，引哀靡绪。譬彼普井，澜则涸矣。……宣统纪元六月冯幵。[③]

对未来不抱任何希望、对亡妻追念不已、久病及尾随久病而至的孤独感（见表2-5），这三者交互作用，使"得过且过"成为戊戌年底以后的相当长时间内冯君木日常生活的基本态度。民国六年（1917年）三月，镇海人虞辉祖（1865—1921年）在陈训正的催促下撰就《冯君木诗序》，内称：

> 君木意量翛然，虽居困而有以自得，故其诗有萧旷高寒之韵。……君木始以高才为丽水校官，辄弃去归隐，乃与无邪唱和，壹志于诗，谓："方病时，负痛呻吟，他皆不省，犹喜人谈诗，若吾藉此而魂魄无憾者。"嗟乎！君木殆欲以诗托命也耶。余为序之，亦以慰君木之意于无穷也。[④]

表2-5　1911—1918年冯君木的病魔与心魔

时　间	行　　　迹	出　　处
1911年秋	作《独处》《梦中作》《纪梦》《江行》《辛亥除夕》五诗	《回风堂诗》卷1
壬子正月	将俞因诗词整理为《妇学斋遗稿》	《妇学斋遗稿》书末冯君木"记"

① 尽管史无明言，但几乎可以肯定的是，拒绝调任宣平县学教谕实乃冯君木对"戊戌政变"的无声抗议，沙孟海《僧孚日录》所称"师自谓戊戌以后不复作词"便是有力的旁证。杨柏岭《近代上海词学系年初编》称冯君木于1911年曾去上海养病，期间作《寿楼纯·上海寄魏端夷·嗟春波何长》《浣溪沙·携手红阑六曲阴》诸词，但比较沙孟海的说法，其系时恐误。

② 参见《妇学斋遗稿》书末冯君木"记"，出自冯君木：《回风堂诗文集》附录，中华书局1941年铅印本。

③ 参见冯君木：《秋辛词》，宁波天一阁博物院藏，索书号"冯2986"。

④ 参见虞辉祖：《寒庄文编》卷1《冯君木诗序》，出自冯君木：《回风堂诗文集》卷首题作《回风堂诗序》，中华书局1921年铅印本。

续 表

时 间	行 迹	出 处
1912 年	请应叔申为俞因《妇学斋遗稿》题诗	应叔申《悔复堂诗》
1912 年	实地察看俞因之墓	《回风堂诗》卷 2
壬子除夕	作《除夕感念亡妇，时继妻陈病方笃》	《回风堂诗》卷 2
1913 年春	作《春日忆季则》	《回风堂诗》卷 2
1914 年秋	养病于慈城保黎医院	姚寿祁《寥阳馆诗草》
甲寅八月	俞因三年祭，为写《心经》百卷	《回风堂诗》卷 2
1915 年 8 月 15 日	胸痛几殆，且此后两个月内，时或发作	《回风堂诗》卷 3
1915 年秋	身体不适，作《病中作》	《回风堂诗》卷 3
1916 年秋	病危，前往上海治疗	虞辉祖《寒庄文编》卷 1
1918 年上半年	在保黎医院住院治疗	《回风堂诗》卷 4

此所谓"意量翛然，虽居困而有以自得"，正从另外一个维度，准确地解读出冯君木"得过且过"的消极心态。

风起云涌的五四运动似乎重新点燃了冯君木对生活的渴望。在这场运动中，冯君木既曾推动成立浙江第四师范学校"学生自觉会"和宁波效实中学"学生自治会"，又曾为宁波效实中学"学生自治会"所办周刊亲题刊名，并"按期用'金口'署名撰写语体评论和小说剧本"[①]。但此后，冯君木不仅仍然长期备受病痛的折磨，而且并未改变其消极的生活态度。也正是在此心境下，诗成为冯君木写景、状物、叙事、抒情的首选。冯君木的诗兼具"史诗"的况味，例如《回风堂诗》卷2《与从子贞群寻冯跻仲、王完勋两侍郎合葬墓得之》，既详载了 1913 年冯君木和其从子冯贞群在宁波马公桥畔寻找并发现"三公墓"的具体经过，更牵扯出冯京第等甬籍义士在明末清初的抗清壮举：

抠衣登北邙，言寻死士垄。……一冢块独夷，地裂甓有缝。其前欹矮碑，蔓滋若

---

① 沙孟海：《冯君木冯都良父子遗事》，《浙江文史资料选辑》第 47 辑，浙江人民出版社 1992 年版，第 102 页。

覆幪。引手摹题识，色然魄为悚。斑驳汉官字，照面生光宠。喜心忽翻倒，下拜继以踊。缅怀明社屋，北骑浩呼汹。倔强两侍郎，义旗起句甬。稽天决孟津，欲以独掌壅。兵败身被执，杀僇到胤种。残骸瘗兹地，一抔两人共。……到今墓下土，热血犹沸涌。出土谢豹花，烂烂有余痛。飘瞥二百年，地下气始纵。所悲忠义林，挂眼皆荒茸。九原谁与归，对此能无动？行当崇其封，虆土期亲捧。[①]

又如见录于《回风堂诗》卷 4 的《丁巳十月甬上纪事》，就认定由蒋尊簋(1882—1931 年)领导的 1917 年宁波独立运动是一场彻头彻尾的闹剧：

官奴城头啼老狐，城中白日兵塞途。横刀蹋地纷嗃呼，行子不敢鼓咙胡。纂严令下羽书急，叱咤旌旗齐变色。将军设备何整暇，城北城南断消息。居人一夕卧数惊，但闻彻旦兵车声。车声杳杳鼓声死，步骑如潮退不止。江岸飒沓西风号，敌军未到将军逃。将军欲逃将军怒，誓以背城作孤注。十万黄金供馈赂，明日将军横海去。[②]

也就在这一时期，冯君木写诗，更论诗，且其诗论主要载于徐珂《闻见日抄》、沙孟海《僧孚日录》及其本人所作《夫须诗话》。《闻见日抄》所载共两处：一则题作《杂论诸子之诗》，但其所论实仅限于王安石《元丰行示德隆》诸诗；二则题作《冯君木论诗二则》，泛论陈与义、王安石、黄庭坚、唐庚、楼钥、晁冲之、刘克庄、洪亮吉、李觏、俞紫芝的诗句。考《闻见日抄》一八三引冯君木之言曰：

吾人作诗，当辟一寂寥、萧澹之境界，植骨必坚，造意必刻，运息必微，导声必涩，拟择录宛陵、半山、东坡、与可、山谷、逢原、后山、盱江、无咎、具茨、简斋、陵阳、子西之诗为一编，曰《萧瑟集》。[③]

是知《闻见日抄》所载《杂论诸子之诗》和《冯君木论诗二则》，实皆迻录自冯君木《萧瑟集》，或是对《萧瑟集》文意的檃栝。

见刊于《民权素》第五集的《夫须诗话》，大约作于 1915 年上半年，记载的是清末民初与诗歌有关的冯君木的所见所闻、所思所想，如其论郑孝胥《海藏楼诗》云：

闽县郑太夷京卿孝胥《海藏楼诗》，茹藻而不露，敛才而不放，……风骨高绝，一篇之中，往往无精语可见，而气韵自尔不凡，此最难到。其最足指目者，如《微月》云：

---

① 参见冯君木：《回风堂诗文集》，中华书局 1941 年铅印本。
② 参见冯君木：《回风堂诗文集》，中华书局 1941 年铅印本。
③ 徐珂著，孙安邦、路建宏点校：《康居笔记汇函》，山西古籍出版社 1997 年版，第 383 页。

“残霞红满天，微月澹不耀。岂知人定后，耿耿方相照。”[①]

相比较而言，评述与寄禅、应叔申、陈训正等友人的日常交往及诗歌唱和，更是《夫须诗话》的重心所在，并因此保存了诸多他书不曾记载的重要史料，例如：

寄禅和尚敬安，诗名满天下，住锡吾郡太白山。戊申之岁，创立僧教育会，文书旁午，仍复不废吟咏。所著《八指头陀诗集》，湘潭王湘绮先生为之叙。其五言、古诗，大抵出入于六朝、初唐间，风格最高；近体亦清圆流利。[②]

《僧孚日录》所载冯君木诗论，大抵可分为四类：

一是常识性介绍，譬如1920年10月5日条：

江西诗派，清末学者群尚之，所谓同光体也。清初，盛言盛唐而大非宋人。[③]

二是对唐诗与宋诗的比较，或断言“唐人律句以不著虚字为难而可贵，宋人则必著虚字”[④]，或以为“唐人诗专讲格律，学之卒至千篇一律，无甚趣味；宋人诗可参入议论，无千篇一律之弊”[⑤]。

三是学诗路径的选择，例如1921年5月22日条云：

学诗若径从宋人入手较易，然患根柢不厚，故从汉、唐入手为是。又若先学剑南，则在唐、宋之间可彻上彻下，亦是一法。[⑥]

四是作诗心得：①“用典贵能假借”；②“须略有诙谐之气，然亦不宜太深”；[⑦]③大胆选用新字词：“凡作诗词，下字遣辞，最忌熟烂。所谓文学镞镞，无能不新，学者于此八字，不可不加之意也。”[⑧]

两相比对，冯君木的诗论较其词论，无疑更具原创性。

（三）冯君木的独特文风与才情

与“诗”颇类似的是，冯君木于“文”亦兼重理论与实践。其论文，一则力“主汉魏，不喜唐宋”，并建议学者“必溯其源，毋颛颛为八家藩篱所限”；二则认定“文

---

① 参见冯君木：《夫须诗话》，今可见王培军等校辑：《校辑民权素诗话廿一种》，凤凰出版社2016年版，第129页。

② 参见《民权素》第五集诗话栏目，第1页。除《夫须诗话》外，冯君木尚作有《夫须阁随笔》，陈训正也有《夫须阁诗叙》之作，兹疑“夫须阁”乃冯君木的慈城故居之名。

③ 洪廷彦：《沙孟海全集·日记卷》，西泠印社出版社2010年版，第10页。

④ 洪廷彦：《沙孟海全集·日记卷》，西泠印社出版社2010年版，第43～44页。

⑤ 洪廷彦：《沙孟海全集·日记卷》，西泠印社出版社2010年版，第10页。

⑥ 洪廷彦：《沙孟海全集·日记卷》，西泠印社出版社2010年版，第143页。

⑦ 洪廷彦：《沙孟海全集·日记卷》，西泠印社出版社2010年版，第29～30页。

⑧ 洪廷彦：《沙孟海全集·日记卷》，西泠印社出版社2010年版，第362页。

章之事，竺雅为上，虚锋腾趠，易堕下乘”，因而反对“言之无物，徒以间架波磔取胜”[①]，倡导“行文质而不俚”[②]；三则认为作文无定法，如《僧孚日录》1920 年 11 月 20 日条录其言曰：

志表文字，自以汉魏体为正格，然嫌于千篇一律，不能极其才思。文学家自尊其体，恒不敢放；若少年为文，则不宜专橅此式也。……试观蔡中郎诸作，虽以伯喈旷代逸才，亦若不能不为绳墨所囿也，他无论矣。韩、柳代兴，遂乃别开阡陌，此固物极必变一定之理也。……汪容甫文字何等高雅，独至志表，则不用中郎文体，亦此意也。[③]

冯君木生前所作诸文，其数甚多，除有 80 篇被陈训正编入《回风堂文》外[④]，或如《三岩游记》《先兄莲青先生事略》，见录于沈粹芬等人所辑的清代散文总集《清文汇》，或如《慈溪两孝子》《题虞含章文集》，发表于《宁波旅沪同乡会月报》等各类杂志。[⑤] 在其弟子袁惠常的心目中，冯君木的诸文多系文质辨洽的佳构：

其自为文，精能渊懋，内睿而外肆，类汪容父。志铭专学中郎（东汉蔡邕），尤为高简。……义宁陈散原先生见先生所作《况君墓志铭》，称为“并世诸子，惟余杭章君能为之”。[⑥]

袁惠常的这种说法虽然有些夸张，但冯君木所作诸文内具较高的史料价值和思想史意义是不争的事实。譬如《题识杂言》，无疑透露出其题识与绘画相得益彰的艺术观：

宋时试画士，类取古人诗句命题，如“竹锁桥边卖酒家，踏花归去马蹄香”之类，皆足以觇取画人之匠心。若由画者自择古人诗词以立画意，既使下笔时胸有成足，得一道经营惨澹，而免旁皇外骛之苦，兼可藉诗词之意，以达微妙之画理，使题与画互相映发，而画境亦与之增高。此诚画前经营之妙诀也。……综前二说言之，一自外及内，一自内及外，其画境胥由诗词成句造成之。由是以观，则诗词成句之有助于

① 参见袁惠常：《雪野堂文稿》卷上《冯回风先生事略》，1945 年铅印本。
② 洪廷彦：《沙孟海全集·日记卷》，西泠印社出版社 2010 年版，第 143 页。
③ 洪廷彦：《沙孟海全集·日记卷》，西泠印社出版社 2010 年版，第 50 页。
④ 王个簃《回风堂诗文集·跋》：“先师回风先生既殁，长君都良裒次遗稿，携就陈天婴先生审去取，都得文八十首、诗五百四十六首，裁及全稿十之四五。”《回风堂文》所录诸文，并非全由冯君木所亲撰，譬如卷 5《陈君造桥碑记》的初稿就出自沙孟海之手。
⑤ 参见冯君木：《慈溪两孝子》，《宁波旅沪同乡会月报》第 8 号，1923 年 5 月；冯君木：《题虞含章文集》，《智识》1925 年第 1 卷第 6 期。
⑥ 参见袁惠常：《雪野堂文稿》卷上《冯回风先生事略》，1945 年铅印本，第 2～3 页。

画也，不綦重欤？[①]

借由《五十生日前告诫贞胥、贞用》又可知江南“试儿”风俗的传承与变易：

生日庆祝，古无此例。六朝以前，江南风俗，儿生一期，父母为具弓矢、纸笔及一切珍宝服玩置之儿前，观其所取，以验品行，谓之试儿。[②]

又如《乌母张孺人七十寿序》，在祝寿的同时，重墨渲染“母教”的作用、指明“事亲”的方向，这就充分展现了冯君木文论的显著特征：

每览曩史，名流俊髦之得力于母教者，其所造也深，其所持也固。其所抒泄而表襮者，必有贞静宁澹之风，此何以故？……吾以为母德所被，实足以养童蒙良知良能之正，……吾闻之：君子事亲，……养志为孝，必觇察夫亲意志所属，深求曲体，俾犁然当于亲心，而后顾之忧俱释，斯为尽养之道焉。高会燕业，苟为侈张，是直养体而已耳。然则崖琴之所以养孺人之志而致其乐者，吾知孺人临觞笑欢之情，将在彼而不在此也。[③]

尽管如此，冯君木所作诸文，不但体例仅限于书序、赠言、墓志铭、题记等寥寥数种，且其篇幅普遍比较短小。这与其反对言之无物的文学主张呈内在的契合关系。

与“诗”“文”不同的是，冯君木虽然早在光绪十九年（1893 年）就已模仿正史列传传文与史论分列相配的编纂体例尝试撰写了《应醉吾传》[④]，但“史”充其量只是其业余爱好，故在《应醉吾传》问世二十余年后，方有《夫须阁随笔》见刊于《民权素》。《夫须阁随笔》内分 12 段，主要着眼于评述古今人物、中外历史、社会风俗、学术思潮（见表 2－6），显然属于“历史评论”的范畴，例如：

日本大水，为灾至酷，而其政府，并吞朝鲜，经营南满，不遗余力，此岂复可以儒生只眼论之。然其国民对其政府，亦有不能无恨恨者。……呜呼！日人以一日之强，蚀其同种同文之国，举鼎绝膑，异日或如黄公度所言，未可知也。今已有其朕矣！[⑤]

---

① 冯君木：《题识杂言》，《蜜蜂》第 1 卷第 10 期（1930 年 6 月 11 日），第 78 页。

② 参见《回风堂文》卷 5《五十生日前告诫贞胥、贞用》，出自冯君木：《回风堂诗文集》，中华书局 1941 年铅印本。

③ 冯君木：《乌母张孺人七十寿序》，《宁波旅沪同乡会月刊》第 52 期（1927 年 11 月），第 11～12 页。

④ 参见冯幵：《应醉吾传》，出自沈粹芬等：《清文汇》丁集卷 19，第 3119 页。

⑤ 参见君木：《夫须阁随笔》，《民权素》1915 年第 11 集，第 3～4 页。

表 2－6　《夫须阁随笔》的主要内容

编号	摘　　要
1	历来对关羽的崇拜并非基于历史事实，宜如奉化孙玉仙所议，终止对关羽的祭祀
2	造谣诋毁前人的风气自东汉末年以来愈演愈烈
3	史可法虽系一代忠臣，但短于应变，缺乏宰相之才，对南明福王政权之败亡负有不可推卸的责任
4	瑞安孙仲颂早年以经学名家，笃守乾嘉诸老师法，晚年则乐于接受西学、倡导宪政，并令其子求学于新式学堂，观其言行，无异于"通人"
5	龚自珍主天台宗而极诋禅宗：佛学至禅宗而大坏，天台宗乃佛学正途
6	刘备、关羽虽系好色之徒，但自古英雄难过美人关，故亦无可厚非
7	自唐以来，人情淡漠，至今尤甚
8	福王监国，时有两奇案，诚如全祖望所论，案发根源在于福王
9	对于深受水灾之苦的国民，日本政府不思救助，转而汲汲于吞并朝鲜、经营南满；或如黄遵宪所论，日本必将受到上苍的惩罚
10	同光之际，张之洞倡导经学，其实仍沿考据旧习，直至晚年，方认识到考据学误人匪浅
11	李贽对何心隐被害于张居正一事的评论，可谓"明通"之论
12	李贽之学，以信心为体，以因时未用，其所是非，并非常人所能知晓

自 1920 年夏接受沙孟海为入室弟子后，冯君木对史学的关注，不仅主要源自日常教学的需要，而且已从"历史评论"转向"史学评论"，并突出地表现如下：

一是通过比较《史记》和《汉书》，告诫沙孟海在学习道路上必须脚踏实地："《史记》如飞，《汉书》如走。论其文字，《汉书》自不及《史记》，而学之必当以《汉书》为正宗。舍走而求飞，鲜有不颠且坠者。"[①]

二是建议沙孟海、冯都良仿照周嘉猷《南北史捃华》，编纂《两汉书捃华》。[②]

三是将《左传》《国语》《战国策》《史记》《汉书》《资治通鉴》等史书列入为"修

① 洪廷彦：《沙孟海全集・日记卷》，西泠印社出版社 2010 年版，第 9 页。
② 洪廷彦：《沙孟海全集・日记卷》，西泠印社出版社 2010 年版，第 46～47 页。

习文学者"所开列的"学者必读书目"之中。①

四是提醒沙孟海,无论桐城派抑或汪容甫、章太炎,莫不深受传统史学的影响:"汪容甫、章太炎之散文,亦与方、姚不同,往往转折处不用虚字。汪、章一派文字,上宗《左传》,后法《文选》;方、姚一派文字,上宗《史记》,后法八家,而《汉书》则两派俱不可省。"②

五是采用类似佛家偈语的表达方式,点评汉唐之际的七部"正史"及其作者。《僧孚日录》1921 年 6 月 14 日条载其词曰:

> 生平最耆"四史",反复不厌。"四史"中各具面目,不相雷同。吾尝各以两字评之,《史记》曰妙远,《汉书》曰通赡,《后汉书》曰雅整,《三国志》曰精能。"四史"而外,更能参以《宋书》之凝谧,《南》《北史》之疏隽,叙事文得此,高矣,美矣,蔑以加矣。……龙门,神品也;扶风,精品也;蔚宗,雅品也;承祚,能品也;沈隐侯、李延寿,皆隽品也。③

诸如此者,充分折射出冯君木对史学教育的高度重视;至如"妙远""精能""神品""隽品"之类的点评,更是令人耳目一新。

也就是在阅读史书、写作随笔的过程中,冯君木逐渐形成了若干史学观念。从现有资料来看,冯氏史学观念的主要内容:

一是崇尚春秋笔法,并因此而有辛酉岁末《燕燕谣》之作:

> 班书《外戚传》录成帝末京师童谣,音节僄急,见当时民生迫蹙之象。辄仿为之,用刺今之为政者。④

二是认为史家坚守"他者"身份,既是能否直书的关键,也是编纂体例是否成熟的标志。沙孟海《僧孚日录》1920 年 10 月 5 日条引冯君木之教云:

> 《三国志·谯周传》中有用"余"字者,陈承祚自称也,甚为可异;史传之格例,于此时亦未完备耳。⑤

三是受进化史观的影响,冯君木认为史书内容应与时俱进,如其为陈训正《定海县志》所作序文云:

> 陈君以异县之士,当属笔之任,不偏人文,兼进民治,因创损益,务循其本。举凡文

① 参见徐珂著,孙安邦、路建宏点校:《康居笔记汇函》,第 368～371 页。
② 洪廷彦:《沙孟海全集·日记卷》,西泠印社出版社 2010 年版,第 16～17 页。
③ 洪廷彦:《沙孟海全集·日记卷》,西泠印社出版社 2010 年版,第 158 页。
④ 参见《回风堂诗》卷 5《燕燕谣三章》,出自冯君木:《回风堂诗文集》,中华书局 1941 年铅印本。
⑤ 洪廷彦:《沙孟海全集·日记卷》,西泠印社出版社 2010 年版,第 11 页。

化之升降，治理之消长，民生之荣悴，风俗之隆污，疆域之沿革，财赋之息耗，物产之丰啬，部罗州次，体用赅备，识大识小，咸有统绪。……矧在今世，时制迁贸，蕲向日新，民彝物曲，都关闳恉。造端于变动，而立极于光明，后有作者，其诸亦乐取乎是欤?①

四是既充分肯定自撰年谱的史料价值，又根据记载对象的不同，将史书分为年谱、家乘、方志、国史四个层次：

史有体，曰纪传，曰编年。史有别，曰国曰方，曰家曰人。年谱者，人史也，人史而编年者也，或人撰，或自次。……自次者，无夸词，无漏义，无讳无过，不及必审。……取舍犁然，异乎子弟后进铺张掇拾之纷纷而矣。……是谱也，下以增家乘之故实，中以资方志之征信，上以备国史之要删，细大不遗，要有待于后人之论定，而非马、班之自叙成书、最举大要者比矣。②

冯君木的这些史学观念，诚然多是对前人或时贤已有论说的另类表述，但也有部分论断自出机杼，这对于长期深受病痛折磨且自我定位为文人的他来说，确属难能可贵。

（四）冯君木文学作品的创新与局限

冯君木与应叔申、陈训正都是“以诗相性命”者，且至少在光绪三十四年(1908 年)四月之前，就已因此被合称为“三病夫”。③ 宣统元年(1909 年)三月，鄞县人张美翊(1857—1924 年)作《溪上诗人三病夫一狂夫歌》，在充分肯定“三病夫”文才的同时，极力推崇“狂夫”洪永祥：

戊申十月，由赣回甬，溪上陈子天婴示余以冯君木《应悔复诗序》，文甚奇。三君皆善病，故号病夫，读其诗尤奇。余谓慈谿尚有一狂夫，则洪君佛矢是。其文奇、诗奇、人奇，与三病夫同也。久不见四君，歌以讯之。宣统己酉三月，蹇叟。④

张美翊的“三病夫一狂夫”说，不但为沙孟海《陈屺怀先生行状》、袁惠常《冯回风先生事略》所接受，近来更被演绎成“慈溪四才子”。⑤ 但不管是“三病夫”还

---

① 冯君木：《定海县志叙》，出自《中国地方志集成·浙江府县志辑》第 38 辑，上海书店 1993 年版，第 433 页。考《僧孚日录》1922 年 10 月 31 日条云：“天婴先生傍晚亦来。先生近撰《定海县志》，已成《舆地》《财赋》《食货》《鱼盐》诸志，携稿本见示。”疑冯君木《定海县志叙》作于 1922 年 10 月 31 日后不久。

② 参见《回风堂文》卷 1《朱穉谷翁自撰年谱第一叙》，出自冯君木：《回风堂诗文集》，中华书局 1941 年铅印本。

③ 陈训正：《夫须阁诗叙》，《广益丛报》1910 年第 235 期，第 1～2 页。

④ 参见张美翊：《溪上诗人三病夫一狂夫歌》，出自陈训正：《天婴诗辑》，1988 年抄本。

⑤ 徐良雄：《二十世纪宁波书坛回顾——书法作品选集》之《二十世纪宁波书法家传略·洪允祥》，宁波出版社 1999 年版，第 145 页。

是“四才子”，冯君木、陈训正两人无疑在其中占据着主导地位，学界内外也习惯以“冯陈”并称，更有学者尝试比较两者文风的差异。例如，虞辉祖《陈无邪诗序》云：

余曩序《回风堂集》，谓吾甬上诗家，以君木、无邪为挽近之绝出者，非私言也。盖二君虽自晦于世，欲以诗明志者同，其诗之刚柔正变或稍异，而感时伤物、不能自已而有作者，又无不同也。①

沈其光《瓶粟斋诗话》也曾断言：

二君皆慈溪人，负文望，时有“冯陈”之目。……余谓天婴文动宕，不似回风之奥赜；回风诗生新，不似天婴之刻琢，犹之元、白同为长庆体，而面目不同也。②

诸如此类的比较，虽有助于考察冯君木的学术成就与影响，但仅限于文学作品，因而显得不够全面。

事实上，冯君木和陈训正两人的史学观念差异较大。这其中，冯君木大概因为从未有编纂史书、方志的经历和经验，故其对春秋笔法的崇尚、对客观叙事原则的强调，往往存在理想化、绝对化的倾向；与此形成鲜明对比的是，曾经主持编纂《定海县志》《掖县新志》《鄞县通志》三志的陈训正，更注重可操作性，故在草拟《鄞县通志草创例目》时，不但致力于改进《鄞县通志》的内部构造，更通过对时局的精审评估，确立了集体编纂、分工合作、各自成书、随编随印的工作流程：

陈训正知此巨著殆非（抗日）战事爆发以前所能结束，于是商同马瀛，将鄞志区为《舆地》《政教》《博物》《文献》《食货》《工程》六志，各自为书，各有起讫，各载序目，使一志编成，急付剞劂，庶不致全功尽废。③

与史学观念颇相似的是，冯君木和陈训正两人在文学理论方面也各有偏好。相比而言，陈训正更善于做学理层面的探讨，如其所作《诒张于相》一文，不但严厉地批判了张原炜的“尚洁”论与虞辉祖的“涓涓”说，更明确提出了力主博采众长的“浑浑”说：

于相之言文也，曰洁而已。余曰洁非尚也，润焉而已乎！……耦乎于相而以洁称者，曰含章虞君。……今于相之洁，犹含章之涓涓也。……夫黄河、渤海，导其原

① 参见虞辉祖：《寒庄文编》卷2《陈无邪诗序》，1921年铅印本。
② 张寅彭：《民国诗话丛编》（五），上海书店出版社2002年版，第747、749～750页。
③ 参见陈训正：《掖县志例目草创》，出自《鄞县通志》首册《编印始末记》小字注引，第4～5页。

者，昆仑也。昆仑之原，未始非涓涓者也。使于相而不以涓涓者是限，则其为黄河、为渤海，而非涧溪之润也！……于相之不能河海，其润之量不足耳！量不足，润不能成河海。仲尼有言："四十五十而无闻焉，斯亦不足畏也已！"于相今年四十，使于相而犹以涓涓者限也，余亦何畏乎于相！①

反观冯君木的文学理论，其明显偏重于对写作技巧的研究，《僧孚日录》所引用的下列言论即其明证：

作韵文用韵，不必限定两句或三句、四句转韵。转韵之第一句，亦不必处处协韵。处处协韵，则体例反俗。又有忽而句句皆协韵者，无有定法，要在多读，自能领悟。……均文意转则均亦转，乃常例也。然往往有意转而均仍不转者，更有均转而意亦不转者。②

冯君木和陈训正两人不仅有着长达30年以上的交情，而且教育背景相似，既曾接受传统的私塾教育，又曾积极拥抱西学，③但两人的出处穷达却迥然相异。总体而言，冯君木"高开低走"，仅以教授终其一生；陈训正则积极捕捉目所能及的所有机会，始则于清末协助宁波知府喻兆蕃推广新式学堂，而后又通过致诚蒋介石而历任浙江省务委员会委员、杭州市市长诸职，终乃病卒于浙江省临时参议会议长任上，④不但病逝后被国民政府尊为"乡之师儒，国之老成"，⑤而且在生前就已被章门大弟子黄侃(1886—1935年)吹嘘为文学宗师、史学巨匠：

近代古文正宗，咸曰桐城，祖述其法者盈天下，……非之者未始乏人，唯先生之言镌切最甚。……得先生之说，不独可以救桐城末流之失，即近顷薄古而逞臆者，亦不至溃决冲陷而无所止，则信乎先生为今日谈文者之司南，宜其克绍西溟而殆欲过之者也。数年前，侃始得读先生所撰《定海县志》，观其编制条例，迥异于向来郡书地里之为。……使域中千余县皆放此而为之，不特一革乡志国史之体制，实即吾华国民史之长编。……如先生者，能为乡史示准绳，即能为国史成型范，此则在位者所未宜忘者也。⑥

① 参见《天婴室丛稿》之三《无邪杂著》，第160～161页。
② 洪廷彦：《沙孟海全集·日记卷》，西泠印社出版社2010年版，第36页。
③ 《回风堂文》卷5《保黎医院题名记》云："居恒窃谓中西医术互异，其所执率画然，不得相比傅，然海陆沟合，耆欲日新，彼邦之服物饮食，不能无所濡染，形气盈虚，与时消息。"此段文字无疑是冯君木积极拥抱西学的明证。
④ 唐燮军、戴晓萍：《陈训正年谱》，浙江大学出版社2019年版，第60、166、174、234页。
⑤ 浙江省临时参议会议长陈公屺怀治丧委员会：《陈故议长追悼特刊》，《浙江日报》1944年2月18日。
⑥ 参见黄侃：《陈玄婴先生六十寿序》，《天婴诗辑》附录，1988年抄本。

此所谓"宜其克绍西溟而殆欲过之者",大抵出自李详所撰《读慈谿陈无邪文书后》。[①] 无独有偶的是,冯君木的外甥兼弟子葛旸(1900—1955年),早在1921年就已将冯君木视作浙东文坛巨子姜宸英(1628—1699年,字西溟,号湛园,又号苇间)的衣钵传人:

> 吾慈谿山邑也,依山而城,山水清发,民俗淳朴,硕学通士,代有其人,当宋世有杨文元、黄东发之伦,逮及清代,有姜宸英,文名满天下,学者称湛园先生,……去湛园二百余年,而冯君木先生开出。[②]

慈谿人姜宸英乃康熙三十六年(1697年)丁丑科李蟠榜的探花,工书、善画、能诗、擅文,既曾入明史馆分纂《刑法志》,又曾参与修订《大清一统志》。[③] 称冯君木、陈训正乃姜宸英衣钵传人的这一定位,虽未必合乎史实,但不仅折射出冯君木和陈训正两人各自在浙东学术史上的地位和作用,而且充分表明清代浙东学派的学术传承其实并不完全基于师承关系。

二、冯君木序跋考释

冯君木生前虽仅仕至丽水县学训导,但不仅早就被《清稗类钞》作者徐珂尊为全国范围内二十余位古文名家之一,[④]更因此被前"国史馆"列为《国史拟传》的传主。[⑤] 冯君木流传至今的九篇序跋皆作于冯君木从新学向国学回归的过程中,或洋溢着对其挚友怀才不遇的深切同情,或受托推介而疑似刻意回避其评述对象的结构性缺陷,或借以阐述其对史书编纂体裁的新见解,或是原本不该收录的捉刀代笔之作。无论作旨如何,这些序跋都是考察冯君木文学理论、史学观念的第一手资料。

载于《回风堂文》卷1的《悔复堂集序》《寒庄文集题词》《浮碧山馆骈文跋》《莼乡诗集序》《叶蜕仙遗稿序》《定海县志叙》《向仲坚词序》《三程词题辞》《朱稺谷翁自撰年谱第一叙》9篇序跋,既是对冯君木部分交友状况的真实记录,也都撰成于冯君木从拥抱新学到回归国学的过程中。但既有的研究成果,或如《近代上海诗学系

① 李详:《读慈溪陈无邪文书后》,出自《民国珍稀短刊断刊·上海卷》第21册,全国图书馆文献缩微复制中心2006年版,第10230页。

② 参见葛旸:《袁母屠太夫人七十寿序》,《宁波旅沪同乡会月刊》1929年第67期。

③ 参见《鲒埼亭集》卷16《翰林院编修湛园姜先生墓表》,出自朱铸禹:《全祖望集汇校集注》,上海古籍出版社2000年版,第292~294页;《光绪慈谿县志》卷21《选举下》,《中国地方志集成·浙江府县志辑》第35辑,上海书店1993年版,第460页。

④ 参见徐珂:《大受堂札记》卷五,杭县徐氏铅印本1925年版。

⑤ 袁惠常:《国史拟传·冯幵传》,"国史馆"馆刊1948年第4期,第96~97页。

年初编》，将冯君木的诗作置于特定地域的文学流变之中，借以呈现其内在价值与学术影响[①]，或像《晚清民初学者冯幵及其未刊抄本〈秋辛词〉》那样，着眼于挖掘相关文本的史料价值与文学主张[②]，却皆未曾加以征引。是以不揣浅陋，择取其中四篇，略加考释，以深化对冯君木文学理论、史学观念的了解和理解。

（一）《悔复堂集序》考释

应启墀（1872—1914 年）字叔申，清才卓荦，工诗词，与冯君木并称“溪上二隽”。自光绪十四年（1888 年）九月相识以来，两人在时常切磋诗词的过程中，成为“腹中所欲言，手写子能到。子有窈窕心，我亦穿其窍”[③]的知交。也因此，民国三年（1914 年）四月应叔申病笃，冯君木遂被委以整理遗作的重任，并在应叔申病逝后的大半年内，克服体弱多病、财物被窃等各种困难，最终在民国四年（1915 年）八月，将应叔申遗作选录为《悔复堂集》2 卷，《回风堂文》卷 1 所录《悔复堂集序》就撰成于此际：

> 《悔复堂集》二卷，慈溪应启墀叔申撰。叔申天才闳俊，劲出横贯，不可羁勒。年未三十，渐趋韬敛，厌薄少作，十九捐弃，夙昔雅自矜尚，凡所撰属，不轻眡人。病亟，余往省视，叔申泫然曰：“吾生平文（章）[字]造诣，自信宜不止此。零蕴奇绪，流落人间，甚无谓也，不如毁之，毋俾遗憾！”余流涕慰荐，且锐以编香自任，则曰：“第慎之！严绳勇削，宁苛毋恕。吾今以没世之名累君木矣。”叔申既逝，余搜其遗箧，得稿寸许，亟思删次，用践宿诺，逡巡半年，大病俄作，宛转床笫，娄濒于殆，病中都不挂念，独念故人付托，负荷綦重，脱有不幸，九原之下，胡颜相向！一念忍死，病以无害，将非长逝者之魂魄阴实相之欤？病间深居，发箧觇（埋）[理]，汰之又汰，十存二三。所以体临绝之意，成自好之志，如是而已。写定，得诗若干首，文若干首，合为二卷，竢付杀青。昔元结撰《箧中集》，仅录沈千运等七人诗二十二首；刘眘虚高视唐（诗）[世]，其诗流诵到今者，祇十余首，传不在多也。叔申冥搜孤造，穷极微茫，中年夭阏，寿不酬志，要其成就已超常伦，虽单弦孑唱，声响寂寥，而特珠片玉，光气自越。平生久要，期无旷负，后死有责，所尽止是，掩卷喟然，可以伤心矣。[④]

① 参见胡晓明、李瑞明：《近代上海诗学系年初编》，上海教育出版社 2003 年版。

② 沈燕红、朱惠国：《晚清民初学者冯幵及其未刊抄本〈秋辛词〉》，《浙江社会科学》2017 年第 2 期，第 140～147 页。

③ 参见冯君木：《回风堂诗文集》，中华书局 1941 年铅印本。

④ 1942 年余姚黄立钧刊本《悔复堂诗》卷首冯君木《序》，不但将“《悔复堂集》二卷”“写定，得诗若干首，文若干首，合为二卷”改为“《悔复堂诗》一卷”“得诗六十九首，词四首，合为一卷”，而且在文末补入“民国四年乙卯八月，冯幵”10 个字。又，引文中“（）”内文字为《悔复堂集序》原文，“[]”内文字系《悔复堂诗》相应文字，两相比较，后者更为合理。

从中不难发现，冯君木此序以情见长，在同情应叔申英年早逝而又怀才不遇的基调下，既交代《悔复堂集》的编纂缘起，又说明其卷帙不丰的原因。也因此，该序对应叔申诗文特征的概括明显不如冯君木早期所作《夫须诗话》的下列评判：

> 叔申好苦吟，一字未安，恒至申旦不寐，奇辞单调，雅自矜惜。尝夸语余：文章之事，当质千秋，得失寸心，无戾毫黍。与为枚速，宁为马迟，飞华骋藻，惟群子能，余匆为也。故其所作，张皇幽眇，穷极微芒，选声结体，分刌悉协，时流洪笔，诚走且僵矣。①

在编定《悔复堂集》之后，冯君木不但将应叔申所作的"联语数十耦"，"择其尤，录入《脞记》中"，②而且为刊布《悔复堂集》，曾经四处筹集出版资金，只是未能如愿。于是，时当冯君木病故，受托为之整理遗作的陈训正，既将冯君木所有诗文分纂为正集、外集两个部分，又将《悔复堂诗文》（当系冯君木编定的2卷本《悔复堂集》）、俞因《妇学斋词》及朱炎复遗作，附录于全书之末：

> 因属君子胥取君诗文诸稿，循所识而写定之，为《正集》，其辞未至而义不可不存者为《外集》，皆君意也。君夫人俞因《妇学斋词》，友人应启墀《悔复堂诗文》，皆君所欲刊而未能者，因附君集后。君有弟子朱威明炎复，为古文谨严有师法，先君五月旅卒于京师，文散失无多，存为附刊如干篇，傥亦君之所取乎。……二十一年三月陈训正叙。③

但实际上，1941年初王个簃（1897—1988年）等人在主持刊印《回风堂诗文集》时，不但弃用了陈训正的整理本，更以"各稿经乱，猝难检集"④为托词，断然剔除《悔复堂集》与朱炎复的传世诗文。其结果便是2卷本的《悔复堂集》不但缩减为1卷本的《悔复堂诗》，而且最终与姚贞伯《寥阳馆诗草》合刻于1942年9月。

（二）《定海县志叙》考释

在冯君木的早期友朋中，陈训正不但诗才最为奇特，而且其经世致用意识也最为强烈而持久，既曾在清末协助宁波知府喻兆蕃推广新式学堂，也曾以同盟会宁波支部副会长兼宁波保安会副会长的身份，全程参与辛亥宁波光复之役，时至

---

① 冯君木：《夫须诗话》，出自王培军、庄际虹：《校辑民权素诗话廿一种》，凤凰出版社2016年版，第188页。
② 参见应叔申：《悔复堂诗》外录，余姚黄立钧刊本1942年。
③ 陈训正：《回风堂诗文集叙》，《国风半月刊》1932年第7期，第56～57页。
④ 冯君木：《回风堂诗文集》，中华书局1941年铅印本。

1923年春，又在没有任何经历和经验的情况下主持编纂《定海县志》。

陈训正主要从两个向度推进《定海县志》的编纂工作：

一是在主要参考钱淦《宝山县续志》的基础上分工合作，此则陈训正本人言之甚明：

> 右志凡十六门，体裁节目，大半依据近刊宝山县钱《志》。……而参之以马君瀛之主张。《物产志》《方俗志》亦马君手定。图事则施君臯之力为多。列岛及盐场各项调查，得之于沈君椿年。审校之事复一委诸马君。①

二是通过邀请名家作序、刊登广告等方式加以大力宣传，例如《申报》1925年12月10日第三版《新编〈定海县志〉预约广告》云：

> 本县志为慈溪陈天婴、定海马涯民两先生所编纂，凡分门十五、目五十六、图十四、表八十三，用科学方法作系统纪载，体例崭新，图表精详，地方文化嬗进之迹具见于兹。中如教育、交通、方俗、食货、鱼盐等门，皆曩昔方志付未曾有，而《物产志》之动植，细分科属，《方俗志》之读音，备标转变，尤足资学校参考。其舆图为施兆光、张纪隆先生等所测绘，凡海底深浅、山脉高低、港湾滩礁、灯塔电线，莫不罗列，极便航行、国防之用。朱强村、况蕙风、冯君木、柳翼谋诸先生，咸称为空前硕着，非虚誉也。顷已用聚珍板仿宋字排印，装成六巨册，定价每部六元，预约四元，五部以上九折，十部以上八折，预约十五年二月底截止，三月底出书。②

正是在这种背景下，冯君木应邀作《定海县志叙》。此序大体上可分为下列两个部分：

> 志乘之作，羽翼惇史。外史所领，司会所掌，輶使所采，胥于是隶焉。开物成务，其揆一也。革政已还，民义昭彰，遘会既殊，取涂宜广。先正耆彦，互立科条，大抵统于一尊，畸于文胜，伦脊虽具，袪发盖尠，必执墨守之见，以驭纷纶之局，斯又通人之蔽也。定海悬峙海东，山海之气，郁为才秀，遗文前献，灼然足征。顾自改厅为县，绵历星纪，风政推暨，非复旧贯。澄荡拘牵，更定阡陌，钩稽往复，归于翔实。非夫通方博赡、特立独行之君子，其孰能宏斯业乎！③

这一部分的亮点显然不在于针砭前代方志“畸于文胜”“必执墨守之见”等弊病、论证重修定海县志的必要性，而是称方志乃“正史”羽翼的这一定位，以及对

① 陈训正：《定海县志序目》，《浙江省立图书馆馆刊》1934年第4期，第15～26页。

② 《申报》编写组：《申报影印本》，上海书店1983年版，第187页。

③ 陈训正、马瀛：《民国定海县志》，《中国地方志集成・浙江府县志辑》第38辑，上海书店1993年版，第433页。

方志起源(外史所领)、职掌(司会所掌)、史料构成(辖使所采)的这类认知在方志学的学科化进程中都是颇有意义的理论探索。

第二部分则主要通过与前代名志的比较,彰显《定海县志》繁简得体、与时俱进的叙事特征。《定海县志》中载:

> 陈君以异县之士,当属笔之任,不偏人文,兼进民治,因创损益,务循其本。举凡文化之升降,治理之消长,民生之荣悴,风俗之隆污,疆域之沿革,财赋之息耗,物产之丰啬,部罗州次,体用赅备,识大识小,咸有统绪。《武功》《朝邑》,颛侈高简,以今方昔,宁但不愧之而已。夫人群翕辟,自简之巨,孳乳错综,莫竟畔岸。民史有述,籀其至赜,絜其至涣,箸诡化之迹,探敷治之原,斯为美也。每览曩史,于州闾文物,动举概较盈虚之数,无征不信,阐往昭来,要惟方志,矧在今世,时制迁贸,蕲向日新,民彝物曲,都关闳恉,造端于变动,而立极于光明。后有作者,其诸亦乐取乎是欤?䌷绎既讫,服其精能,辄述要略,用谇并世。①

冯君木的此一评判,固然远胜于柳诒徵(1880—1956年)所谓的"虽区区一地之志,驭以龙门、夹漈之识,……义据通深,摅词述事,兼以笃雅,盖所谓损益得中、质文交胜者也。世有君子,当就是求史裁矣"②,却也存在明显的缺陷,那就是未能像余绍宋(1883—1949年)那样,从正反两个层面加以考察:

> 黄誉赠《定海县志》,陈屺怀所作也,检阅一过,体例颇好,《舆地志》中"列岛""洋港""潮流"诸表、《鱼盐志》中诸表甚佳,《方俗志》中方言编亦不恶,《人物志》最差,然此志在新出诸志中亦杰出之作矣。③

(三)《朱穉谷翁自撰年谱第一叙》考释

冯君木生前曾有两个时段特别关注史学。一是19世纪90年代,冯君木当时如同绝大多数传统文人,将史学当作经世工具,创作了诸如《应醉吾传》之类的史传;④二是在1920年夏接受沙孟海为入室弟子后,基于日常教学需要,或者通过比较《史记》和《汉书》,告诫沙孟海在学习道路上必须脚踏实地,其内容虽不够深入,但予沙孟海以深刻影响,以至于沙孟海即便在研讨金石学时,也往往基于历史学的逻辑思维,习惯于做全面考察、系统梳理,下列《兰沙馆日录》1929年11

---

① 参见冯君木:《定海县志叙》,出自《回风堂诗文集》,中华书局1941年铅印本。

② 陈训正、马瀛:《民国定海县志》,出自《中国地方志集成·浙江府县志辑》第38辑,上海书店1993年版,第591页。

③ 余绍宋著,龙游县地方志编纂委员会整理:《余绍宋日记》,中华书局2012年版,第921页。

④ 沈粹芬等:《清文汇(丁集)》,北京出版社1996年版,第3119页。

月 2 日条所云，即其显例：

阅《金石学录》。陆心源有《续录》，惜未之见。闻褚松窗又有《三续》。经三人之手，庶可网罗无遗。惟余嫌其徒事收辑，不为系统之研究。盖历代金石学者，各为一方面之研究，不相统摄，或则徒披遗文，欣然自足，或则校雠异同，无所发明。此数百人者，大半无经史根柢，如石家锦障，夸耀富有而已，本不能与之语学。①

相比较而言，大概率定稿于 1924 年的《朱稺谷翁自撰年谱第一叙》，既是冯君木诸多应酬文中的精品，无疑也是其传世诗文中最具史学理论况味的作品：

史有体，曰纪传，曰编年。史有别，曰国曰方，曰家曰人。年谱者，人史也。人史而编年者也，或人撰，或自次。人撰者，述德则备，校行则周，纪言则通以赡，其蔽也饰；自次者，无夸词，无漏义，无讳无过，不及必审。自次年谱，奚自昉？曰：昉之孔子。孔子不云乎："吾十有五而志于学，三十而立，四十而不惑，五十而知天命，六十而耳顺，七十而从心所欲，不踰矩。"循年岁递嬗之迹，证行能渐进之序，片言赅括，而毕生之本末具焉。近世学者若钱竹汀、瞿木夫、张月霄辈，皆自谱其年其事，皆躬行实践之事。其言皆甘苦有得之言，内当于厥心，外无不可以告人，趣昭词核，取舍犁然，异乎子弟后进铺张掇拾之纷纷而矣。萧山朱稺谷翁，以明经大师取重乡闾，端居教授，着弟子籍者无虑数十百人，中岁绝意仕进，筑室钱塘江上，倚农桑自赡给，出而省稼，入而课蚕，布衣蔬食，邈焉不复问当世事。五十而后，井邑多故，父老敦迫，不获已，逡巡复返其乡，寻被举为乡议会议长，与利革弊，益廪廪以言职自靖，乡人悦服，奉为职志。翁仁心为质，不屑标揭名行，理董乡政，务既其实。值岁大歉，饥民聚而讙噪，望门投止，冀得当图一逞，富室汹惧，翁因势利导，巨赀顷刻立集，按户散粟，所全济无算。革政之始，盗贼飙起，翁用兵法，部勒乡人，徼巡捍卫，昼夜更番不少懈，奸宄敛迹，远近恃以无恐。夙昔待人，出于至诚，病则饷之药，贫则遗之金，隐约顾藉，竭力之所堪而已，无与焉。迹翁所为，大率澹于处己，勇于为人，道德既孚，而感被之情着，将非所谓儒效者欤？甲子之岁，翁年七十，叔子酂卿以翁自次年谱属叙。窃惟翁之懋行清望，固宜有尊信而传述之者，顾或述焉而不详，详焉而不谛，其不能章阐潜德而塞乡人之意，犹之阙也。翁以孔子从心之年，取古人自述之义，年经月纬，举其生平之所践涉，咸属比以会其要。揆翁撝谦之旨，亦欲以是昭来许、示子孙已尔，不知积人成家、积家成方、积方成国，国史之所甄采，将必自一人始。荀子有言："言远则略，言近则详，略则举大，详则举小。"是以家乘详于方志，方志详于国史，取之虽简，储之必繁。然则是谱也，下以增家乘之故实，中以资方志之征信，上以备

① 洪廷彦：《沙孟海全集·日记卷》，西泠印社出版社 2010 年版，第 1779 页。

国史之要删，细大不遗，要有待于后人之论定，而非马、班之自叙成书最举大要者比矣。曩者，龚璱人为阮文达公六十岁年谱叙，其末有云："俟公七十之年，更增十卷之书，当更叙之。"此其第一叙云尔。鄮卿言翁闇修勤学，老而勿倦，神明强固，犹不减壮盛时。自今以往，十年、廿年、三十年，进德弥劭，所谱亦弥真实而有旨，汔绪之日，殆辽乎其不可期也！遂援龚氏例，书之为《第一叙》。[①]

该序对自撰年谱的性质、功用的界定——"循年岁递嬗之迹，证行能渐进之序，片言赅括，而毕生之本末具焉"，尤其是该序断言孔子的自述——"吾十有五而志于学，三十而立，四十而不惑，五十而知天命，六十而耳顺，七十而从心所欲，不踰矩"——乃自撰年谱之嚆矢，无疑突破了学界内外的固有认识框架。但与此同时，该序对"方志"的定位与其《定海县志叙》"志乘之作，羽翼惇史"的判断显然自相矛盾，特别是它将年谱、家乘、方志、国史视作整个国史编纂系统的四个层级，这种理解看似新颖，却也充分折射出冯君木明显缺乏编纂史志的经验。

（四）《向仲坚词序》考释

光绪十七年(1891年)，姚寿祁作《题君木〈秋弦词〉》，内称"湖海飘零载酒船，钿筝离思托《秋弦》。可怜弱岁冯当世，落拓词场已五年"[②]。据此推算，可知冯君木从1886年起就已涉足词坛。只是出于对戊戌政变后清朝政权的彻底失望，此后二十余年内冯君木始终"戒词不为"，直至1921年11月底，"因改删《叶霓仙词》，又自作一词题其卷端"[③]，这才再度致趣其中，并因此结识况周颐(1859—1926年)、朱彊村(1857—1931年)等词学大师，且与他们过从甚密，其填词功力甚至得到况周颐《餐樱庑漫笔》的充分肯定：

余尝语炎复，惜君木不填词，设与余同嗜者，则雨窗剪烛，何异四印斋夜话时矣。曩彊村朱先生近四十始为词，半唐老人实染擩之，比者以词名冠绝当世矣，兰荃径香，引人易入。它日之君木，安知不为今日之彊村耶。[④]

无论是顾名思义，还是就其所述内容而言，《向仲坚词序》就是冯君木为向仲坚个人词集所撰写的序言：

蜀，词国也。大山穹谷，起伏盘互，清雄之气，泱乎才性。审音君子，感物而动，

---

① 参见冯君木：《回风堂诗文集》，中华书局1941年铅印本。
② 参见姚寿祁：《寥阳馆诗草》，余姚黄立钧刊本，1942年。
③ 参见姚寿祁：《寥阳馆诗草》，余姚黄立钧刊本，1942年。
④ 《申报》编写组：《申报影印本》，上海书店1983年版，第424页。

触绪造端，回复隐约，敛而不匿，繁而不杀，复沓而不乱，蔚若嶓若，郁为词境，惝怳离合之故，微乎其可思矣。孟蜀赵崇祚以《花间》一集标举声家，殊呻窈吟，千金一治，欧阳炯、尹鹗、孙光宪、毛熙震之伦，皆以蜀彦，駊騀其间。李白导之先河，苏轼沿其来轸，前喁后于，各极正变。盖蜀自唐、五代、宋世已来，词流之所宣发，事物感触，容有不同，而深沈委宛，称其山川，则无不同也。双流向君仲坚，以瓌谈之才，当波荡之会，南浮江浙，北极辽燕，家世蝉嫣，著闻蜀中，而栖皇涂路，恒茕焉不得宁其居。临睨旧乡，郁伊多感，若与太白、子瞻共其飘悴者，视欧、尹、孙、毛辈，策名偏朝，销忧暇日，搴芳草于故宇，泝流尘而独写，匪直诎信之殊趋，抑亦惨舒之异撰已。君既不获展于世，遭时泱漭，益夔夔靡所于骋。迷阳却曲，吾道安归？黍离之痛，匪风之思，《苕华》《苌楚》之悲，一于词抒渫之。其词清峻婉密，若吐若茹，虽植体先宋，要其深情奥思，实时时有夔巫间峰回峡转、纡曲幽邃之意。乐操土风，夫有所受，将所谓苕发颖竖，离众绝致者乎？自顷犇张，民流政散，《小雅》旷废，荒陂交会。君持志也洁，称物也芳，庶通比兴之旨，用申柔厚之教。空江无人，参差谁思？序君是词，盖不觉感音而叹矣。①

四川双流人向仲坚（1889—1969年，名迪琮，号流溪），自四川铁道学堂毕业后，历任内务部土木司水利科科长、扬子江技术委员会书记长、北平永定河堵口工程处处长、电车公司常务董事、行政院参议、天津海河工程局局长等职，著有《柳溪长短句》《柳溪词话》等书，乃近代中国比较知名的词作家。②

向仲坚刻本《柳溪长短句》的内部结构：卷首——朱孝臧《柳溪长短句序》、邵瑞彭《柳溪长短句序》、王履康《柳溪长短句叙》、向迪琮《序》；正文——《风流子·送人之哈尔滨》等109词；卷末——向迪琮《柳溪长短句跋》。

向仲坚生前虽与冯君木并无任何交集，但从《柳溪长短句》的内部结构来看，内有两文尤其值得关注：

一是位于卷末的向迪琮《柳溪长短句跋》，自称其书稿实乃朱彊村所删定：

右旧稿《柳溪长短句》一卷，始戊午，迄于己巳，为时十有二年，得词百五十余首。丙寅、丁卯间，邵次公、乔大壮同客故都，共相商榷，计汰存百二十余首。彊村翁复为删定，都凡百有九首。……昔人谓不为无益之事，何以遣有涯之生，则是书之刻，或亦慰情良胜焉尔。己巳冬月，柳溪自记。③

① 参见冯君木：《回风堂诗文集》，中华书局1941年铅印本。
② 陈雪军：《向迪琮致赵尊岳词学手札考释》，出自马兴荣、朱惠国主编：《词学》，华东师范大学出版社2017年版，第392页。
③ 曹辛华：《民国词集丛刊》，国家图书馆出版社2016年版，第547页。

二是卷首朱孝臧《柳溪长短句序》，倘若将之与冯君木《向仲坚词序》相比对，则不难发现两者的最大差异就在于其文末有否后缀“己巳孟夏之月，归安朱孝臧”十一字。据此，足以认定《向仲坚词序》原是民国十八年(1929 年)四月，以朱彊村的名义，由冯君木代笔，专为向仲坚《柳溪长短句》所作的书序。考《庸庵文编・凡例》有言：

近来诸家刻集，有代作者或不入集，或注“代”字于题下，竟不知所代为何人。古人于代作之文皆入集，如昌黎有《代张籍与李浙东书》，东坡有《代张方平谏用兵书》，皆于题中标出所代之人。①

《回风堂文》虽未标明代谁而作，却也符合历代别集的传统做法。

(五) 余论

在时代洪流的裹挟下，冯君木既曾对西洋新知表现出浓厚兴趣，也一度努力尝试运用新兴的白话文进行文史创作。

譬如《刺时》，就是针对彼时“标举新说，缘饰臆解”之丑行，特“赋诗刺之，以见新学之真相固自有在，而非顽固保守者，所得借口而诋諆也”：

世界有同胞，家族无伦理。爱国忘其亲，大哉志士志。抵掌谈合群，肝胆映人热。一言不相中，刀光起同室。男子有血性，奈何以忧死。金尊檀板中，不忍谈厌世。敦品与立行，瑣瑣非公德。廉耻何足论，国民有天职。自由复自由，自由肯放弃。醇酒与妇人，甘为自由死。昂头詈科举，低头盼乡榜。今朝新贵人，昨日革命党。②

又如其所创作的小说《一饭难》，运用春秋笔法，严厉抨击当时慈溪个别学者忘恩负义、欺师灭祖的恶劣行径：

识者曰：“少年是子，老叟是父。”识者又曰：“少年是教员。”木居士曰：“此吾慈溪事，篇中所摹写，皆实状，无虚构者。慈溪以孝乡称，不幸学界中产此枭獍。吾草此篇，吾心痛。”铁头陀曰：“小儿已得好榜样。”③

《论民众运动》更是用明白晓畅的文字号召“被压迫的民众们，重新负起革命的责任，团结起来，扯毁《辛丑条约》的卖身契，挣断这条锁链，解放中国全民族，完成我们历史的使命”④。诸如此者，充分实证了郑逸梅有关“旧诗人冯君木间

---

① [清]薛福成：《庸庵文编》，《续修四库全书》，第 1562 册，上海古籍出版社 2002 年版，第 7 页。
② 冯君木：《刺时并序》，《浙江潮(东京)》1903 年第 10 期，第 161～162 页。
③ 冯君木：《一饭难》，《精武杂志》1924 年第 46 期，第 8～10 页。
④ 君木：《论民众运动》，《上海邮工月刊》1928 年第 3 期，第 1～5 页。

亦作白话诗”[①]的追忆。

然而此类诗文，量少且质不甚高。于是，非唯时人更推重其古文词，就连冯君木本人也大步后退，成为20世纪20年代甬上反对新文化的旗手。正因如此，冯君木既被聘为上海钱业公会修能学社的社长[②]，也被经历过类似反复的张让三(1857—1924年)视为同道中人：

> 木公先生侍史：得夷弟函，知贵社教法乃与鄙见符合。此时方知经书之宜读，从前亦尝主张废经，不料祸至此也。……敬问道祺。弟张美翊状，七月廿八。[③]

进而言之，从积极拥抱新知到向国学回归，这不只是冯君木、张让三等知识分子的个人悲剧，更是近代中国社会转型失败的一个缩影。

第五节　冯宾符史学研究

《捷克斯拉夫》的问世，既源自冯宾符对欧洲政局的长期关注，更彰显作者敏锐的政治嗅觉。该书不但大量引用了冯宾符本人译自外文报刊的第一手资料，而且时或可见新颖独到的见解。然而，由于作者过分迷信集体安全体系，使得《捷克斯拉夫》对苏台德危机的最终走向和捷克斯拉夫的国家命运做出了近乎盲目的乐观估计。

浙江慈溪人冯宾符(1914—1966年)作为中国第一代国际问题专家之一，将大半生奉献给了《世界知识》杂志和世界知识出版社。2002年，有关方面在编写《冯宾符国际问题文选》时，收集到其所作专文236篇、时事评述699篇、专著(含合著)7部、译文63篇、译著(含合译)8部；编者在将其中的167篇文章编为文选之余，又将冯昭珏《冯宾符先生年谱》、田惠贞《冯宾符著作系年》及其《冯宾符译作系年》置于全书之末。平心而论，尽管此书对冯宾符论著的收录与介绍已然相当完备，但仍不免有所遗漏，《捷克斯拉夫》——中国学者对第二次世界大战前夕苏台德危机的首次报道——的缺载便是其中显例。

在《冯宾符国际问题文选》行将付梓之际，其子冯昭奎受邀作跋。其跋既言

① 郑逸梅：《艺林散叶(修订版)》，北方文学出版社2019年版，第232页。
② 陈布雷：《修能图书馆记》，出自沙孟海：《沙孟海书法集》，上海书画出版社1987年版，第12页。
③ 侯学书：《张美翊手札考释注评(下册)》，文物出版社2020年版，第344页。

简意赅地归纳了文选的学术价值，又令人信服地指出："本文集的很多文章能紧跟事态变化及时做出反应和判断，表现出一定的、难能可贵的预见性。"[①]撰写并发行于苏台德危机肇兴之初的《捷克斯拉夫》一书，正是冯宾符治学颇具"预见性"的明证。但遗憾的是，既有研究成果不但仅李景友《〈捷克斯拉夫〉中的国家前途探析》一文而已[②]，而且该文既未将《捷克斯拉夫》置于冯宾符的整个学术生涯之中加以动态考察，也不曾将该书与同期同类著述进行比较研究，因而未能合理诠释冯宾符的著述旨趣、《捷克斯拉夫》的学术影响等相关问题。

一、冯宾符生平及其主要著作

作为国学大师冯君木的次子，冯宾符自幼聪颖异常，不到两岁就已认得四五十字，也因此被冯君木寄予厚望。[③] 只是由于时代变易和个人际遇不同，冯宾符的人生轨迹明显有别于其父的"雅怀恬介，不乐仕进，三十而后，即栖迟邑里，结志坟典，萧条高寄，不与时务经怀"[④]，并大抵可分为三个阶段。

第一阶段终于 1932 年中学毕业。在此期间，冯宾符如同大部分热血青少年那样关注时事、追求进步。对此，冯昭珏《冯宾符先生年谱》言之甚明：

> 1927 年，在上海澄衷中学读书，因参加进步学生运动、反对校方压制民主而被开除。9 月，回宁波就读效实中学。1931 年，"九·一八"事变发生。在中学积极参加抗日宣传、参加军训，并自办抗日小报。[⑤]

第二阶段始于 1932 年进入上海商务印书馆《东方杂志》编辑部任校对员，下迄 1950 年 5 月奉命从上海举家迁至北京。在此期间，冯宾符逐渐成长为出色的国际问题评论家，尤其是 1945 年 1 至 5 月间，他在日寇宪兵队饱受皮肉之苦却仍守口如瓶的这一经历[⑥]使之成为上海地下党新闻战线的核心人物。此后，无

---

① 冯昭奎：《每忆高谈惊四筵（代跋）》，出自《冯宾符国际问题文选》，世界知识出版社 2002 年版，第 967 页。

② 李景友：《〈捷克斯拉夫〉中的国家前途探析》，《名作欣赏（学术版）》2019 年第 5 期。

③ 冯君木《回风堂诗》卷 3 曰："次子贞用，生十九月，知识字，口不能言，以手指之，字之便于上口者，亦能发音焉。已识得四五十字，错易颠倒，历试勿爽，亦可谓小时了了矣。赋诗纪之。"

④ 沙孟海：《冯君木先生行状稿本（一九四二年钞）》，《沙孟海书法集》，上海书画出版社 1987 年版，第 76 页。沙孟海《冯君木冯都良父子遗事》亦谓冯君木"毕生以教学卖文为活，潜研学术，少涉世务"。详参《浙江文史资料选辑》第 47 辑，浙江人民出版社 1992 年版，第 101 页。

⑤ 冯昭珏：《冯宾符先生年谱》1927 年条、1931 年条，《冯宾符国际问题文选》附录，世界知识出版社 2002 年版，第 923 页。

⑥ 王振羽：《父亲王德鹏和冯宾符的毕生友谊》，出自《冯宾符国际问题文选》附录，世界知识出版社 2002 年版，第 905 页。

论是1945年10月世界知识出版社的重建，还是1949年初上海文化工作者协会的成立，均可见其活跃的身影。

第三阶段始自1950年5月奉命迁居北京，终于1966年11月病逝。在此期间，冯宾符虽然愈益频繁地参与人大、统战和人民外交等社会活动，但其工作重心和主要精力仍集中在编辑出版与国际问题研究，为世界知识出版社在新中国成立初期的发展做出了尤为重要的贡献。①

由此不难发现，第二阶段在冯宾符的一生中最为关键。冯宾符之所以能在这一阶段顺利成长，除了通过自身努力，更得益于《东方杂志》主编胡愈之(1896—1986年)的大力栽培，杨学纯先生对此深有体会：

> (冯宾符)1932年高中毕业，到上海商务印书馆《东方杂志》编辑部任校对员。在主编胡愈之培养下，掌握了编辑业务，并经过刻苦自学，提高中、外文水平。1934年，胡愈之创办《世界知识》，他积极参与，学习用马克思列宁主义的立场、观点、方法分析时局。②

主要是在胡愈之的栽培下，冯宾符的各项能力均获得显著提高，并突出地表现如下：一是专业素养的提高。在上海沦为"孤岛"后，冯宾符不但参与编辑由胡愈之主办的抗日刊物《团结》《集纳》《译报》，而且协助胡愈之成立了中共地下出版机构"复社"。③ 二是科研能力的增强。从1933年12月发表生平第一篇论文《希特勒统治下的妇女》，到1938年1月刊出《美国远东政策的检视》④，冯宾符在《东方杂志》《中学生》等刊物共计发表各类"专文"117篇(见表2-7)，同时出版了《飞机翼下的世界》《中国抗战与国际情势》《中国抗战与美国》3部书。⑤ 三是外文水平的进步。在1938年5月之前，冯宾符既曾与人合译《世界政治》《西行漫记》《外人眼中的中日战争》，又曾独立翻译路易·斐雪所著的《动荡中的欧洲》。⑥

---

① 张明养、郑森禹、杨学纯：《深切怀念冯宾符同志》，《世界知识》1986年第22期，第10～12页。

② 杨学纯：《冯宾符先生生平》，出自《冯宾符国际问题文选》附录，世界知识出版社2002年版，第887页。

③ 冯昭珏：《冯宾符先生年谱》，出自《冯宾符国际问题文选》附录，世界知识出版社2002年版，第924页。

④ 参见冯仲足：《希特勒统治下的妇女》，《东方杂志》1933年第30卷第23号；艾纳：《美国远东政策的检视》，《东方杂志》1938年第35卷第2号合刊。

⑤ 参见宾符、贝叶：《飞机翼下的世界》，生活书店1937年版；宾符：《中国抗战与国际情势》，光明书局1937年版；宾符：《中国抗战与美国》，上海一般书店1938年版。

⑥ 参见[英]杜德著，张弼、邵宗汉、宾符合译：《世界政治》，生活书店1937年版；[美]埃德加·斯诺著，胡仲持、冯宾符等译：《西行漫记》，上海复社1938年版；宾符等译：《外人眼中的中日战争》，生活书店1938年版；[美]路易·斐雪著，宾符译：《动荡中的欧洲》，生活书店1936年版。

表 2-7　1933 年 12 月—1938 年 1 月冯宾符已刊“专文”统计表

年份	东方杂志	中学生	申报	世界知识	文化战线	永生	半月	国民周刊	合计
1933	1								1
1934	1								1
1935	1	11	2						14
1936	19	14	11	1		3			48
1937	27	3	5	9	4		2	2	52
1938	1								1
合计	50	28	18	10	4	3	2	2	117

注：本表材料取自田惠贞《冯宾符著作系年》，计量单位为“篇”；冯宾符在发表 117 篇“专文”时，曾分别使用“冯仲足”“仲足”“宾符”“奥松”“宾”“艾纳”等笔名。

这 117 篇“专文”从内容来看，大抵可分为两类：一是诸如《风行世界的儿童博物馆》《被科学征服了的北极奇境》之类的社会新闻报道①，其数约占总篇数的 23%，且主要发表于《中学生》杂志、1936 年之前；二是诸如《中日外交的新阶段》《环绕德意轴心的中欧危机》之类的政治军事报道②，并日益偏重于中日关系、欧洲政局，甚至还曾关注捷克总统贝奈斯（1884—1948 年）、德国要求收回殖民地等与国际关系密切相关的人物、事件③。这就充分表明，冯宾符在 1938 年著《捷克斯拉夫》实乃水到渠成，而非一时心血来潮。

二、冯宾符与《捷克斯拉夫》

总计约 27 000 字的《捷克斯拉夫》定稿于 1938 年 5 月 29 日，同年 8 月便交由上海珠林书店出版发行。该书既内分“鹰之国”“上帝树立的堡垒”“少数民族问题”“马萨里克和贝奈斯”“希特勒与捷克”“捷克会成奥地利第二吗?”六个部分，又设置了 4 张图（大战前的奥匈帝国、大战后的新兴国、捷克境内民族分布图、捷克主要工业和资源分布图）、2 张表（各州人口与民族占比统计表、1933 至

① 参见仲足：《风行世界的儿童博物馆》，《东方杂志》1934 年第 31 卷第 7 号；宾符：《被科学征服了的北极奇境》，《中学生》1936 年第 61 号。

② 参见奥松：《中日外交的新阶段》，《东方杂志》1936 年第 33 卷第 21 号；冯仲足：《环绕德意轴心的中欧危机》，《东方杂志》1937 年第 34 卷第 11 号。

③ 参见宾符：《捷克新总统贝奈斯》，《中学生》1936 年第 62 号；宾符：《德国要求收回殖民地问题》，《世界知识》1937 年第 5 卷第 12 期。

1935年间矿产量统计表)和3张人物肖像画(马萨里克、贝奈斯、汉伦)。在此书问世前不久的1937年11月,上海商务印书馆刚刚刊行由吴克刚编著的《现代捷克斯拉夫政治》。两书虽皆以捷克斯拉夫为考察对象而在内容上有交集,但不仅篇章结构有别(见表2-8),而且考察重心截然不同。这就意味着,相对晚出的《捷克斯拉夫》,虽有必要勤收博采以为薪槱,但实际上并未参考《现代捷克斯拉夫政治》。

表2-8　两书的篇章结构比较

《现代捷克斯拉夫政治》		《捷克斯拉夫》	
序		一	鹰之国
第一章	概说	二	上帝树立的堡垒
第二章	建国经过	三	少数民族问题
第三章	建国三杰	四	马萨里克和贝奈斯
第四章	宪法	五	希特勒与捷克
第五章	政党	六	捷克会成奥地利第二吗?
第六章	少数民族		
第七章	财政与金融		
第八章	国民经济与对外贸易		
第九章	农地改革		
第十章	社会事业		
第十一章	国防与外交		
主要参考书报			
附　录			

众所周知,希特勒自1938年3月12日德奥合并之日起,就将征服捷克提上议事日程,并且指使汉伦(1898—1948年)"煽动苏台德区的日耳曼人反对捷克政府,要求'民族自决'"①;时至5月30日,更是"签署作战令,要求德军在十月一日前攻下捷克"②。当此苏台德危机初兴之际,冯宾符就着手写作《捷克斯拉

① 汪敏之:《捷克斯拉夫》,商务印书馆1950年版,第3～4页。此书的考察对象并非捷克斯拉夫,而是后来的"华约"成员国捷克斯洛伐克。

② [美]玛德琳·奥尔布赖特著,一熙译:《布拉格之冬1937—1948:奥尔布赖特二战回忆录》,重庆大学出版社2016年版,第70页。

夫》,并加以重点报道,其政治嗅觉之敏锐委实非同一般。尤其值得称道的是,《捷克斯拉夫》虽成书于短期之内,但不乏亮点。

首先,该书所引用的材料大多是较新且可靠的第一手史料,例如它在述及捷克政府被迫向南德党让步时,便直接翻译、使用了英国《泰晤士报》1938 年 5 月 3 日所刊原文:

> (一) 修改语言法律,承认日耳曼语为正式通用语言,与捷克语、斯洛伐克语处于同等地位。(二) 允许各民族有文化自治权,并得各自建立用以扩充文化的经济组织。(三) 各少数民族的语言采入一切文化部门(包括学校),作为正式通用语……(五) 比例分配各民族的官吏人数。(六) 各民族得按照比例接受公共工程的承办合同。(七) 由各民族代表(人数照比例)组织特别管理部,专谋增进各民族的幸福。[①]

通观全书,有足够的理由相信,《捷克斯拉夫》有相当篇幅来源于冯宾符自己对第一手英文资料的翻译,而非对国内报章相关报道的辗转引用。

其次,在该书中时或可见新颖独到的见解,例如:

> 少数民族问题至今是捷克政府深感棘手的一个问题。西北部的日耳曼少数民族……应得到比捷克统治者所给予的更大范围的合作。在共和国成立的最初十五年中,即使日耳曼少数民族中最暴躁的极端分子像罗杰曼(Lodgmann),也决不会梦想脱离捷克斯拉夫。……因此,要收服波西米亚的日耳曼人,实在是容易的,然而布拉格的统治者却没有这样做。[②]

平心而论,冯宾符对捷克民族政策的这一批判确实击中了第一次世界大战以后愈益尖锐的捷克民族问题的要害。

但与此同时,《捷克斯拉夫》无论是叙事还是评论,均不无瑕疵。例如它仅仅为了证明“纳粹各种各样侵入的方法,真是奇妙得很”,竟然从弗雷德里克・埃尔温・琼斯(F. Elwyn Jones)所作论文《希特勒的东侵》中一口气抄录了多达五百余字的四则故事[③],以至于“希特勒与捷克”的中段结构失于冗散。相比较而言,《捷克斯拉夫》的最大缺憾在于作者过分迷信集体安全体系[④],进而爱屋及乌,既

---

① 冯宾符:《捷克斯拉夫》,珠林书店 1938 年版,第 69~70 页。
② 冯宾符:《捷克斯拉夫》,珠林书店 1938 年版,第 24~25 页。
③ 冯宾符:《捷克斯拉夫》,珠林书店 1938 年版,第 56~57 页。
④ 当时迷信于此者似乎并不少见,例如郁华在所作《德奥事件与欧洲局势》文末,也曾希望英国能与法国、捷克建立集体安全制度,以遏制纳粹德国的侵略。该文原刊于《一般》1938 年第 1 卷第 3 期,后被收录于蒋学楷编译:《德奥合并与国际形势》,群力书店 1938 年版,第 37~38 页。

予同样崇尚集体安全体系的捷克总统贝奈斯过高评价，又莫名地高估《捷法公约》《捷苏公约》的价值，从而误判了苏台德危机的走向和捷克斯拉夫的命运：

> 自从“德奥合并”(Anschluso)以后，捷克已四面被围起来，她随时有卷入希特勒铁蹄下的危险。……《捷法公约》和《捷苏公约》的存在和英国对德的相当压力，是阻止希特勒行动的一个有力砝码，从这可以证明集体行动对于防止侵略的价值。捷克的危机自然还是存在的。但它内有坚决抗战的领袖和人民，外有坚强可靠的友人，他是中欧洲反抗侵略的和平堡垒！他决不是可以轻易亡灭的奥地利！[①]

但现实情况是，“贝奈斯指望法国人履行承诺，法国人希望英国向贝奈斯施压，取悦德国的元首”[②]。一众盟友背信弃义和贝奈斯无意孤军奋战，两者交互作用，注定了1938年入夏后捷克斯拉夫不断被蚕食，最终灭亡的历史命运。

三、冯宾符对苏台德危机的报道及评价

在冯宾符《捷克斯拉夫》问世后仅两个月，又一部主要以苏台德危机为考察对象的书稿，也就是由亚农编辑的大约33 000字的《欧局演变中捷克斯拉夫之透视》，1938年10月1日由亦然出版于西安。除了被用作封面、封底的“捷克形势图”和“捷克少数民族分布区域图”外，该书共计收录《希特勒攻捷之现阶段及其前途》《到了最后关头唯有战，战，战！》等13篇通讯。在这13篇通讯中，除《大战前夜访问捷京》显系美国记者德拉勒所作外[③]，至少第四篇《军备坚强超过了纳粹的估计》亦疑非出自亚农之手，因为它的行文风格迥异于其他各篇。

通观全书，《欧局演变中捷克斯拉夫之透视》不但增加了《希特勒攻捷之现阶段及其前途》《环绕着捷克的列强国防线》《东欧各国往何处去？》《匈牙利乘机报复却忘了黄雀在后》《大战前夜访问捷京》等众多新篇章、新内容，而且提出了不少新观点，例如：

> 捷克最怕孤立，大战以来，其外交方针始终以拉拢强大邻国自固，……捷克的盟国中，支持最力的是法国，然而，法国的援助是十分可靠吗？……英国首相张伯伦，对于德国并捷原有置身局外之意。[④]

---

① 冯宾符：《捷克斯拉夫》，珠林书店1938年版，第65、71、72页。

② ［美］玛德琳·奥尔布赖特著，一熙译：《布拉格之冬1937—1948：奥尔布赖特二战回忆录》，重庆大学出版社2016年版，第77页。

③ 该通讯的“引言”明确交代：“这是美国《新群众杂志》记者德拉勒为纽约《工人日报》所写的一篇通讯。从这一篇通讯，我们就可以看出捷克共产党对于捷克问题的意见。”

④ 亚农：《欧局演变中捷克斯拉夫之透视》，亦然1938年版，第43页上栏。

虽然《欧局演变中捷克斯拉夫之透视》相对于《捷克斯拉夫》，无论是叙事还是点评，均颇有差异，但若加以深入比较，则又不难发现，不仅其部分史料取自《捷克斯拉夫》，而且其某些论断实乃《捷克斯拉夫》相关评说的变相表述，譬如“在捷克的日耳曼人并不是从德国分割出来。他们是好几百年以前，作为殖民者、作为移民来到捷克的”①，无疑就是“南德区的人民虽则属于日耳曼血统，但这个区域却从来不曾是日耳曼帝国的一部分”②的翻版。简言之，《捷克斯拉夫》即便不是《欧局演变中捷克斯拉夫之透视》赖以成书的蓝本，至少也是其不可或缺的重要参考文献之一。

《捷克斯拉夫》的学术影响固然值得深究，但相比较而言，其著述宗旨无疑更待探讨。诚如前文所述，冯宾符自从投身新闻战线以来，日益偏重于报道中日关系和欧洲政局的动向。但他的这一偏好，在 1937 年 7 月“卢沟桥事变”爆发后，明显而又顺理成章地转变为大力宣传中国抗战事业，并在此后不到一年的时间内，既出版了两部专著和两本译作，又至少发表了 12 篇新闻报道。与此形成鲜明对比的是，同期发表的与欧洲政局相关的文章只有 5 篇(见表 2－9)。

表 2－9　问世于 1937 年 7 月—1938 年 5 月且有关中国抗战及欧洲政局的冯宾符论著

主题	文名或书名	发行机构	面世时间
对中国抗战的报道	我们的初步胜利	申报	1937 年 8 月
	全面抗战的展开——从平津失守到上海抗战	东方杂志	1937 年 9 月
	全面抗战展开前夕中日双方之态度与言论	东方杂志	1937 年 9 月
	全世界人民站在我们这方面	文化战线	1937 年 9 月
	清算六年来的血债	申报	1937 年 9 月
	晋北捷音	申报	1937 年 9 月
	南北战况(自九月中旬至十月中旬)	东方杂志	1937 年 10 月
	北战场战事沉寂(自十月中旬至十一月底)	东方杂志	1937 年 11 月
	日德意防共协议与中国	文化战线	1937 年 11 月

① 亚农：《欧局演变中捷克斯拉夫之透视》，亦然 1938 年版，第 39 页下栏。
② 冯宾符：《捷克斯拉夫》，珠林书店 1938 年版，第 59～60 页。

续　表

主题	文名或书名	发行机构	面世时间
对中国抗战的报道	抗战进入新阶段	东方杂志	1937 年 12 月
	日机滥炸英美舰只	东方杂志	1937 年 12 月
	美国远东政策的检视	东方杂志	1938 年 1 月
	中国抗战与国际情势(专著)	光明书局	1937 年 12 月
	中国抗战与美国(专著)	上海一般书店	1938 年 2 月
	西行漫记(译作)	上海复社	1938 年 3 月
	外人眼中的中日战争(译作)	生活书店	1938 年 4 月
对欧洲政局的关注	一年来的西班牙战争	世界知识	1937 年 7 月
	法新内阁成立	东方杂志	1937 年 8 月
	苏联诞生二十年	东方杂志	1937 年 10 月
	尼翁协定的教训	文化战线	1937 年 10 月
	围绕西班牙问题的欧洲危局	文化战线	1937 年 10 月

在已将工作重心转向报道中国抗日救亡运动的背景下，冯宾符何以仍然费心关注苏台德危机并撰写《捷克斯拉夫》? 亚农《欧局演变中捷克斯拉夫之透视》的下列评说无疑为后人推断《捷克斯拉夫》的著述宗旨提供了有益的启示：

英国薛西尔爵士告诉过我们："现保护捷克者为中国。"我不想在这里阐发这话里的含义，只想供这话引起世人对于捷克问题的注意。因为捷克正和我国一样，是一个被强邻压迫的国家，而且它正准备作世界二次大战的火药库。①

至于 1937 年 9 月 27 日冯宾符本人在《尼翁协定的教训》文末所做的总结，更是相当于现成的答案：

尼翁协定成立以后，欧洲已经给我们树立了一个好榜样，告诉我们集体安全制确是制止侵略者猖狂的有效手段。……现在我们自己已发动了抗战，我们还要促动英、美、法、苏以及一切爱好和平的国家，联合建立太平洋集体制度来制止日寇的侵

① 亚农：《欧局演变中捷克斯拉夫之透视》，亦然 1938 年版，第 41 页上栏。

略。其次，目前欧洲的形势也给予了我们以相当良好的时机，……趁着这个机会，我们应该更积极地去联合一切在太平洋有利益的和平国家，使我们抗战的最后胜利更多一层保障。[①]

换言之，通过各种形式促使英国和法国尽快放弃绥靖政策，协助捷克斯拉夫度过苏台德危机，进而在解决这一后顾之忧后抽身东向，参与建构太平洋集体安全体系，用以阻止日寇对中国的侵略，这正是冯宾符撰写《捷克斯拉夫》的初衷。只是这一意愿不但过于理想化，而且使得《捷克斯拉夫》对苏台德危机的走向和捷克斯拉夫的国家命运做出了近乎盲目的乐观估计。

① 宾符：《尼翁协定的教训》，原载于《文化战线》1937 年第 4 期，今可见《冯宾符国际问题文选》，世界知识出版社 2002 年版，第 578 页。

第三章

浙东历史名城——慈城

第一节　古慈城历史沿革

一、史前

新石器时代(约前 5000—前 3000 年)　形成以相耕农业为主的原始村落。出土于慈湖遗址的两只木屐是迄今为止所发现的中国乃至全世界最古老的鞋类实物。

二、战国

周元王三年(前 473 年)　越王勾践灭吴,筑城于王家坝村,名曰“句章”。此乃宁波全境有城之始。

秦王政二十五年(前 222 年)　五月之前,置会稽郡,设句章县。县治在今王家坝村之句章故城。

三、西汉

武帝元鼎六年(前 111 年)　诏令横海将军韩说率水师从句章出发,从海上南下,讨伐图谋不轨的东越王余善。《史记・东越列传》的这段记载是关于宁波港口的最早记载。

四、东汉

光武帝建武十三年(37 年)　扬、徐部大疾疫,会稽江左尤甚。

建武十四年(38 年)　会稽大疫,死者万数。

安帝元初六年(119 年)　夏四月,会稽大疫。

顺帝阳嘉元年(132年)　二月,海盗曾旌攻入句章城,杀县长。

桓帝延熹九年(166年)　扬州六郡连水、旱、蝗害。

灵帝熹平元年(172年)　会稽人许昌在句章聚众造反,自称阳明皇帝,会稽郡司马孙坚率众平定。

五、孙吴

大帝黄龙二年(230年)　派遣卫温、诸葛直率领甲士万人,从句章港(一说临海章安)出发"求夷洲及亶洲"。

大帝赤乌二年(239年)　阚泽舍宅为寺,是为普济寺,即浙江境内的第一座佛寺。

大帝太元元年(251年)　夏,句章女子潘氏被立为皇后。

景帝永安七年(264年)　四月,曹魏大将王稚从海路侵入句章,掠走不少财物和男女二百余人。

六、东晋

元帝建武元年(317年)　六月,扬州旱。

元帝永昌二年(323年)　十二月,会稽、吴郡地震。

成帝咸和元年(326年)　十月己巳,会稽地震。

成帝咸和三年(328年)　九月壬午,会稽地震。

成帝咸和四年(329年)　七月,会稽、吴兴、宣城、丹杨大水。十一月,会稽、吴郡地震。

成帝咸和九年(334年)　三月丁酉,会稽地震。

成帝咸康元年(335年)　大旱,余姚尤甚,米斗五百。

哀帝兴宁元年(363年)　四月甲戌,扬州地震,湖渎溢。

海西公太和六年(371年)　六月,丹杨、晋陵、吴郡、吴兴、临海大水。

孝武帝宁康二年(374年)　四月壬戌,会稽大水。

孝武帝太元六年(381年)　六月庚子,扬、荆、江三州大水。

安帝隆安四年(400年)　十一月,刘裕接受北府名将刘牢之的派遣,领偏师戍守句章。其时句章故城不但"卑小",而且"战士不盈数百人",于是刘裕改筑句章新城于"小溪"以加强防御。

安帝隆安五年(401年)　二月,孙恩率军攻打句章,句章城"被围数十日,无日不战”,最终在刘裕、刘敬宣两路兵马的内外夹击下,孙恩“退远入海”。

七、南朝

宋孝武帝大明七年(463年)　浙东诸郡大旱。

八、唐

高祖武德四年(621年)　存续长达842年之久的句章县被废止,析置姚州、鄞州。慈城一带隶属于鄞州。

高祖武德八年(625年)　废鄞州,于其地置鄮县。

玄宗开元二十六年(738年)　析鄮县,置慈溪、鄮、奉化、翁山4县。慈溪县名来自汉代孝子董黯汲大隐溪之水侍奉其母的典故,其县治即今慈城。

玄宗天宝八载(749年)　清道观建成于慈城龙形山,此后屡毁屡建,规模逐渐扩大,成为江南著名道观。每逢农历六月二十四日,成群结队的信徒蜂拥而至。

玄宗天宝十四载(755年)　冬,大饥,盗贼蜂起,公行劫掠。

德宗贞元六年(790年)　夏,浙东旱,井泉多涸,人渴乏水,疫死者众。

文宗开成四年(839年)　慈溪饥。

文宗开成五年(840年)　夏,慈溪疫。

宣宗大中二年(848年)　早已被舍为佛寺的阚泽私宅,在县令李楚臣的关照下,得以重生,并以阚泽字德润而被命名为德润院。

宣宗大中六年(852年)　慈溪旱。

九、五代

后梁太祖开平三年(909年)　六月壬寅,吴越王钱镠巡视句章。

十、北宋

太宗雍熙元年(984年)　慈溪知县李照文创建县学于慈城。

太宗至道二年(996年)　慈溪县于县城东南1 000米置酒税务。

真宗咸平三年(1000年)　春,浙旱。

真宗大中祥符元年(1008年)　德润院在唐僖宗乾符年间(874—879年)被赐名“应天德润寺”,今又受诏被名“普济寺”。

仁宗宝元元年(1038 年)　七月,余姚、慈溪大风雨,海溢,溺民、害稼、大饥。

仁宗康定元年(1040 年)　大饥,民相食。

仁宗庆历八年(1048 年)　慈溪知县林肇扩建县学(地址在今慈城孔庙),大儒杜醇应邀执教,鄞县知县王安石为其撰《慈溪县建学记》。

神宗熙宁元年(1068 年)　明州旱。

神宗熙宁三至四年(1070—1071 年)　两浙旱、蝗害。

神宗熙宁六至八年(1073—1075 年)　余姚、慈溪连续干旱,岁谷不登,饥疠大作,藉尸郊野。

神宗元丰三年(1080 年)　慈溪旱。

哲宗元祐八年(1093 年)　明州大旱。

哲宗绍圣四年(1097 年)　夏,两浙旱。

徽宗大观三年(1109 年)　浙江旱,赈之,蠲其租。

十一、南宋

高宗建炎四年(1130 年)　正月十六日,金兵攻陷明州城,17 天内四处烧杀掳掠。金兵退走后,慈溪县令林叔豹于二月十二日从慈城率乡勇入明州城,见伪安抚蒋安义,夺其印。

高宗绍兴四年(1134 年)　四月霖雨至五月,浙东西坏圩田。

高宗绍兴十八年(1148 年)　八月,明州大水害稼。

高宗绍兴十九年(1149 年)　岁凶,民饥。

高宗绍兴三十年(1160 年)　道士叶景虚重建清道观。

孝宗乾道元年(1165 年)　二月,寒,败首种,损蚕麦,夏无麦。

孝宗乾道二年(1166 年)　夏,旱。

孝宗乾道六年(1170 年)　夏,浙东旱。

孝宗乾道八年(1172 年)　五月,余姚、慈溪大风雨,漂民居,稼尽败。

孝宗淳熙元年(1174 年)　浙东旱,饥。

孝宗淳熙二年(1175 年)　秋,浙江皆旱。

孝宗淳熙四年(1177 年)　九月,水灾。

孝宗淳熙五年(1178 年)　秋,大水,飓风驾海潮害稼。

孝宗淳熙九年(1182 年)　明州旱,大饥。

孝宗淳熙十一年(1184 年)　七月壬辰,风雨,山水暴出,浸民市,圮民庐,覆舟杀人。

孝宗淳熙十四年(1187年) 七月,明州大旱,至九月始雨。

光宗绍熙五年(1194年) 七月,慈溪县水漂民庐,决田害稼,人多溺死。冬饥,无麦苗,人食草木。

宁宗开禧三年(1207年) 大蝗飞则蔽天日,集地厚四五寸,禾稼一空,继食草木,亦尽。县令遣人捕杀,且焚且瘗,经春乃灭。

宁宗嘉定元年(1208年) 夏,慈溪旱。

宁宗嘉定四年(1211年) 七月辛酉,慈溪大水坏田庐,人多溺死。

宁宗嘉定六年(1213年) 十二月,余姚风潮坏海堤,亘八乡。

宁宗嘉定八年(1215年) 旱。

宁宗嘉定十四年(1221年) 旱。

理宗宝庆二年(1226年) 一代大儒杨简(1141—1226年)殁于故乡慈城,其弟子在慈湖之滨建慈湖书院以奉祀。

理宗嘉熙四年(1240年) 大饥,饿殍成丘。

理宗宝祐五年(1257年) 前一年,吴潜以观文殿大学士、沿海置制大使判庆元府,这一年,主持修造广利桥于慈溪县南6 500米德门乡新堰上。

理宗开庆元年(1259年) 僧拙庵创建寿峰寺。该诗位于慈城西南10 000米,左环大江,右带大隐、云溪诸山,于长命山为最近,即寿峰。

度宗咸淳六年(1270年) 郡守刘黻于普济寺东重建慈湖书院。

度宗咸淳十年(1274年) 饥。

恭宗德祐二年(1276年) 宋降。元军攻入浙东,沿海制置使赵孟传降。

十二、元

世祖至元二十二年(1285年) 秋,庆元路大水,伤居民,坏庐舍。

世祖至元二十五年(1288年) 慈溪县医学建成于慈城。

世祖至元二十九年(1292年) 庆元路大饥。

成宗大德二年(1298年) 饥。

成宗大德六年(1302年) 六月,饥。

成宗大德十一年(1307年) 庆元路大旱,饥、疫。下一年复无麦,民相枕藉死。

武宗至大元年(1308年) 正月,饥,死者甚众。是年春,疫。

英宗至治二年(1322年)　蝗害。

泰定帝泰定元年(1324年)　二月,饥。

明宗天历二年(1329年)　四月,饥。

文宗至顺元年(1330年)　闰七月,水没农田。

惠宗至元二年(1336年)　慈溪县饥,遣官赈之。

顺帝至正四年(1344年)　饥,海啸。

顺帝至正六年(1346年)　旱。

顺帝至正十三年(1353年)　庆元路大旱。

顺帝至正十四年(1354年)　饥。

顺帝至正十五年(1355年)　春,方国珍攻占庆元。慈溪县令陈文昭不附,被囚于岱山。

顺帝至正十九年(1359年)　正月甲午朔,地震。

顺帝至正二十四年(1364年)　罗世华、罗世英、罗宏惠、罗天赐、罗世昌兄弟五人五世同居,有司上其事,旌其门曰"同居耆德,罗氏之门"。

顺帝至正二十七年(1367年)　十一月,朱元璋部将汤和攻取慈溪、定海等县。

十三、明

太祖洪武十六年(1383年)　旱。

太祖洪武三十一年(1398年)　江西乐平人余琯始任慈溪县典史,在职期间,建梯云亭于儒学明伦堂后。

成祖永乐七年(1409年)　秋,浙东雨雹。

成祖永乐十一年(1413年)　七月,疫。

成祖永乐十六年(1418年)　慈溪县大印遗失在慈城县衙内,重铸时恐失印复出,遂改"溪"为"谿"。从此,"慈谿"作为县名一直沿用到汉字简化方案公布时的1956年。

宣宗宣德十年(1435年)　大有年。

英宗正统九年(1444年)　冬,瘟疫大作。

英宗正统十年(1445年)　春,大旱三月,民遭疾疫。

英宗正统十三年(1448年)　饥。

景帝景泰三年(1452年)　灾。

英宗天顺元年(1457 年)　夏，旱。

英宗天顺四年(1460 年)　五月，阴雨连绵，江河泛滥，麦禾俱伤。

宪宗成化十三年(1477 年)　水旱相继。

孝宗弘治十一年(1498 年)　余姚暴雨，水涌高三四尺，猝平田稼。

孝宗弘治十七年(1504 年)　大饥，朝廷遣王璟赍内帑银赈之。

孝宗弘治十八年(1505 年)　九月癸巳，地震有声。

武宗正德三年(1508 年)　六至十二月，宁波府属各县不雨，禾黍无收，百姓以野菜为食，以致卖儿鬻女度日。冬大雪，河冰不化，草木萎死，冻饿死者甚众。

武宗正德五年(1510 年)　十月，宁波大水，饥。

武宗正德六年(1511 年)　大旱。

武宗正德十一年(1516 年)　慈谿大水，无麦。

武宗正德十四年(1519 年)　夏，旱。

世宗嘉靖二年(1523 年)　农历三月间，慈城人姚涞中进士第一名(慈城史上首位状元)，随即被授翰林院修撰。

世宗嘉靖五年(1526 年)　夏，慈谿旱。

世宗嘉靖十五年(1536 年)　慈谿知县薛应旗改普济寺为正学书院。

世宗嘉靖十七年(1538 年)　袁玮会试夺魁。

世宗嘉靖二十二年(1543 年)　慈谿县令陈褒改会膳堂为尊经阁以藏书。

世宗嘉靖二十四年(1545 年)　夏，宁波府大旱，谷价腾贵，每银一钱易米一斗，道路饿殍相望。

世宗嘉靖三十一年(1552 年)　秋旱。

世宗嘉靖三十四年(1555 年)　慈城人、工部侍郎赵文华奉旨来宁波督视海防，却颠倒功罪，牵制兵机，致使倭寇气焰愈盛。

世宗嘉靖三十五年(1556 年)　春末，倭寇先后两次攻入慈谿县城，县城原无城墙，自此围城筑墙，以加强防卫。

世宗嘉靖三十六年(1557 年)　秋，自上一年冬季开始的城墙建筑工程终于竣工。邑人冯璋作《建邑城记》，详载县令刘子延主持重建之始末。

世宗嘉靖四十二年(1563 年)　县令刘世曾重建县衙。邑人冯岳作《重建县碑记》以载其事之始末。

世宗嘉靖四十三年(1564 年)　夏，大旱。

穆宗隆庆二年(1568 年)　夏，大疫。

穆宗隆庆三年(1569 年)　闰六月十四日,飓风暴雨,海啸潮涌,海塘崩坍,漂没人畜无算,宁波府属各县及余姚俱受其灾。

神宗万历十六年(1588 年)　自夏及秋,宁波府亢旱成灾,有以子女易一饱者。

神宗万历十七年(1589 年)　宁波府属各县及余姚大风雨,海沸,民屋坍毁,死者甚众。

神宗万历十九年(1591 年)　七月中,宁波府大雨不止,潮入郡城。

神宗万历二十一年(1593 年)　秋,地震。

神宗万历二十四年(1596 年)　秋,大水伤稼,民多淹死。

神宗万历二十六年(1598 年)　九月,水灾。

神宗万历三十二年(1604 年)　慈谿县城人杨守勤中进士第一名,因其此前已连中经元、会元,故人称其为"杨三元",特建"三元坊"牌楼加以表彰。又,大雨雹。十一月初九夜,地震。

神宗万历三十七年(1609 年)　秋,大水,漂没民舍无算。

神宗万历三十九年(1611 年)　春,多火,入夏数十天未雨。六月十五日至次月初二,暴雨成灾。

神宗万历四十四年(1616 年)　正月初三,虽已入春,但十余天来连续阴冻。

神宗万历四十六年(1618 年)　七月,大水坏庐舍,溺死者甚众。

熹宗天启元年(1621 年)　六至七月,亢旱。

熹宗天启二年(1622 年)　明伦堂、尊经阁被毁,次年重修。

熹宗天启三年(1623 年)　十二月二日申时,地震。

思宗崇祯元年(1628 年)　七月,海啸,飓风大作。

思宗崇祯二年(1629 年)　米价腾贵。

思宗崇祯五年(1632 年)　永明寺火。

思宗崇祯六年(1633 年)　海啸,雨如注,倒坍民房、海堤。

思宗崇祯七年(1634 年)　岁饥,民取南乡山中白泥以充饥,竟传称"观音粉"。

思宗崇祯九年(1636 年)　大旱。秋,瘟疫大作。

思宗崇祯十年(1637 年)　秋,瘟疫大作,二禾减收。

思宗崇祯十一年(1638 年)　六月甲寅,大风。

思宗崇祯十三年(1640 年)　大旱,人取白泥充饥,多得腹胀病。

思宗崇祯十五年(1642年) 大旱,饥。

思宗崇祯十六年(1643年) 旱,饥。新任慈谿县令王玉藻主持重建见山亭(位于浮碧山顶)。邑人冯元仲(1554—1645年)特作《重建见山亭记》以载其事。

十四、清

世祖顺治元年(1644年) 饥。

世祖顺治二年(1645年) 闰六月,慈谿知县王玉藻起兵,与鄞县钱肃乐等会师,迎鲁王监国。七月十八日,鲁王至,行监国事,擢王玉藻为御史。

世祖顺治三年(1646年) 四月不雨至秋七月,大旱。

世祖顺治四年(1647年) 饥。

世祖顺治八年(1651年) 夏,大旱。冬寒,江水亦冰,经月不通舟楫。

世祖顺治十二年(1655年) 夏,大旱,继以大风雨,害禾稼。慈谿知县王绣开浚慈湖。

世祖顺治十三年(1656年) 痘疫。

世祖顺治十五年(1658年) 三月,大雨雹,击死牛羊。

世祖顺治十八年(1661年) 自五月不雨至秋七月。

圣祖康熙元年(1662年) 夏,旱。

圣祖康熙六年(1667年) 四月,大旱。

圣祖康熙七年(1668年) 六月十七日夜,地震。

圣祖康熙八年(1669年) 秋,大水,一夕平地高数尺。

圣祖康熙九年(1670年) 十二月十三日至二十七日,大雪,积高数尺。

圣祖康熙十年(1671年) 正月,雪中震雷闪电。夏,大旱。

圣祖康熙十一年(1672年) 秋,淫雨,岁歉。

圣祖康熙二十年(1681年) 四至五月,淫雨不止,禾稼尽淹死,农家多更插秧。六月不雨至十月,宁波城中井泉皆枯,月湖干涸。

圣祖康熙二十二年(1683年) 夏,大疫。

圣祖康熙二十四年(1685年) 饥。

圣祖康熙二十九年(1690年) 七月,大风雨,山洪暴发,平地水深丈余,城内居民纷纷避至屋上,人畜、庐舍淹没者不计其数。八月初三起,又连雨五昼夜。

圣祖康熙三十二年(1693年) 自春及夏,亢旱。秋,大水。十月二十四、二十五日,连日地震。

圣祖康熙三十五年(1696年)　旱,早稻全萎,晚稻薄收。

圣祖康熙四十五年(1706年)　秋,半浦人郑梁治其西圃为室二十楹,颜曰“大椿堂”。横山先生裘琏为撰《大椿堂记》。

圣祖康熙四十八年(1709年)　水灾。

圣祖康熙四十九年(1710年)　四至五月,淫雨不止。六月十日起,连续亢旱六十日。

圣祖康熙六十年(1721年)　三月望后,雨雹,小者如碗,大者如盆,毁民舍禾稼。

世宗雍正元年(1723年)　秋,大旱,稻麦尽枯,民不聊生,饿死甚多。又,郑性建“二老阁”于鹳浦(今半浦村),以藏黄梨洲文献。此后“二老阁”一度成为浙东学术中心,其藏书之丰富、历史之悠久,在浙东仅次于“天一阁”。遗憾的是,“二老阁”在1943年被郑性后人拆除变卖。

世宗雍正二年(1724年)　七月十八日夜,堤决,平地水深三丈,屋舍、禾棉、竹林尽毁,浮棺满地,尸横遍野,越四五日咸潮始退。

世宗雍正五年(1727年)　秋,大雨,山洪暴发。

高宗乾隆十二年(1747年)　夏秋,大水。

高宗乾隆十六年(1751年)　饥,旱成灾,米价昂贵。

高宗乾隆十九年(1754年)　八月,大雨,山洪暴发。

高宗乾隆二十年(1755年)　七月,大风雨,拔木损稼。

高宗乾隆二十三年(1758年)　八月十六日,大雨三昼夜,山水暴出。

高宗乾隆二十五年(1760年)　慈谿县城西南郊黄山人王某,与鄞县人孙某合作,开设“寿全斋”国药店于宁波城内。

高宗乾隆三十五年(1770年)　秋,大水。

高宗乾隆三十六年(1771年)　八月,大水。

高宗乾隆三十七年(1772年)　慈谿县令胡观澜在慈湖堤上建成六角重檐攒尖式凉亭一座,因景仰宋儒杨文元,故名“师古亭”,并亲自题额。

高宗乾隆三十九年(1774年)　夏,旱。

高宗乾隆四十二年(1777年)　十二月,大雪,平地四五尺,凡三次。

高宗乾隆四十六年(1781年)　四、五月,旱。六月十八日,大风雨,拔木飞瓦,禾稼尽偃。

高宗乾隆四十八年(1783年)　九月二十九日夜半,地震。

高宗乾隆五十年(1785 年)　痘疫。

高宗乾隆五十六年(1791 年)　秋,飓风水发,淹没禾稼。冬,饥,斗米三百钱。

高宗乾隆六十年(1795 年)　冬,大寒,数百年生樟木冻枯不蘖。

仁宗嘉庆三年(1798 年)　旱,饥,设粥厂捐赈。

仁宗嘉庆四年(1799 年)　夏,地震,声如雷。

仁宗嘉庆五年(1800 年)　正月,大雷,平地五尺。

仁宗嘉庆七年(1802 年)　五月,淫雨。秋,大旱,饥。

仁宗嘉庆十一年(1806 年)　夏,大旱,六月不雨,至七月二十三日雨。

仁宗嘉庆十九年(1814 年)　大饥,设厂煮粥以食饿者。

仁宗嘉庆二十年(1815 年)　九月十一日夜,地震。

仁宗嘉庆二十五年(1820 年)　秋,大疫,朝发夕毙,死者无算。

宣宗道光元年(1821 年)　夏,疫。

宣宗道光三年(1823 年)　自五月至八月,连雨不止。

宣宗道光六年(1826 年)　冯汝霖、冯云濠捐资 3 万元于普济寺前新建慈湖书院院舍,同时延聘教师、整顿学制。

宣宗道光八年(1828 年)　秋,大旱。

宣宗道光十二年(1832 年)　饥,斗米五百钱。

宣宗道光十三年(1833 年)　大饥,道殣相望,城厢设局捐赈,民多疫死。

宣宗道光十四年(1834 年)　饥,夏,设局捐赈。

宣宗道光十五年(1835 年)　四月,大旱,至八月无雨。

宣宗道光十七年(1837 年)　夏,旱。秋七月,大风雨,江河水溢。

宣宗道光十九年(1839 年)　春,大雪,平地五尺。夏,雨豆。秋,雨红雨。

宣宗道光二十一年(1841 年)　冬,宁波、镇海、余姚大雪。十一月十九日,英国侵略军攻占慈谿县城,焚县衙仪门及大堂东西仓屋,晡后始去。

宣宗道光二十二年(1842 年)　春,旱。二月四日,驻守在大宝山下马路湾的金华协副将朱贵浴血奋战,予英军以重创,但因寡不敌众且孤军无援,最终与儿子朱昭南及全体将士为国捐躯。

宣宗道光二十三年(1843 年)　五月,旱。闰七月初八,海啸。八月初八,大风雨,平地水高约 2 米。

宣宗道光二十六年(1846 年)　从道光二十三年起,慈城民众聚资建造“高节祠”（又名“慈廓庙”，今称“朱贵祠”），以纪念朱贵父子及死难的抗英将士，至本年五月正式落成。

宣宗道光二十七年（1847 年） 自正月至四月不雨。六月十三日，地震。冬十月初五夜半，复震。

宣宗道光二十八年（1848 年） 正月丙戌，大雷雨。丁亥，大风。己丑，大雪。

宣宗道光二十九年（1849 年） 夏四月，北乡大水，禾苗初插，漂没殆尽。

文宗咸丰二年（1852 年） 旱，饥，城中设两厂赈济，按口给米三合。十月初六夜，地震。

文宗咸丰三年（1853 年） 三月初七，地震。八月初九、初十，连震。十五日，又震，是岁复饥。

文宗咸丰四年（1854 年） 十一月初五，河水骤腾约 1 米。

文宗咸丰五年（1855 年） 正月二十七日，地震。二十八日，又震。二月初八，复震。七月，霖雨。十月十七日夜半，又震。

文宗咸丰六年（1856 年） 正月，大雪。七月，蝗害。

文宗咸丰十年（1860 年） 三月二十八日夜，龙飓大作，雨倾，自黄墓渡至夹田桥，纵横超过 10 000 米。闰三月立夏后，大雪。七月，北乡蝗有骛见于赭山江滨。是年，旅沪慈城商人冯泽夫（又名祖宪）组织编纂出版《英话注解》（共计 61 页），用以解决宁波商人与外国人做生意时的语言障碍。

文宗咸丰十一年（1861 年） 十月壬午，范汝增率太平军攻入慈谿县城。十二月二十六日至三十日，连日大雪，平地积 1～2 米，山林深僻处至 2～3 米，避难入山者多冻馁死。

穆宗同治元年（1862 年） 四月十六日，太平军退出慈谿县城。七月二十五日，太平军再次攻占慈谿县城，但仅过 3 天，又为华尔“常胜军”所困，不得不开启北门夺路而出。在这次战役中，已于上一年加入中国籍的华尔，被炮弹击中胸膛，次日去世，年 31 岁（1831—1862 年）。

穆宗同治三年（1864 年） 旱。秋、冬，复旱，五月不雨。十一月，雨豆。

穆宗同治五年（1866 年） 位于慈谿县城东 500 米的东小河，旧有闸门随潮开闭，后因诸闸俱废，河易淤塞，故历代曾多次加以疏浚。同治三年十月，复募资疏导，至本年告竣。邑人冯本怀特作《重修城河记》以载其始末。

穆宗同治六年（1871 年） 夏，旱。冬十二月二十二日辛丑夜，地震，越日壬寅，复震。是年，乡举 20 人。

穆宗同治七年(1868 年) 叶仁、王庸等人会同杨泰亨在慈谿县城创办"云华堂"，用于育婴、施药、舍材、埋葬、褒贞等善举。

穆宗同治十年(1871 年) 七月夏，旱，虫食禾。

穆宗同治十一年(1872 年) 夏，大旱。八月十九日，地震。

穆宗同治十二年(1873 年) 五月十八日，王凤喈(1860—约 1894 年)从上海出发乘船赴美，成为慈谿县城历史上最早的官费留学生。自五月至七月，不雨。

穆宗同治十三年(1874 年) 三月二十日壬戌，地震。八、九月，疫。

德宗光绪二年(1876 年) 冯泽夫捐银三万一千五百零七两，建辅本堂义庄，以接济冯氏族人。

德宗光绪四年(1878 年) 七月初五，雷击教谕讲堂右柱。冬，牛大疫，死者十之八九。

德宗光绪五年(1879 年) 三月十三日丁巳夜，地震。六、七月，旱。

德宗光绪八年(1882 年) 十月二十九日亥时，地震。十一月初五亥时，又震。

德宗光绪九年(1883 年) 夏，疫。秋七月己卯朔，飓风大作。

德宗光绪十三年(1887 年) 秋七月，大疫。

德宗光绪十四年(1888 年) 秋八月，大雨，平地水骤高数米，民有溺死者。

德宗光绪十五年(1889 年) 二月十日，慈谿县城创办浙江省内第一家火柴厂——慈谿火柴厂。八至十月淫雨不止，田禾腐烂。

德宗光绪十六年(1890 年) 六月，大水。

德宗光绪十七年(1891 年) 教谕李中和、训导关维震重建梯云亭。邑人杨鲁曾特作《重建梯云亭记》以载其事。

德宗光绪十八年(1892 年) 冬，大寒，大江皆冰，舟行不通。

德宗光绪二十四年(1898 年) 慈谿、余姚大旱，民为争水格斗。

德宗光绪三十年(1904 年) 任仲莘等人以文庙为校址，创立中城小学堂。又，慈湖书院改办慈谿县中学堂，旋即改称慈湖中学堂，由钱吟韦任学监。

德宗光绪三十二年(1906 年) 慈湖中学堂被并入宁波府储才学堂(宁波府中学堂的前身)。

德宗光绪三十四年(1908 年) 宁波府储才学堂慈湖校区被改建为慈谿县

立高等小学堂，由俞鸿梃任校长。

逊帝宣统元年(1909 年)　七、八月，慈谿暴雨成灾。又，因深受疫疠之灾，慈谿士绅发起筹建保黎医会，推名儒陈谦夫任理事长，聘请嘉兴福音医院吴莲艇医师为院长。

逊帝宣统二年(1910 年)　二月初五，由陈谦夫、秦润卿等人资助创建的保黎医院正式开诊，该院因此成为浙江省内最早由国人自办的私立医院。

逊帝宣统三年(1911 年)　七月三至七日，象山大风雨。是月，余姚、慈谿淫雨成灾，海潮侵入，棉花严重减产，大饥。九月十六日晚，同盟会成员胡良箴、钱保杭等率众直入慈谿县衙，收缴知县大印及清军枪械。九月十七日，宣告慈谿光复，公推杨敏曾为民事长。

十五、中华民国

(一) 1912 年

3 月 17 日，孙中山颁发开放“堕民”令。

4 月，慈谿县城因政府阻止乡民入城赛会而引起骚乱，县署及民政科科长住宅被捣毁。

6 月，象山、余姚飓风袭境，早稻受损，棉花无收。

12 月 22 日，宁波至慈谿县城段铁路竣工通车，火车站设于江北岸槐树路。这也是宁波境内的第一段铁路、第一座火车站。

(二) 1913 年

8 月，余姚飓风袭境，早稻受损，棉花无收。

10 月，慈谿县城至曹娥段的铁路通车。

(三) 1914 年

秋，余姚、慈谿风潮为患，县境北部海堤被水冲坍数米，海水直抵利济塘下。

(四) 1915 年

7 月，镇海、余姚、慈谿、象山大风雨，海潮入利济塘，淹农田庐舍。

(五) 1916 年

秦润卿等人在慈谿县城建成普迪学校，校名“普迪”，实寓“普及文化，启迪民智”之意。该校对于贫困学生，不但不收学费，而且供应纸张文具。

(六) 1918 年

宁波保黎医院向上海美商慎昌洋行订购美国 GF 牌 X 光镜一台。

秋，慈谿、余姚、上虞等县连续三月不雨，大旱，受灾严重。

（七）1919 年

保黎医院订购的美国 GF 牌 X 光镜运抵慈谿县城，连同运费、税费，共计花费约 4 369 元。因当时慈谿县城尚无电力公司（至 1921 年才有慈明鸿记电灯公司），故医院自置发电设备。保黎医院也因此成为我国最早使用 X 光镜的医院。

（八）1920 年

7 月，宁波各县大风暴雨，四明诸山石崩岩裂，洪水数道并下，冲毁庐舍道路，淹毙人畜不可数算。

12 月下旬，保黎医院建院十年来成绩斐然，荣获由浙江省省长颁发的题为“痌瘝我抱”匾额一方。

（九）1921 年

9 月，宁波暴雨竟夕，山洪披山而下，较上年尤甚，近山各村无不受灾，塘圮岸崩，田庐人畜随流而尽，至津梁断绝，老江桥被山洪冲断铁链，架板大船 3 只被潮冲至镇海。

（十）1922 年

宁波各县水灾前后凡 6 次，以 8 月 31 日台风最烈，余姚、慈谿连破 3 塘，利济塘外田舍尽毁。6 月 14 日，宁波城内大雨倾盆，适逢潮涨，新江桥堍水深 1.6 米以上，桥上第二排铁链撞断氽走，交通断绝，倒房坍墙，覆舟毙人，不可胜计。

8 至 9 月间，飓风为灾，山洪暴发。

（十一）1923 年

8 月 7 日，宁波飓风大作，狂风急雨，通宵达旦，毁船舶，屋倒墙坍。

（十二）1925 年

五卅血案发生后不久，普迪、中城等 9 所学校超过 1 500 名师生在 6 月 5 日上街游行，抗议帝国主义屠杀中国同胞的罪行。

8 月 6 日，慈谿城区公会在慈谿县城成立。

（十三）1927 年

2 月，北伐军进驻宁波后，赵文光受中共宁波地委派遣到慈谿县城组建党组织；同月，中共慈谿独立支部成立，共有党员 11 人。“四一二”政变后，支部活动转入农村，直至 8 月方重建中共慈谿独立支部。

11月，浙江省委机关遭敌破坏，机密文件落入敌手，正在慈谿罗江秘密召开会议的慈谿独立支部书记和其他成员被捕，组织遭破坏。

（十四）1928年

7月，奉化、余姚、慈谿、镇海大风、水灾，冲毁堤塘超过16千米，灾民超过23 000人，米粮缺乏，人心惶惶。

12月，在小北门外教场建立慈谿林木苗圃，育苗10亩，产松杉等苗木10万株；次年7月被并入县立农林场。

（十五）1929年

夏，在中共宁波特支的领导下，中共慈谿支部成立。

12月，中共宁波特支遭破坏，慈谿支部也因失去领导而不得不中断活动。

（十六）1930年

年初，宁波附近各处饥馑为灾，哀鸿遍野。

春，在东镇桥下街的鲁班殿内成立慈谿米业公会。

（十七）1932年

6至7月，宁波省立第二监狱、慈谿县城及鄞县横街、姜山等地发生真性霍乱，死100人以上。未雨，余姚、慈谿旱。

（十八）1933年

9月18日，宁波各县及余姚狂风暴雨，山洪暴发，海潮突涨，塘圩倒坍，咸潮入侵。

10月，慈谿县政府开始严禁官警蓄发，同时规定上下公文须加新式标点。

11月，慈谿县政府开始拆除慈城狭窄街道，并铺上水泥路，以便行人。

（十九）1934年

2月，慈谿县农贷所成立于慈城。

3月，慈谿县发起“提倡节俭，改良礼俗”运动。

（二十）1935年

6月7日，余姚雨水不绝，候青门外一度成为泽国。

10月，慈谿县城大火，烧毁了城东南一座建于明末清初的华丽建筑“同知房”。

（二十一）1936年

2月12日，浙江省建设厅为改良农业、增加生产，划定慈谿等县为稻麦推广区。

8月，秦润卿将冯氏“醉经阁”已售予书商的超过5 000册珍贵古籍全部购回，同时保存这些文物，特造“抹云楼”于孔庙对面。

（二十二）1937年

7月，慈谿大风，拔树倒屋。

11月2日，慈谿县城首次遭到日机轰炸。

（二十三）1938年

4月8日，日机袭击慈谿县城，死3人，伤4人，毁屋2间，孔庙大成殿被毁。

（二十四）1939年

5月31日，日机在慈谿城郊投弹，毁屋百余间，死伤15人。

6月1日，日机飞至慈谿县城投弹。

6月14日，日机飞至慈谿县城投弹，在轰炸龙山等地后，又返至慈谿县城投弹，毁屋数十间（6月16日、24日又先后两次轰炸慈谿县城，慈谿县立初级中学新建成的校舍、礼堂、膳厅皆被炸毁）。

本年，重修朱贵祠，并立“重修朱贵将军庙记”石碑。

（二十五）1940年

2月下旬，拆除慈甬段铁路铁轨，以免日军长驱直入；慈谿县城拆除城墙，以便民众疏散。

10月8日，日机轰炸慈谿县城，毁房超过40间，死伤7人。

10月，宁波各县狂风暴雨竟日不绝，山洪暴发，河水满溢，船只阻于桥，是年前旱后水，饿殍载道，弃子女于道者数百人。

10月底，侵华日军发动细菌战，多达5千克的鼠疫跳蚤连同麦粒和面粉被空投至宁波城区（时为鄞县县城）开明街、东后街一带。

12月，慈谿县军民在县政府门口广场举行“争取抗战最后的胜利”的万人大会。

（二十六）1941年

4月22日，慈谿县城沦陷。日军进城时疯狂扫射，导致30人以上无辜平民伤亡；大肆洗劫，强奸妇女13人。

8月，宁波各县暴风雨，坍屋倒墙，电灯、电话杆被吹倒尤多，建筑物受损严重。

10月7日，国军袭击慈谿县城，自小东门冲入城内，将城内日军机关及军事设施悉数破坏后撤离。

12月，日军劫夺半浦粮仓900吨稻谷、慈谿县政府库款约57 474元。

12月31日，日军分路进犯四明山乡村，其中一股突袭慈谿县政府临时驻地北溪，县长章驹阵亡。

（二十七）1942年

1月，日军拦截并没收慈谿药商价值30万大洋的药材。

8月，台风袭击宁波，大雨不止，江潮高涨，顿成泽国。

（二十八）1943年

8月，慈谿大风，受灾6.7万亩。

（二十九）1944年

4月3日，保黎医院董事长专程赴沪召开保黎医院董事会。会议决定将董事会设在上海，同时在慈谿县城设办事董事。

（三十）1945年

5月9日，驻慈谿日军震天第23114部队本部无线电通信班第四班班长本村正春，因不满日本军国主义的侵略行为而毅然向新四军浙东游击纵队投诚。

9月22日，日本侵略军撤走，慈谿各界民众在公共体育场集会，热烈庆祝抗战胜利。

（三十一）1946年

7月13日，建成于明代的慈谿县赭山龙王堂失火焚毁。

11月5日，鄞西大堰头朱将军庙开光，慈谿鹳浦村民渡江观光，船沉，溺死30人以上。

（三十二）1947年

3月12日，慈谿举办植树节活动，在慈湖湖滨种植千株冬青树。

8月29日，国民政府浙江省政府在余姚召开由慈谿、余姚、鄞县、上虞等县县长参加的“绥靖”会议。

11月1日，慈谿县城举办首届商人节活动。

（三十三）1948年

2月24日，慈谿县城举办尊贤敬老大会，有超过50位耆老参加此次大会。

3月25日，国民政府浙江省政府举行省政府委员例会，通过更调县长等要案；慈谿县长与东阳县长对调。

7月，宁波各县暴风雨，各地山洪暴发，江河泛滥多与岸平，四乡航船停航，稻田一片汪洋，鄞奉公路断绝，横涨段水深1米以上。

（三十四）1949年

5月24日，中国人民解放军解放慈谿县城。

6月中旬，中共慈谿县委、县政府在慈谿县城成立。

7月24日，台风袭境。

9月13日，遭台风暴雨袭击，海塘大部溃决，农田受淹69.7万亩，房屋倒塌12 311间，死170人。

9月27日至10月2日，中共浙江省第二地委在慈谿县城召开首次党员代表会议。

第二节 新中国成立后慈城的发展

一、1950年

乡级政权范围划小工作至9月基本结束，孝中镇分为孝东、孝西两镇。撤销江屿乡，分为半浦乡、赭山乡、黄山乡。

二、1951年

5月，隶属于慈谿县的孝东、孝西两镇合并为慈城镇。

8月19日和9月28日先后遭遇台风暴雨。

三、1952年

3月，慈谿县人民政府发放稻谷22.5万千克，以工代赈，发动民工兴筑余姚陆埠以下江堤。

7月18至21日、8月30日先后遭受第七号、第十五号台风的袭击。

四、1953年

自1952年12月中旬后，近4个月未雨。7月1日至9月2日连续干旱，水事纠纷迭起。

8月17日，遭受第十号台风袭击。

五、1954年

5月，出现3次梅涝。

8月25日，遭受第十一号台风袭击，受淹农田67.5万亩。

10月15日，慈谿、余姚、镇海三县调整县界。原三北（慈北、姚北、镇北）地区划为以产棉为主的慈溪县，县城由慈城镇迁至浒山镇，慈城镇划归余姚县。庄桥机场周围7个乡镇划为机场特区，成立庄桥区，隶属宁波市。

六、1955年

7月下旬至9月上旬，连旱近40天。

七、1956年

6至7月，干旱。

8月1日，第十二号强台风登陆象山县（时属舟山专区）门前涂，然后横穿全宁波。这次台风不仅风力大，而且暴雨如注，因而出现了严重潮情、水情。

八、1957年

7至8月，镇海、鄞县、余姚、奉化连旱34天，而象山、宁海从5月底6月初起出现旱情。

九、1958年

梅期仅3天，梅雨量为45.6毫米，是新中国成立以来梅雨期最短的一年。干梅连夏旱，至8月23日旱期长达96天，不少河道断流、断航，姚江咸潮上溯到通明堰。

十、1959年

9月3日，受第四号台风影响。

十一、1960年

3月31日，余姚陆埠、丈亭、慈城一带有冰雹。

10月21日，余姚县慈城人民公社划归宁波市。

十二、1961 年

5 月，调整人民公社规模，慈城、庄桥、甬江 3 个大公社调整为 12 个小公社。

6 月中旬后，持续 75 天大旱，灾情超过新中国成立后最严重的 1953 年。

9 月，成立慈城区委。

10 月 4 日，受 6126 号台风袭击（1961 年后台风采用编号），普降暴雨，姚江水位接近历史最高水位。

十三、1962 年

中共中央华东局农村工作办公室派工作组至慈东人民公社（今慈城镇）山西大队，调查耕作制度变化情况，至 7 月 7 日结束。

9 月 3 日晚至 6 日，6214 号台风在福建连江登陆后北上，与南下冷空气交会于浙江上空。受其影响，普降大暴雨，成为新中国成立以来姚江平原的最大水灾。

12 月 8 日，撤销慈城、甬江两区，两区所辖公社直属宁波市。

十四、1963 年

去冬今春，连旱超过 140 天。

3 月 11 日，慈城普济寺经幢、大宝山旁朱贵墓被列为第二批浙江省重点文物保护单位。

6 月底至 9 月上旬，连旱超过 50 天。

9 月，宁波市工人疗养院在慈城设立（1969 年停办，1979 年 8 月复办）。

9 月 10 至 15 日，6312 号台风在福建连江登陆，其外围云团与北方南下冷空气形成台风倒槽，受其影响，普降大暴雨。

十五、1964 年

6 月底至 9 月初，连续干旱 74 天。

11 月 29 日至 12 月 4 日，宁波专区首届民兵比武大会在慈城举行。

十六、1966 年

妙山公社作为浙江省委上虞“社教”工作团第三分团进驻宁波市郊区后第一

批开展“四清”运动的单位，在4月下旬结束“四清”运动。

9月7日，6615号台风来袭。

10月27日，22位慈湖中学的师生怀抱梦想，徒步出发去北京见毛泽东。

十七、1967年

宁波遭遇新中国成立以来最严重的旱灾，城区及鄞县从5月下旬至9月上旬连续干旱94天，慈溪从7月至10月连旱112天，余姚、奉化、象山等地亦连旱100天以上，其结果：姚江闸内干涸，湾头铁路边和丈亭三江口姚江江岸大面积塌坡。

十八、1968年

慈东人民公社革命委员会作为郊区第一个“革命三结合”临时权力机构，在4月12日宣告成立。

十九、1969年

7月1日，慈东公社红心大队率先实行合作医疗制，至次年7月，郊区144个生产大队全部推行合作医疗制，共有“赤脚医生”394人。

二十、1970年

3月10日，宁波至慈城公路建成通车。

二十一、1971年

6月15日，江北地区(含慈城、庄桥、洪塘)140名知识青年远赴吉林省支边支农。

春旱、空梅、伏旱、秋旱接踵而至，自6月23日断雨后直至9月15日，连续干旱。这是新中国成立以来仅次于1967年的大旱。8月31日至9月1日，国务院派飞机至宁波上空人工降雨，旱情有所缓解。

11月，慈江大闸工程开工，1974年3月建成。

二十二、1972年

3月1日，宁波市慈江灌区管理委员会成立，下设慈江灌区管理处。

8月17至18日，暴雨成灾。

11 月 9 日至次年 1 月 13 日，连旱无雨。

二十三、1973 年

4 月至 7 月，郊区慈城、庄桥、甬江人民法庭相继恢复。

5 月 17 日至 6 月 17 日，郊区乍山公社、费市公社、洪塘公社接连发生下乡知识青年自杀事件。

12 月，慈城水文雨量站建成。

二十四、1974 年

3 月，位于乍山公社境内的 9 孔内河节制闸慈江大闸竣工，不但可增蓄水 100 万立方米，而且与扩建的英雄水库、新建的毛力水库形成慈江灌溉区，从而将当地的抗旱能力提高到 50 天。

8 月 19 日晚，7413 号台风在象山石浦与三门之间登陆。由于正逢农历七月初天文大潮，台风登陆时又是涨潮时间，因此形成了罕见大潮。

二十五、1975 年

7 月 8 日，宁波市妙山良种场购入一台由江西泰和县农机厂生产的半喂入自走式联合收割机，这也是整个宁波地区第一台联合收割机。

半浦公社虹星大队山林队在花卉苗圃建成滴灌 30 亩，此为江北地区滴灌之始。

二十六、1977 年

8 月 21 至 24 日，7707 号台风沿海北上，与南下冷空气交绥，形成台风倒槽，受其影响，普降特大暴雨。

二十七、1978 年

3 月 27 日，宁波市妙山良种场扩建为宁波市良种场。

6 月底至 8 月初，伏旱、秋旱相连；7 月 2 日至 16 日，最高气温在 35℃以上。

二十八、1979 年

3 月，全省科学大会召开，宁波市良种场被中共浙江省委、省革命委员会授予“先进集体”称号。

8月22日晚，7910号台风在舟山普陀登陆，受其影响，出现大面积内涝。

二十九、1981年

4月12日，朱贵祠和阿育王寺等8家单位被重新公布为省级重点文物保护单位。唐代普济寺经幢被移入保国寺。

8月31日至9月1日，8114号台风沿海北上，8级以上风力持续30个小时左右，普降大到暴雨。

12月3日，杭甬运河宁波段工程开工(1983年7月1日竣工通航)。

年底，宁波市良种场生产的甏装水磨年糕和塑料袋装晒干年糕片批量销往香港，此为慈城年糕出口之始。

三十、1982年

3月，郊区在妙山公社进行政、社分设试点。

7月29至30日，受第九号台风影响，两天内普降大到暴雨。

三十一、1983年

7月18日至8月20日，连续干旱。

三十二、1984年

1月27日，省政府浙政发〔1984〕13号文件批复，江北区和郊区合并为新江北区，慈城镇、慈东乡、半浦乡、乍山乡、妙山乡隶属于江北区。

5月5日，慈湖中学隆重举行建校50周年纪念活动。

9月，撤销慈东乡，并入慈城镇。

10月，江北区人民政府、宁波市文管会在朱贵祠后山坡新建“大宝山阵亡将士之墓”。

三十三、1985年

7月，慈城镇与舟山市普陀县虾峙区结为友好镇。

9月，慈湖中学、庄桥中学、第二十中学、第二十一中学划归江北区管理。

三十四、1986年

4月8日，慈城镇免疫试剂厂被列入国家“星火计划”重点项目。

8月26日，8615号台风袭境。

三十五、1987年

1月1日，由慈城镇、核工业部713矿和铁道部第五工程局物资处联合经营的江北区平板玻璃厂建成投产，总投资535万元(后因缺乏重油原料而关闭)。

7月20日，慈湖烈士陵园举行革命烈士迁葬仪式。

8月24日，慈城镇新联村荣获“省级文明村”称号。

三十六、1988年

6月21日至7月底，受太平洋副热带高压控制，天气晴热，持续高温，旱情严重。

7月29至30日，受海上低压云团影响，宁海、奉化、鄞县、余姚4县(市)遭受罕见特大暴雨袭击，其中宁海最为严重。

8月7日午夜，8807号台风在象山县林海乡登陆。

9月，旅台著名实业家应昌期偕夫人唐平尘在时隔42年后重返故乡慈城，探亲期间决定捐资107.44万美元重建中城小学。

9月22日至12月30日，连续冬旱。

三十七、1989年

7月20日，8909号台风登陆象山南部，并在宁波沿海滞留约13个小时，全市遭受严重损失。

8月21至22日，受海上热带低压云团和北方冷空气南下影响，两天内暴雨不断，平原河网水位猛升，余姚、慈溪、北仑、江北、镇海、鄞县等地大面积受淹，并持续4至6天。

9月13日，8921号台风在福建霞浦一带登陆后，又遇北方冷空气南下，宁波普降暴雨。

9月15日，8923号台风在温岭县松门登陆。受其影响，宁波普降暴雨。

三十八、1990 年

梅雨季节(6 月中旬至 7 月初)基本无雨,出梅后又晴热少雨,旱情比较严重。

8 月 18 日,慈城镇新联村被命名为省级文明村。

先后遭受 9015 号、9017 号、9018 号、9022 号台风袭击。

三十九、1991 年

梅雨季节雨量偏少,7 月初出现晴热高温干旱天气,到 8 月初连续干旱 30 天。

8 月 10 日,中城小学落成。应昌期率美国、澳洲及中国港澳台地区各界人士 74 人来慈城出席落成典礼,并决定再捐资 1 672 万元人民币用于兴建倡棋幼儿园、重建慈湖中学。

四十、1992 年

3 月 14 日,宁波市、江北区、慈城镇及社会各界隆重举行大宝山战役抗英将领朱贵阵亡 150 周年纪念活动。

5 月,经浙江省民政厅批准,撤销云湖乡、妙山乡,原该两乡所辖的全部行政区划并入慈城镇;乍山、半浦两乡合并为乍浦乡。

6 月,应昌期投资的现代建筑材料公司在宁波签约。

7 月 12 日至 8 月 12 日,持续高温晴热,旱情迅速蔓延。

8 月,应昌期的另一投资项目——利华(宁波)羊毛工业股份有限公司在宁波签约,并于 10 月动工兴建。

8 月 28 日,受 9216 号台风外围气流影响,宁波连续性普降暴雨到大暴雨。

9 月 21 日,9219 号台风来袭。

四十一、1993 年

4 月 27 日,宁波市委、市政府授予慈城镇宁波制冷自控元件厂厂长张龙元“1992 年度市特等劳动模范”称号。

四十二、1994 年

2 月 28 日至 3 月 15 日,慈城、乍浦等 5 个镇(乡)相继召开人民代表大会,选举产生新一届镇(乡)领导人员。

6月8至13日、6月16至18日，宁波连续两次遭受暴雨袭击。

梅雨季短(6月6日至6月24日)，出梅后又受副热带高压控制，晴热高温，姚江水位降至－0.5米，严重危及两岸江塘、厂房和铁路的安全。

10月24日，应昌期率美国、日本、澳洲、中国香港、中国台湾超过130位实业家到慈城出席应氏家属捐资兴学和应氏集团创办的4项工程落成(开业)庆典。

四十三、1995年

2月，应台湾应昌期围棋教育基金会的邀请，中城小学围棋代表团赴台湾参观访问。

7月，台湾应昌期围棋基金会副董事长率台湾小学生围棋代表团回访，并进行围棋友谊赛。

梅雨季虽长(6月15日至7月7日)，但降水量仅189毫米，比上年同期少274毫米。出梅后到8月23日有26天日最高气温大于35℃，旱情严重。

四十四、1996年

3月1日，甬余公路江北段慈城收费站开始收费。

3月8日，江北区区级机关赴慈城官山河西岸开展义务植树活动。

4月4日，江北区三套班子和各界群众代表列队徒步到慈湖烈士陵园开展以“缅怀革命先烈，弘扬爱国精神”为主题的祭扫活动。

7月13日至8月10日，连续大旱。

8月1日，9608号台风来袭。

四十五、1997年

1月18日，英雄水库引水工程通水仪式在慈城镇举行。建成于1979年的慈城水厂由此结束河网取水的历史，超过70 000慈城群众的饮水问题至此得到解决。

3月13日，慈城镇举行小城镇综合改革座谈会。

4月14日，江北区政府召开全区村级财务清理整顿和村务公开工作会议，交流慈城镇北门村及各地前段时间的试点工作经验。

4月24日，宁波市政府召开小城镇综合改革试点工作会议；6月，慈城镇被选为9个试点镇之一。

8 月 18 日，9711 号台风在温岭石塘镇登陆。

10 月 2 日，慈城古建筑群被浙江省政府批准为省级文物保护单位。

10 月 14 日，慈湖烈士陵园、朱贵祠、太平军击毙华尔处碑被江北区区委、区政府命名为首批爱国主义教育基地。

四十六、1998 年

1 月 10 日，高科技抗虾病生物制剂——“护虾宝 8 号”鉴定会在慈城举行。

1 月 22 日夜，宁波全市普降大到暴雪，市区积雪厚达 9 厘米。

2 月 5 日，江北区召开慈城镇小城镇综合改革试点座谈会。

2 月 16 日，金田铜业集团公司被评为宁波市四星级企业。

2 月 27 日，宁波市政府通报表彰金田铜业集团公司为 1997 年度宁波市明星乡镇企业。

3 月 15 日，慈湖公园设立江北区纪念树种植点。

3 月 24 日，慈湖中学被浙江省教委命名为省级综合高中。

4 月 3 日，江北区四套班子和各界人士到慈城祭扫革命烈士墓。

9 月 16 日，慈城召开郭塘河改造项目论证会。该项目是江北区重点水利工程之一，长 4 677 米，涉及民丰、向上、五星、八字、五联 5 个村。

9 月 19 日，9806 号台风登陆舟山普陀后，又在次日凌晨登陆北仑。在台风风暴潮和天文潮的双重作用下，宁波全市普降大到暴雨。

12 月 9 日，召开慈城镇户籍制度第二轮改革会议。本年，慈城镇被列为全省 20 个“小城镇户籍管理制度改革试点镇”之一，到年底共计批准“农转非”1 520 户、3 102 人。

12 月 28 日，慈城镇华联农贸市场、东门农贸市场开业。

四十七、1999 年

1 月 11 日晚，大雪，平均积雪 6 厘米；13 日起各地出现冰冻，部分地区最低温度降至－5℃。

1 月 25 日，江北区举行争创教育强区暨“两高”总结表彰大会，慈城镇被认定为 1998 年教育工作先进镇。

3 月 15 日，江北区四套班子到慈城镇参加义务植树活动。

3 月 30 日，江北区召开“双拥”工作会议，慈城镇获得宁波市“双拥”模范镇荣誉称号。

4月14至15日，慈城镇通过由宁波市政府教育督导室组织的“宁波市教育强镇”的评估验收，成为江北区内继甬江镇、庄桥镇之后的又一个市级教育强镇。

6月21日，慈城镇下属各村委会换届选举工作圆满结束。

7月24至26日，浙江省第八届应氏杯少儿围棋赛在慈城镇中城小学举行。

9月30日，金田铜业集团公司总经理楼国强被授予“浙江省劳动模范”称号。

10月11日，慈城镇被浙江省文化厅列为“浙江东海文化明珠”。“浙江东海文化明珠”是1995年初由省委宣传部、省文化厅等六部门联合推进的基层文化基础设施建设工程。

11月10日，江北区举行朱贵祠重修开放仪式。朱贵祠建于1843年，坐落在慈城西门外大宝山西麓郑山脚。

11月26日，乍浦乡5 000亩中低产田改造项目通过宁波市农业综合开发办主持的验收，并获得优秀奖。

12月30日，乍浦乡被宁波市政府授予“宁波市教育强镇(乡)”称号。

四十八、2000年

1月19日，江北区召开全区经济工作会议，金田铜业集团公司在这次会议上被认定为星级企业、实力工程企业。年内，该公司通过产权制度改革，转变成以企业经营者及中层骨干为主的规范化股份有限公司。

5月5日，由已故台湾著名实业家应昌期捐资1 200万元人民币重建的慈城保黎医院正式落成。

8月10日，第八号台风“杰拉华”(1999年后，台风名称由国际气象部门统一命名)在象山爵溪登陆，全市直接经济损失3.3亿元，无人员伤亡。

8月30日晚，第十二号台风“派比安”紧擦宁波沿海北上。这次台风来势凶、风急、转向快，受其影响，宁波普降大到暴雨。

9月13至15日，第十四号台风“桑美”来袭，时值农历八月半天文大潮，在风、雨、潮“三碰头”的情况下，姚江大闸迎来建闸四十多年来的最高水位。

四十九、2001年

4月20日，江北区委、区政府确定2001年慈城中心镇建设十大工程：一是建设慈城标志性雕塑；二是建好人民路古镇风貌一条街；三是改造慈湖公园；四是建设南门广场；五是全面疏浚护城河；六是全面修复孔庙；七是整修由孔庙、俞宅(冯宅)、慈湖、符卿组成的古建筑群；八是启动建设商住新区、工业新区；九是建好甬余夫线慈城段、古镇周边山林、江北大道三块绿化；十是重点整治甬余夫线慈城段、人民路、南门广场、慈湖周边地域环境。

4月,《古镇慈城》创刊,钱文华任主编。

5月10日,江北区第七届人大常委会第二十三次会议听取、审议将慈城镇和乍浦乡合并为新慈城镇的议案并做出相应决议。

6月1日,江北区和慈城镇两级政府投入超过90万元,对金沙、毛力、毛岙、公有、南联、五联六村的省级小水站进行全面改造,以彻底解决村民"吃水难"的问题。到9月,改造完成并通过验收。

8月9日,江北区召开慈城建设研讨会,中科院院士颜鸣皋等慈城籍知名人士受邀与会。

9月26日,由台湾应昌期围棋教育基金出资主办,慈城镇政府、中城小学承办的浙江省第十届"应氏杯"少儿围棋邀请赛开幕,有来自全省各地及上海应昌期围棋学校的共112名小棋手参加这次比赛。

10月27日,慈城镇新镇成立大会在中城小学召开。新的慈城镇镇域面积为102.57平方千米,其中建成区面积7平方千米,下辖37个行政村、6个社区,常住人口为8.8万人,其中户籍人口为5.8万人。

10月28日,根据浙江省政府《关于宁波市江北区撤销乍浦乡扩大慈城镇行政区域的批复》的精神,江北区委撤销了原乍浦乡、慈城镇党委,新组建慈城镇党委。

五十、2002年

3月21至22日,受较强冷空气影响,慈溪、鄞州、奉化等地出现大范围雷雨大风天气。

4月25日,五星村顺利通过宁波市级文明村检查验收。

5月20日,江北区在慈城召开现场会,推广慈城50万元以下建筑工程招投标工作的经验和做法。

5月29日,宁波市保黎医院作为全市唯一一家以肺科为特色的综合性医院,增挂第四医院的牌子。

7月4至5日,第五号台风"威马逊"来袭。

8月5至7日,第十六号台风"森拉克"过境。

五十一、2003 年

6 月 28 日，慈城孔庙景区经过三年多的紧张修复，重新对外开放。整个景区由孔庙和儒子文化广场两部分组成。

入夏以来，遭遇比较罕见的高温干旱天气，宁波全市大部分地区出现比较严重的旱灾。这其中，余姚、慈溪、江北、镇海的旱情从 6 月 29 日持续到 8 月 8 日。

8 月 7 日，江北区召开抗旱工作会议。会前，与会人员实地检查了慈城英雄水库、慈江大闸等地的抗旱工作情况。

8 月 20 日，慈城镇商会年糕同业公会挂牌。

8 月，慈城新镇区开发项目被列为省级重点项目。

9 月 12 日，慈城年糕获“中华人民共和国地理标志保护产品”称号。

10 月 7 日，著名雕塑家刘狮专门为慈城孔庙所做的孔子雕塑，被拥有者旅美女画家童建人捐赠给慈城孔庙。

11 月 10 日，宁波市良种场慈城食品厂（2002 年 12 月 31 日由宁波市慈城塔牌饰品有限公司注册成立）生产的“塔牌”年糕被授予“原产地标记注册证”。

五十二、2004 年

1 月 6 日，慈城镇被授予“浙江省体育特色镇”称号。

3 月 3 至 4 日，浙江省委组织部一行四人对江北区、慈城镇、洪塘镇的“先锋工程”创建情况进行考核验收。

6 月 11 日，慈城镇成立江北区内首家党员之家。

7 月 6 日，“慈城历史文化专题研究”经过专家组评审，被列为 2004 年度宁波市哲学社会科学规划课题。

7 月 28 日，“慈城镇生态建设规划”通过宁波市环保局组织的专家组联合会审。

8 月 2 日，慈城籍中科院院士颜鸣皋回乡考察，并将祖居捐赠给慈城镇政府（慈城镇政府加以整修后，将其命名为“慈城院士陈列馆”，并将该馆列为慈城镇文物保护单位和青少年教育活动中心）。

出梅后，持续晴热高温少雨，旱情一直持续到 8 月中旬。

8 月 11 日，第十四号台风“云娜”在温岭石塘登陆，宁波全境普降中到大雨。

9 月 13 日中午，第二十一号台风“海马”登陆温州市永强镇，宁波普降大到暴雨，主要河网普遍超警戒水位。

9 月 16 日，慈城镇被建设部、国家文物局列为第二批中国历史文化名镇。

11 月 20 日，中城小学举行百年校庆。

12 月 2 日，宁波市文物考古研究所举行江北傅家山遗址考古新闻发布会和傅家山遗址出土文物展。

12 月 7 日，慈城镇政府和慈城镇商会年糕同业公会共同申请的“慈城年糕”宁波市地方标准通过专家会审。这一标准的出台填补了国内年糕食品地方标准的空白。

12 月 30 日连下两场大雪，由此导致连日低温、冰冻。

五十三、2005 年

1 月 1 日，慈城年糕获“上海大世界吉尼斯之最”。

1 月 12 日夜至 14 日上午，宁波全市出现中到大雪，市区积雪厚达 3 厘米。

2 月 10 至 12 日，宁波全市大部分地区出现中到大雪。

3 月 11 日夜至次日，宁波全市普降大到暴雪，是 1970 年以来 3 月份积雪厚度最大的雪灾。

3 月 30 日至 4 月 2 日，电影《理发师》在慈城拍摄外景。

6 月至 7 月中下旬，气候反常，先是遭遇典型的“枯梅年”，6 月 23 日出梅后至 7 月中旬，大部分地区滴雨未下，不同程度地出现了旱情。

8 月 6 日，9 号台风“麦莎”在玉环县赣江镇登陆，并影响宁波。

8 月 15 日，慈湖中学举行隆重的“抗战办学纪念碑”揭碑仪式。

8 月 20 日，江北区政府印发《关于江北区慈城镇、庄桥和洪塘街道城市房屋拆迁安置有关费用补偿标准的通知》。

8 月 24 日，半浦村被公布为首批宁波历史文化名村之一。

10 月 10 至 11 日，第三届中国外滩论坛在慈城孔庙举行。

10 月 31 日，江北区农村部分计划生育家庭扶助金首发式在慈城镇举行。

11 月 12 日，建设部、国家文物局联合公布第二批中国历史文化名镇，共计 34 个，慈城镇名列其中。

11 月 22 日，慈城文化发展研讨会召开。

12 月 9 日，国内第一个反腐倡廉主题文化园——“中国清风园”在慈城古县衙内正式开园，占地约 1 200 平方米。

12 月 30 日，金田铜业集团举行销售产值超百亿元庆典活动。该公司 2004 年的销售收入才五十多亿元，2005 年发展迅猛，成为宁波市第四家产值超百亿元的制造业企业。

五十四、2006 年

1 月 25 日，慈城镇被命名为"2005 年度全国环境优美镇"。

1 月底，慈城镇两批共计 1 054 户农民入住"慈湖人家"小区。

2 月 3 日，慈城镇妇女培训中心被列为全国妇女培训基地，成为全省首家国家级乡镇妇女培训中心。

2 月，慈城古镇再投 5 亿元新建 7 个项目，以便将现有景点连接成片，展现"一街一河双棋盘"的古县城风貌。

3 月 11 至 13 日，寒潮严重影响宁波，在 11 日夜到 12 日早晨的 12 个小时内全市普降大到暴雨，12 日中午前后普遍出现雨夹雪或雪，导致茶叶采摘期推迟。

3 月 31 日，金沙岙举行新四军浙东游击纵队金沙岙战斗纪念碑揭碑仪式。

4 月 19 日，2005 年度宁波工业风云榜揭晓，金田铜业集团获得 5 项特别奖之首——最具跨越式发展大企业特别奖。

4 月，"慈城"牌白茶被认定为国家级有机食品，6 月通过了 QS 认证，10 月成为宁波市知名商标。

6 月，慈城古建筑群被列入第六批全国重点文物保护单位。慈城镇虹星村绿野农庄被浙江省旅游标准化评审委员会评为浙江省首批三星级乡村旅游点。

8 月 19 日，浙江省重点项目慈城新城开发建设全面启动。新城占地 5.2 平方千米，东至狮子山，西到中横河，北到慈江，南至北外环线。

8 月 22 日，"慈城历史文化专题研究"召开课题论证会；同日，由慈城镇南联村傅其芳等 7 家专业户组成的江北区联心杨梅专业合作社宣告成立。

8 月，半浦村被列为宁波市首批 10 个市级历史文化名村之一。

9 月 16 日，慈城镇举行"中国(慈城)21 世纪小城镇建设与发展论坛"。

9 月上旬至 11 月中旬，全市降雨量仅为多年平均值的 6%，秋季旱情比较严重。

10 月，慈城镇被授予"全国亿万农民健身活动先进乡镇"称号。

11 月 24 日，第十届中国民间文艺山花奖获奖名单揭晓，王静《慈城年糕的文化记忆》获学术著作奖。

11 月，慈城"塔牌"年糕第五年荣获浙江农业博览会金奖。金田铜业集团入选全国“创新十强”企业。全区最大的工业项目——宁波金田铜业集团年产15万吨再生铜项目获得宁波市政府批准。

五十五、2007年

1月10日，慈城镇被中国特产之乡推荐暨宣传活动组织委员会评定为“中国年糕之乡”。

2月3日，由江北区委宣传部等10个部门联合举办的文化、科技、卫生“三下乡”活动启动仪式在慈城公有村举行。

2月，慈城广播电视站被整合到江北区广播电视中心。

3月3至6日，寒潮导致各地气温普遍急剧下降，重创茶叶采摘。

4月15日，江北区委宣传部和慈城镇政府联合主办的“看千年古镇，扬爱国情怀”江北爱国主义宣传教育启动仪式在慈城举行。

4月15日入汛后，降雨偏少，且又遇持续高温天气，出现了不同程度的旱灾。

4月28日，宁波市召开庆“五一”暨劳模表彰大会。

4月30日，在2006年宁波市工业风云榜暨科学技术奖颁奖大会上，金田铜业集团获4项科学发展特别奖之首——环境友好特别奖。

5月3日，浙江省政府出台《关于加快推进中心镇培育工程的若干意见》，慈城镇被列为浙江省中心镇培育工程。

5月30日，共青团江北区委联合江北区图书馆，在慈城觉民学校挂牌建立江北区第一所民工子弟小学流动图书馆，以满足外来务工人员子女的阅读需求。

6月19日，《江北区慈城镇机构改革方案》获得江北区编委批准。

8月13日，金田铜业集团跻身2006年度上规模民营企业全国十强。

8月20日，江北区人大常委会组织视察文物保护工作，并实地视察了慈城彭山塔等文物点。

9月7日，江北区政协组织委员实地查看慈城镇杨陈村、国庆村的新农村建设情况。

9月19日，第十三号台风“韦帕”登陆苍南霞关。

10月7日，第十六号台风“罗莎”在温州苍南到福建福鼎之间登陆。

10月21日，慈城镇举行纪念应昌期诞辰90周年大会。

10月28日，复旦大学举行近代金融巨子秦润卿诞辰130周年纪念座谈会。

12月3日，慈城镇成为第二批省级中心镇、宁波市七大卫星城市试点镇之一。

12月30至31日，慈城举办第三届年糕文化节。

五十六、2008年

1月2日，五年如一日接送“重症肌无力”同学的妙山中学学生陈吉，经全国观众投票，当选为“2007年度真情人物”。

2月1至2日，暴雪，部分地区积雪厚达1米，以至于境内所有高速公路不得不关闭，多个列车班次停运。

2月12日，慈城镇和江北区其他政府机构一起开展“高举旗帜推进科学发展，创业创新促进转型突破”大讨论。

4月11日，宁波全市平安基层基础规范化建设推进会在江北区召开；期间，与会代表考察了慈城镇湖心村、东镇村、五星村和金田铜业集团的平安基层基础工作。

4月21日，2007年宁波工业风云榜揭晓，金田铜业集团荣获市长质量奖。

5月8至9日，宁波市政协特邀一组参观考察金田铜业集团、慈城清道观。

5月12日，姚江东排江北段工程规划选址通过论证。工程全长14.85千米，河道宽55～129米，总投资预计3.73亿元。

5月22日，江北区“市文明之星”、妙山中学学生陈吉被选为火炬手，与其他两位火炬手一道完成2008奥运火炬在江北区内的传递任务。

6月6日，《院士之路——颜鸣皋传》首发式暨颜鸣皋祖居（慈城院士陈列馆）修缮启用仪式在慈城中城小学举行。

9月初，第十五号台风“蔷薇”过境。

10月1日，清道观重修后对外开放。

11月1日，原籍慈城的中国现代遗传学奠基人谈家桢（1909—2008年）逝世，享年100岁。

11月19日，浙江省文化建设示范点创建工作现场会在宁波举行，会议命名表彰了100家首批浙江省文化建设示范点，慈城镇榜上有名。

12月18日，由宁波市文联、江北区委宣传部主办的校园长篇小说《真情少年》在慈城镇妙山小学首发。该小说是中国著名儿童文学作家李建树以妙山中学学生陈吉和他的同学们为原型创作的，曾荣获浙江省“五个一工程”奖。

12月19日，全国党建研究会非公有制经济组织专委会全体委员会议暨理论讨论会的参会代表参观金田铜业集团。

五十七、2009年

2月1日，宁波市"中提升"工作推进会在慈城镇召开。

6月5日，宁波市自北而南出现强雷电、短时强降雨、8～10级大风和冰雹。

8月6至11日，第八号台风"莫拉克"来袭。

9月27日，江北区第三届运动会开幕式在慈城中学举行。

10月27日，冯骥才等著名学者、专家应邀参加以"慈孝文化与和谐社会构建"为主题的首届中华慈孝论坛，并发布《慈孝——慈城宣言》，号召全社会用实际行动传承慈孝文化。

12月15日，2009年度联合国教科文组织"文化遗产保护荣誉奖"颁奖仪式在慈城举行，慈城古建筑群获联合国"文化遗产保护荣誉奖"。

12月23日，《宁波市慈城古县城保护条例(草案)》提交宁波市十三届人大常委会第二十次会议审议。

五十八、2010年

1月31日至2月11日、2月25日至3月9日，宁波先后出现连续阴雨天气，雨量超过300毫米，比常年同期多两倍。少见的旱汛导致部分河网、水库超警戒水位。

7月30日，浙江省人大常委会批准"慈城古县城控制性详细规划"。

8月4日，江北区召开推进慈城卫星城市建设工作会议。

8月6日，由江北区总工会等单位共同主办的天工慈城——宁波市文化创意产业职工培训创业基地在慈城揭牌成立。

8月30日，在东风波、冷空气和热带气旋外围云团的共同作用下，宁波市区及周边部分地区出现大到暴雨，局部大暴雨。

9月25日，宁波三星高新技术产业园在慈城举行开工仪式，首期投资7.6亿元，旨在打造生产智能电表、绿色环保配电变压器的制造基地；同日，慈城卫星城市建设完成机构改革，"两办六局"和新组建的两个事业单位——资源配置和审批服务中心、综合执法局——挂牌试运行。

9月30日，江北区召开慈城卫星城市创新发展动员大会。

10月9日，宁波市妇儿医院北部院区在慈城新区奠基，占地约83亩。一期工程项目建设投资估算为5亿元，内含建设费用3.5亿元。

10月17日，慈城镇举行第二届中华慈孝节系列活动——冯俞宅工艺系列博物馆的开馆仪式。

10月28日，宁波市卫星城市开发建设体制创新现场会在慈城镇举行。

11月1日，江北区举行国家金库江北区慈城镇金库运行授牌仪式，这意味着今后慈城镇拥有相当于县(市、区)一级的财政体制。

本年，金田铜业集团的大吨位电路熔炼——潜液转流——多头多流水平连铸技术和设备荣获中国有色金属工业科技进步一等奖，并被列入国家火炬计划项目。此外，江北区从本年起在慈城镇试点实施社区(村)副职后备干部竞聘制度。

五十九、2011年

2月13日，历时4年创作而成的王静《慈城年糕的文化记忆》举行首发式。

3月7日，在全市卫星城市试点座谈会上，慈城镇表示将全面完成城西排涝站、人民路下穿铁路等工程的主题建设，同时推进姚江东排工程一期等基础设施建设。

3月21日，宁波市首家文化创意产业职工培训创业基地——天工慈城的首批80名学员获得由市劳动保障部门核发的职业资格证书。

3月29日，慈湖烈士陵园举行“老少同祭革命先烈”暨未成年人“红色经典五个一”活动。

5月5日，第一批全国廉政教育基地浙江授牌仪式在“清风园”举行。

5月15日，2011年宁波市科技活动周开幕式暨“科技进企业行动”启动仪式在金田铜业集团举行。

9月10日，由大通旅游机构有限公司等5家新加坡旅行商组成的宁波旅游考察团来慈城古县城景区考察、参观。

9月28日，第三届中华慈孝节在江北区开幕，慈城慈孝广场开园。

9月29日，由慈城籍深圳企业家王伟明捐建的慈城黄山村敬老院举行奠基仪式。

11月1日，姚江干流堤岸维修加固工程慈城段举行开工典礼，堤防全长11.3千米，总投资5.2亿元。

11月，慈城优化供水工程完工并实现通水。宁波市城管局、宁波市自来水总公司主导的这项工程始于2010年，旨在从根本上解决慈城居民的用水问题。同月，《古镇慈城》创刊已有十年，该刊物于2001年4月出版第一期，每年4期，至本年 11 月共出了 50 期，其影响也从慈城扩展至全国乃至海外，甚得关心慈城的甬籍人士的关注与喜爱。

本年，江北区以环境治理、污水治理、村庄绿化、文化保护、道路硬化为抓手，大力开展“幸福美丽新家园”建设；半浦村、金沙村被列为首批“幸福美丽新家园”建设试点村。

六十、2012 年

3 月 9 日，江北区委、区政府召开“三思三创”主题教育实践活动动员大会，全力推进慈城卫星城建设是这次会议的重要内容。

3 月 28 日，江北区“老少同祭革命先烈”暨青少年“孝德教育”活动启动仪式在慈湖烈士陵园举行。

9 月 13 日，慈城“清风园”成为人民海军设立的首批 10 个廉政文化教育基地之一。

10 月 23 日，第四届中华慈孝节开幕。

10 月 26 日，慈湖中学迎来建校 110 周年庆典。建校 110 年以来，慈湖中学共向社会输送了超过 30 000 名毕业生。

六十一、2013 年

1 月 19 至 21 日，政协第四届江北区委员会第二次会议在金港大酒店召开，期间，有委员提交《关于将慈城镇老宅纳入老住宅小区整理工程的几点建议》。

2 月 26 日晚，央视国际频道热播的系列纪录片《走遍中国——八方小吃》播出慈城年糕专题。

3 月 20 日，江北区举行《再寻麒麟童——宁波籍京剧大师周信芳》一书首发式暨“名家谈名家”座谈会。

3 月 28 日，江北区“老少同祭革命先烈”活动在慈湖烈士陵园举行。

4 月 22 日，慈城镇在江北区范围内率先实行干部住夜制度。全体机关干部组成若干个工作组，每晚一组在机关住夜，走访群众，处理紧急事务。除镇政府外，另设镇服务中心、综合执法局、服务站等 7 个辅助住夜点。

4 月 25 日，江北区文广新局批复同意在朱贵祠成立“鸦片战争宁波抗英事迹纪念馆”。

5 月 21 日，无产阶级革命战士、左联作家、著名诗人应修人牺牲 80 周年座谈会在慈城举行。

5月25日，慈城新城已开发区块正式由慈城古县城保护开发建设公司移交给慈城镇政府管理。移交内容包括已建成的26条路网、6座桥梁、3座泵站、18万平方米中心湖、17万平方米绿地等。

6月13日，由杭州宁波经济建设促进会三江分会、慈城镇主办，浙江省省直机关摄影协会、江北区经济社会发展联谊会协办的“慈孝杯”慈城摄影采风活动举行，活动为期两天，旨在扩大慈城对外影响，提高千年古县城的知名度和美誉度，推动慈城经济社会文化发展。活动创作对象包括古县城的符卿第、冯俞宅、太湖路历史街区等古建筑和反映慈城美丽乡村特色的景点。

7月4日，慈城镇社区居委会换届选举工作结束。

7月9日，慈城镇镇长施樱芬参加由江北区委、区政府召开的江北区开展“十万浙商进百区”活动动员大会。

7月24日，2013年海外华裔青少年“中国寻根之旅”夏令营浙江营宁波书法分营在慈湖中学举行开营式，江北区首个华文教育基地也由此正式授牌成立。

8月1日，由质监江北分局牵头的宁波市第一家卓越绩效管理孵化基地授牌仪式暨江北区区长质量奖“卓越绩效管理模式”相关知识培训在金田铜业集团举行。

8月15日，召开江北区慈善大会，慈城镇向上村和文教街道繁景社区等6家单位成为江北区第二轮“慈善村(社区)”，受到大会的表彰并授牌。

10月5日下午起，第二十三号强台风“菲特”来袭，妙山片雨量达425.5毫米，既是全区最大，又创历史新高。慈城在江北区所辖街道(镇)中，内涝持续时间最长，受灾面积最大，损失也最为严重。7日晚，姚江干堤防洪陈渡地段出现险情，慈城镇干部群众在江北区农水局、堤防指挥部的指挥下，与部队官兵一起奋战数昼夜，保住了姚江干堤慈城段，使慈城平原水位比姚江干流水位降低0.5米以上。13日，江北区三防指挥部移师慈城，开展为期两天的现场办公。15日，慈城积水基本消退。

10月，凡慈城卫星城区域内交易规模在人民币5万元以上、200万元及以下的镇财政资金或村集体资金投资的项目，开始实行公共资源交易预选承包商制模式。实行预选承包商制后，项目招投标时间由原来的20天缩短至5天左右。

11月8日，第五届中华慈孝节之宁波(江北)慈孝旅游产品对接会在慈城举行。当日共有来自上海、福州、杭州、苏州、徐州、黄山等地的超过30名旅游商代表参加了对接会。慈城金源旅游开发有限公司与同程网络科技股份有限公司签订了慈城慈孝旅游产品推广与客源输送合作协议书。

11月15日，慈城镇国库集中支付系统试运行，成为宁波市首家运行财政国库集中支付的乡镇。

12月9日，举行《民间文化的慈风孝行》的研讨会暨首发式。

12月12日，全江北区首个世界银行贷款项目——江北区世行污水项目通过评审。该项目主要用于购置生活污水收集和处理系统，治理对象是位于英雄水库上游的金沙、公有、南联、五联四村。

12月22日，宁波市规划局江北慈城分局举办《宁波慈城历史文化名镇保护规划（方案稿）》听证会。

六十二、2014年

4月22日，中国工程院院士陈勇及其团队应邀到江北区指导环保产业发展，并实地考察金田铜业集团。

6月10日，参加“2014中国（宁波）·中东欧国家旅游合作交流周”活动的保加利亚、立陶宛等国客商和记者一行8人来慈城古县城参观考察。

6月13日，江北区委、区政府印发《关于加快推进慈城小城市培育试点工作的若干政策意见》。

6月19日，浙江省委赴宁波市督导组在调研江北区党的群众路线教育实践活动开展情况时，考察了金田铜业集团，调研了五联村党组织整转工作、毛岙村“美丽乡村”建设情况。

7月21日，住建部等七部委联合发布新一批全国3 675个重点镇名单，慈城镇成功入围。

7月30日，慈城镇召开专题民主生活会。

9月12日，慈城镇成立全区首个农村资源流传交易服务中心，向社会发布该镇农村资源供求信息，免费为农民提供资源流转服务。

9月30日，在国家第一个烈士纪念日到来之际，江北区组织社会各界在慈湖烈士陵园举行烈士公祭仪式。

11月10日，农工党浙江省委会、农工党宁波市委会和江北嘉德铸压科技有限公司在慈城中学联合开展第二十六届“国际科学与和平周”社会服务活动，并向该校捐赠2万元，用于启动“爱心健康成长计划”，资助学生营养点心。

11月12日，来自俄罗斯、法国、韩国等14个国家和地区的120名境外旅游商在慈城古县城考察踩线，这也是2014年江北区迎来的规模最大的境外旅游商考察团；同日，以打造宁波首个全能家庭生活中心为目标的“绿地·新都会”项目在慈城新城奠基。

11月17日，江北区委中心组举行学习（扩大）会议，深入贯彻落实党的十八届四中全会精神和区委八届六次全会精神。

12月19日，江北区委召开2014年度街道（镇）党工委（党委）书记抓基层党建工作述职评议会。

12月24日，中国著名材料科学家、航空钛合金创始人、慈城籍中科院院士颜鸣皋逝世，享年95岁。

六十三、2015年

2月3日，统计结果显示慈城镇规上工业总产值居全市卫星城首位，2014年实现规上工业总产值228.1亿元，同比增长12.2%。

2月28日，慈城镇获得“第四届全国文明镇”称号。

3月17日，江北区委组织部在慈城镇毛岙村举行“书记·向前冲”活动的启动仪式暨“红色党旗引领绿色发展”推进会。次日，《宁波日报》头版头条报道《书记向前冲、干部当先锋、党群共行动，江北近百村支书为绿色资源找资本》。

3月23日，为深入开展“三改一拆”“五水共治”工作，慈城镇开始拆除五婆湖水库的违建别墅；截至2015年年底，21幢违法建筑中被拆除18幢。

4月11日，宁波全市2014年度卫星城市试点镇综合评价考核结果出炉，慈城镇位居8个卫星城首位。

4月25日，2015宁波山地马拉松赛在慈城举行，共有来自全国各地和日本、俄罗斯、新加坡、美国等多个国家的3 500名选手参赛。

6月3日，慈城“动力小镇”入围第一批浙江省省级特色小镇（共37个）创建名单，成为宁波市首批入围的三个特色小镇之一。

8月10日，统计结果表明，2015年上半年慈城卫星城GDP增幅为13%、工业增加值增幅为14.8%，皆位居8个卫星城之首；固定资产投资完成27.7亿元，比上一年同期增长42.4%，增幅位居8个卫星城第二。

9月30日，慈湖烈士陵园举行公祭仪式。

10月15日，“慈城杯”宁波市“美德之旅”精品线路海选大型公益主题活动在慈城古县衙落幕。

11月30日，宁波市轨道交通4号线开工。该工程起于慈城站，终于东钱湖站，全长约35.95千米。

12月1日，宁波金田铜业股份有限公司上市。

12月3日，中国文联副主席、全国政协常委冯骥才回到故乡慈城参观考察。

12月10日，宁波市委党校迁建项目规划方案通过审批。该项目位于慈城新城，规划用地面积约0.121平方千米。

12月22日，著名画家何水法专程探访慈城。

六十四、2016年

1月7日，“最洁美村庄”观察团走进慈城毛岙村。此前，毛岙村在宁波市文明办和宁波日报报业集团联合发起的“最洁美村庄”评选活动中入围二十强。

2月5日，统计结果显示2015年慈城镇GDP总量突破69亿元，以12%的增幅位居全市8个卫星城第一名。

4月1日，慈湖烈士陵园举行江北区第十八届“老少同祭英烈”活动。

4月3日，宁波市首个新型城镇化配电网示范区工程开工仪式暨加快推进江北电力工程重点项目恳谈会在慈城举行。

4月13日，全市首个新型城镇化配电网示范区工程开工仪式暨加快推进江北电力工程重点项目恳谈会在慈城镇举行。

4月15日，2016中国(宁波)特色文化产业博览会在宁波国际会展中心开幕，慈城镇与宁波圣莱达文化投资有限公司签订了一份文创时尚产业项目——星美文化项目。

4月22日，冯骥才祖居博物馆开馆。该馆位于慈城古县城西北隅民主路上。

6月20日，江北区首个引进的品牌民宿项目——浙江隐居集团乡宿项目，与慈城镇南联村正式签约。

7月8日，慈城镇杨陈村杭甬天然气干线管道安全隐患整治通过江北区发改局等部门的联合验收。

8月31日，总投资11亿元的姚江干堤工程，经过5年建设，基本实现全封闭。

9月7日，慈城镇人大换届选举工作全面启动，预定明年6月底前选举产生93名镇人大代表。

9月9日，慈城镇成功创建为国家级出口苗木质量安全示范区。

9 月 16 日，受台风“莫兰蒂”影响，慈城全镇普降暴雨。

9 月 28 日，慈城镇半浦村、南联村入选宁波市十大“魅力乡村”。

9 月 30 日，慈湖烈士陵园举行烈士纪念日公祭活动。

10 月 10 日，江北区首届“最美村庄”评选结果出炉。毛岙村、半浦村荣获“最美村庄”荣誉称号；南联村、三勤村、五星村入选“洁美村庄”。

10 月 16 日，第八届中华慈孝节颁奖晚会在宁波大剧院举行，前洋村与江北区境内的其他 7 个村（社区）荣获“慈善村（社区）”殊荣。

11 月 5 日，慈城镇被评为第一批浙江省美丽乡村示范乡镇。

12 月 13 至 15 日，在慈城镇、江北区轨道办及相关部门的通力协作下，轨道交通 4 号线慈城站所涉及的铁路职工 72 户（公房）住宅实现 100％签约。

12 月 21 日，相关部门公布 50 个“宁波最美老地名”评选结果，慈城镇和半浦村榜上有名。

六十五、2017 年

1 月 22 日，慈城古县城城隍庙内“大过鸡年”文化展开幕。

2 月 14 日，慈城镇首个棚改项目——慈城旧城改造二期（1 号地块）签约率高达 98.5％。

3 月 1 日，慈城镇姚江第一渔业经济股份合作社核发宁波首本内陆渔业船舶“三合一”证书（将渔业船舶检验证书、登记证书和捕捞许可证书合并为一本“内陆渔业船舶证书”）。

3 月 7 日，央视四套播放大型纪录片《记住乡愁》第四十四集“慈城镇——慈孝传家”，在介绍慈城自然风貌的同时，重点介绍慈孝文化。

3 月 14 日，慈城老城区道路及管线改造项目顺利施工，“推杆下地”工程正式启动。

3 月 25 日，在慈城古县城护城河及官山河综合整治工程现场举行江北区剿灭劣五类水攻坚行动的出征仪式。

3 月 30 日，慈城镇的规划方案被全省小城镇环境综合整治行动规划设计工作现场会选为 47 个优秀方案之一。

5 月 10 日，慈城镇 37 个村、6 个社区全部顺利完成村委会、居委会的换届选举工作。

5 月 11 日，慈城新城首次被列入宁波城市规划的核心区块。按照宁波城市规划，时至2020年，慈城镇将建成国家历史文化名镇，形成“两城一区两轴”的空间结构和“两区四廊多轴”的生态格局。

5月17日，银亿集团“双百亿”项目落户慈城，总投资超100亿元。

5月26日，半浦村、毛岙村、虹星村、金沙村、南联村被评为全国第一批绿色村庄。

6月10日，慈城开启首届“绿野国际杨梅节”。

7月18日，慈城农旅融合项目集中签约仪式在清道观半山会议室举行，有5家知名民宿品牌企业落户慈城。

8月3日，央视《新闻联播》头条《海绵城市：让城市有面子，更有里子》特别点赞慈城“海绵城市”建设。

9月10日，慈城孔庙举行冯骥才祖居博物馆周年庆活动之一的“曝书大会”。

9月30日，江北区组织各界人士在慈湖烈士陵园举行烈士公祭仪式。

10月21日，由宁波市委统战部、宁波市台办、中共江北区委主办，江北区委统战部、慈城镇人民政府承办的应昌期先生诞辰100周年纪念活动，在慈湖中学隆重举行。

11月1日，浙江省小城镇环境综合整治行动现场会在宁波召开。会前，全体与会人员参观考察了慈城的整治现场。面对保护与开发，慈城坚持原真性、完整性、延续性的有机统一，成为英国BBC电视台遴选的全球18个“传承的英雄”之一，这也是中国大陆地区唯一的入选地。

12月23日，慈城镇与贵州省黔西南州册亨县的八渡镇结成对口帮扶“兄弟”乡镇。

12月26日，中共慈城镇委员会举行第十五届三次会议。

12月28日，“句章故城遗址”被江北区政府公布为区级文物保护单位。它在2007年被发现，不但对确立宁波作为海上丝绸之路始发港具有重大意义，更是记录“一带一路”这段历史的活化石。

六十六、2018年

1月26日，慈城绿道系统一期工程完工，在原有交通道路的基础上，新建3段共计3千米自行车道及相关配套设施，即云湖线（南联村—公有村）、云湖至五婆湖连接线（沿东大河）、五婆湖至鄮湖连接线（五湖村—毛岙村），其中云湖线有大约1千米的亲水栈桥。

3月1日，江北区监察委员会决定对慈城洁岚保洁服务有限公司工作人员鲁某违纪、涉嫌贪污公款犯罪问题进行立案审查。这是该机构自成立以来办理的首起留置案件。

3月6日，四川阿坝州文广新局考察团来慈城考察朱贵祠、大宝山保卫战遗址等处。

4月4日，江北区首个社区科普馆——慈湖人家科普馆正式开馆。

5月10日，广西巴马瑶族自治县人大常委会考察团前来考察慈湖人家代表联络站。

8月3日，经企业申请、地方推荐、科技部火炬中心确认，宁波惠之星新材料科技有限公司被列入全国584家第六届中国创新创业大赛中央财政支持企业名单，这也是江北区企业首次获此殊荣。

8月30日，慈城镇成为浙江省首批省级特色农业强镇。

10月8日，慈湖烈士陵园举行烈士公祭仪式。

10月28日，江北区首个高端民宿品牌——“乡遇·隐居云湖”开业运营。

11月，慈城镇入选2018年度书香城镇系列评选活动的候选名单；同月，慈城古县城被评为“中国华侨国际文化交流基地”。

12月，慈城镇北列入第二批宁波市非物质文化遗产特色小镇。

12月23日，慈城新城首个商业综合体——“绿地·新都会”开业运营。

第三节　慈城地方教育的历史变迁

一、慈城旧学

（一）县学孔庙

宋太宗雍熙元年（984年），慈溪县学由知县李昭文始建于县治西北四十步（原城隍庙址），至宋仁宗庆历八年（1048年）又迁建于今竺巷东路，此后屡有兴毁，仅规模较大的修葺、重建、增建就多达近百次。今所存除大成殿外，均为清光绪年间的重建物，并获清帝御书“万世师表”“生民未有”“与天地参”等题额。

慈城孔庙自建成之日起，便是一座学宫与孔庙合一的建筑，既是祭祀孔子的圣地，又是县学的所在，并因此具有尊孔、科举、教化、养士等功能。1905年，清政府废除科举制度，推行新学，孔庙大成殿以西部分由训导兴办中城学堂。1911年，推翻了清王朝统治，建立了中华民国，大成殿以东权作国民党县党部。1939年，慈城遭侵华日军飞机轰炸，孔庙大成殿被炸毁一角，后于1953年被全部拆毁，现存台基。1945年抗战胜利，孔庙全部归于中城小学，直到1991年中城新建校舍落成后才迁出。随后孔庙相继成为成人学校，老年活动中心及工人图书馆的教学、活动场所，部分由区文物管理所使用和管理。

慈城孔庙现占地约7 000平方米，坐北朝南，沿中、左、右三轴布局，呈对称分布，中轴线的主要建筑，由南至北为棂星门、泮池、跨鳌桥、大成门、大成殿、明伦堂、梯云亭；左右轴线上对称地建有魁星、文昌、土地、崇圣、节孝、名宦、乡贤、广文等祠堂。其所选骨干树种如香樟、桂花、榉树、竹子等，均含有吉祥、儒雅的意境，从而匠心独运地将绿化布局的空间性和文化性与周围的古建筑融为一体。整个孔庙布局完整、气势宏大，与衢州孔庙如双峰屹立，齐名于江南。而在浙东地区，慈城孔庙则是唯一一座保存完好的孔庙，并因此在2006年被列为全国重点文物保护单位。

（二）书院书塾

由私人创建而与官学相对应的书院，在慈城，肇始于李唐，发达于赵宋，至清代趋于鼎盛，光绪二十七年(1901年)后改制为学堂。慈城曾经学风浓厚，书院林立，内以德润书院、慈湖书院、宝峰书院最为著名。此外，尚有石坡书院、西溪书院、东泉书院、阚峰书院、宝阴书院、屿湖书院、慈湖精舍等(如表3-1所示)。

表3-1　慈城历代知名书院一览表

名　称	位　置	简　况
德润书院	东门外	由官方和民间大姓共同策划、创建，培养了许多科举人才
慈湖书院	慈湖北岸	从明代起，官方色彩渐浓
石坡书院	小东门外半里汤山之麓	乃南宋宝章阁学士桂万荣当年读书、讲学处；又说是桂万荣告老还乡后所建，是用于教育子弟的私立学校
宝峰书院	大宝山麓	因创建者赵偕号宝峰，故名。赵偕乃赵宋宗室，入元不仕，学宗杨简，在大宝山设院授徒，著名弟子有高则诚、乌斯道等

续　表

名　称	位　　置	简　　　　况
石峰书院	小北门外石刺岭下	明南昌教谕冯钢创办
宝阴书院	小北门外虎啸山麓	明襄府教授冯柯(字宝阴)晚年讲学之所
东泉书院	大东门外琴山下	明尚书姚镆(号东泉)辞职返归后,其门人捐资营建,以为姚镆晚年游息之所,并筑有讲堂、学舍
西溪书院	北山之麓	系明参议周旋所建,用以教授后学
屿湖书院	大东门外	系明都御史秦宗道的讲学处
阚峰书院	慈湖北岸袁峰下	由明大学士袁炜所创建
慈湖精舍	小北门外慈湖北岸	由明布政冯成能所创建

1. 慈湖书院

宋宁宗嘉泰元年(1201 年),邑人杨简为宣扬理学兼教导杨氏后裔,在慈湖北岸原德润书院西创办了谈妙书屋。杨简故后,其后裔与弟子于宋理宗宝庆年间(1225—1227 年)在谈妙书屋旧址创立了慈湖书院。慈湖书院的创设,既开慈城私学之先河,又成为当时浙东心学的中心。自明代起,慈湖书院逐渐被蒙上官方色彩,不但是慈城杨氏的家庙,更由官方任命山长。时至道光六年(1826 年),邑人冯汝霖、冯云濠等捐资 3 万元新建院舍于普济寺前,同时迎聘院长、整顿学制,但这次重建并未有效推动慈湖书院的发展。光绪二十八年(1902 年),在陈训正、冯君木等人的发动下,慈湖书院被改建为慈湖中学堂。校名曾多次更改,从 1902 年的慈湖中学堂,一变而为 1906 年的慈谿县中学堂,再变而为 1910 年的慈谿县立高等小学堂,到 1929 年,随着两年制商科(增设于 1924 年)被裁撤,慈谿县立高等小学堂成为六年制的完全小学——慈湖小学。

2. 德润书院

德润书院原是雍正三年(1725 年),知县张淑郿所设义塾,彼时虽有半浦人郑性捐田 39 亩以维持日常开支,但尚无固定教室,常借僧寮道院设教。乾隆十六年(1751 年)冬,知县陈朝栋等集资于学宫建尊经阁,下为学舍,书额“德润书院”。嘉庆二十年(1815 年),得益于知县黄兆台的主持和盛植麒、俞挺芝的捐资,书院被迁建于东门内,中为讲堂,翼以两庑。道光十二年(1832 年),邑人冯云濠、叶维新建先觉堂于讲堂后,用于祭祀虞翻、阚泽、虞喜、虞预、杨适、杜醇、杨简、黄震八贤，同时在堂旁建祠以祀姜宸英。道光二十三年（1843 年），知县赖晋捐资建魁星阁于讲堂前。咸丰十一年（1861 年），书院毁于兵火。光绪三年（1877 年），邑人冯全琛、冯伟才捐资在旧址重建讲堂、先觉堂。光绪九年（1883 年），知县赵煦与掌教冯可镛会同邑人陈锦荣、童春、赵家薰、周晋鑣集资拓地，建东西两庑并门房、庖，缭以垣墙。光绪三十年（1904 年），俞鸿梴（1870—1945 年）以掌院身份，将德润书院改建为公立正始两等小学堂。

学塾曾为幼童启蒙之所在，有私塾、义塾、村塾等不同形式。1929 年，国民政府下令取缔、改良私塾，不准创设新私塾，违者勒令关闭。此后，学塾这一传统教育场所（模式）渐趋消亡。

(1) 古草堂（私塾）。该私塾位于赭山，20 世纪初由严家池头严氏家族集资兴办，学生多为严氏子孙和邻近孩童。今为虹星小学。

(2) 蒙养书塾。此乃黄山王氏家族自置，创办年月不详。光绪三十年，在书塾原址创办黄山国民学校。

（三）校士馆

校士馆又称试院，民间则呼作考棚，是科举时代慈谿县童生参加县试的场所。在道光十五年（1835 年）之前，每年参加县试的慈谿童生不但多达七八百人，而且没有专用考场，因而每逢县试，县衙内的厅堂、房间、檐廊、过道都成为临时考场，一旦遭遇风雨，必将无法展卷答题。于是，道光十五年，半浦乡贤郑廷荣、郑一夔父子慷慨捐资 24 000 银洋（一说 30 000 银洋），历经一年施工而于道光十六年（1836 年）建成一座占地近 8 000 平方米、共计 117 间房的校士馆。

咸丰十一年（1861 年）太平军侵入慈城后，校士馆被毁。同治二年（1863 年），桂馥、凌庆弘、冯可镛等乡贤筹款重建。1905 年科举制度被废后，校士馆闲置。1926 年校士馆成为普迪二校的校舍，此后又被毁。现存的校士馆根据光绪《慈谿县志》的图样重建，坐北朝南，占地近 8 000 平方米，整组建筑呈传统的中轴对称布局：中轴线上由南向北分别为大门、仪门、大堂、二堂、挑试所；左右轴线上对称地建有文场、公祠等。今校士馆虽系仿制建筑，但为了解明清时期的科举制度提供了一个具有代表性的窗口。

（四）慈城科举

虽然早在唐代就有张无择、虞九皋、董淇三人相继进士及第，但实际上，慈谿人从北宋起才真正开始成为科第竞选的重要参与者。其背景：一是科举制度不但越来越公正（反舞弊措施日益丰富、精细），而且越来越公开、公平（面向平民）；

二是慈谿在独立成县250年后，不但社会稳定，而且经济、教育都取得了长足的进步，这就使得民众有足够的精力、财力和兴趣去奋战场屋。

假如说北宋（960—1126年）是慈谿科考史上的勃兴期，那么南宋（1127—1279年）则是其繁荣期，多达136位新旧慈谿人在这短短152年间从竞争愈益激烈的科举考试中脱颖而出。这一盛况的出现，固然得益于宋室驻跸临安（杭州）后慈谿政治地位的上升和科举配额的增多，但主要仍是慈谿地方经济、社会治安、文化氛围、民众心理、公私教育、科举收益等各种因素相互作用的产物。

经历了元代的低迷之后①，慈谿人的科考成绩在明代发展至顶峰。据光绪《慈谿县志》记载，在明代276年间，慈谿不但有245人进士及第（包括武进士8人），而且出现了父子、兄弟联登高第的现象；至于中举者，更是多达600人。

然而，这一良好的发展势头在明清易代后发生了转变。在清代267年间（1644—1911年），开科112次，慈谿仅有105人进士及第（内含12位武进士），像明代那样比较常见的四五位甚至更多慈谿人同榜的现象，在清代只出现过三次；与此同时，中举者也只有520人（内含69位武举人）。慈谿所出现的这一现象并非孤例，毗邻的鄞县在清代的进士及第数也出现了断崖式下降。在民国《鄞县通志》的作者看来，发生这一变化，起因便是以钱肃乐、张煌言、王翊、冯京第、董志宁为代表的众多宁波人，由于在明清易代之际勠力抗清，结果遭到清廷秋后算账，科考名额的大幅下降便是其中一个方面。

慈谿历代进士姓名如表3-2所示。

表3-2　慈谿历代进士姓名录

朝　代	姓　名	时　　间
唐(3)	1. 张无择	高宗永隆元年(680年)
	2. 虞九皋	宪宗元和元年(806年)
	3. 董　淇	僖宗广明元年(880年)
北宋(23)	1. 王　慈	太宗端拱二年(989年)
	2. 卢慎微	真宗景德二年(1005年)
	3. 冯　准	仁宗庆历六年(1046年)

① 主要是元朝长期废除科举制度，故在此期间，进士及第者仅翁传心一人。此外，姚应凤（世祖至元年间）、翁羽（泰定三年）、陈敬文（顺帝至元元年）、桂彦良（顺帝至正七年）也曾通过“乡举”入仕。

续 表

朝 代	姓 名	时　　间
北宋(23)	4. 郭 暨	仁宗皇祐元年(1049 年)
	5. 冯 硕	仁宗嘉祐八年(1063 年)
	6. 舒 亶	英宗治平二年(1065 年)
	7. 冯师古	英宗治平四年(1067 年)
	8. 冯 景	神宗熙宁三年(1070 年)
	9. 姚 孳	神宗熙宁九年(1076 年)
	10. 郭 浑	
	11. 翁 升	神宗元丰五年(1082 年)
	12. 王 发	哲宗元祐三年(1088 年)
	13. 舒 介	哲宗元祐九年(1094 年)
	14. 冯 泾	哲宗绍圣四年(1097 年)
	15. 郭敦实	哲宗元符三年(1100 年)
	16. 冯 轸	
	17. 冯 淮	
	18. 冯 滋	徽宗崇宁五年(1106 年)
	19. 冯子济	
	20. 王庭秀	徽宗政和二年(1112 年)
	21. 姚 持	徽宗政和八年(1118 年)
	22. 桂 舟	
	23. 王 璧	徽宗宣和六年(1124 年)
南宋(136)	1. 张嗣良	高宗建炎二年(1128 年)
	2. 严 翼	
	3. 冯 輗	
	4. 张士民	
	5. 郭敦颐	高宗绍兴二年(1132 年)

续　表

朝　代	姓　名	时　间
南宋(136)	6. 张　济	高宗绍兴十五年(1145年)
	7. 赵师岘	高宗绍兴三十年(1160年)
	8. 赵师章	
	9. 冯纬文	孝宗隆兴元年(1163年)
	10. 严九龄	
	11. 杨　简	孝宗乾道五年(1169年)
	12. 舒　烈	孝宗乾道八年(1172年)
	13. 严仲容	
	14. 姚　颖(状元)	孝宗淳熙五年(1178年)
	15. 王　镐	
	16. 罗仲舒	孝宗淳熙十四年(1187年)
	17. 叶　澄	光宗绍熙元年(1190年)
	18. 杨　琰	
	19. 葛　容	光宗绍熙四年(1193年)
	20. 张　虑	宁宗庆元二年(1196年)
	21. 张　珩	
	22. 桂万荣	
	23. 冯　理	
	24. 王　休	
	25. 刘叔向	宁宗庆元五年(1199年)
	26. 施　琮	宁宗嘉泰二年(1202年)
	27. 刘厚南	宁宗嘉定元年(1208年)
	28. 冯宋兴	宁宗嘉定四年(1211年)
	29. 程士龙	
	30. 余元廙	宁宗嘉定七年(1214年)

续 表

朝 代	姓 名	时 间
南宋(136)	31. 方季仁	宁宗嘉定十年(1217 年)
	32. 赵湆夫	
	33. 葛 逢	
	34. 翁逢龙	
	35. 孙梦瑀	
	36. 赵兴仕	宁宗嘉定十三年(1220 年)
	37. 罗叔韶	
	38. 赵逢龙	宁宗嘉定十六年(1223 年)
	39. 孙梦镗	
	40. 童居易	
	41. 任褒然	宁宗嘉定十七年(1224 年)
	42. 陈 籥	
	43. 孙 因	理宗宝庆二年(1226 年)
	44. 孙梦观	
	45. 冯 基	
	46. 冯履道	理宗绍定二年(1229 年)
	47. 严 畏	理宗绍定四年(1231 年)
	48. 叶成子	
	49. 曹 巽	理宗绍定五年(1232 年)
	50. 桂去疾	
	51. 桂锡孙	
	52. 张 璹	
	53. 冯 容	
	54. 孙困绣	
	55. 张自明	理宗端平二年(1235 年)

续　表

朝　代	姓　名	时　　　间
南宋(136)	56. 张　槃	理宗端平二年(1235 年)
	57. 方　肃	
	58. 张　玘	理宗嘉熙二年(1238 年)
	59. 罗明复	理宗淳祐元年(1241 年)
	60. 周梦李	
	61. 罗叔晟	
	62. 方　端	
	63. 张自强	
	64. 张庆祖	
	65. 张自东	
	66. 余　东	理宗淳祐四年(1244 年)
	67. 孙　豹	
	68. 张自期	理宗淳祐七年(1247 年)
	69. 赵孟墅	
	70. 张櫵之	理宗淳祐七年(1247 年)
	71. 张　堂	
	72. 翁归仁	
	73. 吴尚深	
	74. 孙梦霆	
	75. 罗　谦	
	76. 沈　发	理宗淳祐十年(1250 年)
	77. 王　末	
	78. 洪　晕	
	79. 杨　垕	
	80. 桂　本	

续　表

朝　代	姓　名	时　　间
南宋(136)	81. 舒梦庚	
	82. 孙獬孙	
	83. 黄翔龙	理宗宝祐元年(1253 年)
	84. 孙震孙	
	85. 王自然	
	86. 林　霆	
	87. 杨　璧	
	88. 林　峻	
	89. 王　良	
	90. 施泰孙	
	91. 孙　困	
	92. 孙斯撢	
	93. 罗雷发	理宗宝祐四年(1256 年)
	94. 黄　震	
	95. 章霆瑞	
	96. 张　虡	
	97. 林一枝	
	98. 冯　懋	
	99. 杨　坰	
	100. 胡从义	理宗开庆元年(1259 年)
	101. 张应龙	
	102. 章介甫	
	103. 胡　机	
	104. 张　虡	
	105. 罗季禹	

续　表

朝　代	姓　名	时　　间
南宋(136)	106. 王宝之	理宗开庆元年(1259 年)
	107. 王桂发	
	108. 桂壮孙	
	109. 孙善因	
	110. 方山京(状元)	理宗景定三年(1262 年)
	111. 沈　湝	
	112. 刘扬祖	
	113. 张　光	
	114. 张润孙	
	115. 沈　芑	
	116. 楼　岩	度宗咸淳元年(1265 年)
	117. 姚梦荐	
	118. 林子宣	
	119. 曹一新	
	120. 杨应祥	
	121. 韩福孙	
	122. 黄三接	
	123. 徐斗明	
	124. 陆　觉	
	125. 臧　璧	度宗咸淳四年(1268 年)
	126. 赵必祐	
	127. 楼　嵒	
	128. 孙　耕	度宗咸淳七年(1271 年)
	129. 孙　耘	度宗咸淳十年(1274 年)
	1. 潘伯恭(武进士)	宁宗庆元二年(1196 年)

续 表

朝 代	姓 名	时 间
南宋(136)	2. 胡应时(武进士)	宁宗庆元五年(1199 年)
	3. 王 甲(武进士)	宁宗嘉定十六年(1223 年)
	4. 何 濬(武进士)	理宗绍定二年(1229 年)
	5. 鲁 英(武进士)	理宗绍定五年(1232 年)
	6. 何自明(武进士)	理宗端平二年(1235 年)
	7. 胡 光(武进士)	度宗咸淳十一年(1275 年)
元(1)	1. 翁传心	仁宗延祐七年(1320 年)
明(245)	1. 岑 鹏	太祖洪武四年(1371 年)
	2. 罗 暹	太祖洪武十八年(1385 年)
	3. 翁 华	太祖洪武二十一年(1388 年)
	4. 秦政学	成祖永乐二年(1404 年)
	5. 刘 嵩	
	6. 叶 生	
	7. 郭守愚	
	8. 叶铭臻	
	9. 陈敬宗	
	10. 刘 本	成祖永乐四年(1406 年)
	11. 孙 苏	
	12. 顾 巽	成祖永乐十年(1412 年)
	13. 桂 芝	成祖永乐十三年(1415 年)
	14. 徐得伦	
	15. 周叔逵	
	16. 刘 棻	
	17. 冯吉亨	
	18. 茅并基	

续 表

朝 代	姓 名	时 间
明(245)	19. 顾 侃	成祖永乐十三年(1415 年)
	20. 郑 让	
	21. 郑维桓(解元)	
	22. 龚 璧	成祖永乐十六年(1418 年)
	23. 刘得初	
	24. 刘 璨	成祖永乐十九年(1421 年)
	25. 张 楷	成祖永乐二十二年(1424 年)
	26. 王 复	宣宗宣德五年(1430 年)
	27. 王 用	宣宗宣德八年(1433 年)
	28. 刘 亜	英宗正统元年(1436 年)
	29. 张 瑭	英宗正统四年(1439 年)
	30. 姚 堂	
	31. 刘 炜	
	32. 刘 怀	英宗正统七年(1442 年)
	33. 钱 森	
	34. 夏时正	英宗正统十年(1445 年)
	35. 桂 怡	英宗正统十三年(1448 年)
	36. 李 尚	
	37. 周 翔	
	38. 桂 琛	景帝景泰五年(1454 年)
	39. 郑 岑	
	40. 孙 忱	
	41. 张 琦	英宗天顺元年(1457 年)
	42. 王应奎	英宗天顺四年(1460 年)
	43. 罗信佳	宪宗成化二年(1466 年)

续　表

朝　代	姓　名	时　　　间
明(245)	44. 桂廷珪	宪宗成化二年(1466 年)
	45. 冯　錤	
	46. 龚　泽	宪宗成化五年(1469 年)
	47. 桂　镐	宪宗成化八年(1472 年)
	48. 张　昺	
	49. 郑　重	宪宗成化十一年(1475 年)
	50. 王　鏓	
	51. 童　潮	
	52. 冯　忠	宪宗成化十四年(1478 年)
	53. 张　韶	
	54. 余　濬	宪宗成化十七年(1481 年)
	55. 袁　燫	
	56. 魏　英	
	57. 王　纶	宪宗成化二十年(1484 年)
	58. 赵　坤	
	59. 沈　元	
	60. 周　津	
	61. 费　铠	
	62. 周　旋	宪宗成化二十三年(1487 年)
	63. 沈　瓒	
	64. 王　术	
	65. 杨子器	
	66. 王　惠	孝宗弘治三年(1490 年)
	67. 赵继宗	
	68. 徐　楷	

续　表

朝　代	姓　名	时　　间
明(245)	69. 茅光著	孝宗弘治三年(1490 年)
	70. 孙　连	
	71. 陈　熙	
	72. 姚　镆	孝宗弘治六年(1493 年)
	73. 王　纯	
	74. 裘　壤	
	75. 桂　诏	
	76. 翁　玉	孝宗弘治九年(1496 年)
	77. 刘　乔	
	78. 沈　赉	
	79. 姚　汀	孝宗弘治十二年(1499 年)
	80. 冯本澄	
	81. 赵　暕	
	82. 徐　仁	
	83. 钱俊民	
	84. 向　锦	
	85. 冯　志	孝宗弘治十五年(1502 年)
	86. 罗　缙	
	87. 贺　洪	
	88. 顾　英	
	89. 刘　滂	孝宗弘治十八年(1505 年)
	90. 张　福	武宗正德三年(1508 年)
	91. 姚　缙	
	92. 翁　素	武宗正德六年(1511 年)
	93. 孙　懋	

续 表

朝 代	姓 名	时 间
明(245)	94. 沈光大	武宗正德六年(1511年)
	95. 朱 良	武宗正德九年(1514年)
	96. 周士英	
	97. 王 嵱	
	98. 冯 泾	
	99. 秦 钺	
	100. 李 浑	
	101. 徐 州	
	102. 沈 教	
	103. 姚 釪	
	104. 王 镕	武宗正德十二年(1517年)
	105. 徐 锦	
	106. 刘世龙	武宗正德十六年(1521年)
	107. 钟 潜	
	108. 陈原理	
	109. 刘 谏	
	110. 姚 涞(状元)	世宗嘉靖二年(1523年)
	111. 陈文誉	
	112. 秦 金	
	113. 袁 载	
	114. 叶 照	
	115. 刘 安	世宗嘉靖五年(1526年)
	116. 冯 岳	
	117. 冯 震	
	118. 陈 鲸	

续　表

朝　代	姓　名	时　　间
明(245)	119. 沈一定	世宗嘉靖五年(1526 年)
	120. 卢　淮	世宗嘉靖八年(1529 年)
	121. 陈茂义	
	122. 费　渊	
	123. 赵文华	
	124. 钱　焕	
	125. 张　谦	世宗嘉靖十一年(1532 年)
	126. 周　镐	
	127. 钱　照	
	128. 刘士逵	
	129. 顾　翀	
	130. 张尧年	世宗嘉靖十四年(1535 年)
	131. 姚　滮	
	132. 袁　炜(会元)	世宗嘉靖十七年(1538 年)
	133. 刘廷诰	
	134. 刘廷仪	
	135. 冯　璋	
	136. 姚　梧	世宗嘉靖二十年(1541 年)
	137. 王　交(解元)	
	138. 向洪迈	世宗嘉靖二十三年(1544 年)
	139. 钱　鲸	世宗嘉靖二十六年(1547 年)
	140. 韩子允	
	141. 叶应乾	
	142. 陈茂礼	世宗嘉靖二十九年(1550 年)
	143. 秦　钫	

续　表

朝　代	姓　名	时　　　间
明(245)	144. 秦宗道	世宗嘉靖三十二年(1553年)
	145. 冯　叶	
	146. 秦　淦	
	147. 尹士龙	
	148. 冯叔吉	
	149. 何惟慜	
	150. 冯　谦	世宗嘉靖三十五年(1556年)
	151. 郑　卿(解元)	
	152. 刘志伊	
	153. 颜　鲸	
	154. 姜国华	世宗嘉靖三十八年(1559年)
	155. 冯成能	
	156. 孙光祖	
	157. 徐一忠	世宗嘉靖四十一年(1562年)
	158. 陈颐正	
	159. 陈文谟	
	160. 刘志业	世宗嘉靖四十四年(1565年)
	161. 向　程	
	162. 王朝阳	
	163. 张大器	穆宗隆庆二年(1568年)
	164. 姚孟贤	
	165. 孙汝汇	
	166. 费　标	穆宗隆庆五年(1571年)
	167. 冯盛宗	
	168. 孙成名	

续　表

朝　代	姓　名	时　　　间
明(245)	169. 刘伯渊	穆宗隆庆五年(1571年)
	170. 李应辰	
	171. 王应选	神宗万历二年(1574年)
	172. 秦应骢	
	173. 沈大忠	神宗万历五年(1577年)
	174. 姚元祯	
	175. 向　东	神宗万历八年(1580年)
	176. 刘志选	神宗万历十一年(1583年)
	177. 王　萱	
	178. 钱景超	
	179. 姜应麟	
	180. 罗应斗	神宗万历十四年(1586年)
	181. 岑应春	
	182. 袁茂英	
	183. 冯有经	神宗万历十七年(1589年)
	184. 沈茂荣	神宗万历二十年(1592年)
	185. 冯若舒	
	186. 刘宪宠	
	187. 冯　娗	
	188. 王福徵	
	189. 冯若愚	神宗万历二十三年(1595年)
	190. 周　元	
	191. 叶维荣	
	192. 赵会祯	神宗万历二十六年(1598年)
	193. 王　猷	

续 表

朝 代	姓 名	时 间
明(245)	194. 韩孙爱	神宗万历二十九年(1601 年)
	195. 张九德	
	196. 冯时俊	
	197. 杨守勤	神宗万历三十二年(1604 年)
	198. 姚宗文	
	199. 冯 任	神宗万历三十五年(1607 年)
	200. 钱文荐	
	201. 赵昌期	神宗万历三十八年(1610 年)
	202. 袁熙臣	神宗万历四十一年(1613 年)
	203. 孙国桢	
	204. 胡亮工	神宗万历四十四年(1616 年)
	205. 董允生	
	206. 应朝玉	神宗万历四十七年(1619 年)
	207. 沈翘楚	
	208. 冯国英	
	209. 冯起纶	
	210. 袁宏勋	
	211. 冯元飚	熹宗天启二年(1622 年)
	212. 叶 宰	熹宗天启五年(1625 年)
	213. 冯敬舒	
	214. 阮震亨	
	215. 姜思睿	
	216. 李一鹏	
	217. 应喜臣	思宗崇祯元年(1628 年)
	218. 冯元飂	

续　表

朝　代	姓　名	时　　间
明(245)	219. 赵　珽	思宗崇祯元年(1628年)
	220. 桂一章	思宗崇祯四年(1631年)
	221. 刘　勷	
	222. 童兆登	
	223. 冯家桢	
	224. 姚应翀	思宗崇祯七年(1634年)
	225. 向　北	
	226. 冯文伟	思宗崇祯十年(1637年)
	227. 董允茂	
	228. 沈履祥	
	229. 周耀雷	
	230. 王台明	
	231. 沈宸荃	思宗崇祯十三年(1640年)
	232. 王　灏	思宗崇祯十五年(1642年)
	233. 冯元飂	思宗崇祯十六年(1643年)
	234. 秦祖襄	
	235. 韩昌锡	
	236. 沈崇堬	
	237. 冯　崑	
	1. 王尚文(武进士)	世宗嘉靖四十一年(1562年)
	2. 袁应兆(武进士)	神宗万历二十九年(1601年)
	3. 张　光(武进士)	神宗万历三十二年(1604年)
	4. 陈焕章(武进士)	神宗万历四十九年(1621年)
	5. 沈　鳌(武进士)	
	6. 徐柱国(武进士)	熹宗天启二年(1622年)

续 表

朝 代	姓 名	时 间
明(245)	7. 俞茂才(武进士)	熹宗天启二年(1622 年)
	8. 陈 值(武进士)	思宗崇祯元年(1628 年)
清(105)	1. 周曾发	世祖顺治六年(1649 年)
	2. 冯 倏	
	3. 王嗣皋	
	4. 钱茂秦	
	5. 费维祉	
	6. 张 茁	世祖顺治九年(1652 年)
	7. 胡启甲	世祖顺治十二年(1655 年)
	8. 姚启盛	
	9. 冯蕚舒	世祖顺治十五年(1658 年)
	10. 邵于道	
	11. 王 枚	
	12. 应纯仁	
	13. 王 雅	世祖顺治十六年(1659 年)
	14. 叶 蘅	
	15. 沈日章	世祖顺治十八年(1661 年)
	16. 孙百蕃	圣祖康熙六年(1667 年)
	17. 张念仲	圣祖康熙十二年(1673 年)
	18. 刘初吉	圣祖康熙十五年(1676 年)
	19. 董尔宏	
	20. 秦 炯	圣祖康熙二十一年(1682 年)
	21. 冯佩实	
	22. 郑 梁	圣祖康熙二十七年(1688 年)
	23. 周近梁	圣祖康熙三十年(1691 年)

续　表

朝　代	姓　名	时　　间
清(105)	24. 宋徵烈	圣祖康熙三十年(1691 年)
	25. 周鸿宪	圣祖康熙三十三年(1694 年)
	26. 姜宸英	圣祖康熙三十六年(1697 年)
	27. 李　楷	圣祖康熙三十九年(1700 年)
	28. 陈吴岳	
	29. 林　鑛	
	30. 周　苏	
	31. 韩贻丰	圣祖康熙四十二年(1703 年)
	32. 叶　昌	圣祖康熙四十五年(1706 年)
	33. 秦　晋	
	34. 金虞廷	圣祖康熙四十八年(1709 年)
	35. 郑羽逵	
	36. 应宗文	
	37. 叶　亮	
	38. 裘　琏	圣祖康熙五十四年(1715 年)
	39. 沈文豪	世宗雍正元年(1723 年)
	40. 冯鸿模	世宗雍正二年(1724 年)
	41. 王益孚	世宗雍正十一年(1733 年)
	42. 刘应麟	高宗乾隆二年(1737 年)
	43. 费士桂	
	44. 袁　枚	高宗乾隆四年(1739 年)
	45. 桂　滽	高宗乾隆十三年(1748 年)
	46. 冯鹏飞	高宗乾隆十六年(1751 年)
	47. 冯兆麟	高宗乾隆十七年(1752 年)
	48. 阮　基	高宗乾隆二十二年(1757 年)

续 表

朝 代	姓 名	时 间
清(105)	49. 冯丹香	高宗乾隆二十八年(1763年)
	50. 费承勋	
	51. 费 淳	
	52. 舒元丰	
	53. 袁 树	
	54. 陆廷枢	高宗乾隆四十五年(1780年)
	55. 魏成宪	高宗乾隆四十九年(1784年)
	56. 王肇成	高宗乾隆五十二年(1787年)
	57. 冯全修	高宗乾隆五十五年(1790年)
	58. 盛廷谟	高宗乾隆六十年(1795年)
	59. 姚 逵	仁宗嘉庆元年(1796年)
	60. 冯 璟	仁宗嘉庆六年(1801年)
	61. 徐 渊	
	62. 费丙章	仁宗嘉庆十三年(1808年)
	63. 秦黄开	仁宗嘉庆十四年(1809年)
	64. 陈宝枡	仁宗嘉庆十六年(1811年)
	65. 杨九畹	仁宗嘉庆二十四年(1819年)
	66. 姚廷清	宣宗道光二年(1822年)
	67. 桂文耀	宣宗道光九年(1829年)
	68. 郑锡文	宣宗道光十二年(1832年)
	69. 魏大纲	
	70. 韩 曜	宣宗道光十三年(1833年)
	71. 任 荃	宣宗道光十五年(1835年)
	72. 胡 江	宣宗道光十八年(1838年)
	73. 洪 观	

续　表

朝　代	姓　名	时　　　间
清(105)	74. 邵　纶	宣宗道光二十年(1840年)
	75. 叶华春	宣宗道光二十四年(1844年)
	76. 冯　栻	宣宗道光二十五年(1845年)
	77. 叶葆元	文宗咸丰三年(1853年)
	78. 宓昞烺	文宗咸丰六年(1856年)
	79. 杨泰亨	穆宗同治四年(1865年)
	80. 陈　钦	穆宗同治十年(1871年)
	81. 周晋麒	穆宗同治十三年(1874年)
	82. 叶庆增	德宗光绪二年(1876年)
	83. 陈邦瑞	
	84. 刘一桂	
	85. 郑　缤	德宗光绪三年(1877年)
	86. 严　修	德宗光绪九年(1883年)
	87. 童　春	德宗光绪十二年(1886年)
	88. 陈祥燕	德宗光绪十五年(1889年)
	89. 陈康瑞	德宗光绪十六年(1890年)
	90. 杨家骥	
	91. 葛祥熊	
	92. 林颐山	德宗光绪十八年(1892年)
	93. 裘鸿勋	
	1. 方鼎新(武进士)	世祖顺治九年(1652年)
	2. 宋　毅(武进士)	世祖顺治十五年(1658年)
	3. 向腾蛟(武进士)	世祖顺治十八年(1661年)
	4. 乌　震(武进士)	
	5. 叶友箕(武进士)	圣祖康熙九年(1670年)

续 表

朝 代	姓 名	时 间
清(105)	6. 俞兆翀(武进士)	圣祖康熙十五年(1676 年)
	7. 叶泰亨(武进士)	圣祖康熙二十七年(1688 年)
	8. 王廷佐(武进士)	高宗乾隆十三年(1748 年)
	9. 李邦泰(武进士)	高宗乾隆五十四年(1789 年)
	10. 叶步魁(武进士)	高宗乾隆五十八年(1793 年)
	11. 吴安邦(武进士)	仁宗嘉庆七年(1802 年)
	12. 吴 峻(武进士)	德宗光绪三年(1877 年)

资料来源:《光绪慈豁县志》卷 19～21,出自《中国地方志集成》,上海书店 1993 年版,第 399～464 页。

二、慈城基础教育

慈城有着浓厚的重学劝学之风,继而在漫长的历史演进中形成了"求学—助学"的良性教育循环。关注并有意推动教育事业的发展、热爱并愿意回馈母校,是明代以来慈城域内捐资兴学的主要动机(如表 3－3 所示)。捐资兴学有两大高潮:一则出现在清末民国时期,以秦润卿为代表的旅沪商人是当时的投资主体;二则出现在改革开放后,以应昌期父子为代表的港台同胞成为新的投资主体。中城小学与慈湖中学是这两次教育投资高潮的重点对象。

表 3－3 明代以来慈城域内捐资兴学一览表

时 间	捐 赠 者	捐赠或捐建简况
明万历十九年(1591 年)	冯叔吉	捐田 27 亩,用作县学田
清乾隆十六年(1751 年)	陈朝栋	创办德润书院
清光绪末	慈城严氏家族	捐建古草堂私塾
清光绪三十年(1904 年)	王义观	捐建黄山国民学校(崇本小学前身)
	凌受益	创办中城蒙塾(中城小学前身)

续　表

时　间	捐　赠　者	捐赠或捐建简况
1914 年	秦润卿、李寿山、王荣卿等	筹资 10 万银圆兴建普迪学校
1921 年	孙衡甫	出资 4 万银圆建造半浦新学堂(半浦小学前身)
1922 年	秦润卿、李寿山、孙衡甫等	创办慈城云华孤儿院
1932 年	冯景曾	创办尚志小学(慈城中心小学前身)
1934 年	秦润卿、杨逊斋、何旋卿等	创办慈谿县立初级中学(慈湖中学前身)
1936 年	罗怀才、袁信桃	兴建方村庙小学(山西小学前身)
1948 年	秦润卿、陈布雷、陈叔谅等	出资重建慈谿县立初级中学于原址，并在次年 1 月建成第一幢教学楼——“四九楼”
1985 年	秦省如、秦慧珠、王欣康、姚明	在普迪小学恢复校名之际，捐资 1.2 万元，用作办学基金
1989 年	应明皓	捐资超过 140 万美元重建中城小学
1991 年	蒋光照、汪宝书、陈曙英等	在中城小学落成之际，捐赠 1.5 万美元，用作教育基金
1992 年	台湾应昌期教育基金会	向中城小学捐赠电脑多机通信围棋设备 1 组，价值 4.15 万美元
	嵇惠明、叶云仙、郑擎一	捐赠 1.5 万元给中城小学，设立教育与围棋基金
	应明皓等海外应氏族人	捐赠 450 万元新建倡棋幼儿园，捐赠 1 222 万元重建慈湖中学
1993 年	应昌期父子	出资 100 万元给慈湖中学，用于购买教育设备
1994 年	应昌世	出资 30.378 万元给慈湖中学，用于购置计算机
	裘嘉康、应昌世、应昌立	捐资 4.3 万元给中城小学，设立教学基金
1995 年	应昌世、冯永莩、嵇惠民、裘嘉康等	捐资 300 万元给慈湖中学，用于建造“慈安楼”“谈妙楼”
	金田铜业集团、镇海发电厂	分别出资 5 万元、20 万元，用于建造慈城二中(妙山中学)教学楼；金田铜业集团同年又出资设立“金田奖学金”“金田育才奖”

续　表

时　间	捐　赠　者	捐赠或捐建简况
1996 年	永红集团	捐资 50 万元，用于建造乍浦中学实验楼
	应昌世	捐资 40 万元给中城小学，设立围棋和教育基金
2004 年	陈叔同、周痕静夫妇	捐资 10 万美元给慈湖中学，设立陈叔同、周痕静奖学基金
2007 年	应明皓等应氏族人	在应昌期诞辰 90 周年纪念大会上向慈湖中学、中城小学捐资 100 万元人民币，设立星耀奖助学基金

下面从慈城学前教育和基础教育两个方面进行详细介绍。

（一）学前教育

从同期横向比较的角度来看，慈城镇的学前教育在整个江北区，不但起步较早，而且幼儿园数量较多。这其中，既有像慈城镇幼儿园这样的办学历史长达四十余年的老园，又有新近开办于 2019 年且教育理念比较前卫的南京师范大学慈城怀之幼儿园，更有其他区域罕见的由台湾同胞投资创建的倡棋幼儿园（见表 3-4）。

表 3-4　慈城幼儿园名录

园　　名	创办时间	园　　址
江北区慈城镇幼儿园	1977 年	慈城镇三块桥板 4 号
宁波市二轻工业管理局第二幼儿园	1979 年	慈城镇解放路 239 号
江北区慈城第二幼儿园	1992 年	慈城镇妙山桥
江北区慈城镇倡棋幼儿园	1994 年	慈城镇竺巷东路 55 号
江北区慈城乐溢幼儿园	2000 年	慈城镇云鹭湾随园街 52 号
宁波市江北区绿苗幼儿园	2001 年	慈城镇乍山杨家桥
江北区慈城镇中心幼儿园	2006 年	慈城镇慈湖人家 297 号
江北区慈城镇贝贝佳幼儿园	2010 年	慈城镇宁慈西路 1455 号枫湾家园内

续　表

园　名	创办时间	园　址
江北区慈城镇塘家湾幼儿园	2012 年	慈城镇塘家湾路 179 号
宁波市江北区新城幼儿园	2014 年	慈城镇新华村堵家桥
宁波江北维拉苹果树幼儿园	2015 年	慈城镇维拉小镇东晖路 230 号
南京师范大学慈城怀之幼儿园	2019 年	慈城新城

1. 江北区慈城镇倡棋幼儿园

倡棋幼儿园由应氏计点制围棋创始人应昌期捐资创建。该园场地宽敞舒适，各类设施齐全，足以为幼儿生活、学习、游戏提供多元化、多维度、多形态的条件。建园以来，该园始终秉承“一切为了孩子，为家长提供优质服务”的办学宗旨和“向家长学习、向幼儿学习、和孩子一起成长”的教育理念，锐意改革，积极创新，迄今为止，不但业已荣获“浙江省示范性幼儿园”“浙江省一级幼儿园”“宁波市六星级幼儿园”等称号，而且形成了“以棋激趣、以棋启智、以棋陶情、以棋育人”的教育特色。

2. 南京师范大学慈城怀之幼儿园

慈城怀之幼儿园位于慈城新城，是慈城镇人民政府与南京师范大学深度合作的高品质、高标准、高起点的普惠性幼儿园，总占地面积为 6 005 平方米，建筑面积为 4 043.43 平方米，有 12 个班级，已于 2019 年 5 月初正式开始招生。南京师范大学是国家“双一流”重点建设高校，拥有国内首个学前教育博士点，业已建成国内第一个学前教育国家重点学科，在幼儿教育研究、幼儿园运营管理、幼儿教育培训领域独树一帜。慈城怀之幼儿园作为南京师范大学首次落户浙江省的教育品牌，以“用爱守护童年”为办园宗旨，坚持“专业、和谐、日新、共好”的办园理念，正朝着“沐浴温暖的家园，探索发现的乐园，智慧生长的学园”这一既定目标奋勇前行。

（二）基础教育

基础教育一般包括小学教育、中学教育和职业（专科）教育。

1. 小学教育

慈城基础教育有着浓厚的历史底蕴，历史传承工作绵延不绝。自光绪二十九年（1903 年）颁行“癸卯学制”到 1941 年 4 月日寇入侵慈城，这期间虽然政局动荡，但慈城的教育事业取得了长足的进步，仅城区内就有中城、东城、南城、西城、北城、普迪、普迪二校、尚志、正始、藕田、继善、念慈、道本等小学十来所(见表3-5)，学生二三千人。个中原因固然不一而足，但下列两点尤为关键：一是民国首任知事杨敏曾向来关心教育事业，上任伊始就在全县范围内掀起了一场弃科举、立新学的伟大变革；二是以秦润卿、李寿山为代表的开明乡绅，高度重视教育，不但注资兴建学校，而且聘请巴人、柔石、陈家祯等名师前来任教。如此，不但适龄儿童的入学率从1923年的39.4%上升至1933年的60.43%(全省平均为44.94%)，而且在课程设置、日常教学方面出现了不少创举。例如私立崇本学校就曾在1925年开设英语教育课，并选择中华书局版《英文模范读本》为教材。

表3-5　新中国成立前慈城域内的主要小学

类别	校　名	时　间	概　　况
乡贤办学	正始两等公学	1904年	位于慈城西郊的非官方高等小学，1914年被信徒愤于侵占永明寺土地而焚毁，其地后被用于改建普迪学校
	中城小学	1906年	1906年任仲莘创办于学宫西侧，1988年应昌期捐资重建
	普迪小学	1916年	由谢缄三、秦润卿合办于正始公学旧址，属于高等小学
	东城小学	1920年	由钱吟莆、钱吟苇兄弟所创，专收女生，提倡男女平等
	半浦新学堂	1921年	由金子明、孙衡甫合办于半浦村西南
	普迪第二小学	1926年	因学生激增，普迪难以接纳，遂借考棚屋舍成立普迪二小，经费全部由秦润卿、李寿山、王伯元等校董负担
宗族办学	黄山国民学校	1904年	由王义观创办于慈城黄山村，始称“王氏蒙养书塾”，1923年更名为“私立崇本学校”
	藕田小学	1904年	冯氏在位于藕田畈的启承祠创办藕田小学，允许本族子弟免费读完初小
	尚志小学	1932年	由冯景增创建于慈城尚志桥冯氏统宗祠，属于高等小学，后被改建为慈城中心小学
	妙山小学	1934年	位于妙山桥扶湖庙
	俞氏继善小学	20世纪40年代初	位于慈城竺巷东路俞氏宗祠，首任校长为俞昭

续　表

类别	校　名	时　间	概　　况
教会办学	道本小学	1918年前	位于东镇桥耶稣教堂附近，遗传学专家谈家桢1918年入该校就读。道本小学也是唯一允许贫困女生上学的学校
官办	南城小学	1925年前	位于南门孝子庙

新中国成立后，慈城域内的初等教育无论性质、规模、校名、数量，都发生了显著变化（见表3-6）。但如同全国其他地区，慈城初等教育走上正轨是在改革开放之后。慈城初等教育自改革开放发展至今，无疑取得了令人瞩目的成就，但与此同时，也存在着若干亟待弥补的缺陷，例如学校数量因计划生育、行政区域调整等政策因素而明显减少，裁撤、并合之后，不但使得学校数量过少、小学生上学不便，而且期待中的规模效应并不显著。

表3-6　新中国成立以来慈城镇内小学的历史变迁

校　名	创办时间	校　址	附　　注
中城小学	1906年	竺巷东路54号	1988年由应昌期出资重建，1991年9月年竣工并正式启用
慈城中心小学	1932年	慈湖人家小区296号	2005年迁入现址
普迪小学	1916年	民族路46号	1998年并入慈城中心小学
慈城镇第三小学	1965年	东门水门桥下1～8号	原名慈东中心小学，2000年9月并入慈城中心小学
新联小学	1949年	新联村	20世纪80年代初并入慈东中心小学
毛力小学	1930年	毛力村	1995年暑期并入慈城镇第三小学
山西小学	1936年	山西村	1998年8月并入慈城镇第三小学
湖心小学	1957年	湖心村	1997年秋并入慈城镇第三小学
上岙小学	1963年	上岙村	1993年8月并入慈城镇第三小学

续　表

校　名	创办时间	校　址	附　注
毛岙小学	1930 年	毛岙村	1996 年秋并入慈城镇第三小学
云湖小学	20 世纪 20 年代	云湖	2007 年暑期撤销
妙山小学	1934 年	妙山村	1985 年更名为妙山乡中心小学
八字小学	1949 年	妙山八字村	1984 年、1990 年并入妙山小学
向上小学	1957 年	妙山向上村	1982 年、1999 年并入妙山小学
五星小学	1953 年	妙山五星村	1990 年、1999 年并入妙山小学
五湖小学	1953 年	妙山五婆湖	1990 年、1999 年并入妙山小学
三联小学	1971 年	三联村杨家	1992 年、1996 年并入妙山小学
国庆小学	1964 年	妙山国庆村	1998 年 9 月撤销
浦丰小学	1968 年	妙山浦丰村	1996 年并入国庆小学
民丰小学	1953 年	妙山民丰村	1990 年并入浦丰小学
杨陈小学	民国初	杨陈村	原名“杨村公学”，1999 年秋并入修人学校
苏梁小学	1964 年	乍山苏梁	1981 年撤销，并入杨陈小学
崇本学校	1904 年	黄山村	
杨家桥小学	20 世纪 40 年代	杨家桥	1978 年秋撤销，并入崇本学校
芳江小学	民国初	乍山沈村庙	1997 年秋撤销，并入崇本学校
双顶山小学	1963 年	乍山双顶山	1993 年秋撤销，并入崇本学校
陈郎桥小学	1950 年	乍山陈郎桥	1999 年秋撤销，并入崇本学校
东升小学	1936 年	乍山	1980 年秋并入陈郎桥小学
洪陈小学	1965 年	洪陈村	1993 年秋撤销，并入崇本学校
联勤小学	20 世纪 70 年代	乍山	1977 年撤销，并入崇本学校

续　表

校　　名	创办时间	校　　址	附　　　　注
龚冯小学	20 世纪 70 年代	乍山龚冯村	1978 年秋撤销，并入崇本学校
三勤小学		三勤村	原为芦阳小学，1999 年并入崇本学校
芒滩单班村校	20 世纪 70 年代	乍山芒滩	1978 年秋撤销，并入三勤小学
小山小学	1962 年	乍山	1981 年秋撤销
朱家小学	1964 年	乍山朱家	1985 年秋撤销
虹星小学	20 世纪初	虹星村	
半浦乡中心小学	1921 年	半浦村	1998 年并入虹星小学
新华小学	1950 年	张陆村	1999 年并入修人学校
前洋小学	1951 年	前洋村	1999 年并入虹星小学

下面介绍慈城域内几所具代表性的小学：

（1）中城小学

1906 年，任仲莘借学宫西侧屋宇创办中城小学，后由其子任士刚继承。1913 年，应星耀（应昌期之父）被聘为校长后，开设新式课程，进行新法教学，成绩显著，名声大振。因此之故，旅居台湾的应昌期于 1988 年捐资超过 140 万美元重建中城小学，1991 年 9 月落成并启用。此后二十多年，该校始终坚持“让孩子享受童年幸福，为孩子奠定一生基础”的办学理念，努力使每个孩子获得全面发展，并因此对围棋、艺术、信息技术这三门特色课程的教学目标、教学内容、教学策略及其与学生智力开发、其他课程教学之间的关系进行了持续十余年的研究，且取得了不俗的成就，被授予“全国围棋育苗基地”“宁波市首批艺术教学特色学校”“浙江省现代教育技术实验学校”等众多荣誉称号。

（2）普迪小学

1915 年 9 月，该校由秦润卿、李寿山、王荣卿等人集资创办于慈城考棚旧址，翌年正月校舍竣工，二月聘请鄞县名士谢缄三任校长。创建普迪之意在于普及文化、启迪民智，凡就读于该校的贫寒子弟，学杂费全免。“尊师爱生”“求知报国”是其校训，如果说前者凸显了该校的品格，那么后者则足见其志向。初时即有学生数百人，时至1925年，因学生激增、校舍不敷，另建“普迪二校”于原场旧址。也就在1925年前后，陈家祯、巴人、柔石等中国现代历史上的不少文化名人曾来该校执教，他们既给学生们带去了丰富的知识，也为学校注入了新鲜的时代空气，并确实培养了不少人才，经济学家罗精奋、妇产科专家钱止维等人便是其中的佼佼者。日寇侵占慈城期间，普迪停办，校舍毁损。抗战胜利后，秦润卿捐资修复，1952年被人民政府接管，改名“慈城镇第四小学”。作为一所专为平民子弟创设的学校，普迪小学在走过近半个世纪风雨历程后完成了它的历史使命。1985年9月，应秦润卿之子秦省如之请，慈城镇第四小学恢复使用“普迪小学”校名。1998年，普迪小学并入慈城中心小学。

(3) 妙山小学

1934年9月，妙山小学创建于妙山桥扶湖庙。1968年改名为“妙山工农五七学校”，1970年9月搬往妙山村上宅并更名为“妙山小学”，1979年3月改称“妙山公社中心小学”，1992年3月扩乡并镇后改名为“慈城镇第二小学”，2000年1月与妙山中学合并且改称“妙山学校”，成为江北区内3所九年一贯制学校之一。2001年5月，因管理体制调整，中、小学分离，其又恢复为妙山小学。妙山小学作为江北区内规模最大的农村完小，以“创文明学校，办特色小学，育四有新人”为目标，全面贯彻党的教育方针，深入推进素质教育，不但业已形成“乐学、合作、求是、创新”的校风，而且取得了不少成绩——江北区文明学校、宁波市现代化达纲学校，尤其是该校的特色教育——“墨香校园”，在江北区内颇有名气。

(4) 慈城中心小学

由冯景曾先生一手创办于1932年春的尚志小学是慈城中心小学的前身。1947年，尚志小学更名为“慈谿县立简易师范学校附小”。1949年，附小被慈谿县军管会文教科接收，并易名为“慈谿县城区第一小学”，1958年又改称“慈城镇中心小学”。时至1991年，慈城镇中心小学一度改名为“慈城镇第一小学”，并负责江北区西片农村小学教学的辅导工作。1999年，其既改称“慈城中心小学”，又先后接收普迪小学、慈城三小、百米湾小学，进而在2005年整体搬迁至位于慈湖人家社区内的新校区。以“千教万教教人求真，千学万学学做真人”为校训的慈城中心小学，近90年来，历尽沧桑，几经变革，不但培育出包括原中国国际交流协会副会长郁文、中国协和医科大学教授冯亦璞在内的大批人才，而且在不断进取中先后荣获“浙江省示范小学”“宁波市师德群体先进学校”“宁波市示范性文明学校”“宁波市现代化达标学校”等数十个荣誉称号。

（5）俞氏继善小学

20世纪40年代初，经上海俞氏商人和在乡俞氏绅士商议，特于俞氏宗祠开办此校，用以解决俞氏后裔的教育问题。俞氏宗祠的前厅两侧被改建为两个大教室，后进楼上是教师的宿舍。继善小学是四年制的初小，办学特色鲜明：一是各班级间进行纪律、卫生、学习评比，每周一次，奖状轮流转；二是设立学生邮局，借以练习书法、增进同学之间的友谊、熟悉邮局运作流程、培养为大家服务的意识；三是放学时，同路的学生必须排队离开学校；四是对骂人学生的惩罚，虽然只是在他（她）嘴边用毛笔画一个红圈并规定放学后才能擦去，但效果很好；五是组织学生排练歌舞剧；六是举行运动会。新中国成立后，继善小学被合并，俞氏宗祠则被用于开办棉棕社。

2. 中学教育

论及慈城的中等教育，便离不开慈城中学。这也是慈城中等教育发展的核心内容。首先，慈湖中学的历史变迁，通过四个阶段的发展，最终演变为今日镇域内唯一的直属于宁波市教育局的高级中学（如表3-7所示）。其次，镇域内的中等学校不但数量少、规模小（如表3-8所示），而且教育理念不够先进，至少尚未认识到教育对地方经济增长、文化进步具有较大的促进作用。

表3-7　慈湖中学的阶段性发展

阶　段	大　事　记
慈谿县立初级中学（慈谿县立中学）（1934年3月20日—1954年10月14日）	1934年3月20日获准成立，8月25日正式开学，旨在解决慈城各小学毕业生的升学问题。时任县长成应举拨款2 000元，秦润卿等每年资助1 000元，以慈湖书院原址为校舍
	1937年创办附属念兹小学
	为躲避日寇军机轰炸，自1939年6月15日起，借用芦山寺为临时校舍
	1942年9月，已停办一年的慈谿县立中学经多方努力如期开学。为避免引起敌伪注意，以补习班的名义分散办学，在慈谿县的东、西、北三区乡村各设分部。东区设在长石桥植本小学，后迁至费市峰山小学内，先后名为“植本补习班”“峰山补习班”；西区分部设在三七市正谊小学内，名为“正谊补习班”，并在黄山崇本小学内增设西区分部附设班；北区分部设在沈师桥海隅小学内，名为“同济学社”。三区四点共招四班，到1943年学生人数增至350人以上。抗战胜利后，分区办学完成使命

续　表

阶　段	大　事　记
慈谿县立初级中学(慈谿县立中学)(1934 年 3 月 20 日—1954 年 10 月 14 日)	1949 年 10 月,慈谿县立简易师范学校与慈谿县立初级中学合并,单列为简师部
	1953 年扩展为完全中学,招收第一届高一新生 100 名,夜中学学生也并入相应年级学习,全校共有 21 个班级、1 113 名学生
余姚县第二中学(1955 年 7 月 5 日—1960 年 9 月)	1954 年 10 月慈城划归余姚县管辖,慈谿县立中学也在次年 7 月 5 日改名"余姚二中"
	1958 年举办高速班共计 42 人,次年被并入余姚中学
	1960 年,举办师训班(初师)两个班共计 113 人,学制 1 年
宁波市慈湖中学(1960 年 9 月至今)	1960 年 7 月 1 日,慈城划归宁波市管辖;9 月,余姚二中改名为"宁波市慈湖中学"
	1965 年,在妙山原种场附设分部 1 个班
	1967 年,妙山分部校舍建成;次年 7 月,妙山分部招收新生后开学,共计 3 个班
	1971 年 1 月,妙山分部改称"妙山中学"
	1978 年,慈湖中学被列为全市三所省级重点中学之一(其他两所分别是效实中学、宁波一中),但 1980 年宁波市调整重点中学时,被降格为一般完全中学
	1993 至 1999 年,与宁波商校联办中专
	1994 至 2004 年,开设宁波中专慈湖中学教学点
	2006 年 9 月,剥离初中部,转为纯高中
	2009 年 7 月,与效实中学联合招收高中小班化数字化教学合作实验班
	2012 年 9 月,高一年级试点小班化教育改革,同时新设人文素养创新班

表 3-8　慈城域内的中等学校及其历史变迁

校　名	创办年份	校　址	附　注
宁波市慈湖中学	1902	环湖路 11 号	2006 年,其初中部被剥离
慈城民办中学	1957	慈城镇内	2004 年 7 月被撤销

续　表

校　　名	创办年份	校　　址	附　　注
宁波市乍山中学	1958	乍山杨家桥	1993年6月与半浦中学合并，并更名为“乍浦中学”
宁波市半浦中学	1959	半浦后杨村	1993年6月与乍山中学合并，并更名为“乍浦中学”
宁波市云湖中学	1965	云湖公有村	1992年9月并入妙山中学（慈城二中）
宁波市妙山中学（慈城二中）	1971	妙山桥61号	
宁波市修人学校	1999	新华村堵家桥	新华小学、杨陈小学并入乍浦中学后更名
江北区慈湖书院	2006	环湖路11号	原慈湖中学的初中部，2009年8月与修人学校初中部合并，然后并入新成立的慈城中学，2015年8月又被调整为江北区新城外国语学校
宁波市江北区新城外国语学校	2015	慈城新城修人街66号	主体是新建于2007年11月的宁波市慈城中学

下面介绍慈城域内几所具代表性的中学：

（1）妙山中学

妙山中学原是创办于1968年的慈湖中学妙山分部，1970年3月与慈湖中学分离，成为宁波市郊农村唯一的公立初级中学。1992年，与妙山、云湖两乡合并几乎同步的是，妙山中学与云湖中学合二为一，学校规模扩大。1999年，妙山中学试行中小学九年一贯制并改称“妙山学校”，但3年后，中、小学又分开办学，独立发展。2009年8月，妙山中学成为新成立的慈城中学的分部，次年8月又被并入慈城中学，而慈城中学在2015年8月被改建为江北区新城外国语学校。

（2）宁波市修人学校

该校的历史可追溯至1958年创建于杨家桥的乍山中学与次年开办于后杨村的半浦中学，时至1993年6月，这两所学校因为撤乡扩镇而合并，并更名为乍浦中学，1999年7月又由于并入新华小学、杨陈小学而再次更名，在更名时为纪念革命烈士应修人并扩大学校知名度，定名为“宁波市修人学校”。随着 2002 年妙山学校实行中、小学分离，而庄桥实验学校又在 2006 年被撤销，当年江北区试行九年一贯制的 3 所学校，如今只剩下以体育为特色的修人学校。

(3) 慈城民办中学

为落实公办与民办“两条腿走路”的教育方针，具体解决慈城镇内一般家庭子女的求学问题，1957 年下半年在唐家堰桥旁开办了“初中补习班”，次年 10 月改名为“民办中学”并整体搬迁至觉民路。时至 1972 年，民办中学改为公办，并更名为“慈城中学”。在 1957 至 1972 年的 15 年间，民办中学的教师工资和日常开支主要是靠学生交费，不足部分由慈城工商联朱春华先生负责向上海等地募集。2004 年 7 月，存续 49 年的“慈城中学”因为慈城新区开发规划的关系而被撤销，少量教师转入修人学校，在校址上则另建了一所专门接收慈城周边外来民工子女的九年一贯制学校——觉民学校(现为普迪学校)。2009 年 8 月建成并投入使用的宁波慈城中学与慈城民办中学并无渊源。这所全日制公立初中又在 2015 年 8 月被改建为九年一贯制学校——宁波市江北区新城外国语学校。

(4) 宁波市江北区新城外国语学校

2009 年 8 月，新慈城中学建成并投入使用后，慈城镇人民政府再次调整了义务教育的布局：一是修人学校初中部与慈湖书院合并，进而并入新成立的慈城中学；二是妙山中学成为慈城中学的分部，并在 2010 年 8 月整体并入新慈城中学。时至 2015 年 8 月，新慈城中学再次被改造，由纯初中调整为九年一贯制学校，同时更名为“江北新城外国语学校”，隶属于江北实验教育集团，从此成为一所集团董事会领导下实行校长负责制、九年一贯制的公办学校，其小学部由江北区实验小学承办。该校既选取《牛津英语》为教材以凸显外国语特色，又在不同年级设置课时有别的长短课程，意在保证达成课程目标的基础上，根据各年龄段学生的特点和个性特征，通过增加英语歌曲学唱、英语故事赏析、英语绘本共读等形式，提升学生学习英语的内驱力。

3. 职业(专科)教育

慈城有完备的职业教育体系，这一体系不但早在民国年间就已出现于慈城，而且 1930—1960 年的重心在于实施师范教育，并先后成立了师范讲习所、简易师范学校、初级师范学校、工农师范学校，此后则以成人教育为主(如表 3 - 9 所示)。

表 3-9　1930—1999 年慈城职业教育大事记

年份	大　事　记
1930	慈谿县政府在慈湖书院内开办县立师范讲习所
1932	慈谿县立师范讲习所停办
1946	慈谿县立简易师范学校成立并于 9 月 16 日正式开学
1947	保黎医院附设保黎高级护士职业学校
1949	慈谿县立简易师范学校被并入慈谿县立初级中学
1951	保黎高级护士职业学校被并入省立宁波医院高级护士职业学校
1952	慈谿初级师范学校创建于慈城太平桥
1954	慈谿初级师范学校因慈城划归余姚县而改称“余姚县立初级师范学校”
1957	余姚县立初级师范学校停办
1960	新建宁波市工农师范学校
1960	5 月，宁波市财政局在慈城镇太湖路 3 号创办宁波市财政学校
1961	宁波市工农师范学校停办
1962	年初，宁波市财政学校停办
1976	在 12 月之前，妙山公社、半浦公社各自开办一所“五七工农兵学校”
1981	9 月，建立慈城镇职工学校（慈城成人中等文化技术学校）
1982	慈湖中学附设职业高中班（焊接专业）
1995	宁波电大分校慈城教学点与宁波职工业余大学联办两年制大专证书班，参加培训的有镇政府行政干部、镇（村）办企业领导、行政村干部等 41 人，经考核全部结业
1999	宁波广播电视大学在慈城开设江北工作站

下面介绍慈城域内几所具代表性的职业学校（继续教育学校）：

（1）慈谿简易师范学校

位于慈城北门外灵应庙（俗称“大庙”）的慈谿县立简易师范学校，1946 年 5

月18日奉浙江省教育厅指示成立，同年9月16日正式开学。该校第一年招收两个班级，一个是初中毕业的一年制简师班47人，另一个是高中毕业的三年制简师班50人。此后影响日渐扩大，在1947年2月将孝中镇尚志小学改建为简师附属小学，1948年3月又在东悬岭南麓万寿寺增设简师附小分部。1949年，简师与慈谿县立初级中学合并，其校舍、校产、全体教职员工和所有在校学生被整体并入慈谿县立初级中学，并单独成立简师部。

（2）宁波市财政学校

该校于1960年5月由宁波市财政局创办于慈城镇太湖路3号，现已停办。该校内设两年制的中专班、为期半年的培训班，学员由市各局选送。该校共计培养中专生51人，培训在职工业财会人员270人、税务干部100人。

（3）慈城成人中等文化技术学校

该校位于竺巷东路33号，创办于1981年9月，初名"慈城镇职工学校"，1984年改称"慈城镇成人教育中心学校"，1989年9月改为现名。作为江北区第一所独立建制的成人学校，该校从1991年起相继举办职高、电大，至2000年又增设宁波广播电视大学江北工作站、宁波市慈城社区教育学院，学校规模也因此迅速扩大，遂在1994年择地另建于原慈城老年公园内。在不断壮大的过程中，该校先后收获"联合国教科文组织农村社区学习中心项目实验点""浙江省劳动力预备教育先进基地"等荣誉称号。

第四章

慈城地方文化与艺术

第一节　慈城地方文化

一、文化公共设施

（一）文化馆

民国元年(1912 年)，慈谿县通俗图书馆在县城设立慈谿县民众教育馆。民国二十年(1931 年)，慈谿县通俗讲演所并入。慈谿县通俗图书馆主要开展书报阅览、时事宣传和文娱体育等活动。民国三十年(1941 年)县城沦陷前夕停办，抗日战争胜利后复设。1950 年 4 月，慈谿县人民政府在接收原慈谿县民众教育馆的基础上成立慈谿县人民文化馆，以识字教育、时事宣传、文化娱乐、科学普及为主要任务。1952 年，慈谿县人民文化馆更名为“慈谿县文化馆”，1954 年 10 月迁至浒山镇。如今，慈城镇人民政府依法设置镇文化站，下辖 3 支越剧队、5 支舞蹈队、若干家庭乐队与 13 个文化宫(社区 2 个、村 11 个)。

（二）电影院

电影院是近代文化馆的旁支之一。作为慈城最早的电影院，大草舍影院其实只是一个大草棚与几百把竹椅子的简单组合，乃新中国成立初期慈城驻军为丰富文化生活而搭建于原来肴菜场(今孔庙儒文化广场)。影院落成后不久，由京剧表演艺术家程砚秋带队的国家京剧团就曾到此慰问演出，此后主要用于放映电影，今已无存。大草舍影院虽然填补了露天电影的美中不足，但空间过于狭小，无法满足群众观看电影的迫切需求，于是在 20 世纪 60 年代，冯氏大宗祠被改建成为大光明影剧院。

时至 20 世纪 70 年代末 80 年代初，随着改革开放事业的深入发展，今慈城域内相继涌现诸如妙山影剧院(1982 年建成开放)、慈城镇电影院(1983 年元旦正式营业)之类的影剧院。这些乡镇电影院,或如妙山影剧院因为电视普及、娱乐形式多元化、行政区划调整等关系而遭废止,或如慈城镇电影院,因孔庙改建而被拆除于2002年。

(三) 博物馆

慈湖文化博物馆是慈城博物馆的典型代表。博物馆设在慈湖中学校内的庆云楼一层和二层,内分六大部分:七千年河姆渡文化、二千年县志文化、一千年书院文化、百十年慈湖中学办学文化、砥砺前进又五年和慈湖中学名人馆,主要通过展示图片、文字和实物的方式,按时序详细介绍自古至今的慈湖文化,内容相当丰富,有助于来宾深入了解慈城深厚的历史文化底蕴。

二、藏书楼和书店

慈城藏书文化盛行,这是以慈城为代表的浙东地区耕读传家、文脉传延、文化鼎盛的历史佐证。现介绍慈城具有代表性的藏书楼。

(一) 二老阁

二老阁乃郑性所建。半浦郑氏自郑溱起,就与黄宗羲过从甚密。不但其子郑梁是黄氏在甬上证人书院的高足,而且其孙郑性(1665—1743年)亦师承黄氏。康熙六十年(1721年),郑性在家乡半浦建造"二老阁"藏书楼,既在楼上供奉黄宗羲神主,又收罗黄宗羲续钞堂藏书劫后残余三万卷于楼下。[①]

竣工于雍正元年(1723年)的二老阁,在中国文化史上之所以名声显赫,一是因为它不但收藏了黄宗羲的遗书,而且致力于整理、传刻黄宗羲的著作,成为传承浙东学派的重要基地;二是郑氏子孙多能从藏书中汲取营养,文人辈出;三是二老阁刊刻了大量书籍,例如姜宸英《湛园未定稿》、潘平格《潘子求仁录辑要》、黄宗羲《明儒学案》、郑梁《寒村集》及郑性自著《南溪偶刊》等。乾隆编修《四库全书》,该阁进呈藏书94种,内有47种290卷被著录于《四库全书总目》,33种入存目。

二老阁藏书在此后近200间多次遭遇厄难。先是乾隆五十一年(1786年)发生火灾,藏书损失大半,后又经道光二十六年(1846年)、咸丰三年(1853年)两次火灾,藏书已所剩无几。咸丰十一年(1861年),太平天国军攻占慈溪,二老阁

① [清]全祖望:《二老阁藏书记》,出自全祖望撰,朱铸禹汇校集注,《全祖望集汇校集注》,上海古籍出版社2000年版,第1063~1065页。

藏书多为恶少所窃，而后归于冯氏“醉经阁”。民国初年，郑氏后裔将二老阁部分残存书及版片卖给上海书商，转为沈氏“抱经楼”所得，后又大多归北京图书馆（今国家图书馆）。1943 年，摇摇欲坠的二老阁藏书楼最终被郑氏后人拆毁、变卖。

（二）一隅斋

一隅斋系郑性晚年读书游息之所，有清代全祖望所作《一隅阁》诗可证：“南溪志游山，五岳造其四……归来厌华堂，一隅成小憩……遥望五岳云，茫茫生遐跂。”一隅斋至今尚存，位于半浦大屋西侧，是一幢坐北朝南的小楼阁。但门窗全无，只剩一屋架。

（三）醉经阁

醉经阁位于中华路附近，乃清咸丰年间浙东巨富冯云濠（1800—?）所建。冯云濠字五桥，道光十四年（1834 年）举人。咸丰年间曾捐银二十万两，为地方筹办防务并助粮饷，因此被赐候选道。冯云濠家本富有，又性喜藏书，遂于慈谿县城建醉经阁藏书楼。其所藏不但多达五万余卷，而且不乏宋元人文集；光绪八年（1882 年），杭州藏书家丁丙主持劫后文澜阁本《四库全书》补抄时，曾从冯氏醉经阁借阅多种底本以补抄阁书。醉经阁藏书后亦散出，有相当部分流入秦氏抹云楼。

（四）抱珠楼

抱珠楼建于清道光年间，位于五马桥北侧始平路口冯氏后新屋西面新大门内，依小山丘抱珠山而建，建造者乃冯存仁堂五世孙冯本怀（1813—1872 年）。抱珠楼不但藏书丰富，而且致力于刻书，先后刻印《溪上遗闻集录》十卷、《别录》二卷、《溪上诗辑》十四卷、《续编》二卷、《补编》一卷等。冯本怀去世后，其后人对于书楼的管理日渐松散。时至抗战前后，其所剩不多的藏书和印书的刻板，均被捐赠给了西泠印社（一说浙江图书馆）。1950 年，原本居住在抱珠楼的冯氏后人全部迁离，抱珠楼也被挪作他用，1964 年后成为地质队的职工家属楼。如今，抱珠楼正在修缮中，将被建设成为一座致力于文献收藏与研究的图书馆。

（五）抹云楼

抹云楼由民国秦润卿所建。秦氏家境贫寒，求学不易，年少时即赴沪闯荡，却并未因此放弃对文化的追求，且在发达后，高度重视并持续赞助故乡慈城的文化教育事业，遂有普迪小学、普迪二校的相继开办和 1931 年抹云楼的建成。

抹云楼位于学宫东侧，是一组三间西式洋房。由于慈城秦氏遥尊宋人秦少游为先祖，也因为秦润卿特别喜欢秦少游《满庭芳》中的“山抹微云，天粘衰草”，所以定名为“抹云楼”。

1936年冯氏醉经阁藏书因故成批出售，秦润卿随即出资收购了107种、超过5 500本。这一收购，不但免使醉经阁藏书流散，而且进一步充实了抹云楼藏书。1940年，为使抹云楼更好地服务于社会，秦润卿特地组织了图书保管委员会，并从1947年元旦起正式向公众开放。楼下为近代图书和报刊阅览室，楼上为古籍书库。事实上，1947年元旦以后的抹云楼已不再是传统意义上的私家藏书楼，其具备了私立图书馆的性质。

1952年，秦润卿出于爱国热情，将整个藏书楼和全部藏书捐献给国家。经清点，有线装古籍32 996册，杂志3 324册，碑帖字画2 571件。尔后抹云楼房子为供销社使用。1991年，在扩展一所小学时，抹云楼被拆毁。为纪念秦润卿的历史功绩，慈湖中学新建五层主楼被命名为“抹云楼”。

（六）伏跗室

伏跗室是冯贞群的私人藏书室，其中“伏跗”二字出自汉王延寿《鲁灵光殿赋》中描述宫殿建筑上图形的“狡兔跧伏于柎侧，猨狖攀椽而相追”[①]一句，伏柎室又写作“伏跗室”，或“伏趺室”。趺同跗，脚背也，“伏处趺坐，致力于学”，可以说是冯贞群潜心治学形象的写照。

冯贞群少年时期就酷爱阅读，成年后继承其父“求恒斋”所遗藏书千册，潜心治学之余，仍觉藏书不足，减衣缩食以求经典。冯贞群为读书而藏书，所以多藏史籍与文集，伏跗室藏书中有善本三百多种。当时军阀混乱、科举废止，世人皆认为传统古籍已经没有价值可言又累赘不利于躲避战乱，加之革新思想盛行，许多旧藏书在这些主客观条件作用下四处流散，冯贞群便在此之际四处收集明清以来各方藏书家的藏书，如赵氏种芸仙馆、董氏六一山房、柯氏近圣居、徐氏烟屿楼等书楼散佚典籍，所以古籍的收集积聚过程也就成了抢救保护和整理研究民族文化遗产的过程。他将这些书藏于室中，亲自补修，历经三十余年的积累，所藏之书已逾九万八千卷，碑刻四百余品，其中还有珍贵的宋刻本，对研究我国古代史都具有重要的作用。

20世纪二三十年代是伏跗室藏书的鼎盛时期，据冯先生编目后统计，那时

① ［梁］萧统编、［唐］李善注：《文选》卷11，上海古籍出版社1986年版，第514页。

有藏书三万多册，十二万余卷。随着藏书数量的不断增加，他对文化典籍的感情便愈加深厚。随着对藏书价值认识的不断深入，他对保护文化遗产的历史责任感也愈加强烈。因而在抗日战争期间，大有“与藏书共存亡”的决心与气概，亲友们多次劝冯贞群去外地暂避，他明知敌机轰炸有生命危险，但仍坚持亲自守护，唯恐书籍因战乱而散失。

1962 年 4 月，冯贞群家属遵照其遗嘱，将其全部藏书和书楼捐赠给国家，又将全部奖金转赠伏跗室，作为保护和出版资金，受到宁波市人民政府表彰和社会舆论的赞扬。为了纪念冯贞群对祖国文化遗产整理保护的贡献，政府决定藏书室原址不变，原名不变，并于室内悬挂冯贞群遗像。2005 年，伏跗室被浙江省人民政府公布为省级重点文物保护单位。

此外，慈城还有诸多藏书楼因种种原因业已不存。以表罗列如下（见表 4－1）：

表 4－1　业已不存的慈城藏书楼

藏书楼	简　　况
书带草堂	位于半浦大屋东侧，乃郑启建于明崇祯二年至十五年（1629—1642 年）。三间楼房，坐东朝西。入清后，成为郑启、郑溱（1612—1697 年）父子设塾课读之所在，20 世纪 50 年代被拆
半生亭	位于半浦二老阁池沼之北。康熙三十八年（1699 年）三月，广东高州知府郑梁（1638—1713 年，郑溱之子）因中风右瘫，不得已回到半浦老家，遂建半生亭，以为病后吟咏之所，20 世纪 50 年代被拆。此外，郑梁又建“石叟居”“大椿堂”（后者建于 1706 年），以为读书娱老之所
野云居	位于半生亭之北，乃郑竺（1738—1762 年）的读书室。郑竺乃郑性之孙，著有《野云居诗文稿》。其后，在其子郑勋（1762—1826 年）的请求下，时任浙江巡抚阮元为其作《野云居稿序》
二老堂	位于半浦二老阁东，郑勋（1762—1826 年）所建。中供其高祖郑梁与秀水朱彝尊之神主，堂壁挂《二老重逢图》绘述郑梁自广东高州归里，与朱彝尊相遇于武林（杭州）并获朱氏赠诗的情景
有怀轩	位于野云居西，郑勋暮年所建，其子郑元祁著有《有怀轩诗文集》
玉湖楼	位于横山裘墅，系裘永明的藏书处，其子裘琏（1644—1729 年）致信黄宗羲，提到玉湖楼藏书超过范氏天一阁

续 表

藏书楼	简　　况
寄月楼	位于中华路附近，建造者冯汝霖，乃冯骥才的高伯祖
二砚窝	位于半浦村，建造者郑勋(1763—1826年)
耕余楼	位于保黎医院与水门下交叉口，乃《英话注解》组织编写者冯祖宪模仿天一阁样式而建于1880年或稍前，大约光绪中后期卖给郑氏家族
映红楼	位于慈城小西门外坦园王家，建于光绪中叶，建造者王定祥乃光绪十四年(1888年)举人

及至当代，慈城藏书楼孕育出的书籍文化依然发挥着重要作用，书店成为慈城人读书学习的好去处。汲绠斋书局、新华书店便是古今两个时代的代表和传承。

首先是汲绠斋书局。如今再现于南塘老街的汲绠斋书局，其店名取自“绠短汲深”之典故，意谓浅学不足以悟深理，借以说明书籍的重要性。在旧时宁波与新学会社、竞新书杜、文明学社、明星书局并称为“五大书店”的汲绠斋书局，由鄞县三桥鲍氏、慈溪乍山严氏合资开设于清道光元年(1821年)，不但创办时间最早，而且声望最高，既销售古今书籍，一度也曾兼营刻书、印书业务。由于在商务印书馆创办之初曾给予无私帮助，汲绠斋书局在1966年被并入新华书店之前，始终与后者保持着比较特殊的关系。

其次是新华书店慈谿支店。抗战之前开设于孝中镇内的益智书局、嘉泰书局，经营各类图书和文教用品，兼营印刷业务。这两家私人书店在慈谿县城沦陷前夕被迫关闭，后由顾振元等人合股在莫家巷口开设慈谿书店，直至宁波解放。1951年10月，在吸收慈谿书店的基础上，筹建新华书店慈谿支店，11月25日正式对外营业，1954年11月迁至浒山镇。

三、地方志及报刊

包括镇志在内的各种方志，是地方政府记述当地自然景观、历史发展与社会现状的数据性著述，也是地方官员对乡土情怀的自我表述，并借以提高地方尊严的叙说场域。尽管慈城历史悠久、文化灿烂，但迄今为止，尚未编纂独立的地方志。因此，如欲了解慈城的历代地情，唯有诉诸历代慈溪县志。

慈溪县志最早出现于何时，似乎难以质究。从传世文献的相关记载来看，至少在宋理宗宝庆年间（1225—1227 年）就已有之，因为宝庆《四明志》卷八明确交代：该书有关骠骑山的记载就取材于“慈溪旧志”。明英宗正统年间（1436—1449 年），慈谿县又有县志问世，且曾被《文渊阁书目》列为“新志类”。但这两部旧志，时至明武宗正德年间（1506—1521 年），已然湮没无闻。

由慈谿县本地文人周旋、陆绅合作编纂于正德年间的《慈谿县志》20 卷[①]，虽也早已佚失，但是目前所知编纂时间最早的慈谿县志。该志历时 5 年而成书，内容广泛，“凡山川、土俗、里社、贡赋之类，与夫古今人物”，皆“族书而别之”。虽未必像周旋（1450—1519 年）自称的那样“足以资政务”，但在付梓刊行后，却间接地激发了后人纂修慈谿县志的热情，遂有天启、雍正、光绪诸志的相继问世（见表 4－2）。例如明熹宗天启四年（1624 年），刚被除名回乡的前太常寺少卿姚宗文，就接受慈谿县令李逢申的聘请，与秦舜昌、向衮、冯元仲等人同修新志，最终以 16 卷的篇幅和儒学、山岭、旧景、宸翰、艺文、题咏等共计 24 门的内部构造，纂成现存最早的慈谿县志。

表 4－2　明清时期的慈谿县志

序号	名　称	纂　修　者	简　　况
1	正德《慈谿县志》	慈谿人周旋、陆绅	成书于明武宗正德年间（1506—1521 年），共 20 卷，已佚，尚存周旋、陆绅二跋。《千顷堂书目》《澹生堂藏书目》有著录
2	天启《慈谿县志》	知县李逢申修，慈谿人姚宗文等纂	始纂于明熹宗天启四年（1624 年），共 16 卷，其刊本见藏于中国科学院、上海图书馆、南京图书馆、浙江图书馆。《千顷堂书目》《脉望馆书目》《八千卷楼书目》有著录
3	康熙《慈谿县志》	知县吴殿弼修，慈谿人姚宗京纂，刘国器、颜迈、周成孚同纂	始纂于清圣祖康熙十一年（1672 年），但未成梓，且已失传。吴殿弼，生员，辽阳人；姚宗京字积之，生员，慈谿人，曾参编康熙《宁波府志》

① 周旋，字克敬，成化二十三年（1487 年）进士，选南京户科给事中，转北京兵科给事中。在科九年，屡上疏，论事剀切，后出参广藩。著有《西溪小稿》《杜诗质疑》，另纂《广西通志》60 卷。陆绅，字荐绅，弘治二年（1489 年）举人，以循吏称。

续　表

序号	名　称	纂　修　者	简　　况
4	雍正《慈谿县志》	知县张淑郿修，慈谿人林梦麒、蔡云鹏、裘彦良、周维棫与纂	始纂于清世宗雍正四年(1726 年)，且已成 16 卷，但因张淑郿离任，事遂终止，书亦未刊行，仅张淑郿《慈谿县志弁言》见录于杨正笋所修雍正《慈谿县志》卷 15。张淑郿字诚斋，河北真定人，抵慈后即捐俸建学、浚浦、筑塘，有政绩
5	雍正《慈谿县志》	知县杨正荀重修，由冯鸿模任总纂，林梦麒、蔡云鹏、刘天相、俞声金、陈象曦等同纂①	雍正七年(1729 年)诏修全国一统志，令各地收集资料。知县杨正荀遂于次年开馆重修县志，由冯鸿模任总纂，林梦麒、蔡云鹏、刘天相、俞声金、陈象曦等同纂。五月启馆，年底成书。书成后适逢杨令离任，由后任许炳②于雍正九年(1731 年)考订刊行。该志共 16 卷，以门类齐全为人称道
6	雍正《慈谿县志》	显系雍正九年版之重印，故仍署名"慈谿县志"	乾隆三年(1738 年)傅珏增刻本，在原序与目录之间插入关于管山亭的叙、序、考四篇，充作新增序文，共 16 卷，北京、南京、上海、浙江等图书馆有藏
7	同治《慈谿县志稿》	梁启超谓此志为董沛、徐时栋合撰	纂于同治(1862—1874 年)末，其中职官类叙事至同治九年(1870 年)。又，光绪丁酉年(1897 年)，时任宁波知府程云俶云："同治十二年书成，未刊，后为光绪志之底本。"
8	光绪《慈谿县志》	杨泰亨主修，冯可镛纂，陈继聪、孙德祖、刘凤章、费德宗、叶意深分编	自光绪五年(1879 年)起由杨泰亨、冯可镛竭十年心力创稿，至光绪十四年(1888 年)定稿，光绪二十三年(1897 年)邑人刘一桂校补，至光绪二十五(1899 年)刊成。该志共 24 册计 56 卷附篇 1 卷，分旧迹、艺文、金石物产、前事风俗、丛谈等 17 门
9	《慈谿县志》	陈训正等纂	1935 年底成立纂修馆，不久便参照《民国鄞县通志》，拟定舆地、政教、文献、工程四大目，同时刊布《慈谿县志例目草案》及《慈谿县志采访举例》。惜不久遭遇战乱，经费无着，终未竟

① 杨正荀，云南开化人，官至滁州知州；冯鸿模，慈谿人，雍正元年中举，十二年进士及第，曾任河北乐亭知县。

② 许炳，常熟人，任慈令，能宽钱粮、恤刑狱、兴赈济。免官时，百姓为之涕泣。

续　表

序号	名　称	纂　修　者	简　　况
10	《民国慈谿县新志稿》	干人俊辑	宁海人干人俊，于困顿中孜孜于方志事业，纂有浙江省各县志稿三辑，凡 62 种 1 176 卷。《民国慈谿县新志稿》凡 24 卷，保存了民国成立至抗战时期的部分资料，已由慈溪县志办、慈溪县档案馆刊印于 1987 年

综上所述，可知慈谿历史上曾 12 次纂修县志，有刊本或抄本留存者仅 5 种。这其中，以杨泰亨、冯可镛所纂的光绪志价值最高，其人物搜罗颇广，体例继承众志之长，选举仿《乌程志》，名录仿《华阳国志》，艺文仿《汉书・艺文志》，金石仿《嘉禾志》，又独取仕籍、丛谈列卷，颇用心。卷前附图注意实际测量，利于按图索骥，已似近代地图规制。全志资料丰富，200 年间慈溪史事借以录存。也正有鉴于此，天一阁龚烈沸、宁波文化研究会周冠明两位先生受邀将其中有关慈城的内容节选出来并加以标点，是为《光绪慈溪县志节选・慈城》。

近代慈城曾有多份报刊，形式多样，内容全面。现存不多，以表罗列如下（见表 4－3）：

表 4－3　民国以来创办于慈城的报刊

时段	名　称	概　　况
抗战前	《慈谿周报》	1925 年 10 月 10 日创刊，主办人为郑留隐、冯孝同、杨渊如。所载内容主要是地方新闻、文艺作品。1926 年 5 月停刊
	《慈谿民众》	由慈谿县立民众教育馆编辑出版，1932 年 2 月 24 日创刊，月刊。旨在辅导民众，同时进行抗日宣传
	《新慈谿报》	1935 年 5 月创刊，铅印，3 日刊，由陆海平等人创办，内容以社会新闻为主，并登载文艺作品，社址在民族路 46 号。1937 年 6 月 13 日起试办日报，因遭《慈谿公报》排挤，1938 年被勒令停刊
	《慈谿公报》	1935 年左右创刊，周刊，负责人邵粹瑜，为国民党慈谿县党部机关报，社址位于慈城学宫，内容全系宣传文件之公报，至于国内外时事和地方新闻，则几无报道。1937 年改为《慈谿日报》
	《慈谿时报》	1935 年 12 月由张心痕创办，铅印三日刊。内容以国内外时事和地方新闻为主，辟有“文溪”“五磊山”两种副刊，新旧文艺兼容并重。社址在民族路 25 号。1937 年，并入《新慈谿报》

续 表

时段	名 称	概 况
抗战前	《慈谿日报》	1937年，由《慈谿公报》改组定名，由国民党慈谿县党部主办，社长周聘三，主编韩一鸣，后改由叶修人主编。编辑部初在竺巷东路5号，后移至太阳殿路40号。1941年慈溪沦陷后停办
	《春畦》	慈谿农科春畦社编辑部编，总务部出版。浙江省图书馆存有1936至1937年6月刊出的第1～3期。这份不定期出版的农业刊物，内容主要是有关农业农村问题的研究、农副生产的报告、文艺作品、时事短评、杂感等
	《新生》	1937年4月6日创刊于慈谿，慈谿文艺社编辑发行，月刊，32开，出刊1～2期。1937年5月停刊。文学刊物，不设栏目，由冯正闻、林家湘等人撰文
抗战时期	《前进》	1938年8月1日创刊，慈谿县抗日自卫委员会发行。内容有时事述评、国际国内大事评论、抗日宣传、慈谿县的社会问题和抗日动态。从第18期起，开始连载蒋百里轰动一时的著作《日本人》
	《教育阵地》	1939年创刊，慈谿教育阵地社编辑出版，半月刊。内容有教育评论、教育论著、问题研究、教师常识、教材介绍、半月文选、教育文艺等
	《慈谿民众》	1940年9月创刊，由《慈谿民众》月刊社编辑发行。向民众宣传“三五减租”常识，介绍时事，论述积极开展农运的意义，报道民运动态，是其主要内容
	《慈谿新报》	1942年创刊，由汪伪“慈谿县乡镇联合会”主办。铅印日报，8开2版，第一版为新闻，第二版为“慈湖”副刊。每期印数近100份，由慈城镂青印社承印
解放战争时期	《慈谿简报》	1945年10月1日创刊，2日刊，8开，铅印，慈谿县政府教育科主办，先名“慈谿简讯”。正面为县政简讯，背面为中央社电讯及地方新闻。发行量每期500份，1946年5月初停办
	《重光教育》月刊	1946年4月创刊，方子长编，慈谿县国民教育研究会出版。刊登训令、公牍、教育简讯、会员动态、教师生活和筹集学田办学等资料
	《慈谿报》	1946年5月5日创刊，日刊，4开4版，铅印，发行人胡介新。1947年2月17日改8开2版。有国内外、本县新闻等，并辟“慈风”副刊。社址在慈城太阳殿路。每期发行700～1 000份，1949年5月停刊
	《四明通讯》	1947年4月4日创办，社址在骢马桥26号县立民教馆内，1948年3月1日迁至宁波市区。这份隔日印发的油印稿本，每期发行170份，主要是汇集地方新闻，一是发稿给上海、南京、杭州等地报社，二是供县有关机关参考。1949年前夕停办

续　表

时段	名　称	概　况
解放战争时期	《服务》	1947 年 10 月创刊，半月刊，慈豁（县立）简易师范学校（以下简称“简师”）毕业生服务指导委员会编。内容有教师常识、教材教法介绍、教学优良设施介绍、教师心得体会、县立简师动态、简师毕业生工作生活报道等
	《慈谿教育》	1948 年 5 月创刊，《慈谿教育》月刊社编辑出版。内容主要有教育问题（尤其是小学教育问题）论坛、教材编写法及乡土教材选登、教学方法探讨、教育人物评价、地方教育动态、慈谿简师近讯
新中国成立后	《宁波慈城冯氏研究》	由江北区文联和宁波市慈城冯氏研究会主办，2006 年 11 月初创刊，系国内首家研究慈城冯氏及其家族文化的期刊。栏目主要有会悟解读、倾诉交流、笔墨情思、奇志异行、悠远家世、斐然成果等
	《古镇慈城》	创刊于 20 世纪 90 年代，由江北区文联主办。2001 年改版，由江北区慈城镇政府、江北区文物管理所编印。栏目有人文慈城、冯氏研究、古今人物、往事追忆、记忆故乡、半浦古村等。至 2019 年 8 月，总计刊行 73 期
	《慈湖水》	慈湖中学老校友主办，1999 年 7 月创刊，系不定期刊物。栏目主要有通讯、评论、诗歌、花絮等

四、慈城艺文交流

慈城一地，自唐宋以来人文荟萃，著述颇丰。部分因为行政区划变更的关系，其著述迄今尚无专篇载录。本章之作，旨在广泛搜录历代慈城人士的各类著作（不含谱牒）和现当代学者考述慈城历史文化的研究成果（包括对慈城历史人物、历史事件的探讨），用以反映慈城区域文化内涵之丰富，并在搜录过程中严格遵循下列四个原则：其一，若著述是历代慈城文人学者的作品，则该作者必须是已故者；其二，对于出自历代慈城人士之手的各类书籍，皆以作者为中心予以著录，并按时代先后加以排列；其三，改革开放后那些以慈城历史文化为研究对象的学术成果，无论作者是否慈城人，皆编列于全章之末，并据其问世之早晚加以排列；其四，尽可能完整地记载各类著述的版本信息，明确交代非常见古籍的收藏机构，以便于查找、使用。

宋清时期慈城历代著述如表 4－4 所示。

表 4-4　宋清时期慈城历代著述一览表

作　者	书　　名	备　　注
[宋] 杨　简	《慈湖诗传》20 卷	四库全书本
	《慈湖先生遗书》18 卷，续集 2 卷	四库全书本
	《杨氏易传》20 卷	四库全书本
	《五诰解》4 卷	四库全书本
	《先圣大训》6 卷	四库全书本；山东友谊出版社，1990 年影印本
	《石鱼偶记》1 卷	四明丛书本
[宋] 桂万荣	《棠阴比事》	1211 年刊，堪称我国乃至全世界现存最早的较为系统的法医专著
[元] 赵　偕	《宝峰集》2 卷	四库全书本
	《宝云堂集》	
	《赵宝峰先生文集》2 卷，附录 1 卷	丛书集成续编本；四明丛书本
[明] 乌斯道	《春草斋集》10 卷，附录 1 卷	四库全书本
[明] 桂彦良	《春和咏言》	
	《和陶诗》	
	《老拙集》	
	《清节集》	
	《清溪集》	
	《山西集》	
	《中都纪兴》	
	《拄笏集》	
[明] 颜　鲸	《春秋贯玉》4 卷	6 册，明万历三十三年(1605 年)刻本
[明] 赵文华	《世敬堂集》4 卷	2 册，清抄本
	《国语文类》1 卷	南开大学图书馆藏

续　表

作　者	书　　名	备　　注
[明] 赵文华	《文华全集》	
	《赵氏家藏集》8 卷	中科院图书馆、清华大学图书馆藏
	《赵氏家藏集》8 卷，附录 1 卷	民国年间海宁张氏抄本
[明] 杨子器	《长平杂稿》	
	《柳塘先生遗稿》	
	《排节宫词》	
	《咏史诗》	
[明] 陈敬宗	《陈文定公澹然遗书全集》13 卷	10 册，明刻本
	《澹然集》5 卷	四库全书本
	《重刻澹然居士文集》3 卷	国家图书馆藏
	《重刻澹然居士文集》5 卷	国家图书馆藏
	《重刻澹然居士文集》10 卷	哈佛燕京图书馆藏
	《澹然居士文集》6 卷	浙江图书馆藏
	《澹然居士文集》10 卷	国家图书馆藏
[明] 姚　镆	《东泉文集》	明嘉靖刻清修本，四库全书存目丛书
[明] 王　来	《王氏绿野堂遗编》2 卷	南京图书馆藏
[明] 刘伯渊	《灌息亭选草》7 卷	日本内阁文库藏
	《灌息亭续草》不分卷	复旦大学图书馆藏
[明] 姚　堂	《广信先贤事实录》6 卷	明景泰七年(1456 年)广信府刻本
	《润州先贤录》6 卷	南京国学图书馆，1933 年
[明] 姚　涞	《国朝人物考》	
	《明山先生文集》4 卷	1 册，裘氏绛云居康熙间刻本
	《姚涞文集》8 卷	
	《诸边图》	

续 表

作 者	书 名	备 注
[明] 时 铭	《梦墨稿》10 卷	上海图书馆、伏跗室藏
[明] 杨守陈	《宁澹斋全集》10 卷	中科院图书馆、南京图书馆藏
	《宁澹斋全集》20 卷	明天启二年(1622 年)刻本
[明] 姚宗文	《天启慈谿县志》16 卷	国家图书馆藏
[明] 冯元飏	《冯太保文集》5 卷,附录 1 卷	伏跗室藏
	《留仙诗集》2 卷	天一阁藏
	《留仙和陶诗》1 卷	伏跗室藏
[明] 冯京第	《读书灯》1 卷	四明丛书本
	《冯侍郎遗书》8 卷,附录 3 卷	四明丛书本
	《三山吟》1 卷	四明丛书本
	《蕈溪集》2 卷	四明丛书本
	《蕈溪自课》1 卷	四明丛书本
[明] 冯元仲	《天益山志》①	
	《天益山堂遗集》10 卷,续刻 1 卷	天一阁、宁波市图书馆、浙江图书馆藏
	《复古堂诗文集》	
	《礼记》6 卷	伏跗室藏
[清] 裘 琏	《明翠湖亭四韵事》4 卷	康熙年间裘氏绛云居刻本,内有《昆明池》1 卷、《旗亭馆》1 卷
	《南海普陀山志》15 卷	上海图书馆藏;海南出版社,2001 年,影印
	《易皆轩二集》6 卷	清康熙刻本,浙江图书馆藏
	《玉湖楼传奇第六种女昆仑》2 卷	4 册,清抄本

① 天益山即汤山,位于慈城小东门外。冯元仲于明末在此建别业,因山为屋,改山名为"天益",又凿山为洞通来往,疏沼种树,亲自经营。

续　表

作　者	书　名	备　注
[清]姜宸英	重订《湛园未刻稿》,不分卷	天一阁藏
	《大明刑法志》2卷	南京图书馆藏
	《东林史料丛钞十一种》11卷	上海图书馆藏
	《江防总论》1卷	上海涵芬楼1920年据清道光晁氏活字印本影印
	《姜西溟文钞》4卷	1册,清抄本,上海图书馆、国家图书馆、天一阁藏
	《西溟文钞》4卷	1930年宁波大酉山房据光绪十五年(1889年)刻本后印(线装)
	《姜西溟书札》	1册,清稿本
	《姜西溟先生八股文》1卷	天一阁藏
	《姜西溟先生文稿》,不分卷	1册,清稿本
	《姜西溟选评欧曾老苏三家文》,不分卷	上海图书馆藏
	《姜先生全集》33卷,卷首1卷	1930年宁波大酉山房据光绪十五年(1889年)刻本后印(线装)
	姜湛园先生临帖各种	上海有正书局,民国年间影印本
	《诗词拾遗》1卷	1930年宁波大酉山房据光绪十五年(1889年)刻本后印(线装)
	《诗笺别疑》1卷	抄本,抄年不详
	《刘孝子寻亲记》	江苏广陵古籍刻印社,1984年
	《苇间诗集》,不分卷	上海图书馆藏
	《苇间诗集》5卷	1930年宁波大酉山房据光绪十五年(1889年)刻本后印(线装),伏跗室、宁波市图书馆藏
	《湛园藏稿》4卷	1930年宁波大酉山房据光绪十五年(1889年)刻本后印(线装)

续　表

作　者	书　名	备　注
[清]姜宸英	《湛园集》8卷	四库全书本
	《湛园集目》1卷,《湛园未刻文》1卷,《诗词拾遗》1卷,《探花姜西溟·行卷》1卷	伏跗室藏
	《湛园诗稿》3卷	伏跗室藏
	《湛园诗稿》3卷	1930年宁波大酉山房据光绪十五年(1889年)刻本后印(线装)
	《湛园题跋》1卷	上海图书馆藏
	《湛园题跋》1卷	1930年宁波大酉山房据光绪十五年(1889年)刻本后印(线装)
	《湛园未定稿》6卷	伏跗室藏
	《湛园未定稿》6卷	宁波汲绠斋书局1910年石印本(线装)
	《湛园札记》4卷	清刻本,1册,伏跗室藏
	《湛园札记》4卷	1930年宁波大酉山房据光绪十五年(1889年)刻本后印(线装)
	《真意堂佚稿》1卷	1930年宁波大酉山房据光绪十五年(1889年)刻本后印(线装)
[明]郑　满	《勉斋先生遗稿》3卷	国家图书馆藏
	《勉斋遗稿》2卷	郑梁编,四库全书存目丛书
[清]杨九畹	《巽风草庐遗稿》	
[清]郑　梁	《寒村诗文选·安庸集》1卷	1册,刻于康熙年间
	《寒村诗文选·白云轩集》2卷	1册,刻于康熙年间
	《寒村诗文选·宝善堂集》2卷	1册,刻于康熙年间
	《寒村诗文选·归省偶录》1卷	1册,刻于康熙年间
	《寒村诗文选·还朝诗存》1卷	1册,刻于康熙年间
	《寒村诗文选·见黄稿诗删》5卷	3册,刻于康熙年间

续　表

作　者	书　名	备　注
[清]郑　梁	《寒村南行杂录》1卷	1册,刻于康熙年间
	《寒村诗文集》	12册,刻于康熙年间
	《寒村诗文选》	11册,刻于康熙年间
	《寒村诗文选》36卷	国家图书馆藏,内含《半生亭集》1卷、《息尚编》4卷、《杂录》2卷、《杂录补》1卷
	《寒村诗文选》	17种,30册,刻于康熙年间
	《寒村诗选》21卷;《寒村文选》8卷	10册,刻于康熙年间
	《寒村诗文选·五丁诗稿》5卷	2册,刻于康熙年间
	《寒村诗文选·玉堂集》1卷	1册,刻于康熙年间
	《寒村诗文选·玉堂后集》1卷	1册,刻于康熙年间
	《女僧灵源传》	1册,清嘉庆八年(1803年)刻本
	《跛翁传》	1册,清嘉庆八年(1803年)刻本
	《义石祠记》	1册,清嘉庆八年(1803年)刻本
	《曾弗人传》	1册,清嘉庆八年(1803年)刻本
	《应总兵传》	1册,清末民初扫叶山房石印本
[清]郑　性	《黄梨洲先生明夷待访录》1卷	1册,清刻本,黄宗羲撰,郑性订
	《黄梨洲先生南雷文约》4卷	4册,清刻本,黄宗羲撰,郑性订
	《南溪不文》1卷	1册,清乾隆七年(1742年)刻本,浙江图书馆、福建图书馆藏
	《南溪仅真集》1卷	康熙间刻本,浙江图书馆藏
	《南溪梦呓》1卷	1册,乾隆七年(1742年)刻本
	《南溪瘖歌》2卷	2册,乾隆七年(1742年)刻本
	《南溪偶刊》4卷	4册,清乾隆间刻本

续 表

作 者	书 名	备 注
[清]郑 性	《四明四友诗集》6 卷	与伏跗室所藏《四明四友诗》(郑梁辑,6 卷)实为一书。所谓"四友者",即郑性、李暾、万承勋、谢绪章
[清]郑 勋	《二砚窝偶存稿》	北大图书馆藏
	《二砚窝诗稿偶存》5 卷,词 1 卷	天一阁藏
	《二砚窝文》	天一阁藏
	《二砚窝文稿》2 卷	上海图书馆藏
	《二砚窝文略》	中科院图书馆藏
	《诰授中宪大夫先寒村公年谱》1 卷,家书 1 卷	1 册,清嘉庆十三年(1808 年)家刻本
[清]郑 辰	《十二古铜钩斋诗集》	
	《四明诗抄》1 卷	中国科学院图书馆藏
	《句章摭逸》10 卷,附 1 卷	
[清]郑 竺	《蕉雪诗抄》1 卷	天一阁藏
	《夜云居诗稿》2 卷,文稿 1 卷,附录 1 卷	伏跗室、宁波市图书馆藏
	《夜云居诗稿》2 卷	天一阁藏
	《夜云居诗稿》	辽宁图书馆藏
[清]郑 溱	《书带草堂诗选》12 卷,《书带草堂文选》2 卷	复旦大学图书馆藏
[清]郑 甲	《雪桥遗稿》1 卷	浙江图书馆藏
[清]冯云濠	《宋元学案补遗》42 卷	北京图书馆出版社,2002 年影印
[清]杨泰亨	《佩韦斋随笔》	
	《饮雪轩诗文集》	

续　表

作　者	书　　名	备　　注
[清]冯可镛	《匏系斋诗稿》	
	《慈湖先生年谱》2 卷	与叶意深合撰，1930 年林集虚大西山房印本
	《慈湖先生世系表》1 卷	1930 年林集虚大西山房印本
	浮碧山房骈文，2 卷	宁波钧和公司，1917 年
	句章征文，4 卷	
[清]周维棫	《冰玉集》	
[清]尹元炜	《谿上诗辑》14 卷，续编 1 卷，补编 1 卷	伏跗室藏
	《谿上遗闻集录》8 卷，别录 2 卷	伏跗室藏

慈城传世家谱一览如表 4－5 所示。

表 4－5　慈城传世家谱一览表

公　共　收　藏　本				
谱　名	卷/册	修谱年代	修谱主体与版本	收 藏 机 构
《慈谿王氏宗谱》	10/12	清咸丰十年（1860 年）	崇本堂木活字本	北京大学/吉林大学
《慈谿王氏宗谱》	12/13	清光绪二十四年（1898 年）	崇本堂木活字本	上海图书馆/美国哥伦比亚大学
《慈谿王氏宗谱》	16/16	民国十年（1921 年）	崇本堂木活字本	上海图书馆
《黄山王氏辅德堂支谱》（不分卷）	1 册	民国十年（1921 年）	辅德堂刻本	上海图书馆
《黄山王氏承志堂支谱》（不分卷）	1 册	民国十年（1921 年）	承志堂木活字本	国家图书馆
《福聚冯氏宗谱》	10/4	明天启五年（1625 年）	初修本	浙江图书馆

续 表

公 共 收 藏 本				
谱 名	卷/册	修谱年代	修谱主体与版本	收 藏 机 构
《冯氏家谱》	1/1	清道光四年(1824年)	抄本	上海图书馆
《慈谿冯氏支谱》(不分卷)	1册	清同治元年(1862年)	刻本	常州图书馆/天一阁/美国犹他州家谱学会
《金川冯氏家谱》	1/1	清同治九年(1870年)	抄本(1938年续抄)	上海图书馆
《冯氏惠宗祠支谱》	不详	清道光年间	抄本	上海图书馆
《慈谿阮氏宗谱》	4卷	清同治七年(1868年)	敬思堂钞本	天一阁
《慈谿孙氏家乘》	4/1	民国十一年(1922年)	慎德堂木活字本	天一阁/上海图书馆
《慈谿赭山严氏宗谱》	4/4	民国十一年(1922年)	奉思堂刻本	上海图书馆/宁波图书馆等
《赭山严氏文三公支谱》	4/1	民国十二年(1923年)	木活字本	上海图书馆/宁波图书馆
《慈谿赭山杨氏宗谱》	12/10	民国二十年(1931年)	敦睦堂木活字本	国家图书馆/河北大学/天一阁
《慈谿宋氏宗谱》	12/16	清嘉庆十三年(1819年)	贻安堂续修稿本	辽宁图书馆
《慈谿陈氏宗谱》(不分卷)	10册	清道光十一年(1831年)	钞本	浙江图书馆
《慈谿狮山陈氏宗谱》	2/2	清咸丰十年(1860年)	郭本堂木活字本	吉林大学
《慈邑双顶山陈氏宗谱》(不分卷)	2册	清光绪十六年(1890年)	燕翼堂抄本	中国社科院历史研究所
《陈氏学西支谱》(不分卷)	10册	清光绪三十一年(1906年)	世德堂十修本	浙江图书馆

续　表

公　共　收　藏　本				
谱　名	卷/册	修谱年代	修谱主体与版本	收 藏 机 构
《慈谿陈氏县前支宗谱》	24	民国十九年（1930 年）	奉先堂木活字本	天一阁
《慈谿林氏宗谱》	4	民国十二年（1923 年）	铅印本	上海图书馆/天一阁等
《周氏宗谱》	5/5	清同治四年（1865 年）	世恩堂木活字本	上海图书馆
《慈谿周氏半浦支谱》	（6＋1）卷	民国六年（1917 年）	惇德祠木活字本	天一阁
《慈谿周氏显宗祠族谱》	21/1	民国十五年（1926 年）	世德堂木活字本	浙江图书馆（存卷首）
《灌浦郑氏人物传》（不分卷）	1 册	清康熙三十六年（1697 年）	刻本	河北大学
《慈谿半浦郑氏宗谱》	3/4	清道光十九年（1839 年）	佑启堂木活字本	国家图书馆
《慈谿灌浦郑氏宗谱》	20/20	清咸丰十年（1860 年）	复训堂木活字本	河北大学/济南博物馆
《慈谿赭山郑氏宗谱》（不分卷）	1 册	清咸丰年间	抄本	上海图书馆
《慈谿郑氏宗谱》	6/6	清同治十一年（1872 年）	佑启堂木活字本	历史博物馆
《慈谿郑氏宗谱》	77 卷	清光绪十八年（1892 年）	佑启堂木活字本	国家图书馆/吉林大学
《灌浦郑氏宗谱》	24/24	民国十二年（1923 年）	复训堂木活字本	天一阁
《慈谿竹江柳氏兴孝录》	24/16	清咸丰三年（1853 年）	敦伦堂木活字本	上海图书馆/美国哥伦比亚大学（存 16 册）
《慈谿姚氏宗谱》	30 卷	清光绪二十年（1894 年）	植本堂刻本	南开大学/天一阁

续 表

公 共 收 藏 本				
谱 名	卷/册	修谱年代	修谱主体与版本	收 藏 机 构
《慈谿秦氏宗谱》(不分卷)	4册	明万历二十一年(1593年)	刻本	国家图书馆/浙江图书馆
《慈水秦氏宗谱》	9/6	清乾隆三十八年(1773年)	裕宗祠钞本	天一阁
《慈水秦氏宗谱》	6/6	清嘉庆十九年(1814年)	钞本	吉林大学
《慈水秦氏宗谱》	28卷	民国十五年(1926年)	活字本	国家图书馆/中国社科院历史所/天一阁
《四明桂氏家乘》	13卷	清同治十一年(1872年)	木活字本	宁波档案馆
《慈谿顾氏宗谱》(不分卷)	1册	民国十七年(1928年)	石印本	哈尔滨师范大学
《东街武肃正宗钱氏世系谱》(不分卷)	2册	清乾隆五十四年(1789年)	抄本	美国哈佛大学
《慈南徐氏世谱》(不分卷)	1册	清代	抄本	美国犹他州家谱学会/日本东洋文库
《慈南图屿徐氏宗谱》	10卷	清光绪二十七年(1901年)	庆衍堂刻本	河北大学/美国犹他州家谱学会
《慈谿慈南徐氏宗谱》	12/12	民国三年(1914年)	鸿绪堂木活字本	河北大学/上海图书馆
《慈谿董氏宗谱》	34/28	清光绪二十二年(1896年)	木活字本	河北大学
《慈谿董氏宗谱》	34卷	民国十七年(1928年)	义庄志木活字本	南开大学/天一阁(存三卷)
《慈谿潘氏宗谱》	3/2	清光绪三十四年(1908年)	敬修堂木活字本	吉林大学
《慈水魏氏宗谱》	28/22	清光绪七年(1881年)	思永堂木活字本	日本东洋文库/美国犹他州家谱学会

续　表

私　家　珍　藏　本					
谱　　名	卷/册	收藏地	谱　　名	卷/册	收藏地
《慈谿王氏宗谱》	1卷	乍山	慈东罗氏宗谱	36	慈城
《慈谿花园王氏宗谱》	4卷	慈城	慈谿罗氏宗谱	10	慈城
《慈谿王氏宗谱》	18卷	慈城	慈谿胡氏宗谱	1	慈城
《慈谿冯氏家谱》	1卷	慈城	慈谿钟氏宗谱	2	慈城
《慈谿向氏宗谱》	4卷	慈城	慈东姚氏宗谱	2	慈城
《慈谿孙氏宗谱》	1卷	妙山	慈谿钱氏庆系谱	4	慈城
《慈谿赭山杨氏宗谱》	20卷	慈城	慈谿袁氏宗谱	24	慈城
《慈谿余氏宗谱》	1卷	慈城	慈谿凌氏家谱	3	慈城
《慈谿沈氏宗谱》	20卷	慈城	慈谿葛氏宗谱	2	慈城
《慈谿汉塘沈氏宗谱》	32卷	慈城	慈谿裘氏宗谱	26	慈城
《慈谿沈氏宗谱》	5卷	慈城	慈谿韩氏宗谱	17	慈城
《慈谿林氏宗谱》	4卷	慈城			
合　计	61种				

清末民初以来慈城各类著述一览如表4-6所示。

表4-6　清末民初以来慈城各类著述一览表

作　者	书　　名	著作方式	备　　注
杨敏曾	《民国镇海县志》	纂	与王荣商合纂，中国地方志集成·浙江省专辑34，上海书店，1993年
	《中国史讲义》	编	北京大学，1918年铅印本，线装
	《潜菊洪先生行述》	纂	民国活字印本，线装。宁波市图书馆藏
魏友枋	《端夷阁近三年诗词》	著	菜缘社，1934年铅印本
	《端夷六十后诗词》	著	

续　表

作　者	书　　名	著作方式	备　　注
梅调鼎	《注韩室诗存》1卷	著	1933年，铅印本
周信芳	《平剧精选》	著	上海新运图书局，1936年
	《周信芳戏剧散论》	著	中国戏剧出版社，1960年
	《周信芳文集》	著	中国戏剧出版社，1982年
秦润卿	《先贤名言摘要》	纂	荣宝斋抄本，时间不详
	《抹云楼家言》	著	1947年作者自刊
	《抹云楼藏书目》	编	民国间抹云楼抄本，线装，宁波市图书馆藏
何其枢	《秋荼诗文存》2卷	著	民国间铅印本
冯贞群	《甬上证人书院配享记》	著	民国间油印本
	《求恒斋书画目录》2卷	著	民国稿本，天一阁藏
	《伏跗室碑录》	编	民国间皂泉山馆稿本，线装，1册，不分卷，天一阁藏
	《伏跗室碑帖目》	编	民国间稿本，线装，1册，不分卷，天一阁藏
	《伏跗室借书目录》	编	民国稿本，线装，1册，不分卷，天一阁藏
	《伏跗室续汇刻帖目稿》	编	1938年稿本，线装，4册，4卷，天一阁藏
	《求恒斋书目》(不分卷)《君木书目》1卷	合编	与冯君木书目合编，民国间稿本，线装，天一阁藏
	《天一阁简目两种》	编	天一阁，1936年
	《鄞范氏天一阁书目内编》	编	10卷，线装，重修天一阁委员会1937—1940年刊行
	《编辑〈四明丛书〉记闻》	编	1946年铅印本，1册
	《姜西溟先生年谱》	纂	1卷，民国间稿本
冯　度	《梅鹤幻影图题咏》1卷	著	1933年影印本，线装
	《对数表新编》	编	开明书店，1935年

续　表

作　者	书　　名	著作方式	备　　注
冯君木	《冯君木书牍》1卷，附录1卷	著	复旦大学图书馆藏
	《回风堂词》	撰	1933年刻本，后被收入《沧海遗音集》
	《回风堂诗》6卷，前录2卷	撰	1937年油印本，1960年萧山朱氏别宥斋补刻，国家图书馆、河南图书馆藏
	《回风堂诗》7卷，前录2卷，文5卷，附《妇学斋遗稿》1卷	撰	中华书局，1941年铅印本。上海图书馆、南京图书馆、复旦大学图书馆藏
	《回风堂文集》1卷	撰	南京图书馆藏
	《回风堂诗》1卷，《秋辛词》1卷，附《妇学斋遗稿》1卷	撰	民国间抄本，1册，天一阁藏
	《王翁方清家传》	撰	钱罕书，1922年石印本，线装1册
	《沈母夏淑人行述传诔墓志铭》	合撰	与陈谦夫等人合撰，民国间刊本，刊年不详，宁波市图书馆藏
何育杰	《自然之机构》	译	商务印书馆，1935年
	《物质与量子》	译	2册，商务印书馆，1936年
	《植物系统解剖学》	合译	商务印书馆，1939年
	《运动机构学》	合译	商务印书馆，1940年
冯贞胥	《冯母洪孺人家传》	撰	王贤书，1941年石印本
	《董节母传》	撰	钱罕书，1946年石印本
冯　定	《平凡的真理》	著	新中国书局，1949年； 中国青年出版社，1980年
	《关于掌握中国资产阶级的性格并和中国资产阶级的错误思想进行斗争的问题》	撰	人民出版社，1952年
	《有关中国民族资产阶级的某些问题》	著	人民出版社，1956年

续表

作者	书名	著作方式	备注
冯定	《共产主义人生观》	著	中国青年出版社,1957年
	《工人阶级的历史任务》	著	人民出版社,1960年
	《工人阶级的历史任务》(修订本)	著	人民出版社,1961年
	《中国共产党怎样领导中国革命》	著	人民出版社,1961年
	《人生漫谈》	著	中国青年出版社,1964年
	《冯定文集(第一卷)》	著	人民出版社,1987年
	《冯定文集(第二卷)》	著	人民出版社,1989年
冯都良	《怅惘》	著	光华书局,1925年
	《国学常识问答》(经传类)	编著	珠林书店,1938年
	《宋词面目》	选注	珠林书店,出版年份不详
冯宾符	《动荡中的欧洲》	译	生活书店,1936年
	《飞机翼下的世界》	合编	生活书店,1937年
	《中国抗战与国际情势》	著	光明书局,1937年
	《世界政治》	合译	生活书店,1937年
	《中国抗战与美国》	著	上海一般书店,1938年
	《捷克斯拉夫》	著	珠林书店,1938年
	《外人眼中的中日战争》	合译	生活书店,1938年
	《西行漫记》	合译	上海复社,1938年
	《列强军力论》	合译	生活书店,1939年
	《续西行漫记》	合译	上海复社,1939年
	《世界新形势》	合著	世界知识出版社,1947年
	《德国问题内幕》	译	世界知识出版社,1948年

续　表

作　者	书　　名	著作方式	备　　注
冯宾符	《战后苏联印象记》	译	世界知识出版社，1948 年
	《冯宾符国际问题文选》	著	杨学纯、沈中明编，世界知识出版社，2002 年，共 2 册
应修人	《金宝塔银宝塔》	著	少年儿童出版社，1956 年
	《修人集》	著	楼适夷等编，浙江人民出版社，1982 年
	《应修人日记》	著	上海书画出版社，2003 年
谈家桢	《谈谈摩尔根学派遗传学说》	编著	上海科学技术出版社，1961 年
	《谈家桢文选》	著	浙江科学技术出版社，1992 年
	《向上帝挑战：生物技术》	主编	上海科技教育出版社，1996 年
	《生命的密码》	著	湖南少年儿童出版社，2000 年
	《中国遗传学史》	主编	上海科技教育出版社，2002 年
郑森禹	《日本和平运动》	著	世界知识出版社，1954 年
	《郑森禹日本问题文选》	著	世界知识出版社，1999 年
颜鸣皋	《材料科学前沿研究：全国金属材料学教学研讨会论文集》	编著	航空工业出版社，1994 年
	《颜鸣皋院士论文选集》	著	科学出版社，2000 年
朱祖祥	《土壤学》	合编	高等教育部教材编审处，1955 年
	《土壤学》	合编	高等教育出版社，1956 年
	《土壤学》	主编	农业出版社，1983 年
王鞠侯	《宁波谜语》	编	中山大学民俗学会，1929 年
	《地质学浅说》	译	商务印书馆，1929 年、1931 年
	《从法兰西到斯干的那维亚》	译	商务印书馆，1931 年
	《世界一周》	著	商务印书馆，1931 年、1934 年

续　表

作　者	书　　名	著作方式	备　　注
王鞠侯	《地球进化之历史》	译	商务印书馆,1931 年
	《世界大战与地理》	译	南京钟山书局,1933 年
	《近代地理学》	译	商务印书馆,1933 年
	《气象学讲话》	著	开明书店,1935 年
	《地球与地面》	著	上海亚细亚书局,1935 年
	《刘继庄先生年谱初稿》	著	浙江省立图书馆,1935 年
	《地理学史》	译	商务印书馆,1938 年
	《自然地理学》	译	商务印书馆,1939 年 商务印书馆,1947 年
	《民国以来我国地理学研究之业绩》	著	暨南大学学林社,1940 年
	《近百年来之中国铁路事业》	著	暨南大学学林社,1940 年
	《民国以来之中国公路建设》	著	暨南大学学林社,1941 年
	《民国以来之中国公路建设》(续)	著	暨南大学学林社,1941 年
	《苏联国力的基础》	译	开明书店,1947 年
	《世界气候志》(上、下)	译	正中书局,1948 年、1970 年、1982 年
	《开明新编初级本国地理》(修订本)第 1～4 册	改编	此四册乃田世英所著,开明书店,1950 年
	《富饶的东北》	著	开明书店,1951 年,出版时署名“王约”
	《导淮入海》	著	开明书店,1951 年,出版时署名“吉贤”
	《青年气象学》	著	开明书店,1952 年,实乃开明书店 1935 年版《气象学讲话》的修订本
	《近代中国的道路建设》	著	中国香港龙门书局,1967 年
	《印度锡兰气候志略》	著	暨南大学南洋研究室,出版时间不详

续　表

作　者	书　　名	著作方式	备　　注
王鞠侯	《东印度群岛气候志略》	著	暨南大学南洋研究室，出版时间不详
	《南洋输入香料名类考》	著	暨南大学南洋研究室，出版时间不详
王幼于	《星空的巡礼》	译	开明书店，1934 年
	《俄罗斯化学史话》	译	中国青年出版社，1954 年
	《俄罗斯天文数理史话》	译	中国青年出版社，1954 年
	《什么是力气》	著	中国青年出版社，1955 年
	《原子能问答》	著	中国青年出版社，1955 年
	《俄罗斯科学发明史话》（上、下）	合译	中国青年出版社，1955 年
	《学会打算盘》	著	中国青年出版社，1956 年
	《奇妙的原子》	译	中国青年出版社，1956 年
	《怎样自学》	合著	中国青年出版社，1957 年
	《自制天文仪器》	译	中国青年出版社，1959 年
	《什么是相对论》	译	科学普及出版社，1963 年
	《懂一点电子计算机》	合著	中国青年出版社，1981 年
	《生物是怎样进化的》	合著	中国青年出版社，1982 年
	《科普编辑概论》	合著	上海科学技术出版社，1987 年
冯绍蘧	《四明宋氏家传产科全书秘本》	著	上海中西书局，1933 年，4 卷
	《冯绍蘧临床秘典》	著	上海世界书局，1937 年；中国香港百新图书文具公司，1962 年
李庆逵	《中国之土壤》	合译	（南京）实业部地质调查所、国立北平研究院地质学研究所，1936 年
	《四川之土壤》	编著	第二作者，（南京）经济部中央调查所，1944 年

续 表

作者	书名	著作方式	备注
沐绍良	《开明算术课本教学法》	合编	开明书店，1934 年
	《开明社会课本教学法》(第二册)	合编	开明书店，1935 年
	《鱼类图谱》	编译	商务印书馆，1936 年
	《昆虫图谱》	编译	商务印书馆，1936 年
	《观赏植物图谱》	编译	商务印书馆，1936 年
	《植物图谱》(上、下)	编译	商务印书馆，1936 年
	《读和写》	著	开明书店，1936 年
	《鸟类图谱》(上、下)	编译	商务印书馆，1937 年
	《动物哲学》(上、下)	转译	商务印书馆，1937 年
	《世界各国之食粮政策》	合译	商务印书馆，1937 年
	《大陆移动论》	译	商务印书馆，1937 年
	《少年科学未来战》	译述	开明书店，1937 年
	《医学史话》	译	商务印书馆，1938 年
	《人口地理学》	译	商务印书馆，1938 年
	《孟子话解》	合著	商务印书馆，1939 年
	《最新日语会话》	著	上海琳琅书店，1940 年
	《我爱好的生活》	译	商务印书馆，1943 年
	《中国北部之药草》	译	商务印书馆，1946 年
	《给下一代》	著	商务印书馆，1947 年
	《一天》	著	商务印书馆，1947 年
	《小猫咪做太太》	著	商务印书馆，1947 年

续　表

作　者	书　名	著作方式	备　注
沐绍良	《怎样写字》	著	商务印书馆，1947 年
	《怎样指导儿童写作》	著	商务印书馆，1948 年
	《写作基础读本》	著	上海新纪元编译馆，1948 年
	《写作指引》	合著	上海大成出版社，1948 年
	《胶结剂制造法》	译	商务印书馆，1950 年
	《人民的合作社》	著	商务印书馆，1950 年
	《劳动英雄的故事》	合著	上海儿童书局，1950 年
	《劳动英雄》	著	商务印书馆，1950 年
	《四角号码新词典》	参编	商务印书馆，1950 年
	《小英雄》	著	商务印书馆，1950 年
	《抗美援朝 保家卫国》	著	广益书局，1951 年
	《争取和平（叶之浩绘图）》	著	广益书局，1951 年
	《陈永康的丰产本领》	著	广益书局，1952 年
	《人人热爱毛主席》	编	广益书局，1952 年
	《幼童算术课本》（上、下，张令涛、潘思同画）	著	广益书局、幼稚园用书联合出版委员会，1952 年
	《幼童语文课本》（上、下，张令涛画）	著	广益书局、幼稚园用书联合出版委员会，1952 年
	《幼童常识课本》（上、下，张令涛画）	著	广益书局、幼稚园用书联合出版委员会，1952 年
	《西游记・大闹天宫》	节改	上海文化出版社，1956 年
	《西游记・平顶山》	节改	上海文化出版社，1957 年

民国时期公共机构的发行物如表 4 - 7 所示。

表 4 - 7　民国时期公共机构的发行物

书　　名	发行机构	概　　要
《慈谿保黎医会十周年纪念册》	慈谿保黎医会	慈谿保黎医会 1919 年发行
《慈谿县议会第二届第一年议决案》	慈谿县议会	慈谿县议会 1923 年发行
《慈谿县议会第二届第二年议决案》	慈谿县议会	慈谿县议会 1924 年发行
《慈谿县议会第二届第三年议决案》	慈谿县议会	慈谿县议会 1925 年发行
《慈谿县棉花运销合作社联合社二十五年概况报告书》	慈谿县棉花运销合作社联合社	慈谿县棉花运销合作社联合社，1937 年发行
《保卫慈谿》	慈谿第二施教团	慈谿第二施教团 1938 年发行
《浙江省慈谿县二十七年度县地方岁入出总决算书》	/	1938 年发行，油印本
《慈谿县第三期小学教员训练班讲义》	慈谿县第三期小学教员训练班	慈谿县小学教员训练班，1938 年发行
《慈谿县一年来重要县政设施概况》	慈谿县政府	慈谿县政府 1939 年发行
《慈谿县战时政治工作队二周年纪念刊》	慈谿县战时政治工作队	慈谿县战时政治工作队 1940 年发行
《浙江省慈谿县临时参议会第二次大会会刊》	慈谿县临时参议会秘书处	慈谿县临时参议会 1945 年发行
《慈谿县参议会第一届第六次大会决议案》	慈谿县参议会	慈谿县参议会 1947 年发行
《浙江慈谿县司法处看守所落成纪念册》	慈谿县监所筹建委员会	慈谿县监所筹建委员会 1949 年发行

晚近以来有关慈城历史与人物的研究成果如表 4 - 8 所示。

表 4 - 8　晚近以来有关慈城历史与人物的研究成果

书　　名	作　者	备　　注
《悲回风》	陈训正行稿	浙江省立图书馆，1932 年
《应修人潘漠华选集》	/	人民文学出版社，1957 年

续　表

书　　名	作　者	备　　注
《战斗的一生：回忆应修人烈士》	曾岚著	浙江人民出版社，1959 年
《周信芳艺术评论集》	中国戏剧出版社编辑部编	中国戏剧出版社，1982 年
《夜深沉：浩劫中的周信芳一家》	树棻著	福建人民出版社，1984 年
《伴飞：周信芳与裘丽琳》	周易、树棻著	鹭江出版社，1986 年
《周信芳演出剧本唱腔集》	许锦文编选记谱	上海文艺出版社，1986 年
民国慈谿县新志稿	干人俊编	浙江省慈溪县地方志编纂委员会办公室，1987 年
《周信芳艺术评论集续编》	周信芳艺术研究会编	中国戏剧出版社，1994 年
《周信芳与麒派艺术》	李晓、黄菊盛主编	华东师范大学出版社，1994 年
《麟派宗师：周信芳——麒麟童先生百岁诞辰纪念特辑》	曹骏麟编辑	中国京剧院，1994 年
《修人漠华诗全编》	尔矢编	浙江文艺出版社，1995 年
《杨简》	郑晓江、李承贵著	台湾东大图书公司，1996 年
《梅韵麟风：梅兰芳、周信芳百年诞辰纪念文集》	梅兰芳、周信芳诞辰 100 周年纪念委员会学术部主编	中国戏剧出版社，1996 年
《周信芳传》	沈鸿鑫、何国栋著	河北教育出版社，1996 年
《应昌期传》	李建树著	新竹理艺出版社，1999 年
《中国现代名家名作文库・应修人・潘漠华卷》	姜德铭主编	中国戏剧出版社，2001 年
《光绪慈溪县志节选・慈城》	龚烈沸选点、周冠明校注	宁波出版社，2003 年
《生死恋歌：周信芳与裘丽琳》	树棻著	文汇出版社，2003 年
《一个女记者的视野》	周珂著	文汇出版社，2004 年
《留住慈城》	王静著	上海远东出版社，2004 年
《中国的吉普赛人：慈城堕民田野调查》	王静著	宁波出版社，2006 年

续 表

书 名	作 者	备 注
《慈城：中国古县城标本》(2册)	戴松岳执行编辑	宁波出版社，2007年
《古县城慈城碑文集遗》	慈城镇文学艺术界联合会编	非正式出版物，2007年
《钱业巨子——秦润卿传》	孙善根著	中国社会科学出版社，2007年
《儒魂商魄：慈城望族与名人》	杨馥源主编	宁波出版社，2007年
《风流千古说慈城》	戴松岳著	宁波出版社，2007年
《老慈城古玩》	费伟华主编	非正式出版物，2008年
《颜鸣皋传》	沙志亮著	宁波出版社，2008年
《秦润卿史料集》	孙善根、周晓昇编	天津古籍出版社，2009年
《慈城年糕的文化记忆》	王静著	宁波出版社，2010年
《江南第一古县城再发现——宁波慈城文化内涵挖掘及开发研究》	吴廷玉编	四川大学出版社，2010年
《钱业巨擘秦润卿》	宁波市政协文史委编	中国文史出版社，2010年
《杨简心学、经学问题的义理考察》	张念诚著	花木兰文华出版社，2010年
《姜宸英年谱》	陈雪军著	浙江大学出版社，2011年
《清代浙东契约文书辑选》	张介人编	浙江大学出版社，2011年
《慈湖心舟——杨简学术研讨会论文集》	张伟主编	浙江大学出版社，2012年
《襟怀孺子牛 ：纪念王幼于先生百年诞辰》	/	中国青年出版社，2013年
《民间文化的慈风孝行》	王静著	宁波出版社，2013年
《千年望族慈城冯家：一个宁波氏族的田野调查》	王静著	宁波出版社，2015年
《天赐慈城：解读中国古县城的标本》	钱文华、钱之骁著	宁波出版社，2017年
《慈城慈孝甲天下》	董顺德编著	宁波出版社，2017年
《江北历代名门望族资料选编》	程丽珍主编	宁波出版社，2018年

慈城也有对外交流传统。近代以来慈城对外交往的主要内容包括：

一是黄山村民王惕斋赴日经商期间的所作所为。自从1870年抵达日本后，王惕斋在经商之余，做了不少有益于中日文化交流的事情：(1) 热情接待来访的中国官员，例如李筱圃(1880年)、汪康年(1898年)、罗振玉(1901年)、缪荃孙(1903年)，尤其是首任驻日公使何如璋一行，之所以能在最短时间内安定下来，就得益于王惕斋的帮助；(2) 既资助出版王鸿年《日本陆军军制提要》、李宗棠《日本小学校新令》等介绍日本新政的图书，又在1888年刊印了日本学者多纪元坚所撰的《汉译诊病奇侅》，这就不但有助于国人了解日本近况，而且促进了中日医学交流；(3) 关注国事，并结合自己的耳闻目睹，提出如何学习日本的务实建议。

二是王惕斋堂兄王治本的游日经历。从光绪三年(1877年)起，王治本通过教授中文并为日本中文报刊撰稿的方式，与日本的汉学家、诗人们往来密切，《园笔话》17卷就是他与大河内源辉声141次有记录笔谈的结集。光绪八至三十二年间(1882—1906年)，王治本应邀先后前往本州、四国、九州、北海道四大岛屿，与当地文人一道题诗作画，并因此得以深入日本民间，进入一般中国人很少抵达甚至从未到过的地区。

难能可贵的是，王氏兄弟的赴日之行得到日本方面的善意回应。事实上，日本著名学者冈千仞就曾接受王惕斋的邀请，早在光绪十年(1884年)访问黄山村；2008年10月，日本宫城县日中友好协会一行13人也曾基于对王治本的仰慕，专程前来考察访问。诸如此者，虽然未必具有重大历史意义，但无疑表明中日民间文化交流有其深厚的土壤。

第二节 慈城民间艺术

丰厚的文化土壤孕育出慈城丰富的民间艺术形式，主要包括：

一、慈城戏剧

慈城既是京剧艺术大师周信芳的故里，也是京剧《三娘教子》、潮剧《剪月容》、越剧《盘夫索夫》等众多舞台经典剧目素材的原生地，而且至少从明代起，就已发展成为一方戏文沃土。慈城的社戏，在形式上基本上可分为九种(见表4-9)。

表 4－9　旧时慈城的社戏

形　式	简　　况
庆贺戏	凡有学子金榜题名，往往搭台演戏加以庆贺
灯头戏	前灯戏（正月初二至十二）、正灯戏（正月十三至十八）、后灯戏（正月下半月）
年规戏	二月、三月、四月演
关帝戏	五月演
酬神戏	六月至于十一月演，例如七月下半月“盂兰盆会”所演之戏
冬至戏	冬至前后
年脚戏	年末
专戏	如“开光戏”“还愿戏”“龙王戏”等
纳凉戏	炎热的夏日晚上

演戏的场地主要是附建或临时搭建于庙宇、祠堂和公共场地的戏台，观众多是街坊或同一村庄的乡亲。城内的大关圣殿、小关圣殿、柳山庙和秦家祠堂，一年四季都会演戏，戏文由豪商巨富出资，一般连演三天，多则五天，演出时间往往为每天下午。位于慈城大街上的大关圣殿的戏台，正中悬挂着由梅调鼎书于 1900 年的匾额——“寓褒贬”，两旁看台楼上设有包厢，颇有上海戏院的气派。如今，大关圣殿早已荡然无存，秦家祠堂的旧址也被改建成了中城小学，但位于光华路的钱家祠堂仍完好地保留了古戏台，被焚毁于 20 世纪 40 年代的城隍庙戏台，以及咸丰年间被太平军烧毁的清道观戏台，现已得到重建、修复。

除戏台外，暑夜纳凉处也是社戏演出的重要场地。唱新闻、说书、《账台案》等纳凉戏作为社戏的表现形式，与慈城人暑夜出门纳凉的社会风俗相伴而生，且传承久远。但自 20 世纪 90 年代初期以来，随着民众生活水平的提高、生活节奏的加快，纳凉戏逐渐退出了历史舞台。

在社戏形式日新月异的同时，演出主体也出现了比较显著的变化。自光绪初至抗战前，以戏班为主，以“春仙班”为代表的京戏班，除了上大宅门演堂会外，大多是在酒楼茶坊、神庙戏台表演，有时甚至是露天演戏。而在抗战爆发后，剧团逐渐脱颖而出，慈城民众早在1937年10月就已组建起“钟山救亡剧团”，并到城乡巡演《棠棣之花》《放下你的鞭子》《送郎上前线》《婆媳抓汉奸》《救命三郎》等短剧。相比较而言，在校师生无疑是当时剧团的主体，普迪一校师生在抗日救亡运动中先后编演了《缇萦救父》《昭君出塞》《精忠报国》《卧薪尝胆》等剧，而中城小学的师生也在校园内外演出了《以身许国》《山河泪》等剧目。演出主体的这一演变趋势，在解放战争时期得到了进一步巩固，进而出现了专业文工团（见表4－10）。

表4－10　清末以来演出主体的变迁

演出时间	简　　况
1946年7月	慈谿县立初级中学学生在毕业典礼上演出《屠户》《回先生》《乐善好施》《出发之前》等节目
1946年11月	慈谿县星星剧社在慈城演出话剧《升官图》，被县当局责令禁演
1948年6月	普迪小学校庆时，演出短剧《湘江浪》《打铁》《当兵》《随风飘飘》《训子》
1949年	慈城慈江文工团排练话剧《坠官阁》、方言剧《仇》、曲剧《光荣一家门》

二、慈城田歌

所谓“慈城田歌”，就是慈城劳动人民在生产、生活中口头传唱、吟诵的民间小调，其部分唱词固然历史悠久，但以明清为主。慈城田歌就其目的而言，大抵可分为两类：一类如“走书”“跑马灯”“舞龙灯”，完全是营利性的表演；另一类则纯粹源自日常生活和田间劳动的需要，例如“车水调”“插秧调”“哭丧调”。

慈城田歌内具较强的地域性：一是其曲调在“宫商角徵羽”五声音阶的基础上，增加了较多的前、后倚音和上、下滑音；二是其唱词以地道的慈城话为主，同时加入较多并无实际意义的助词、感叹词；三是唱词内容大多反映慈城特有的生活方式，例如“八月十六过中秋”“慈城做年糕”“慈城地名歌”等。

曾经比较大众化的慈城田歌，近年来逐渐走向衰落。能传唱这些民间劳作歌曲和田间小调的人，多是60岁以上的老人，譬如虹星村周家庄的周乾良及其弟子朱岳强、杨桂花等，且数量不会超过十个。年轻一代不但不会唱，甚至不愿唱。也因此，慈城田歌若不能得到及时的继承和保护，若干年后难免失传。

三、荡湖船

荡湖船又名采莲船，是举灯赛会、喜庆吉日表演的歌舞节目，流传极广。慈城的荡湖船与其他地区的大同小异，其形状类似于鲤鱼，用竹篾作框架，纸裱面，剪贴彩绘成鱼形船体，船体上置四角华盖一顶，顶上有时安有葫芦。船体下面围有彩绸，下垂 0.3 米左右。划桨桨杆高约 1.3 米，涂有红白相间彩条，中间饰一朵红花。

荡湖船的表演形式，基本上一船二人，一扮渔姑称“旦”，一扮渔翁称“丑”。表演时，女(旦)着紧身粉红大襟上衣，系短裙围兜，穿蓝彩裤、绣花鞋。男(丑)头戴去顶草帽，穿对襟湖蓝上衣蓝裤，束红腰带，鼻下装小八字假须，足蹬布鞋(或草鞋)。

荡湖船不受场地限制，表演灵活自由。主要身段动作有“荡摆步”“迎浪步”“十字荡步”“波浪荡步”“鲤鱼翻身”“金鲤甩尾”“矮步划桨”等，“荡”与“逗”是其主要特点。此所谓“荡”，是指表演者的一举一动应充分表现船的晃动感，呈现驾彩舟、唱山歌、庆丰收的喜悦心情；“逗”则是通过渔翁一颠一跛的挑逗，与渔姑一问一答、一唱一和，活跃气氛、掌控场景。

四、宁波走书

宁波走书兴起于清同治、光绪间，最初为佃工在农作时你唱我和、自娱自乐的小曲，后来，其内容由小曲演化为有故事情节的片段，其表演形式也从一人自拉自唱的“坐唱”，经由“里走书”(演员坐在桌后唱、乐队坐在桌子两旁伴奏)，最终发展成为“外走书”(演员、乐队各坐一边，演员在台上有较大表演空间)，并在表演过程中吸收了绍兴莲花落、四明南词、宁波滩簧、地方小调的曲调。

新中国成立后，宁波走书得到了很大的发展，不但从单档发展到双档乃至男女双档，而且形成了自己的独特风格：(1) 曲调常用四平调、马头调、赋调(俗称“老三门”)，有时也用还魂调、词调、二簧、三顿、三五七等；(2) 伴奏乐器以四弦胡琴为必备品；(3) 说功、韵白、分口、方言、插白等腔调越来越丰富；(4) 传统书目增至数十本，《乾坤印》《薛刚反唐》《白鹤图》尤其脍炙人口。

在此期间，宁波走书在慈城城乡也是风光无限，并涌现若干像周乾良这样的活跃于宁波、舟山两地的著名艺人。自 20 世纪 80 年代末以来，随着城乡娱乐方式的不断丰富与便捷，宁波走书在包括慈城在内的四明大地日益淡出人们的视野，目前除了鄞州电视台仍然坚持播出外，已经很少能见到它的踪迹。

第三节　慈城非物质文化遗产

主要得益于千余年来丰厚的历史文化积淀，慈城如今有根雕、骨木镶嵌、浙东书风等八项非物质文化遗产入选江北区“三位一体”非物质文化遗产名录（见表4－11），不但总数位列全区各街道（镇）之首，而且这其中的骨木镶嵌和水磨年糕更是入列市级非物质文化遗产代表名录。

表4－11　慈城镇“三位一体”非物质文化遗产名录

类　别	名　称	传承人姓名	传承基地
民间美术	根　　雕	胡德权	慈城镇文化发展服务中心
	骨木镶嵌	甘金云	宁波江北慈城甘雨民间工艺坊
	浙东书风	陈屹华	浙东书风研究会
民间手工技艺	慈城水磨年糕	谢大本	宁波冯恒大食品有限公司
	玉成窑紫砂器	张春生	宁波市和记张生茶具有限公司
	竹　　编	张君福	慈城镇文化发展服务中心
	补　　缸	王仁兴	慈城镇妙山村村委会
民　　俗	慈城庙会	应莉莉	慈城镇文化发展服务中心
合　　计	8		
在全区的占比	29.6%		

一、补缸

旧时，慈城老百姓生活贫苦，物资稀少，许多日用品往往必须重复使用，民间也因此多了不少手工修补的行当，补缸便是其中较具代表性的一种。缸作为圆形的盛具，不但容积不一，而且功能众多，既可用于盛水，也经常被用来存储稻米、米酒、酱油等。而补缸作为一种行当，需要从业者走村串户延揽生意，因而补缸匠无论是刮风下雨还是烈日炎炎都得出工，而且一般都有一副独特的担子：一头是装着补缸所需工具和原材料的工具箱，另一头则是一只装着雨伞、毛巾等生活物品的布袋。补缸所需材料比较简单，但技艺要求却很复杂：一是根据实际情况，打制出合适的“蚂蟥襻”；二是开凿，也就是在缸的裂纹两边，轻凿出两个 2 厘米宽的小凹槽；三是把“蚂蟥襻”钉入小凹槽内；四是将铁砂粉和卤水混合搅拌，然后反复涂抹在主凹槽内；五是将所补之缸晾干闲置 20 天左右。若补缸匠手艺好，则补过的缸一般能再用 50—80 年甚至 100 年以上。然而，诚如从业四十余年的妙山村王仁兴老师傅所说，在自来水进入千家万户后，缸作为传统的盛器正在全方位退出历史舞台，补缸这一古老技艺也因此面临失传的危险。

二、瓦爿砌墙

瓦爿墙全用废旧的瓦片、残砖等废料堆砌而成，虽未使用任何加固材料，但十分坚固且耐用。慈城城乡一直沿用到 20 世纪 70 年代的这种建筑习俗，虽非绝无仅有，但放眼全国，却也特色鲜明：(1) 砌墙前，需由男主人主持“破土”(先烧香、请菩萨)，且“破土”时，应根据房屋的实际朝向摆放祭祀用的桌子，其祭品则不甚讲究，有鱼肉、蔬菜、水果、糕点即可；(2) 必须两人对砌，一人一面，且同时进行；(3) 每砌一瓦爿，必须往墙里垫入七块小瓦爿(名曰“衬肚”)，用以确保整堵墙壁严严实实；(4) 大约每隔 1.2 米就得放一层整砖(名曰“扁砖”)，用于压平墙身，保持平整。而瓦爿墙在慈城之所以随处可见，主要源自此地自古就是兵家必争之地，每当战乱过后，能工巧匠只能就地取材，在断壁残垣间创造出中国建筑史上罕见的清水瓦爿墙。

三、箍桶

箍桶作为慈城百姓的一种谋生手段，始于清代中晚期。此后，人们从晨起洗脸开始，直到晚上睡觉，无论是城市还是乡村，也不管是生活还是生产，都离不开由箍桶匠箍出来的各种用具，譬如饭桶、米桶、水桶、面桶、脚桶、粪桶。传统戏曲《箍桶记》有一段唱腔，就充分地反映了箍桶产品在木制家具一统天下年代的无所不在：“天亮要箍天亮桶，晏昼要箍午时桶，日落西山黄昏桶，半夜三更要紧桶。要箍有盖无底桶，要箍有底无盖桶，两只耳朵跷茸茸。还要箍一对恩恩爱爱夫妻桶，还要箍一只外国金丝桶：一道城墙不通风，无盖无底两头空，城里屋宇齐又整,家家户户开窗孔。千军万马扎满城,一个皇帝坐当中。"①

在包括慈城在内的宁波城乡各地,老辈人所使用的这些盆、桶,多数是自家媳妇的陪嫁物。置备这套生活用具可是一笔数目不小的开支,因而使用时往往都很谨慎。但即便如此,一二十年用下来,总难免会有断、烂、破、漏,于是花几个小钱,请箍桶匠来修理一番,以便再用上个十年八载,也就成了相当合理的选择。

此所谓"断、烂、破、漏",主要是指下列三种情形:(1) 铅丝圈腐蚀脱落,木桶散架;(2) 铅丝圈老化,桶壁出现裂缝;(3) 桶底泄露或坍塌。相对而言,第三种情形比较简单,更换桶底即可;其他两种情形则需采取下列步骤加以修复:第一步,清除木桶内壁的附着物,同时检查木板腐蚀情况,如果桶壁或桶底有木板腐烂,就依样仿制补上;第二步,根据木桶外壁周长,用竹篾或铅丝制作二三个螺旋状的圆圈;第三步,用新制的竹篾圈或铅丝圈替换原有的废旧物;第四步,嵌入一块圆木板并挤压至木桶底部,使之与桶底相吻合,然后用木屑填塞其缝隙,以防泄漏。这一过程包括下料、出粗、刨斜边、拼板上箍、铲沟槽上底、打磨出细等工序。

这套独特复杂的工艺流程,需要师傅手把手教授和学徒的心领神会,因而想要成为一名熟练的箍桶匠,可能需要花费十年时间。事实上,箍桶不但难学,而且万分辛苦,其地位更是出奇低下。时至今日,随着塑料制品、铝制品、搪瓷制品、不锈钢制品被日益广泛地运用于日常生活,这门行当更是备受冷落,并从20世纪80年代中期起,逐渐淡出城市百姓的日常生活,且很可能在不远的将来绝迹于农村。

四、钉秤

相传从秦始皇统一度量衡开始,在民间商品交易中就出现了杆秤这一计量工具。慈城作为千年县城,人口密集,市场繁荣,至少在理论上应该很早就有了制秤店。可以确定的是,慈城在新中国成立初期曾有四家秤店;时至1963年,镇内的所有制秤匠都被要求加入新成立的黑白铁社。

自古以来,钉秤所需,无外乎铁皮、铁钉、铜丝、木杆等材料和刨割、压钻、木锉榔头、钢丝刀等工具。其制作流程主要有八道工序:(1) 根据杆秤斤两选择相应的方木杆;(2) 用手工将方木杆刨圆,做到从小头到大头都顺直圆滑;(3) 将刨

① 中国戏剧家协会浙江分会编:《小戏二十出》,浙江人民出版社1961年版,第241~242页。

圆的木杆放入石灰池中浸泡约半个月，直到木杆颜色由黑转红（如想缩短时间，可往石灰池加碱）；(4) 洗净并晾干木杆后，在大小头包铜皮，然后在大头上打眼，按上秤钩和秤纽；(5) 根据杆秤斤两要求，分步校秤；(6) 压钻打洞，用铅丝或铜丝钉花；(7) 用油石水磨秤花，直到清晰光滑为止；(8) 晾燥后，上油擦拭。

由于制作工艺比较烦琐，使用也不太方便，更由于受到电子秤等新型计量产品日益猛烈的冲击，木杆秤从 20 世纪 80 年代起就逐渐淡出市场，钉秤这一技艺也因后继乏人而濒临失传。

五、骨木镶嵌

骨木镶嵌是以象牙、黄杨木、红木、花梨木、牛骨、螺钿、铜片、蜡石等为原料，在木坯上起槽后嵌花纹，再经打磨雕刻、髹漆而成的一种传统工艺。这种工艺多见于家具、屏风、文具、生活器物和建筑物，散落在日常生活的各个角落。

骨木镶嵌制作，一般由六道工序组成：(1) 取材，意即选取适宜嵌刻的红木、团木、樟木充作原材料，并加工至半成品；(2) 选择镶嵌材料，用不同材料制作而成的嵌刻作品有不同名称，譬如木嵌、螺钿嵌、象牙嵌；(3) 绘图，题材基本上是寓意吉祥的人物故事、山水美景、花鸟静物、纹样；(4) 压粘，也就是将绘制好图案粘在镶嵌材料的底板上；(5) 镶嵌，也就是将贝壳图形放入凹槽，用木制敲锤轻敲，使图案呈现明显的立体感；(6) 抛光上漆，用各种型号的砂纸打磨光滑，然后上清漆。

骨木镶嵌在宁波可谓历史悠久。早在隋唐时期就已开始盛行，时至南宋，形成了风格独特的工艺，而在清代乾隆以后，更成为重要贡品。时至 20 世纪 60 年代，自清末以来就已趋于衰落的慈城骨木镶嵌，在党和政府的大力支持下，不但形成批量生产的能力，而且研发出高平结合嵌、化学料填充嵌等新技法，更为重要的是，涌现一批身怀绝技的师傅，例如甘金云、邵盖达、李承权、邵慧珍、邵明君。这其中，甘金云从 20 世纪 90 年代起创建“甘雨民间工艺坊”，雇请木工、漆工制作斜面写字台、龙头摇摆椅、红木如意床、双龙三人沙发、四仙桌等骨木镶嵌产品，从业者曾经多达三十余人。

随着社会的发展，慈城的骨木镶嵌如今也遇到了前所未有的挑战，年轻人更倾向于选择用复合材料做成的器具，这使得骨木镶嵌与现实生活渐行渐远，如何保护、传承这门传统工艺因此成为这项传统工艺爱好者及文化管理部门的心头之忧。

六、根雕

古人制作装饰品，不但采用木、玉、骨、石及贝壳等物，也间或采用树根和竹根，并在这一过程中形成了根雕艺术。所谓“根雕”，就是以树根(包括树身、树瘤、竹根等)的自生及畸变形态为创作对象，通过构思立意、艺术加工及工艺处理，创作出人物、动物、器物等形象作品的造型艺术。这一艺术形式，讲究“三分人工，七分天成”，意即在根雕创作中，主要依据根材的天然形态来表现艺术形象，同时辅以人工处理与修饰。根雕因此又被称为“根的艺术”或“根艺”。

根雕的材料有松软、粗硬之分，木质坚韧、纹理细密、色泽光亮的硬木(如红木、黄杨木、花梨木)，虽然雕刻起来比较费劲，但是根雕的上等材料，不但制作、保存时不易断裂受损，而且收藏价值很高。根雕的制作，一般可分为选材、脱脂处理、去皮清洗、脱水干燥、定型、精加工、配淬、着色上漆八个步骤。

目前所知，慈城艺人的根雕作品最早出现在明代。而如今，根雕创作在慈城仍然相当活跃。尤其是被认定为根雕艺术传承人的胡德权，早在1972年就已开始从事根雕创作，退休后更是全身心投入，不但创作出《千年石狮》《雄鹰》《晚霞》等诸多获奖作品，而且得到了全省同行的充分肯定，在1996年被浙江省民间美术协会评为“根艺美术家”。

七、玉成窑

著名书法家梅调鼎生前绝意仕宦，因嗜茶而对紫砂壶特感兴趣。大约在清同治至光绪年间，梅调鼎在沪甬两地朋友的资助下，于家乡慈城林家院内创办浙宁玉成窑。其设计、创作人员有任伯年、胡公寿、虚谷、徐三庚、周存伯、黄山寿、陈山农等书画、金石名家，同时还聘请了何心舟、王东石等制壶名家。这些杰出的艺术家、制壶名家纯粹出于个人喜好和艺术追求，没有功利心，却在不经意间留下了一批难得的紫砂艺术珍品。

由梅调鼎担纲的玉成窑，系小型馒头窑，其泥料从宜兴采购，产品以紫砂壶为主，另有笔筒、水盂、笔洗、笔架等文房用具和花盆等其他杂件。玉成窑烧制的紫砂壶，虽数量不多，但大多有梅调鼎书写的诗或任伯年的人物画、冯公寿的花鸟画、陈山农的落款，因而品位甚高，身价不凡。

玉成窑在梅调鼎辞世后迅速没落，其窑址也曾在新中国成立初期遭到破坏。而如今，慈城人张春生既从文献记载中找到了当年玉成窑紫砂壶的制作妙方，又紧密结合当代紫砂壶制作技艺，成功地仿制出全新的玉成窑紫砂壶作品，玉成窑也因此在沉积百年之后重获新生。

八、老虎头鞋

从明代开始，慈谿大古塘一带的村民就靠制盐贩盐养家糊口。但当时的制盐技术早已不只是简单的晾晒，由工业化制盐所产生的废气严重污染了他们的生存环境，进而导致较高的孕妇流产率和新生儿畸形。无可奈何的村民只好寄希望于据说可以驱魔镇邪的百兽之王老虎，让小孩穿鞋头形似虎头、面料颜色以红黄为主的"老虎头鞋"，以此辟邪的民俗就此形成，尔后又逐渐扩大到包括慈谿县城在内的几乎整个宁波地区。当然，老虎头鞋并非宁波所独有（河北邯郸、江苏扬州的虎头鞋同样名闻遐迩），而且几乎每一个地方都有一个关于老虎头鞋来历的传说。

一般情况下，宁波小孩只有在满月、百日、蹒跚学步时，才会穿被赋予驱鬼辟邪功能的老虎头鞋。也因此，有些特别讲究的家庭就为孩子专门准备了三双颜色不同的虎头鞋："头双蓝"（谐音拦，意即保佑孩子不夭折），"二双红"（红红火火能消灾），"三双紫落成"（祝孩子快快长大，早日自力更生）。

宁波传统的虎头鞋，作为吉祥物，不但穿着舒适、美观、保暖，而且纯系手工制作，做工复杂，其流程大概分为以下九步：(1) 制鞋底，这道工序既可进一步细分为纳底、糊底，又以软硬适合为目标；(2) 制鞋面，其选用材料以丝绸缎、棉布为主；(3) 制鞋面衬里；(4) 制鞋帮和鞋帮衬里；(5) 鞋底绣花，根据不同类型，在鞋底绣上各种花纹图案；(6) 棉鞋填充，如今的填充物一般是新棉花、丝绵、驼绒、腈纶棉；(7) 缝合鞋面和鞋帮，且不留断线；(8) 制作虎头五官，亦即给虎头鞋装上耳朵（布料）、鼻子（布料）、胡须（丝线）、毛发（动物毛发）、眼睛（丝线手绣）、眉毛（丝线手绣）、脸部"王"字（丝线手绣），然后加以合理组合，力求形象逼真；(9) 整体修整，且特别在意鞋子的线条。如今，这一习俗尽管依然广泛存在于包括慈城在内的宁波城乡各地，但不再仅限于小孩满月那天，而且所穿"虎头鞋"基本上是现代工业产品，而非原来的手工制作物。

九、浙东书风

浙东一地，自唐宋以来，书法家辈出，唐虞世南、宋林和靖、元袁桷、明陈远，即其荦荦大者，也因此，不但《明州画史》《四明书画记》《四明书画家传》等专著相继而作,更有学者倡议将唐宋以来的这些浙东书法家冠以“浙东书风”之称。此所谓“浙东书风”,是指晚清以来由慈城先贤梅调鼎所始创,经由其弟子钱罕及再传弟子所继承并发扬的书法风貌。较诸吴泽、刘惜闇、林似春、沙孟海、凌近仁、张星亮等其他再传弟子,沈元魁或许并不十分出色,但作为当今宁波书坛翘楚,他的长期呼吁确实是“浙东书风”获得书坛内外普遍承认的关键所在。2019 年 3 月 12 日,浙东书风传习所在慈城民主路 94 号正式开馆。

十、慈城庙会

庙会旧称庙市,又称社伙,由龙王堂庙会、关帝庙庙会、孔庙庙会和城隍庙庙会组成,且多在春秋两季举行。慈城镇内残存的永明街弄,就是当年举办庙会的所在。旧时举办的这四个庙会,除了带有祭祀、祈福的共性外,还各有其侧重点。这其中,孔庙庙会的性质相当于如今的开学典礼,在慈谿县学学官的主持下,学生被要求向孔子像行三叩九拜之礼,这显然饱含尊师重教的意味。而每年六月半举行的龙王堂庙会的主要事项,一是到堂内祭拜龙王,二是将龙王像抬到太阳底下暴晒以求下雨,归根结底就是求雨仪式。多在正月初五且由商家捐款举行的关帝庙庙会,除了纪念关公这位“财神爷”“保护神”,还有持续多日的大型商品集会。至于每年九月初九举行的城隍庙庙会,更像是一场祈福避邪、祷念平安的群体活动。现如今,慈城镇政府已将此四大庙会加以全新改造,既统一举办于每年农历正月十五日,又在内容上整合成为集龙王堂祭礼、孔庙“开笔式”、慈湖商品交易及民间工艺展示于一体的旅游观光兼休闲娱乐项目。

十一、水磨年糕

年糕是慈城最具盛名的传统食品,每年春节前家家户户都要制作年糕,年糕成了当地过年的必需品。慈城水磨年糕以优质粳米为原料,历经种植、选米、浸泡、磨粉、沥粉、擞碎、蒸熟、搡舂、摘条、印糕十余道工序,一般需要三人或三人以上合作才能完成。由于年糕既是年前专送亲朋的礼品,又是谢天地、拜祖宗的供品,因此其制作过程融入了神秘、祈福的色彩。

慈城年糕源远流长,相传春秋后期吴国名将伍子胥驻守慈城时,曾将年糕深埋在城墙底下,以备不时之需;清乾隆帝下江南时,也曾御笔亲书“年糕年糕年年高”七个大字,赐给慈谿县令;清同治年间,慈城人陈培基更开水磨手工年糕之先河,使慈城年糕从此名扬天下。对慈城人来说,水磨年糕既是当地的特产,更是慈城文化的象征。关于年糕，慈城民间至今仍然流传着诸如“宋高宗吃年糕”“三娘教子”之类的故事。

以淡口为主的水磨年糕，可蒸可煮，可汤可炒，可甜可咸。它既可被用作主食，又可与其他当地特产相结合，例如，梭子蟹炒年糕。每到梭子蟹上市的季节，梭子蟹炒年糕就成了当地百姓的家常菜。用梭子蟹炒年糕，蟹肉和年糕红白相间，撒上姜丝和葱段，鲜美至极。此外，冬至前后的大头菜烤年糕、寒冬时节的胶菜肉丝炒年糕、正月里的荠菜笋丝炒年糕，也都是宁波寻常百姓家饭桌上极受欢迎的菜肴。从原始的火缸煨年糕到咸齑冬笋年糕汤，从大头菜烤年糕到菠菜毛蟹炒年糕，多样的做法，时令美食的融合，使慈城水磨年糕的吃法屡见新奇！除此以外，年糕又经常被当作休闲点心，例如，香脆的炸年糕就是深受老人、儿童喜爱的日常零食之一。至于香酥可口的爆年糕片，那一声巨响，更能勾连起人们儿时美好的回忆。

如今，尽管在慈城、河姆渡等地依然活跃着“冯恒大”等诸多专业制作年糕的企业，却又都是用机械制作。像往昔那般在过年期间家家户户做水磨年糕的景象已越来越少见，用传统手工制作年糕的技艺也渐渐失传。

十二、灰汁团

用早稻米粉、稻草灰、黄糖这三样材料制作而成的灰汁团，作为宁波的传统特色小吃，不但有着鸡蛋大小般的浑圆样貌，而且吃起来清凉爽滑脆嫩，带有碱香和薄荷的味道。在酷暑难熬的日子里，冷藏的灰汁团常常是极佳的解暑小食。

灰汁团的制作和每年早稻米的耕种、收割密不可分。这是因为，不但磨成粉状的早稻米是灰汁团的主要原料，就连灰汁也取材于当年新产的早稻草；否则，味道会大打折扣，甚至完全没有这种带着新稻米香、软硬适中、滑润可口的味道。也因此，制作、食用灰汁团的最佳时间是在每年早稻收割之后。

灰汁团的制作过程并不复杂，大体上可分为以下六个步骤：(1) 把早稻米磨成米粉；(2) 晒干早稻草，然后剔除其中因水浸雨泡而腐烂或根部有泥巴等杂质的早稻草，再把这些早稻草烧成灰；(3) 取一只干净水桶，桶口上覆白布，然后在白布上放早稻草灰，再用净水淋灰，水经包布过滤入桶，经沉淀后，即成微黄透明并伴有清香的灰汁水；(4) 用适量灰汁水和黄糖一起定向搅拌米粉，拌至通透为止；(5) 把拌好的米粉放入锅中，加水，以不粘手为宜，然后用火烧，边烧边用锅勺铲、揉，如果太干就加少许开水，直到米粉、灰汁水、糖完全融和，但千万不能煮熟；(6) 用洗净的双手把锅里的米粉趁热搓成乒乓球大小的团子，平放在“羹架”或蒸架上（注意不要叠放），然后用旺火烧大约 15 分钟后就能蒸熟。

刚出笼的灰汁团呈棕红色，个个滚圆光亮，清香十足，吃起来又软又香甜且不粘牙；冷却后有点韧，味道更佳。除了供神和自食，灰汁团也常常用作田间劳动时的点心，甚至成为邻里之间相互馈赠的食品。

如今，在甬城内外的小摊小贩和饭店超市里，虽然普遍可见灰汁团的身影，但大多以食用碱水代替了“灰汁”，制作工艺大为“简配”。即便是久负盛名的慈城灰汁团，也基本上难以品出曾经精致敦实的乡土味。

十三、乌馒头

用麦粉发酵，掺以白糖、黄糖，蒸制而成的乌馒头，无疑是慈城最有名气的特色糕点。乌馒头的得名据说与宋高宗有关。当时宋高宗正从温州返归杭州，途经慈溪县城，在街头看见并品尝了涂着乌黑油亮糖浆的馒头，随即脱口而出：“这乌馒头好吃。”从此“乌馒头”的叫法不胫而走，并沿用至今。此外，又有传闻称乌馒头起源于元末。当时，慈城馒头店老板乌杰秘密参加反元活动，并在胜利那天端出他家所做的托盖状馒头分给百姓吃，结果就被称作乌杰馒头，尔后又被简称为乌馒头。

慈城不但仍然保留着端午节吃乌馒头的习俗，而且乌馒头还是端午节那天晚辈孝敬长辈，尤其是准女婿孝敬岳父母的必备礼品。目前，镇内从事乌馒头制作的点心店多达二十余家。乌馒头的制作工序并不复杂，需要注意的细节：一是不能用热水蒸馒头；二是发酵的水温不能超过 40℃；三是馒头蒸熟后最好焖 10 分钟再打开盖子，否则馒头形状不佳。

十四、横包粽

五月初五端午节，全国各地的人们一般在那天吃粽子，但旧时慈城的习俗却与此大相径庭，转而奉行“端午乌馒重阳粽”，亦即端午吃乌馒头，重阳节才吃粽子。而且慈城粽子的形状呈四方形，也就是所谓的“横包粽”。相传横包粽起源于宋理宗景定三年（1262 年），当年方山京状元及第后，于重阳节回乡省亲，知县一得悉此事，便下令分发方粽（意谓方山京中状元）以表示庆贺，于是此后渐成习俗。事实上，慈城方粽除形状有点异样外，其口味、品种（尤其是肉粽）也有别于宁波其他地方的粽子。

第五章

慈城文物古迹

第一节　遗址及墓葬

一、慈城遗址

慈城镇位于翠屏山丘陵（又称慈南山地）南缘向姚江谷地延伸的平原地段，近山靠水，自然环境优越，适合人类定居。在这片区域内，迄今已发现或发掘了八字桥、慈湖、小东门、傅家山、五星、妙山等遗址（见表5－1），其年代从河姆渡文化一直延续到良渚文化时期。这些考古发现充分表明：慈城及其周边地区应该是河姆渡文化聚落分布的密集区。

表5－1　慈城考古发掘时间表

时　间	名　称	概　　况
1976年3月	八字桥遗址	距今5 100年，出土大量陶片、石器、木桩、稻谷、红烧土和兽骨。据宁波市文管会考证，此属河姆渡第一层、第二层或早于第二层文化遗址
1977年	郭塘岙窑址	发现西晋-东晋古窑1处、西晋古窑1处、东汉古窑2处。从中出土的青瓷在1979年、1981年分别展出于英国、日本和澳大利亚
1987年8月	慈湖遗址	1986年11月发现，次年8月起发掘。下层距今5 700年，上层距今5 300年。下层出土遗物中有木屐2件，改写了木屐由日本传入中国的历史
1992年	小东门遗址	此乃一处新石器时期的文化遗存
1992年10月	汤山遗址	经浙江省考古研究所抢救性发掘，确定为新石器时期的文化遗存。发掘面积2 500平方米，地层中有泥质灰陶圈、足盘、夹砂红陶釜、罐和单孔石斧、双孔石刀

续　表

时　间	名　称	概　　　况
1992年11月	郭塘岙窑址	由宁波市博物馆进行抢救性发掘，挖掘面积长55～60米、宽23～30米。出土器物有壶、盆、罐等，纹饰有弦纹水波纹、席纹、窗格纹。窑具有圆形垫饼以及覆钵形、喇叭形和双足垫座
1995年6月	国庆村胡坑基	宁波市考古研究所从中发现众多陶片，并断定属于4 000至5 000年前的文化遗址
1995年11月	三勤村古墓葬	1993年1月古墓葬被盗掘，搜得东汉、两晋五联罐等十余件文物。宁波市考古研究所从1995年11月起进行清理发掘，发掘出玛瑙耳塞、东汉陶片、春秋原始瓷器物等
2002年8月	慈谿县署	宁波市考古研究所发现中轴线有唐代砖砌甬道一条，离地面深度2米处出土部分题为“唐大中乙亥岁”的铭文砖
2004年5—8月	傅家山遗址	经宁波市文物考古研究所抢救性发掘，共发掘725平方米，出土可复原器物超过470件，据此，该遗址是河姆渡文化早期类型的又一处原始聚落遗址，距今约7 000年
2005年1月	白米湾芦家山	经宁波市文物考古研究所发掘，清理出商周至秦汉时期石室、砖室古墓16座，出土原始瓷器、玉器等各类文物超过120件

（一）八字桥遗址

1976年3月发现的八字桥遗址，位于慈城镇八字桥桥上自然村西隅，面积约10 000平方米，文化层厚约1～2米。出土陶器以夹砂红炭陶为主，泥质陶次之。陶器形制主要有釜、鼎、罐、钵、豆和盆等。在遗址中还发现夹在陶片中的炭化稻谷、红烧土块、猪的上下颌骨、牛角、足骨、鹿角及加工过的木器残片、凸榫木构件、动物遗骸等。1981年12月被公布为宁波市级文物保护单位。

（二）云湖窑址

被发现于1977年12月的云湖窑址，位于英雄水库一凹槽内，大部分浸泡在水中，呈东西向斜坡式堆积，南北宽超过70余米，东西长约50米，占地至少3 700平方米。出土文物种类有碗、盘、盏、壶、罐等，具有东晋晚期特征，质地细腻坚实，呈灰白色，大多施青釉，部分青灰，并饰有莲瓣花纹。烧造瓷器的窑具(垫托)则呈圆、筒等形状。这一古窑址的发现，填补了宁波市过去无南朝青瓷生产的记载，为研究南朝早期烧造青瓷史提供了可靠的实物依据。1986年5月被公布为第二批区级文物保护单位。

（三）五星遗址

1978 年 2 月被发现的五星遗址，位于五星村东约 600 米，西距河姆渡遗址约 7 千米。该遗址仅进行了调查，尚未试掘。从当时开掘的新河道断面来看，遗址东西长约百米以上，南北长度不详。文化层深埋于地表 3 米以下，厚 0.8～1.53 米，大致可划分为上、下两层。上层为黄褐色土，土质疏松，出土陶片多为泥质红陶和夹砂红陶，可辨器形有喇叭形泥质豆柄和圆柱形、圆锥形、扁圆形鼎足；下层为黑色土，土质松软，出土陶片多为夹炭灰黑陶，可辨器形有陶釜和盆。此外，还发现少量木桩、有卯孔的木构件和动物骨骼，以及疑似稻谷和植物果核等。其上层年代相当于河姆渡文化三期，下层年代应早于河姆渡文化三期。

（四）妙山遗址

位于妙山村，西距五星遗址仅 1.5 千米，妙山河由北向南穿过遗址注入慈江。该遗址是 1978 年基于上游英雄水库排灌需要而在拓宽妙山河河床时被发现的，当时文物部门为搞清楚遗址的内涵，在河床西岸的 50 平方米地块进行了抢救性试掘。从陶片散布与河道剖面情况来看，该遗址文化层堆积南北长约 80 米，东西情况不详。其 T1⑤层年代相当于河姆渡文化三期，T1③层年代相当于河姆渡文化四期，T1②层年代相当于良渚文化晚期。此外值得注意的是，T1④为淤泥层，其年代介于河姆渡文化三期、四期之间，它的形成可能与遗址周边水位上涨有关。

（五）慈湖遗址

发掘于 1987 年的慈湖遗址，坐落在河姆渡遗址西南 8 千米处。在大约 300 平方米的范围内，除了发现稻谷痕迹、少量植物标本和数百件石制、骨制器具之外，还出土了特别珍贵的木质生产工具和生活器具，譬如木耜、木锛柄、木锄、木桨、木陀螺、木屐。该遗址文化堆积厚 2.1 米，其下层属于河姆渡文化类型，相当于河姆渡第三文化层；其上层属于良渚文化类型，但又与太湖地区的良渚文化存在着地域性的差异。从史前文化的线性发展方向来看，慈湖遗址应是宁绍地区从河姆渡文化类型向良渚文化类型发展的典型代表。

（六）小东门遗址

位于慈城镇东门外约 280 米，1973 年被发现，1992 年进行了试掘和发掘，发掘面积 200 平方米。文化堆积厚 1 米多，可分 8 个地层，共四期遗存，年代自河姆渡文化时期一直到春秋早期。暴露的地层中，发现了瓮棺墓葬、近圆形圜底的墓坑和栽桩式结构的房屋遗迹。出土遗物比较丰富，以夹砂红陶、夹砂灰陶、泥质红陶等夹砂陶为主。1992 年 9 月被公布为宁波市第一批市级文物保护点。

（七）傅家山遗址

傅家山遗址位于八字村傅家山，地层堆积可分为 8 层，积深度 2.1～2.5 米，从中出土了包括石器、玉石器、骨器、陶器、木器和象牙器在内的可复原器物五百七十余件，以及部分食物果实、植物种子和动物骨骼。其中最为精美的是一件鹰首象牙饰品，鹰头造型精致，形象逼真，宽鼻钩喙，圆睁双目，显示出凶猛威慑的力量。傅家山遗址作为一处渔猎、采集和耜耕农业等多种经济形态并存的新石器时代村落遗址，是继河姆渡遗址后被发现于姚江流域的又一远古原始村落基址。该遗址在 2004 年的重见天日，不但为研究河姆渡文化的分布特征、聚落形态、建筑构造及其文化内涵提供了新的考古学实例，而且对长江下游史前文明的探索与研究，对充实宁波这座国家历史文化名城的内涵，具有不言而喻的重大意义。

（八）句章故城遗址

如今已被列为区级文物保护单位的句章故城遗址，位于慈城镇王家坝村与乍山翻水站一带。作为宁波历史上最早的城池，其乃越王勾践在吞并吴国之后，为“章伯功以示子孙”而建于周元王三年（前 473 年）。时至东晋隆安四年（400 年），因孙恩侵扰而断瓦残垣，存续八百多年。经 2004—2012 年前后四次考古勘探和试掘，确定城址南临姚江、西倚大湾山、东至焦家山西侧、北邻王家坝村南，大体呈不规整的长方形，长约 470 米，宽 120～200 米，周长约 1 200 米，面积约 10 万平方米。同时发现一处保存完好的东吴至西晋时期的木结构台阶式码头遗存。

（九）鸡步山窑址

位于妙山鸡步山东侧，为东汉遗址。瓷片散布面积，东西长 30 米，南北宽 20 米，胎色灰白，釉面呈青色或酱褐色。器物有罐、钟、盆、罍，窑具有双足垫座，圆形垫饼、筒形、履钵托座等。1992 年 9 月被公布为宁波市第一批市级文物保护点。

（十）董孝子井

位于小东门，原董孝子宅旁。此井历代皆受保护，井边原有一块“汉董黯孝子之井”的石碑，相传是南宋皇帝的手迹。

（十一）普济教寺

位于慈湖北侧，即今慈湖中学校址。普济教寺本是吴太子太傅、都乡侯阚泽的书房，后舍为寺。历代以来，该寺屡毁屡建。唐宣宗大中二年(848 年)，县令李楚臣将其立为德润院。唐僖宗乾符(874—879 年)中，敕赐应天德润寺。宋真宗大中祥符元年(1008 年)，又改赐普济寺额，并给常住田 251 亩。今遗址上仍有保护经幢的碑亭和古朴的白果树。

(十二) 慈城古衙署遗址

位于原宁波市军分区教导大队院内，东邻民权路，南接中华路，西邻民主路，北依浮碧山和慈湖。2002 年 8 月 5—24 日，为尽可能恢复衙署建筑原貌，宁波市文物考古研究所对该遗址进行了局部考古发掘。总发掘面积为 370 平方米，基本上可分为七个文化层，甬道(坡道)及其包砖是主要遗迹。

据光绪《慈谿县志》等地方文献记载，慈谿县衙初建于浮碧山南，受战争、人为破坏和自然灾害等因素的影响，历代屡有毁损修建之举。现存县衙坐北朝南，气势宏伟，形制严格，占地四万多平方米，其中路主体建筑包括大门、仪门、六部房、大堂、川堂、二堂、清清堂等，东路为县丞署建筑群。考古发掘情况表明，县衙中轴线上的清代建筑已遭破坏殆尽，仅余局部填土堆积(第②层)和筑基面(第③层)。根据考古发掘，可以断定第Ⅰ期甬道建于唐咸通年间，第Ⅱ期甬道与第Ⅰ期所用建筑材料相同，应属于同一时代不同时期的建筑；第Ⅲ期甬道的建筑年代应介于宋、明之间。

二、慈城墓葬

慈城墓葬丰富，尤以古墓居多，并有数个爱国将士纪念碑，以感怀先烈。下面简要罗列介绍：

(一) 姜家岙墓前石雕

位于姜家岙东坡，系宋代怀王郡马林琮之墓，今墓已毁无存，仅存墓前 4 具石翁仲，文武像各 2 具，高 2.5 米。文者头戴梁冠，着罗云裳，手持朝笏；武者身着盔甲，双手握剑柄于腹前。此外，附近有石虎、石羊一对，为明代墓前石雕。

(二) 上岙明墓前石雕

位于上岙村西岙(又名张家山)半山坡。墓已圮，墓主不详。据石雕规制，应为明代三品官墓。现存石马、石虎、石羊各二，原地保存尚好。

(三) 三忠墓

三忠墓位于慈城大宝山。因城市扩张而于 1995 年从马公桥畔搬迁到慈城大宝山的三忠墓，埋葬着三位抗清义士遗骸——王翊的头骨，冯京第被凌迟肢解后的一只手臂，缺失右脚的董志宁遗体，无疑是文艺创作的良好题材，因为它既关乎三位甬籍义士的抗清壮举，又有陆宇鼎冒死为三人收尸并将其秘密葬于马公桥畔的感人事迹，更有抗清复明这一宏大的叙事背景。与三忠墓相关的后续动向，同样值得关注。譬如雍正年间，史学大师全祖望受邀为王翊、董志宁撰写墓志铭；又如民国年间，“慈城四大才子”之一冯幵及其族侄冯贞群，为寻获三忠墓而不辞辛劳。

（四）鸦片战争大宝山战役阵亡将士墓

清道光二十一年（1841 年）夏，英军侵犯宁波。时任浙江金华协副将的朱贵奉命参战，率子昭南及陕甘军 900 人赶赴慈城大宝山扎营。翌年二月初四，与进犯英军血战于此。因寡不敌众，朱贵父子及众多士兵壮烈牺牲。阵亡将士的忠骨被埋葬在西悬岭山上，并建墓立碑，当地人称为“百丈坟”。1984 年 10 月，市、区有关部门和慈城镇人民政府在朱贵祠后山坡建成鸦片战争大宝山战役阵亡将士墓，将原葬在西悬岭的阵亡将士遗骨迁葬于此，并举行了隆重的迁葬仪式。

（五）朱贵祠鸦片战争宁波抗英事迹纪念馆

位于国庆村妙山妙湾，由三个主体展厅组成，运用了实物、仿制品、油画等多种展现形式，同时采用了触摸屏、灯光地图模型等展览辅助设备，以翔实的历史文献和精要的文字说明，全景展示了鸦片战争时期宁波地区官兵、平民等多层面民众抗击英军的英雄事迹。

（六）太平军击毙华尔碑

1862 年 9 月，美国人华尔（1831—1862 年）率洋枪队千余人从上海乘轮船到宁波，准备攻打慈谿县城（今慈城镇）的太平军。结果，华尔在慈城西门外被太平军流弹射中，并因伤势过重而死于宁波江北。1990 年 4 月，江北区人民政府在慈城抱子山顶特立太平军击毙华尔碑。

（七）金沙岙战斗纪念碑

1944 年 2 月 16 日，新四军浙东游击纵队近千名指战员在金沙岙与日伪军激战。战斗自清晨打至下午二三时，最终击溃敌军。在这场战斗中，有 12 名指战员牺牲、19 名指战员负伤。烈士遗骸由当地民众掩埋在桃花岭、望海尖青山上。2005 年 9 月，特建此碑于金沙村，以志纪念。

（八）抗日阵亡将士纪念碑

位于慈城南门外火车站西侧通往城中道路口，始建于 1938 年 7 月 7 日，用以纪念“九·一八”事变和卢沟桥事变中牺牲的中国抗日将士。初建时，碑身是有棱的圆柱形，下部呈正四方形，其下是基座，顶部呈浅圆弧形。远望过去，整个纪念碑就像是一座耸立在海上的灯塔。但此碑在慈城沦陷后被毁。于是抗战胜利后，有关部门又在原址上加以重建。重建后的纪念碑，碑身呈扁长方形，下部有底座，顶部中间微尖并向两边略斜。碑面朝北，中间乃钱罕所书“抗日阵亡将士纪念碑”九个大字，右边上首小字为“国民革命军第十九路军”，左边下首为立碑的日期。不过，重建的纪念碑也未能长久存世，就被拆毁于1955年至“文化大革命”初期。

（九）慈湖烈士陵园

位于慈湖东北岸，原系朱洪山烈士墓。庄桥更楼人朱洪山，在1946年牺牲前，历任中共鄞慈镇办事处主任、新四军浙东游击纵队后勤部长、留守处主任等职。1951—1952年，特地在此建墓，用以安葬包括朱洪山在内的牺牲于解放战争的革命烈士，而后又迁葬了原本散葬于各乡镇的江北籍烈士。经1997—1998年改造后，既增加了烈士墓穴，又更名为“慈湖革命烈士陵园”，更请浙江省委原书记谭启龙题写了园名。

第二节　特色建筑

慈城文化底蕴深厚，建筑便成为当地文化流转的亲历者和见证者。除桥梁、凉亭等公共设施外，名人故居众多，又有各类礼法建筑参差其间，颇成一番气象。

一、故居和祠堂

慈城一邑，所出名人不但众多，而且几乎涵盖社会各界，从政治、军事到宗教、教育乃至商业，可谓无所不有。时至今日，那些曾对中国历史发展做出过重大贡献的慈城名人，虽均已远逝，但仍留下了不少诸如故居之类值得后人缅怀和追忆的遗物、遗迹。所谓“故居”，通常是指名人出生或度过其青葱岁月的所在，一般情况下也包括其“祖居”“旧居”和“别第”；此外，名人生前最关键或最有成就时的居所，有时也被认为是故居，只是这类故居必须得到社会的高度认同。

慈城城内的名人故居，相对比较密集。例如金家井巷，自东而西就密集地分布着三处全国重点文物保护单位，亦即布政房（含积高堂）、福字门头、甲第世家。又如仅长640米的尚志路，东段有明代贞节坊等，中段有清姜宸英探花第等，西段则有民国实业家周仰山的洋房。与此同时，慈城名门望族往往代有名人，其故居的名声也就成了家族的共产。譬如竺巷口的“双桂轩”，既是明初大儒桂彦良的故居，又是桂彦良两个儿子桂慎、桂全的读书处。

然而，无论是位于乡野山村之间还是处于喧嚣城市之中，慈城域内现存的名人故居，因为主要是始建或重修于明初以后的关系，其建筑形态都比较相近。首先，从结构来看，这些名人故居一般呈天井院落式，往往以堂屋为住宅的中心；其次，就其布局而言，这些名人故居大多比较内敛甚至封闭；最后，这些名人故居几乎都非常重视室内外的装饰。总之，名人故居作为名人生活成长的“记录”及其功绩创造的“见证”，既从一个侧面记载着千百年来慈城的历史变迁，也业已与这座历史文化名城水乳交融，具有弥足珍贵的文化价值和深刻的历史内涵。

慈城名人故居如表 5－2 所示。

表 5－2　慈城名人故居列表

故居名	现　址	名　人	简　　介
张孝子宅	三民路 26 号	张无择	顾名思义，即“三孝乡”孝子之一的张无择的住宅
挹清轩	中华路 79 号	林　野	林野是宋理宗的驸马
方状元宅	太湖路 24 号	方山京	方山京是宋理宗景定三年(1262 年)的状元
世彩堂	民族路刘家弄 3 号	刘勉之	又称“刘家祠堂”，刘勉之仕宋至太常寺丞
嘉树轩	平政桥西	刘厚南	刘厚南于宋宁宗嘉定元年(1208 年)考中进士
植本堂	民族路 18 号	姚　镆	俗称“状元宅”，现存前厅、后楼、前堂。堂内原有“明嘉靖十七年闰十二月兵部尚书姚镆”匾，今已毁；后楼为姚镆书房，有“梯瀛楼”之木匾
留余堂	金家井巷 8～10 号过街楼	冯叔吉	冯叔吉，明人，官至湖广布政使
鸿览堂	尚志桥东侧	张九德	张九德是明万历二十九年(1601 年)进士，历任宁夏按察副使、陕西右布政使、工部尚书等职，曾致力于治理灵州水患，修成长堤四十余里，人称“张公堤”

续 表

故居名	现 址	名 人	简 介
梦墨轩	慈湖村时家	时 铭	时铭是清国子监贡生，曾任职江苏泰州知县
双桂轩	竺巷口	桂彦良	桂彦良之子——桂慎、桂全的读书处
天香楼	平政桥西	刘 缙	刘缙读书处
符卿第	民权路 29 号	陈 鲸	陈鲸，明人，官至南京尚宝司正卿，此乃其住处
冯尚书第	完节坊 2 号	冯 岳	冯岳是明世宗嘉靖五年(1526 年)进士，官刑部尚书
刘家大厅	平政桥西	刘氏家族	明代科举及第的刘氏族人，皆备录其名于壁
杨状元第	察院巷 2 号	杨守勤	杨守勤是明神宗万历三十三年(1605 年)状元
青琐名臣第	雷家巷	阮震亨	此乃阮震亨住宅
沈副使第	察院巷内	沈一定	沈一定官至福建按察副使
莫驸马第	西莫家巷	莫 纯	莫纯是宋宁宗庆元二年(1196 年)状元、驸马
桂王傅宅	竺巷口	桂彦良	顾名思义，即晋王傅桂彦良之住宅
甲第世家	金家井巷西段	钱 照	钱照是嘉靖十一年(1532 年)进士，官至翰林院佥事，其后裔又有数人等第，故称“甲第世家”，又名“钱宅”
外翰第	小西门内	王 汾	此乃王汾住宅，又名“淮安第”
秦宅	鼎新路 16 号	不详	清同治元年(1862 年)，太平军范汝增、黄呈忠部攻占慈城时，被用作公馆
冯君木故居	太阳殿路槐花树门头	冯君木	顾名思义，此乃国学大师冯君木的故居
何育杰宅	金家井巷钱家弄	何育杰	何育杰乃著名物理学家

续　表

故居名	现　址	名　人	简　　介
周信芳故居	鼎新路秧田弄	周信芳	原称“全恩堂”，俗称“周家祠堂”，又因周氏先人曾在明代任职江西道监察御史，也称“御史房”。现存建筑物乃周信芳成名后重建于1925年
任世刚故居	下横街	任世刚	任世刚乃民国时期著名的实业家
魏长春宅	尚志路西段	魏长春	魏长春乃慈城一带的名中医
应修人故居	后洋村应家河塘（今慈城新城）	应修人	建于清末民初。坐北朝南，系三间一弄硬山式顶木结构二层楼建筑
李寿山故居	太阳殿路1号	李寿山	李寿山曾长期担任上海顺康钱庄经理，连任六届上海钱业公会董事或执行委员。生前热心公益事业，资助创办普迪小学、慈谿县立初级中学，并出巨资捐助中国济生会等慈善组织
冯定故居	金家井巷布政房	冯　定	冯定是新中国成立后杰出的马克思主义哲学家
谈家桢故居	大街糖坊弄2号	谈家桢	始建于清代晚期，东侧山墙紧邻孔庙
凌宅	日新路13号	凌近仁	原系向复章宅，后转卖给书法家凌近仁之父春如，故称凌宅。清同治元年(1862年)，太平军范汝增、黄呈忠部攻克慈城时曾驻营于此，故又称“太平天国后营旧址”
朱祖祥宅	小西门	朱祖祥	中科院院士
应昌期故居	民族路桂花厅	应昌期	应昌期是台湾实业家、应氏计点制围棋创始人
走马楼	杨家巷东口	葛辛木	葛辛木是清末民初上海金融家，走马楼乃葛氏祖居
周　宅	尚志路132号	周仰山	周仰山是民国初期慈城旅沪实业家
王治本故居	新旗杆门头	王治本	王治本知诗能文，为中日文化交流做出了巨大贡献
颜鸣皋祖居	民生路24号	颜鸣皋	建于清末民初，由正房、西偏房组成，保存完好

遍布慈城的各类祠堂、宗祠是当地悠久宗族文化的另一见证。择有代表性的进行简要介绍：

（一）刘家祠堂

刘家祠堂又名“世彩堂”，位于慈城镇民族路刘家弄内，是宁波市仅见的典型的明代祠堂建筑。该祠堂原系宋太常寺卿刘勉的居所，子孙四世一门，时至明代，被改建成为刘氏家族的宗祠。

（二）蔡氏教庵

蔡氏教庵位于慈城东山之麓，秦氏祖茔边，距慈城 1 000～1 500 米。元至正年间，秦公辅建茅屋一楹，隐居于此，侍奉祖先灵位。明太祖洪武四年（1371年），建成蔡氏教庵，后遂为慈城秦氏祖祠。秦氏本姓叶，有入赘于秦者，因秦无后，故袭其姓。而秦亦非初姓，后遂取“叶”“秦”两字之半，拼成字形近似的“蔡”字，故名祖祠为“蔡氏”。称“教庵”者，则是遵时制，即浮屠之第三等。

（三）绿雨斋

绿雨斋位于慈城东山山麓蔡氏教庵之侧，此乃秦氏迁慈三世祖秦复生的藏修之所。秦复生好竹，先后载竹万竿，茂密环斋，因名绿雨斋。

（四）横山庵

横山庵坐落在慈城东南 5 000 米的横山南麓，乃横山裘氏祖祠，一名镇西禅院。元至治元年（1231 年），里人裘元松始建；明万历三十年（1602 年），裘光祖修；清嘉庆四年（1799 年），裘兴瑞等重修。

（五）懋宗祠

位于慈城镇中山路上的懋宗祠，是明代慈谿县城内最具盛名的望族——三凤王氏的祠堂。据家谱记载，三凤王氏于两宋之交南下，始则寓居临安，尔后迁至慈城唐家堰。三凤王氏在定居慈城后，一方面，随着家族规模的不断扩大而分枝散叶，在黄山、东山下、鸡鸣湖、湖塘下等处建造了众多分祠；另一方面，该家族培养出十多位进士、二十多位举人和不计其数的贡士，尤其是在明英宗天顺年间（1457—1464 年），同期涌现三位高官——工部尚书王来、刑部主事王复、监察御史王鼎，以至于慈谿县令不得不刻意巴结，不但为之建造“三凤坊”“尚书坊”，更将骢马桥改称“都宪桥”。

懋宗祠一度被毁于明熹宗天启年间（1621—1627 年），至清乾隆五十五年（1790 年）重建于原址。如今，该祠仅存建筑一进（崇本堂），三凤牌坊、后进及附属建筑皆已被毁。尽管如此，祠内宽敞明亮，雕梁画栋，尽显大家风范。祠内尚存石碑二块：一为“王氏懋宗祠捐田碑记”，上书“崇本总堂”四字；另一块字迹模糊，仅左下角“宣统元年岁次己酉元旦后二日”尚可辨认。

（六）幽隐经堂

位于中山路与西经堂弄交叉口的幽隐经堂，是明神宗万历十七年（1589 年）江阴县尉王文录（1532—1605 年）告老还乡后建造的私家庵堂。该堂前殿原本供奉释迦牟尼像，后殿供奉王文录塑像，上建观音阁，但在咸丰十一年（1861 年）太平军盘踞宁波期间被毁，目前仅剩前殿。

（七）李家祠堂

位于德星桥南的李家祠堂，外表是中式房子，内部装修却是西欧格式。李家祠堂占地一千余平方米，是慈城唯一的中西合璧式的宗祠，椭圆形屋脊上盖的是本瓦，进口彩色地砖并合成为传统的如意图形。1949 年后，李家祠堂被改建为对青少年实施劳动教养的勤俭学校，“文化大革命”期间又在此开办南门小学，有四个班级、一百五十余名学生，20 世纪 70 年代中期南门小学被并入其他学校。

除各类祠堂寺庵外，牌坊林立亦是慈城一大特色。以表罗列如下（见表 5－3）：

表 5－3　慈城历代牌坊一览表

方位	坊　名	位置、时间及其他
县衙南	高义坊	宋时知县虞诜立。旧名“承贤坊”，宋理宗景定年间（1260—1264 年）知县金昌年改名为“高义坊”
	状元坊	宁宗庆元五年（1199 年）后，为武举魁胡应时立
	兴贤坊	旧名崇儒坊，宋宁宗嘉泰年间（1201—1204 年）立，嘉定年间（1208—1224 年）重立并易名
	东山坊	宋理宗景定年间（1260—1264 年），知县金昌年立
	嘉义坊	旧名“棣华坊”，元仁宗延祐六年（1319 年）邑长亦思马因立
	宣化坊	元泰定二年（1335 年）邑长也真不花建
	美政坊	元泰定二年（1335 年）邑长也真不花建
	慈孝坊	旧名“祈报坊”，元至正三年（1343 年），邑簿白桂因董孝子庙而改名
	尚书坊	鼓楼前，为明兵部尚书姚镆立
	三元坊	明神宗万历二十五年（1597 年），为连中三元的杨守勤立

续 表

方位	坊 名	位置、时间及其他
县衙南	延桂坊	明景帝景泰元年(1450年),知府陆琦为举人冯彰立
	承芳第	明景帝景泰七年(1456年),为举人王钥立
	光世坊	明景帝景泰七年(1456年),为举人张森立
	显忠坊	中街,为明冯泾立
	昼锦坊	中街,为陈楷立
	进士坊	明宪宗成化间(1465—1487年),知县吴秀为余浚立
	进士坊	竺巷口,明英宗天顺间(1457—1464年),知府方逵为罗信佳立
	桂林坊	明宪宗成化七年(1471年),知县王义为举人孙颖立
	进士坊	明宪宗成化二十年(1484年),知县马攀为王纶立
	会元及第坊	中街,为明袁炜立
	应璧坊	明宪宗成化十年(1474年),御史吴文元为举人周锴立
	连奎坊	应璧坊南,明宪宗成化七年(1471年),知县王义为举人周鉴立
	翔凤坊	明宪宗成化十年(1474年),知县吴秀为举人冯钢立
	都宪坊	又名"父子进士坊",乃明神宗万历三十九年(1611年)知县向允贤为进士王纯、王镕立
	九凤联飞坊	明世宗嘉靖二十一年(1542年),为正德九年(1514年)同时及第的姚钉、周士英、冯泾、朱良、秦钺等九位进士而立
	大司寇坊	明世宗嘉靖四十一年(1562年)都察院胡宪宗为进士冯岳立
	司谏坊	中街,为明孙懋立
	绣衣坊	中街,为明冯震立
	黄门坊	中街,为明冯景浩立
	黄门坊	中街,为明冯彰立
	黄阁调元坊	明都察院张科为学士原炜立
	骢马坊	骢马桥南,为明御史王钥立

续　表

方位	坊　名	位置、时间及其他
县衙南	进士第	骢马桥南，明英宗天顺三年(1459 年)，知县贾奭为进士王应奎立
	奎昭坊	骢马桥南，明英宗正统年间(1436—1449 年)，知府陆琦为举人钱森立
	尚书坊	骢马桥南，明英宗天顺年间(1457—1464 年)为王来立
	节孝坊	骢马桥南，乾隆四十七年(1782 年)为冯鹤年妻钱氏立
	秋闱步武坊	为明宪宗成化七年(1471 年)举人赵坤、成化二十二年(1486 年)举人赵继宗立
	春榜传芳坊	
	孝子坊	南郭门外，乾隆四十八年(1783 年)为钱秉虔立
县衙东	崇孝坊	宋时知县虞诜立
	状元坊	大方桥西，宋理宗景定年间(1260—1264 年)为方山京科举及第而立
	黄门第	明孝宗弘治年间(1488—1505 年)知府伍符为给事中周旋立
	桥梓骈秀坊	明孝宗弘治十四年(1501 年)知县崔皓为周旋之子周士英立
	云衢接武坊	大方桥北，明宪宗成化间(1465—1487 年)知县陈孜为举人葛林立
	绣衣坊	大方桥，明宪宗成化八年(1472 年)知县吴秀为桂镐立
	登科坊	大方桥，明世宗嘉靖三十一年(1552 年)知县曹本为举人杨佐立
	文奎坊	明景帝景泰元年(1450 年)知府陆琦为举人罗信佳立
	承锦坊	明宪宗成化年间(1465—1487 年)知县王义为举人刘钢立
	步云坊	明宪宗成化十年(1474 年)，知县吴秀为举人汤理立
	清白坊	明宪宗成化初，知府张瓒为参政姚堂立
	进士坊	明英宗天顺三年(1459 年)为张琦立
县衙西	富礼坊	方家巷，宋理宗景定年间(1260—1264 年)知县金昌年立
	奎璧坊	明英宗正统六年(1441 年)为举人林垚立
	天官大夫坊	为明吏部员外韩彦起立
	国学师臣坊	明世宗嘉靖四十一年(1562 年)为国子监助教韩秉文立

续　表

方位	坊　名	位置、时间及其他
县衙西	绣衣坊	为明山东道监察御史费铠立
	济美坊	为费灿、费铠、费渊、费沐、费桂、费标立
	解元坊	为明万历十三年(1585 年)解元冯烶立
	五马桥坊	为明孝宗弘治十二年(1499 年)进士冯本澄立
	恩荣坊	西街,为清世祖顺治十八年(1661 年)武进士向腾蛟立
	贞节坊	西街,明朝为旌表赵胜妻冯氏立
	冬官坊	西南街,为明孝宗弘治十二年(1499 年)进士赵睐立
	恩命重光坊	为明左布政使刘廷诰立
	登科坊	明正统十二年(1447 年)尚书孙原贞为举人桂怡立
	登云坊	明正统十二年(1447 年)知府陆琦为举人姚堉立
县衙东南	安济坊	宋徽宗崇宁二年(1103 年)建
	攀桂坊	竺巷口,宋理宗景定年间(1260—1264 年),知县金昌年以桂万荣登第,撤胡应时状元坊而改立
	采芹坊	县学东,元明宗天历二年(1329 年)主簿叶维岳立
	知训坊	莫家巷口,元顺帝至正三年(1343 年),居民立以自表
	中书第	明王汾为其祖王旸立
	进士坊	费家桥,明武宗正德三年(1508 年),知县倪璋为沈元立
	贞节坊	用以旌表明刘鍙妻邵氏
	解元坊	下颜巷,明成祖永乐十二年(1414 年),知府魏宗为解元郑维桓立
	贞节坊	东河,为嘉靖四十三年(1564 年)举人冯赞妻刘氏立
	完节坊	为明刑部尚书冯岳立
	淳德坊	
	世司风纪坊	明巡按杨春芳为进士沈元、沈一定立
	五马坊	东南街,为明汤理立

续　表

方位	坊　名	位置、时间及其他
县衙东南	紫薇街	东南街，为明秦岳立
	三骧坊	为明周冕、周宏、周晟、周时征立
	三凤坊	东南街，为明周澜、周津、周沂立
	世受国恩坊	东南街，为明尚宝卿陈鲸立
	都谏坊	莫家巷口，为明户科给事中徐仁立
	亚魁进士坊	为明姚銶、姚湣立
	节孝祠坊	文庙西，雍正五年(1727 年)建
	棣萼联辉坊	县学前，为明代举人罗信佳、罗信才立
	大司成坊	文庙东，明武宗正德五年(1510 年)，知县倪璋为陈敬宗立
	太子宾客坊	县学前，为明袁炜立
	经元绣衣坊	下横街，为明汤理立
	都堂里	明英宗天顺二年(1458 年)，知县贾奭为佥都御史张楷立
	镇东坊	东镇桥北
	御史台坊	东镇桥，为明张楷、张昺立
	内台总宪坊	为明世宗嘉靖二年(1523 年)进士叶照立
	副使坊	东郭桥西，为明诰封副使叶林立
	经元坊	明宪宗成化年间(1465—1487 年)，知县王义为姜森立
	进士坊	明宪宗成化元年(1465 年)，知府张瓒为进士姚堂立
	文英坊	明英宗正统十二年(1447 年)，知府陆琦为举人王旸立
	传桂坊	明英宗正统六年(1441 年)，知府郑珞为举人陈塾立
	攀桂坊	明成祖永乐十八年(1420 年)，为举人叶郊立
	世科坊	明宪宗成化年间(1465—1487 年)，知县陈孜为举人桂棨立
	集桂坊	明孝宗弘治年间(1488—1505 年)，知县和鹏为举人林凤仪立

续 表

方位	坊　名	位置、时间及其他
县衙东南	钟英坊	明宪宗成化年间(1465—1487年),知县龙伯为举人赵珏立
	世美坊	明英宗天顺年间(1457—1461年),知县贾奭为举人时中立
	柱史坊	明孝宗弘治间(1488—1505年),知县邹诚为御史周津立
	进士坊	明宪宗成化二十三年(1487年),知县陈孜为袁嫌立
	柱史坊	明孝宗弘治三年(1490年),知县和鹏为陈熙立
	绣衣纺	明孝宗弘治四年(1491年),知县和鹏为余浚立
	贞节坊	为明冯若陶妻陈氏立
	旌表节妇坊	为明宪宗成化七年(1471年)举人姚鉌妻冯氏立
	贞节坊	为明庠生钱应文妻朱氏立
	贞节坊	董孝子祠前,为明庠生董又昌妻袁氏立
	节孝坊	东镇桥东,乾隆五十四年(1789年)知县钟德溥为应宽妻冯氏立
	节孝坊	东镇桥东,雍正九年(1731年)为应日朋妻冯氏立
县衙东北	绣衣坊	明英宗天顺七年(1463年),同知刘文显为御史葛渊立
	孝子里	为冯世卿立
县衙西南	神童乡	宋理宗绍定年间(1228—1233年),知县叶汝明为宁宗嘉定三年(1210年)解元姚正子立。明武宗正德三年(1508年),知县倪璋重立
	联桂坊	平政桥西,宋理宗宝庆二年(1226年),为孙梦观兄弟联科而立
	觐天坊	西镇桥西,为宋桂锡孙为御史立
	积善坊	砖桥西,元泰定二年(1325年),邑长也真不花建
	崇善坊	西南一里永明寺西门,元明宗天历二年(1329年)邑尉白珪立
	集义坊	西南应家巷,元顺帝至正年间(1341—1368年),居民立以自表
	进士坊	明英宗天顺年间(1457—1464年),为孙忱立
	贞节坊	福聚街,为旌表明冯柏妻王氏而立

续　表

方位	坊　名	位置、时间及其他
县衙西南	外台总宪坊	明孝宗弘治年间(1488—1505 年),知县崔皓为按察使茅维扬立
	青云坊	明英宗正统年间(1436—1449 年),知府郑珞为举人刘炜立
	进士街	明孝宗弘治十五年(1502 年),知县邹诚为刘乔立
	集贤里	明武宗正德二年(1507 年),知县倪璋为刘氏一门而立。刘氏自宋元以来,固多以文墨发身者,入明,举人自刘焕而下,进士自刘嵩而下,科第接踵,故立此坊以表其异
	贞节坊	世彩堂西,用于旌表明刘钺妻孙氏、刘熠妻王氏、刘圭妻王氏、刘韬妻郑氏
	联桂坊	明英宗天顺年间(1457—1464 年),知府张瓚为举人姚垌立
	会魁坊	明武宗正德年间(1506—1521 年),知县倪璋为姚汀立
	状元坊	为明世宗嘉靖二年(1523 年)状元姚涞立
	三凤坊	为明工部尚书王来、清吏司主事王复、监察御史王鼎立
	登俊坊	竺巷内,明英宗正统三年(1438 年),知府郑珞为举人张瑭立
	联奎坊	明英宗正统十二年(1447 年),知府陆琦为举人张瑗立
	宫保坊	西南街,为明姚镆立
	大司空坊	下横街,为明王来立
	刺史坊	西闸桥东,明穆宗隆庆元年(1567 年),为思州知府袁大轮立
	旌表节妇坊	寺笆下,为明姚泽妻刘氏立
	世恩坊	德星桥北,明世宗嘉靖二十四(1545 年),监察御史高懋为进士周翔、周文进、周镐立
	两京廷尉坊	德星桥,明御史何钺为沈光大立
	甲科济美坊	德星桥,为明代进士刘本、刘滂、刘廷诰、刘志伊立
	节孝坊	德星桥南,乾隆四十二年(1777 年),为周耀文妻蔡氏立
	奎光坊	明宪宗成化年间(1465—1487 年),郎中高英为举人周肃立

续 表

方位	坊 名	位置、时间及其他
县衙西南	奎璧坊	明英宗正统十年(1445 年),为举人周翔立
	进士坊	明景帝景泰五年(1454 年),为郑岑立
	传桂坊	明景帝景泰元年(1450 年),为举人桂琛立
	文魁坊	明英宗天顺七年(1463 年),知县贾奭为举人向秉直立
县衙西北	进士坊	湖湫桥南,明宪宗成化初,知府方逵为冯琪立
	绣衣坊	明宪宗成化年间(1465—1487 年),知县吴秀为冯琪立
	柱史坊	为明敕赠山东监察御史冯堊立
	豸绣坊	为明韩彦起、韩源立
	旌表义门坊	为明冯光济妻郑氏贞节立

二、社会公共设施

社会公共设施包括桥梁、凉亭等公共建筑,也包括善堂、钟塔等公益设施。借由政府和社会的共同保护,诸多文物得以通过文物保护单位的形式予以妥善保管。旧时,慈城内外颇多公益设施,尽管这些设施大多是面向本族的义庄、义学,但也不乏像宝善堂[成立于嘉庆九年(1804 年)]这样的慈善机构,长期热心从事诸如施舍药品、收养孤儿、提供棺木之类的善举。只是随着时代的变迁,当年这些代办社会管理职能的机构都已退出历史舞台。

(一) 慈城古桥

慈城水绕山环,桥梁众多。慈城原是慈溪县的县治所在地,三面环山,南临慈江,城内原本有三横五纵八条河流,河上曾建有数十座石拱、石梁桥,而城外尤多古桥(见表 5-4),譬如位于镇南的太平桥,又如坐落在镇西的妙山桥。然而晚近以来,分布在慈城内外的这些古桥,或如始建于唐玄宗开元二十六年(738 年)的单孔石拱桥——骢马桥,因无法行驶车辆而被拆除于 20 世纪五六十年代,或如坐落在西门外的三孔石拱桥——建成于明万历年间的太平桥,因年久失修而倒塌于 1953 年 4 月 8 日。据统计,慈城域内的古桥,目前仅余泮池、廿板皇、郭塘三桥(见表5－5),以及诸如王仁元《秋日太平桥晚眺》之类的诗作:"无多秋景晚来饶,凭眺城南第一桥。江上断霞渔父艇,道旁斜日牧童箫。千秋枫落余残叶,两岸芦歒急暮潮。咫尺黄山若排闼,高衔岚影控层霄。"

表5－4　光绪《慈谿县志》所见慈城古桥

名　称	概　　况	备注
丽泽桥	县治南,旧名"第一石桥",唐开元间(713—741年)建	
福聚桥	县治南,旧名"第二石桥",元至顺三年(1332年)建	
平政桥	县治南,旧名"第三石桥",宋宣和年间(1119—1125年),知县沈时升政平讼理,民称其贤,以名其桥	
郑家桥	骢马桥南	
南郭桥	/	
大方桥	县治东,丛桂坊西,宋状元方山京宅于其旁,故名	
丽家桥	县治东,桥下水通慈湖西碶。先时丽氏居其北,故名	
诸家桥	县治东南	
五马桥	县治西,桥侧旧有高州知府冯本澄五马坊,故名	
西　桥	县治西半里	
费家桥	县治东南,上横河水自大方桥左西折而南经费家河	
颜家桥	县治东南,东入颜家葑,达东河	
尚志桥	县治东南,颜家桥侧,宋理宗淳祐三年(1243年)孟夏重建	
东街桥	县治东南,尚志桥南	
砖　桥	县治东南,东街桥南	
会水桥	县治东南,东溪水自小东水门东来,至此与江水会,故名	
枕　桥	县治东南,砖桥南	
东镇桥	县治东南500米,亦名"东闸桥"	
新　桥	县治东南500米,明朝秦氏于东镇桥侧建庵,以塞东路水口,复于庵后建桥,曰"新桥"	

续　表

名　称	概　　况	备注
采芹桥	县治东南 500 米，旧名“醋务桥”，醋务废，易名“采芹桥”	
大　桥	县治东南	
过街梁	县治东南，左右皆冯书吉居。遂建石梁，梁上有楼，以通往来	
金家井巷桥	县治东南	
察院巷桥	县治东南	
林家桥	县治东南，明林岳、林垚昆弟于其地筑临溪草堂以奉母，故名	
十字桥	县治东南	
东郭桥	县治东南，为县之东郭门桥，首有石门一座，曰“新路”	
施家桥	县治东南	
孙家桥	县治西南，孙梦观宅于其西，故名	
郭家桥	县治西南，宋时有郭福年居此，故名	
青黛桥	县治西南	
唐家堰桥	县治西南。宋孝宗淳熙十六年(1189 年)，金华唐仲展来令慈溪，去官之日，建议其子唐伦迁居此地，伦乃卜居于县城西南隅，筑此桥以通往来，故名	
西镇桥	县治西南	
都坊桥	县治西南 1 000 米	
西寺桥	永明寺东	
乌坑桥	县西南 500 米，永明寺东	
迎薰桥	永明寺前，俗呼“寺前桥”	
西郭桥	县治西	
湖湫桥	县治西北 250 米，俗呼“翁郎桥”	
丁家桥	县治西南	
玉皇阁桥	县治西南	

续　表

名　称	概　　　况	备注
鼎新桥	县治西南	
福星桥	东郭内水门口，嘉庆间(1796—1820年)建	
迎春桥	东郭门外	
定安闸桥	小东水门外	
砥流桥	县治东北250米，俗呼“为湖桥”	
彩虹桥	县北湖中	
野航桥	县北500米，慈湖书院西	
碧绣桥	县治北500米，慈湖西	
迎宝桥	小西门外，道光二十四年(1844年)建，同治四年(1865年)重修	
留宝桥	小西门外，同治十年(1871年)陈世清、僧敏福建	
鸿福桥	西郭门外水门口，嘉庆年间(1796—1820年)建	
通济桥	城河最东面的单孔石拱桥，位于东镇桥去保黎医院的必经之路上	合称「城内三桥」
骢马桥	始建于唐玄宗开元二十六年(738年)，明天顺二年(1458年)改称“都宪桥”，1954年因交通不便而被拆除，改建为平面水泥桥，并改名“解放桥”。时至20世纪90年代，解放桥又在拓宽大街时被拆除	
德星桥	作为慈城最古老的石拱桥，始建于唐太宗贞观三年(629年)，初名“大宝桥”。南宋宁宗开禧二年(1206年)，有流星陨石落在桥南，遂更名为“德星桥”。近年来，因城市河网改路而被拆	
夹田桥	南北横跨慈江，始建于北宋皇祐二年(1050年)，此后屡毁屡建，建成于明天启四年(1624年)的那座单孔石拱的夹田桥，比号称冠绝宁波的鄞县高桥更加雄伟。时至1960年，夹田桥据说因为大旱而引发桥基松动，最终倒塌	合称「城外三桥」
三板桥	三孔石拱桥，南北横跨慈江，1975年尚存，今已倾圮	
太平桥	三孔石拱桥，南北横跨慈江，始建于明万历十二年(1584年)，1941年日寇侵占慈城期间，在桥下炸鱼捕虾时，炸毁桥基木桩，以致大桥下沉，延至1957年冬，全桥沉入江底	

表 5－5　慈城域内留存至今的古桥　　长度单位：米

桥　名	泮池桥(学宫桥)	廿板皇桥(皇子桥)	郭塘桥(谷塘桥)
所在地	孔庙内	妙山村	妙山村西
桥　型	二墩三孔石梁一组	三孔石梁排柱墩石桥	三孔排柱墩石梁桥
建造年代	宋代至清代	宋代	明代
长/宽/高/跨	7/2.5/1.2/中 2	16/3.5/1.8/中 4	11/2.5/2/中 3
桥梁概况	慈城孔庙始建于宋太宗雍熙元年(984 年)，时至宋仁宗庆历八年(1048 年)，又在慈溪县令林肇的主持下迁建于今址，且与学府合为学宫。虽历经多次修建，但目前仍是浙江省内保存最完整的学宫。坐落在正门之外的泮池，东西长 33 米，南北宽 6 米，半月形，四周树立 36 根雕刻荷花的栏柱、栏板。位于泮池之上的泮池桥原本只是一座石桥，明清两代重修时，增至一组并排三座的石桥。现存泮池桥，重建于光绪年间，南北向，中桥长 7 米，宽 2.7 米，高 1.2 米，以直竖条石为墩，面铺石板，两头设 5 级石阶；两旁小桥与中桥相距 4.4 米，各长 6.5 米，宽 1.6 米，缓缓拱起，无步阶	位于慈城西门驿道上的廿板皇桥，据说始建于东汉，原名“王子桥”，相传两宋之际，宋高宗在金兵追击下曾途经此桥，当地百姓护驾心切，待皇上过桥后迅即拆除桥板，使得尾随而至的金兵无法过河，于是此后，俗称此桥为“廿板皇桥”。廿板皇桥原为四组排柱墩的五孔石梁桥，今存二墩三孔，每孔有 4 块桥面石，桥面宽 3.5 米，总长 16 米。其桥墩由每组横排扇形的 5 条方柱石斜插河床内，与埋在河床的基底条石相榫接，这种构筑方式与奉化区内的省级文物保护单位广济桥别无二致。如今，其桥面虽已被铺上水泥，以便行人和车辆过往，但桥墩仍然保存完好	位于庙山村西的郭塘桥，因河水出自北边的郭塘岙而得名。今存 2 组四柱排柱墩，上铺 3 组石板，每组 5 块。郭塘桥总长 11 米，宽 2.5 米，除桥东 2 块桥面石因农用拖拉机过桥而断毁外，其他构筑基本完好。郭塘桥形制古老，属于排柱式石墩桥。这种在排柱上架眉梁，再架横木，最后铺桥面的造桥法，在建筑原理上与宁波保国寺大殿侧脚做法相类似。郭塘桥虽然其貌不扬，但不仅具有良好的抗洪能力，而且不易建造，必待河床干涸时，才能埋入底基与柱榫。这就为后人研究浙东桥梁建造方式的历史变迁提供了实物例证

（二）慈城凉亭

由石柱、石凳与石板组合而成的凉亭，是慈城相当常见的建筑物，而且凉亭之间距离较短，在小东门外的四脚亭，向北可望见六脚亭，向东可望见姜官亭。根据不同功能，慈城的凉亭可分为宅内亭、歇脚亭、接送亭和风景亭四类(见表 5－6)。古时“五里一短亭，十里一长亭”，用于送别、饯行。与长亭、短亭有所不同的是，慈城歇脚亭的功能，主要是卸肩歇担、擦汗歇气、吹风乘凉、谈天说地，统称“凉亭”。凉亭在建筑形式上并非四面通透，而是仅两边开通，另外两边是墙壁，因而既能遮阳避热，又可以遮风避雨。与此同时，凉亭里面往往设有神像，以便行人叩头烧香，求菩萨保佑，平安回家。

表 5－6　慈城凉亭的类别

类别	名称	简　　况
宅内亭	半生亭	位于半浦。康熙三十九年(1700 年)，郑梁中风疾，右体遂废，因改名风，号半人，于所居东构亭，以左手书额曰“半生”，四面栽花木，以为游咏之所
歇脚亭	姜官亭	位于姜官岭(姜果岭)与清道山之间的崖口上，亭内有几尊石佛，香火很盛
	四脚亭	姜官亭以北、小东门外，只有四根柱子，看似小巧玲珑
	六脚亭	四脚亭以北、东悬岭脚下，亭子正中有三尊泥塑神像，对面是万寿庵
	岭下亭	由东悬岭去往乌岩庙的必经之路旁
	李岙亭	由东悬岭去往李夹岙的必经之路旁。出资建造者李寿山，系李夹岙人，既曾任上海顺康钱庄经理 40 年，也曾与秦润卿一起出资兴建普迪学校
	白鸽亭	坐落在西悬岭上，位于慈城西乡交通要道上
	抹云亭	城西 2 500 米孔家岭，秦润卿筑生圹之余而建于墓旁，用便后裔前来祭祀时歇脚
接送亭	接官亭	位于东门口，横跨东镇桥路。顾名思义，就是古代慈城新官上任时接受属官和士绅晋见的所在
	送客亭	位于西门外，是从慈城乘船去丈亭、大隐等地旅客的候船处
风景亭	管山亭	位于东门外慈江南，因遥对城内的学宫(孔庙)，所以历来被视为地方文运的象征；又因内供奉文昌像，所以被称为“文昌阁”。古代官员来慈溪上任，往往在此亭换上官服后进城，故又称“着衣亭”。清末民初，部分有识之士选择在此探讨时局，相互质议，因而又称“质议亭”。亭子本身很美观，站在亭内，无论从哪个角度看，都可欣赏慈城南乡的美丽风光
	师古亭	从宋代起，逐渐有人开始“打扮”慈湖。或如普济寺僧在湖中筑堤，以贯通南北；或如县令孙知古，天圣九年(1031 年)在堤上建清音亭(宋徽宗大观二年，县令唐昌期改其名为“涵碧亭”，后圮)。时至清乾隆三十七年(1772 年)，慈谿县令胡观澜又在湖堤上建成六角重檐攒尖式凉亭一座，因景仰宋儒杨文元，故名“师古亭”，并亲自题额。此后百余年间，师古亭既曾得书法大师钱罕重新题额，又在“文化大革命”中被改称“东风亭”。迄乎 1984 年，在慈谿县立中学老校友王瑞吉的捐助下，师古亭被修葺一新，并由当代书法名人凌近仁先生题匾

（三）慈城钟塔

1. 彭山塔

彭山塔位于慈城西门外鹏山（彭山）山巅，俗称“文笔峰”，乃明嘉靖年间（1522—1566 年）慈谿县令霍与瑕所建。略懂堪舆学的霍县令，见慈谿县城周边唯独西南侧低陷，遂建塔于彭山之上，以补风水缺憾。在慈谿老百姓看来，彭山塔对重振该县文风起到了重要作用。于是在感恩之余，老百姓在彭山脚下新建了彭山庙，用以祭祀这位给慈谿县带来福祉的县令。

彭山塔乃六面七层阁式砖塔，塔内有楼梯可盘旋至塔顶，每层每边都有壶门可供眺望。因其居山巅，临慈江，所以历来是登高望远的绝佳去处。20 世纪 80 年代，宁波市文管会曾出资加固修缮。但因历史久远的关系，该塔又濒临倒塌，幸得金田集团出资维修于 2005 年。修葺一新的彭山塔，其纤细的塔影与彭山下萧甬铁路、沈海高速纵横交错，俨然成为进出宁波西郊的地标建筑。

2. 钟塔

钟塔位于慈城镇虹星严家池头，由当地富商出资建造于民国十二年（1923 年）。钟塔坐北朝南，塔高 6.1 米，砖混结构，塔占地 1.33 米×1.35 米。该塔分为上、下两层，顶部原安置一指南针，外形呈宝塔状，下部为长方形，原安置一钟摆，南北向，现有残存。

（四）慈城善堂

1. 云华善堂

慈城最著名的善堂非云华善堂莫属。云华善堂位于慈城大西门外 1 000 米的太平桥南侧慈江南岸，初建时占地面积十亩有余。该堂始建于 1868 年，由杨泰亨（1824—1894 年）会同当时慈城内的若干社会贤达共同出资兴办，以办理育婴、施药、舍材、埋葬、惜字、褒贞等善举为己任。云华善堂大抵可分三大部分，亦即孤儿院，孤老院和专门收养弃婴、广施膏药的育婴堂。20 世纪 30 年代左右是其最兴旺的时期，因为当时拥有比较固定的经济来源。但在抗战爆发后，由于局势紧张，资金筹募大受影响，乡间田租收入又急剧减少，因此度日如年。1952 年 1 月，云华善堂搬迁至体仁堂，其旧址始则被用于开办慈谿县初级师范学校，在 1955 年 1 月慈谿县初级师范学校搬离后，又被改建成为胜利粮站。

2. 体仁堂

体仁堂也是慈城历史上的著名善堂。体仁堂位于慈城镇德星桥南首，是一幢中西合璧、坐北朝南、三间二厢房的高平屋，1927 年由秦润卿等人出资建造。

作为城内的大型慈善机构，体仁堂每年隆冬或歉收时节舍粥救命，常年提供免费的医药和棺材等。

（五）慈城文物保护单位

时至2019年底，慈城域内计有全国重点文物保护单位2家、省级文物保护单位4家、市级文物保护单位4家、区级文物保护单位16家、市级文物保护点13处、区级文保点60处。

慈城各级文物保护单位统计如表5-7所示。

表5-7　慈城各级文物保护单位统计表

序号	名称		地点	年代	级别与公布时间
1	慈城古建筑群	甲第世家	金家井巷6号	明	全国重点，2006年6月
		福字门头	金家井巷7号	明	
		布政房	金家井巷8～10号	明	
		冯岳彩绘台门	完节坊里2号	明	
		孔庙	竺巷东路55号	清	
		冯宅	太阳殿路16号	清	
2	浙东运河宁波段①				全国重点，2013年3月
3	朱贵祠		妙山庙湾	清	省级，1963年3月
4	慈城大耐堂等古建筑群②	姚镆故居	民族路18号	明	省级，1997年8月
		大耐堂	三民路5号	明	
		桂花厅	民族路	明	
		刘家祠堂	民族路刘家弄3号	明	
		莫驸马宅	莫家巷25号	明	
		冬官坊	民主路26号	明	

① 大运河宁波部分由浙东运河上虞-余姚段（余姚部分）、浙东运河宁波段、宁波三江口、姚江水利航运设施（含压赛堰遗址、小西坝旧址、大西坝旧址）、水则碑组成，2013年3月被公布为第七批全国重点文物保护单位。在慈城域内，就是浙东运河宁波段，包括慈江-刹子港河段、小西坝。

② 1997年8月被公布为第四批省级文物保护单位，且定名为“慈城明清古建筑群”；时至2011年1月，又被列为第六批省级文物保护单位，并更名为“慈城大耐堂等古建筑群”。

续　表

<table>
<tr><th>序号</th><th colspan="2">名　称</th><th>地点</th><th>年代</th><th>级别与公布时间</th></tr>
<tr><td rowspan="6">4</td><td rowspan="6">慈城大耐堂等古建筑群</td><td>世恩坊</td><td>永明路南口</td><td>明</td><td rowspan="6">省级，1997 年 8 月</td></tr>
<tr><td>贞节坊</td><td>尚志路</td><td>明</td></tr>
<tr><td>恩荣坊</td><td>民主路 26 号</td><td>清</td></tr>
<tr><td>程氏庆余堂</td><td>察院巷 7 号</td><td>清</td></tr>
<tr><td>向宅</td><td>民主路 70 号</td><td>清</td></tr>
<tr><td>方家砖雕台门</td><td>光华路张家园 6 号</td><td>清</td></tr>
<tr><td>5</td><td colspan="2">彭山塔①</td><td>国庆村彭山南隅</td><td>明</td><td>省级，2017 年 1 月</td></tr>
<tr><td>6</td><td colspan="2">姚江运河渡口群（半浦渡口、都神殿）</td><td>半浦村渡头街南端、湾头西北</td><td></td><td>省级，2017 年 1 月</td></tr>
<tr><td>7</td><td colspan="2">郭塘岙遗址</td><td>妙山郭塘岙</td><td>东汉</td><td>市级，1981 年 12 月</td></tr>
<tr><td>8</td><td colspan="2">俞宅</td><td>太阳殿路 18 号</td><td>清</td><td>市级，1981 年 12 月</td></tr>
<tr><td>9</td><td colspan="2">三忠墓</td><td>妙山庙湾</td><td>清</td><td>市级，1981 年 12 月</td></tr>
<tr><td>10</td><td colspan="2">八字桥遗址</td><td>妙山八字桥</td><td>新石器</td><td>市级，1961 年 5 月</td></tr>
<tr><td>11</td><td colspan="2">师古亭</td><td>慈湖堤上</td><td>清</td><td>区级，1981 年 12 月</td></tr>
<tr><td>12</td><td colspan="2">慈湖烈士陵园②</td><td>慈湖北侧</td><td>现代</td><td>区级，1981 年 12 月</td></tr>
<tr><td>13</td><td colspan="2">应宅</td><td>杨家弄 15 号</td><td>清</td><td>区级，1986 年 5 月</td></tr>
<tr><td>14</td><td colspan="2">周信芳故居</td><td>鼎新街口</td><td>现代</td><td>区级，1986 年 5 月</td></tr>
<tr><td>15</td><td colspan="2">符卿第</td><td>民权路 29 号</td><td>清</td><td>区级，1986 年 5 月</td></tr>
<tr><td>16</td><td colspan="2">凌宅</td><td>日新路</td><td>清</td><td>区级，1986 年 5 月</td></tr>
<tr><td>17</td><td colspan="2">太平天国公馆</td><td>慈城新弄 16 号</td><td>清</td><td>区级，1986 年 5 月</td></tr>
</table>

① 嘉靖年间慈溪县令霍与瑕所建，砖木结构，塔身呈平面六角形，共 7 层，高约 22 米。1961 年 12 月被公布为市级文物保护单位，2017 年 1 月又被公布为第七批省级文物保护单位。

② 前身是 1950 年慈谿县政府和当地驻军用于安葬朱洪山、郑侠虎、蒋子瑛等革命烈士的墓地，名为“朱洪山烈士墓”，1981 年改名为“慈湖烈士陵园”，并被公布为区级文物保护单位。

续　表

序号	名　称	地点	年代	级别与公布时间
18	姜家岙墓前石刻	姜家岙	宋	区级，1986 年 5 月
19	云湖窑	英雄水库豆腐山	南宋	区级，1986 年 5 月
20	应修人故居	后洋村应家河塘	现代	区级，1986 年 5 月
21	中华路 79 号民宅	中华路 77～79 号	明	区级，2002 年 9 月
22	太湖路 24 号民宅	太湖路 24 号	清	区级，2002 年 9 月
23	光华路 10 号民宅	光华路 10 号	清	区级，2002 年 9 月
24	周仰山宅	尚志路 132 号	民国	区级，2002 年 9 月
25	王桥	妙山向家村	宋	区级，2002 年 9 月
26	郭塘桥	妙山向家村	宋	区级，2002 年 9 月

慈城各级文物保护点统计如表 5－8 所示。

表 5－8　慈城各级文物保护点统计表

序号	名　　称	地　　点	年 代	级别与公布日期
1	五星遗址	妙山五星村东		市级，1992 年 9 月
2	慈湖遗址	慈湖西北岸		市级，1992 年 9 月
3	小东门遗址	小东门外 200 米	新石器	市级，1992 年 9 月
4	乍山遗址	原乍山中学操场内	商	市级，1992 年 9 月
5	鸡步山遗址	妙山鸡步山	东汉	市级，1992 年 9 月
6	季岙遗址	妙山八字桥村季岙	东汉	市级，1992 年 9 月
7	西悬岭古墓葬群	大宝山北	春秋	市级，1992 年 9 月
8	阚山摩崖石刻	慈湖中学后阚山	不详	市级，1992 年 9 月
9	陈三谟墓前石刻	妙山朱春岙	明	市级，1992 年 9 月
10	冯氏节孝坊	慈城东镇桥街 34 号对面	清	市级，1992 年 9 月

续 表

序号	名　　称	地　　点	年 代	级别与公布日期
11	陈氏坊	金家井巷口	明	市级,1992 年 9 月
12	太平军击毙华尔碑	慈湖抱子山顶	现代	市级,1992 年 9 月
13	邵氏坊	民权路 46 号	明	市级,1992 年 9 月
14	应家池	太阳路 54 号	明	区级,2002 年 9 月
15	明墓前石刻	上岙	明	区级,2002 年 9 月
16	半浦小学	半浦村	民国	区级,2004 年 4 月
17	中书第	半浦村	清	区级,2004 年 4 月
18	前八房	半浦村	清	区级,2004 年 4 月
19	茶栈	半浦村	清	区级,2004 年 4 月
20	老安仁庙	半浦村	清	区级,2004 年 4 月
21	九房	半浦村	清	区级,2004 年 4 月
22	陆善堂、和庆堂	半浦村	清	区级,2004 年 4 月
23	周家祠堂	半浦村	清	区级,2004 年 4 月
24	前新屋	半浦村	清	区级,2004 年 4 月
25	周家	半浦村	清	区级,2004 年 4 月
26	周家四扇墙门	半浦村	清	区级,2004 年 4 月
27	周家前后进	半浦村	清	区级,2004 年 4 月
28	益丰门头	半浦村	清	区级,2004 年 4 月
29	孙家	半浦村	清	区级,2004 年 4 月
30	半浦大屋	半浦村	清	区级,2004 年 4 月
31	五间头	半浦村	清	区级,2004 年 4 月
32	后八房	半浦村	清	区级,2004 年 4 月
33	老祠堂郑家	半浦村	清	区级,2004 年 4 月

续　表

序号	名　　称	地　　点	年 代	级别与公布日期
34	老房	半浦村	清	区级,2004 年 4 月
35	朱西门头	半浦村	清	区级,2004 年 4 月
36	老高墙	半浦村	清	区级,2004 年 4 月
37	塘路墩	半浦村	清	区级,2004 年 4 月
38	九间头	半浦村	清	区级,2004 年 4 月
39	灯柱	半浦村	清	区级,2004 年 4 月
40	钟塔	虹星村严家池头	民国	区级,2004 年 4 月
41	翰林第	杨陈村	清	区级,2004 年 4 月
42	后新屋	杨陈村	清	区级,2004 年 4 月
43	黑屋白屋	新华村	清	区级,2004 年 4 月
44	陈家祠堂	金沙村	清	区级,2004 年 4 月
45	叶家祠堂	金沙村	清	区级,2004 年 4 月
46	关帝庙	金沙村	清	区级,2004 年 4 月
47	陈家	金沙村	清	区级,2004 年 4 月
48	洋龙	金沙村	近代	区级,2004 年 4 月
49	槽碾	金沙村	近代	区级,2004 年 4 月
50	叶朴齐墓	金沙村	清	区级,2004 年 4 月
51	叶楚才墓	金沙村	清	区级,2004 年 4 月
52	李红飞宅	金沙村	清	区级,2004 年 4 月
53	陈家	金沙村	清	区级,2004 年 4 月
54	叶成奎墓	金沙村	清	区级,2004 年 4 月
55	徐天泓宅	五联村	清	区级,2004 年 4 月
56	徐忠祥宅	五联村	清	区级,2004 年 4 月

续　表

序号	名　　称	地　　点	年 代	级别与公布日期
57	张家桥石人	五联村	宋	区级,2004 年 4 月
58	石人	八字桥	明	区级,2004 年 4 月
59	下王桥	民丰村	清	区级,2004 年 4 月
60	敬字纸	五星盆山	清	区级,2004 年 4 月
61	朱贵祠凉亭	庙湾	清	区级,2004 年 4 月
62	坦园	庙湾	清	区级,2004 年 4 月
63	“安其庆堂”台门	白米湾	清	区级,2004 年 4 月
64	白米湾老屋	白米湾	清	区级,2004 年 4 月
65	陈家庆余堂	白米湾	民国	区级,2004 年 4 月
66	礼睦庙	山东村	清	区级,2004 年 4 月
67	时家	慈湖村	明	区级,2004 年 4 月
68	贞社	慈湖村	民国	区级,2004 年 4 月
69	孔家山头墓碑	毛力村	清	区级,2004 年 4 月
70	抱珠楼	始平路 6 号	清	区级,2006 年 4 月
71	宝善堂	慈湖西侧	清	区级,2006 年 4 月
72	张尚书房	蔡院巷 3 号	清	区级,2006 年 4 月
73	郑家祠堂	雷家巷 8 号	民国	区级,2006 年 4 月

三、民间信仰场所

慈城和诸多江南小城一样,盛行佛教。晋安帝隆安五年(401 年)春,以五斗米道为组织形式的孙恩反政府军,攻入句章,与刘裕率领的政府军激战数十天,方才败退。由此似可断言,慈城地域有道教、道士与信众,尽管如此,道教在慈城,无论是建筑数量还是宗教影响,都无法与佛教相抗衡;事实上,即便是千百年来香火甚盛的清道观,与其说是道教的宫观,毋宁说是民间信仰的大众乐园。

据清光绪《慈谿县志》记载，慈城境内有祭坛5处，即社稷坛、风云雷雨山川坛、邑厉坛、里社坛和先农坛。各乡村有土谷祠、乡厉坛。家家贴门神，户户安灶神。此外，尚有火神殿、龙王堂、财神殿、药皇庙、俞庙（水陆财神）等，举凡天、地、风、雷、水、火、虫害、瘟疫等人力不可抗拒的自然物和天灾、虫病均设神像、神位顶礼膜拜，以求鬼神保佑。不论城乡，均纪念祖先活动频繁，如"做七""冥寿"等超度亡灵做羹饭，请和尚、尼姑、道士念虔等。旧时庙堂祠宇，所供奉人物大致有以下几类：一是为当地挖湖、开塘、修河、筑路，"以实心，行实政，民爱之如慈母"的贤明官吏，如房琯、张颖、汪伟、刘振之等；二是有影响力的当地在外行政官员，如阚泽、黄震、杨守勤、赵文华、陈敬宗；三是抗击外来侵略在当地牺牲或保境有功的将士，如向朴、朱贵、洪皓、张济芳等；四是影响当地的文士学者，如韩愈、杨简、袁炜、姜宸英等；五是有功于当地的普通百姓，如甬上第一孝子董黯、王厚本扶驾、郭氏轻财好施、何公行九等；六是行业祖师，如手工业者供奉鲁班，吹行者供奉唐明皇，也有供奉吕纯阳真人等；七是为保境安民而修造庙宇，由占卜者随意请一位神明供奉，其中关羽庙居多。下面择要介绍：

（一）慈城佛寺

慈城早在孙吴时期（229—280年）就与佛教结下了不解之缘，该地及其附近出现了宁波历史上第一批佛寺——普济寺、灵山寺（保国寺的前身）、五磊寺。此后，慈城不但高僧辈出，而且古刹林立。但与此同时，慈城历史上有不少佛教建筑，因天灾人祸而坍塌、焚毁甚至荡然无存。对此，光绪《慈谿县志》卷42就曾以卷末附录的形式，比较详细地罗列了该志问世前整个慈谿县境内已然消失的寺院庵堂，只因古今地名难以一一对应，所以今已无法准确统计慈城已废寺庙的数量。兹据光绪《慈谿县志》卷42所列举，旁参《宁波市江北区志·境域部分已废佛教寺庵一览表》，始则列表显示慈城域内的已废寺庙（其空间范围仅限于：县东、县东北方向皆3 000米内，县东南方向1 500米内，县南、县西、县西南、县西北方向皆10千米内），而后简要介绍那些保存比较完整的重要佛教建筑（见表5-9）。

表5-9　慈城域内部分已废佛教寺庵一览表

名　称	方位或现址	关键性的时间节点
知有堂	县治东南500米	咸丰十一年(1861年)毁于太平军之手
东镇桥庵	县治东500米	嘉庆八年(1803年)毁于邻火

续 表

名 称	方位或现址	关键性的时间节点
日相庵	县治西	不详
宝云庵	县东 1 000 米	康熙元年(1662 年)建
戒定庵	县东 1 500 米	不详
归源观音堂	县东 1 500 米	元顺帝至元年间(1335—1340 年)建
福源经堂	县东 2 500 米	宋理宗淳祐十年(1250 年)建,旧名福源精舍
塔头庵	县东 3 000 米	元成宗大德七年(1303 年),东皋寺僧智恭建
种德庵	县东 3 000 米	又名冯家庵,建于宋恭宗德祐年间(1275—1276 年)
□圣禅院	县东北 250 米	唐文宗开成四年(839 年)建
华严院	县东北 500 米	普济寺西南隅,宋太宗端拱二年(989 年)建
东教寺	县东北 500 米	乃普济寺之子院,建于宋仁宗嘉祐(1056—1063 年)初
梅庄庵	县东北 2 000 米	宋代诗人刘厚南为其父所建,遍植梅花,故名
真际庵	县南 5 000 米	宋理宗淳祐十一年(1251 年)僧师贤建
法莲院	县东南 7 500 米	吴越宝正二年(927 年)置,名莲花,宋英宗治平二年(1065 年)改赐法莲院额
宝严寺	县西 1 000 米	永明寺之侧,宋仁宗景祐(1034—1037 年)中置,号天台教院,嘉定十年(1217 年)改名宝严院,后被并入云湖寺
慈风经堂	县西 2 500 米	元顺帝至正十五年(1355 年),僧大梁建
奎聚庵	县西 2 500 米	不详
大林禅院	县西 3 000 米	元泰定三年(1326 年)建
象路庵	县西 7 000 米	明世宗嘉靖元年(1522 年)建
正念庵	县西 7 500 米	宋理宗淳祐九年(1249 年),僧法印建
黄龙庵	县西 10 千米	不详

续　表

名　称	方位或现址	关键性的时间节点
什岩庵	县西 10 千米	僧六拙、觉淳同建
无畏堂	县西南 500 米	宋理宗景定三年(1262 年),僧法开建
万寿庵	县西南 5 000 米	清康熙十二年(1673 年),僧如建
正济庵	县西南 5 000 米	宋熙宁间(1068—1077 年)建,在大慈庵下
慈隐庵	县西南 10 千米	不详
憩云庵	县北 1 000 米	姜家隩附近
乌石庵	县北 5 000 米	元世祖至元十三年(1276 年)僧福心田建,明成化间(1465—1487 年)废
三元经堂	县西北 2 500 米	元至元十八年(1281 年),资西寺僧了津建
永寿庵	县西北 6 000 米	宋高宗绍兴年间(1131—1162 年)建,宁宗嘉定(1208—1224 年)初赐额
永寿尼寺	县西北 10 千米	宋高宗绍兴(1131—1162 年)中,僧惠真无念建,宁宗嘉定(1208—1224 年)初赐额
普济寺	慈湖北畔	本孙吴太子太傅都乡侯阚泽书堂,吴大帝赤乌二年(239 年)后舍为寺。宋大中祥符元年(1008 年),赐额普济寺。1939 年春,因日军持续轰炸,香火渐断,寺毁人散。1959 年拆寺内东厢以建师生膳厅,1971 年大殿被雪压塌,原址被改建为慈湖中学女生宿舍
永明寺	慈城镇	唐仪凤二年(677 年),邑人吕珂舍宅为之,原号禅林院,高宗赐名大宝院。玄宗天宝中(742—756 年),改为大宝寺。宋真宗大中祥符元年(1008 年),改赐永明寺额。1945 年,永明寺部分建筑被日军飞机炸毁。此后,残存建筑陆续被毁
白龙禅寺	慈城镇东南	后汉乾祐(948—950 年)中,僧师辩结宇于此,日诵《华严经》,据传有白龙现身于室外。宋太祖建隆二年(961 年)置院,因号白龙
云湖寺	慈城镇公有村	后周世宗显德四年(957 年)置,名保安。宋英宗治平元年(1064 年),改赐“云湖庆安院”额
史祥禅寺	慈城镇西北隅	宋徽宗崇宁年间(1102—1106 年)建,赐额“光济”,其旁盛产杨梅

续　表

名　称	方位或现址	关键性的时间节点
崇福寺	慈城镇五湖村上南岙	宋理宗淳祐七年(1247 年)僧志頣建,名南山庵 宋度宗咸淳六年(1270 年),赐"南山崇福接待寺"额
东皋禅寺	慈城镇东门村夹田桥路	宋理宗淳祐十一年(1251 年)僧智恭建,名东皋精舍
旃檀庵	慈城镇杨陈村	俗称"将坛庵",明成祖永乐年间(1403—1424 年),村人杨诚建
雅宜庵	慈城镇半浦村	又名"下泥庵",相传庵中佛像为唐代遗物。明孝宗弘治五年(1492 年)重建
莲居庵	慈城镇上岙村	一作丽居庵,俗称"茅蓬",清嘉庆十六年(1811 年)重建
云岫寺	慈城镇金沙村	旧名"云岫庵",僧普慧建于明代。清康熙四十九年(1710 年)僧海昱修
狮子庵	慈城镇山东村	考光绪《慈谿县志》云:"师隐庵,县东南一十里,旧称善庆庵,又名狮子庵,明洪武六年僧元伟建。"①准此,狮子庵当建于明太祖洪武六年(1373 年),而非《宁波市江北区志》所谓的唐玄宗开元年间
泗洲佛堂	慈城镇五星村岔山	《宁波市江北区志》称该寺建于清末,而光绪《慈谿县志》则录曰:"泗洲堂,县东北一十五里。"(小字注:"文溪堰北")
活佛庵	慈城镇山东村	《宁波市江北区志》称该庵建于唐玄宗开元年间,而光绪《慈谿县志》则录曰:"活佛庵,县东南一十二里。庵前有亭,名活佛亭。国朝同治间修。"②未知孰是
金山寺	慈城镇白米湾村五组洪八房	《宁波市江北区志》称该寺建于清同治六年(1867年),"原名姜湖庵,与抱子庙毗邻。"考光绪《慈谿县志》云:"姜湖庵,县东南一十里,庵前有望湖亭。国朝同治元年燬于粤匪,六年尼静妙重建。"③准此,则金山寺始建于同治元年(1862 年)之前

① ［清］杨泰亨等:光绪《慈谿县志》卷 41《旧迹一・寺观上》,《中国地方志集成・浙江府县志辑》(第 35 册),上海书店 1993 年版,第 839 页。

② ［清］杨泰亨等:光绪《慈谿县志》卷 41《旧迹一・寺观上》,《中国地方志集成・浙江府县志辑》(第 35 册),上海书店 1993 年版,第 843 页。

③ ［清］杨泰亨等:光绪《慈谿县志》卷 41《旧迹一・寺观上》,《中国地方志集成・浙江府县志辑》(第 35 册),上海书店 1993 年版,第 844 页。

续　表

名　称	方位或现址	关键性的时间节点
宝林禅院	慈城镇三勤村大山下	《宁波市江北区志》称“无考”
半山庵	慈城镇五湖村上南岙半山	《宁波市江北区志》称“无考”
龙泉禅寺	慈城镇新联村谢王庙	《宁波市江北区志》称该寺建于宋孝宗淳熙八年(1181年),旧名谢王庙

（二）慈城道观

除寺庙外,慈城得传统道教的滋养,其孕育的民间文化与士族藏书文化相得益彰。域内散落的大量道观便为明证。

1. 清道观

以参天古柏、精制转幢、五金巨钟著称的清道观,始建于唐玄宗天宝八载(749年)。此后千余年间,清道观虽屡建屡毁,但规模日益扩大,时至清光绪十三年(1887年),终于发展成为建筑雄伟、环境优雅、文物众多、影响广泛的江南著名道观。每年农历六月二十日和冬至夜,成群结队的信徒随带被枕来此野宿求梦,从而将道教、佛教、儒教的多种教义与民间娱乐、文化享受结合在一起。清道观虽在1963年被评为浙江省首批重点文物保护单位,但在1964年开始的“四清”运动中,仍被视作慈东公社内最大的封建迷信场所,不但其所有铜像均被摧毁,且观内大铜钟也被拆卸。1965年9月,清道观又被辟为慈东公社农业中学和中心小学。时至1971年,观内所有殿、阁、楼、亭全被拆除。存续一千两百多年的文化古迹,就此毁于一旦。而如今,历经四年的重建,清道观又在2008年10月1日重新回到人们的视野之中。

2. 赭山禅寺

赭山禅寺位于慈城镇虹星村赭山之麓,始建于后周世宗显德六年(959年),时名赭山寺。宋英宗治平二年(1065年)改额“赭山清果院”,有寺田225亩、山田42亩,废于元末。明太祖洪武元年(1368年)重建,仍名赭山寺。嘉靖初,寺院为女尼所居。清康熙初,里人复请男僧住持。嘉庆八年(1803年),僧宗传修建大殿。道光二十三年(1843年),建法云堂及两庑、南北厢和环翠楼、众香阁。道光二十六年(1846年)改建山门。咸丰十一年(1861年)毁于太平军之手,仅存山门与天王殿。后又重建殿宇。20 世纪 60 年代殿宇毁尽，唯存旧址。20 世纪 90 年代复建，2006 年 12 月 13 日被批准为对外开放的宗教寺观教堂。

3. 护龙禅寺

护龙禅寺位于慈城小西门外妙湾自然村，与原址相距 250 米。原为元代学者赵偕创办的"宝峰书院"，至清乾隆年间改建为寺。道光二十二年(1842 年)二月，英军侵入慈城，护龙禅寺毁于战火，仅剩山麓厢房 1 幢。咸丰元年(1851 年)，秦姓重建大殿，未落成而圮。1999 年，护龙禅寺重建于妙湾山麓，同年 12 月 28 日被批准为开放宗教活动场所。2006 年，又被批准为对外开放的宗教寺观教堂。

4. 妙音精舍

妙音精舍位于慈城小西门，旧称"妙音庵"。1935 年 6 月，众居士捐资银圆一万，从阿育王寺购得，作为观宗寺方丈根慧打禅坐关之用，取名"妙音精舍"。1949 年，根慧将之传给女弟子本空法师作为弘法道场。1958 年，妙音庵被改建为女尼劳动生产场所(慈城福利纸盒厂)，1966 年 4 月又被划归部队使用，成为驻军家属宿舍。1985 年 5 月复庵，并被批准为宗教个人修持活动点，随后部分房产得以收回，外迁女尼亦陆续返归。时至 1989 年 6 月 2 日，其被批准为开放宗教活动场所，随即耗资一千余万元，不但修复了大殿，而且新建了观音殿、净土堂、烟水阁、本空法师纪念堂、放生池、斋堂、天王殿等，现占地一万余平方米，建筑面积六千余平方米。2006 年，其又被批准为对外开放的宗教寺观教堂。

5. 娑罗庵

该庵又名"娑乐庵""娑罗园"，位于慈湖北侧，由僧性忍、海藏创建于清顺治十六年(1659 年)。同治十一年(1872 年)，经冯允鸿出资重修后，改称"娑罗院"。1914 年，尼陈善椽建殿堂、厢房，更名为"紫寿庵"。1954 年，该庵被易作他用。1958 年回收后，作为老尼养老静修之所。1960 年改名为"勤劳院"。1985 年复庵，并被批准为宗教个人修持活动点，1993 年、2006 年又先后被批准为开放宗教活动场所、对外开放的宗教寺观教堂。作为慈城内保存比较完好的古庵之一，娑罗庵内现有山门、天王殿、大雄宝殿、三圣殿及厢房等，整个庵堂小巧古朴。

6. 迎宝庵

迎宝庵坐落在慈城小西门外，始建于清乾隆四十四年(1779 年)，同治五年(1866 年)重修，后屡经葺修，现存大雄宝殿、三圣殿和部分厢房。"文化大革命"期间，香火一度中断。继 1993 年 8 月 30 日被批准为宗教个人修持活动点后，其于2006年又被批准为对外开放的固定宗教活动处所。

（三）其他民间信仰场所

当前慈城域内的宗教建筑，无论是从数量来看还是就其影响而言，仅次于佛家寺庙的，显然非民间信仰场所莫属。兹据光绪《慈谿县志》卷14、卷15所列举，制成表5－10（其空间范围仅限于：县东、县东北方向皆3 000米内，县东南方向7 500米内，县南、县西、县西南、县西北方向皆10千米内），而后简要介绍那些保存比较完整的民间信仰场所。

表5－10　光绪《慈谿县志》问世前尚存世的民间信仰场所

名　称	方　　位	简　　　　况
社稷坛	县北门外	建炎二年（1128年），知县林叔豹始建斋宫于县衙西一百步，明嘉靖三十六年（1557年），知县刘子延移坛于北门外，岁以春秋仲月上戊日致祭
风云雷雨山川坛	县南门外	元末建，明嘉靖三十六年（1557年），知县刘子延移置南门外250米许，岁以春秋上戊日致祭
邑厉坛	县北门外	旧址在普济寺东，道光十一年（1831年）以其地建慈湖书院，改筑于袁峰下，岁以清明、中元、十月朔祭无祀鬼神
先农坛	县东南1 500米	雍正六年（1728年）知县刘国杰奉文建立坛宇，每岁仲春部颁日期致祭先农，孟夏部颁日期常雩于此行礼
俞　庙	县东门外	祀水陆财神，道光四年（1824年）改建，光绪十三年（1887年）重修
义火祠	县东250米	清嘉庆十三年（1808年）叶雯、冯宝成、冯思盛重建
都神殿	县东1 500米	祀五方治瘟之神张元伯、刘元达、赵公明、钟士秀、史文业
文昌祠	县东南1 500米	旧址在县东北龙虎轩侧，宋景定年间（1260—1264年），知县金昌年建
汪刘二公祠	县东南1 500米	用祀明殉难慈谿知县汪伟、邑人刘振之，后又增祀黄瑞伯、冯京第、王翊，岁以春秋仲月上戊日致祭
东　庙	县治东南500米	祀吴傅阚泽
鲁班殿	县治东南500米	祀公输般，同治三年（1864年）建

续 表

名 称	方 位	简 况
关帝殿	县东郭门内	清同治三年(1864 年)重修
江东庙	县东城下	明嘉靖二十年(1541 年),邑人陈应龙建,用于祭祀秦代江西人石固
姜湛园祠	县东南 1 000 米	道光十一年(1831 年),邑人冯云濠、叶维新建于德润书院先觉堂左,奉翰林院编修姜宸英栗主,岁祀之
孙柳山祠	县治西南 250 米	祀唐都扈驾孙惟最
冯长史祠	县治西南 500 米	祀明淮府长史冯厚,专祠未建,附于冯观德祠,岁以春、秋仲月上戊致祭
冯参政祠	县治西南 500 米	祀明江西参政冯婝,专祠未建,附于冯观德祠,岁以春、秋仲月上戊致祭
关帝殿	县南 224 步	旧称“显灵义勇英济王庙”,同治三年(1864 年)重建
冯显忠祠	县治东南 250 米	祀明礼部员外郎冯泾,专祠未建,附于大宗祠,岁以春、秋致祭
冯孝子祠	县治东南 250 米	祀明孝子冯象临,专祠未建,附于统宗祠,岁以八月十六日致祭
张清清祠	县署二堂后山椒	祀宋代慈溪知县张颖
小关帝殿	县治东 250 米	分祀关帝,清同治四年(1865 年)重修
吕祖祠	县治东 250 米宝善堂内	祀吕纯阳真人,岁以春、秋仲月上辛日致祭
黄文洁祠	县治东 500 米	祀宋提刑浙东常平司黄震。道光十五年(1835 年)邑人郑诏建,岁以春、秋仲月上戊致祭
文昌祠	县治东 500 米	道光十五年(1835 年)邑人郑一夔建,岁以春秋仲月上戊日致祭
韩文公祠	县治东 500 米	祀唐韩愈。道光十五年(1835 年)邑人郑一夔建,岁以春秋仲月上戊日致祭
西 庙	县治西南 500 米	祀唐始迁邑令房馆,岁以春、秋仲月上戊日致祭
颜襄毅祠	县北门外	祀明太仆寺少卿颜鲸。道光十二年(1832 年)重建,岁以春、秋仲月上戊日致祭

续 表

名 称	方 位	简 况
阚公祠	县治东北	祀吴阚泽，宋皇祐二年(1050年)知县林肇建，光绪七年(1881年)杨泰亨等人改建于普济寺东北隅
袁少师祠	县北门外	即元峰书院，祀明建极殿大学士袁炜，岁以春、秋上戊日致祭
灵应庙	县东500米	祀鲍郎神
杨少詹祠	县北门外	祀明詹事府少詹事杨守勤，岁以春、秋仲月上戊日致祭
向惠庄祠	县北门外	旧称表忠祠，方宏静为向朴建。道光十一年(1831年)向鸣盛重修
陆忠文祠	县北门外	祀明詹事陆中善，岁以春、秋仲月上戊日致祭
文昌殿	县治西250米	明万历三十九年(1611年)知县陈其柱建，岁以二月初三日圣诞及春、秋部颁日致祭
火神殿	县治西	祀炎帝。康熙间(1662—1722年)建，岁以春、秋仲月上辛日致祭
地藏殿	县治西	祀地藏王、酆都大帝，配以冥府十王
赵公祠	城隍庙前殿右	祀明工部尚书赵文华
张孝子祠	县治西南	祀唐孝子张无择，宋嘉定十四年(1221年)立祠于纯德董君庙侧，春秋配享
陈文定祠	县西南500米	祀明南京国子监祭酒陈敬宗。明嘉靖初建，清康熙二十五年(1686年)改建。岁以春、秋仲月上戊日致祭
祠山殿	县治西南1 000米	旧名“祠山张王行祠”，宋开禧(1205—1207年)初县尉施子升始建祠宇，凡水旱疾疫，邑人必祷焉
杨文元公祠	县北慈湖滨	祀宋儒杨简，岁以春、秋仲月上戊日致祭
礼睦庙	县东南6 000米	原名梨木庙，祀唐人盖文达
盛境庙	县东南6 000米	祀宋人洪皓
后黄郡庙	县东南7 500米	祀唐明州刺史黄晟
金庭庙	县东南7 500米	祀东晋右军将军王羲之

续 表

名 称	方 位	简 况
文昌阁	县东南 7 500 米	清道光三十年(1850 年)建
东岳殿	县东南 7 500 米	白云庵侧
横山庙	县东南 4 000 米	不详
抱子庙	县东南 5 000 米	旧祀宋人沙诚,清乾隆建改祀文天祥
关帝殿	县东 6 000 米	镇东桥西
谢士庙	县东 2 500 米	休休亭东
谢王庙	县东 2 500 米	白龙王祠南麓
顺济庙	县东 2 500 米	即白龙王祠,有潭,有祷必应,宋淳熙八年僧法秀建。入清,以八月十六日致祭
方村庙	县东 4 000 米	夹田桥北,祀宋人沙诚
樟仙庙	县东 3 000 米	花屿湖东北
硖石庙	县东 5 000 米	旧在硖石山上,后徙官庄桥北,祀唐人狄仁杰
郑山庙	县西 1 500 米	祀晋人鲍盖
妙山庙	县西 2 500 米	祀晋鲍盖
童山古庙	县西北 4 000 米	俗称童古庙
东湫庙	县西 7 500 米	祀主潘守仁,既曾建书院于山岙,又曾立东湫、西湫二闸,故乡民德之,立庙祀之
扶湖庙	县西北 3 500 米	一名“芙蓉庙”,祀晋鲍盖。其左右之神甚灵验,能捕盗贼,人皆祈之
黄雷庙	县西北 7 500 米	不详
钱王庙	县西北 10 千米	祀钱武肃王
榉木庙	县西北 10 千米	祀钱武肃王
关帝殿	县西北 7 500 米	清嘉庆元年(1796 年)建
龙王堂	县西北 7 500 米	不详

续　表

名　称	方　　位	简　　　　况
财神殿	县治南 500 米	骢马桥侧，清道光间邑人姚朝翙、陈民观建
紫国庙	县治西南 1 000 米	祀紫薇大帝，旁有落星池
义火祠	县治南 1 000 米	不详
梁皇庙	县治南 1 000 米	祀炎帝神农氏，清乾隆初邑人钱象正、钱秉虔父子创建
天后宫	县治南 1 000 米	祀天后神
钱孝子祠	县治南 1 000 米	乾隆四十八年邑人钱继尹为其父——钦旌孝子钱秉虔所建
董孝子庙	县南门内	祀汉董黯，清康熙十年后，岁以春、秋仲月致祭
羊府庙	县西南 2 500 米	位于太平桥北，祀唐明州刺史羊僎
东分水庙	县西南 3 000 米	不详
西分水庙	县西南 3 000 米	不详
彭山庙	县西 2 500 米	位于彭山塔下，旧名“霍公祠”，祀明代知县霍与瑕
七里庙	县西南 3 500 米	不详
双峰庙	县西南 3 500 米	不详
黄山庙	县西南 5 000 米	相传有姓阮者，曾隐居黄山，惠及村民，故其卒后，里人立庙祀之
萃星阁	县西南 6 000 米	位于黄山庙侧，清嘉庆十九年(1814 年)建，阁上祀文武二帝，阁下祀五路财神
文昌阁	县西南 6 000 米	不详
浮桥庙	县西南 7 500 米	祀唐都虘驾孙惟最
螺湾庙	县西南 7 500 米	城山渡北，祀唐孙思邈
孙仙庙	县西南 7 500 米	俗称“裹螺湾庙”，分祀唐孙思邈
东螺湾庙	县西南 7 500 米	位于郑郎桥，分祀唐孙思邈
城山庙	县西南 7 500 米	位于焦家山下，分祀唐孙思邈

续 表

名 称	方 位	简 况
沈村庙	县西南 7 500 米	祀曹魏陈泰
赭山西庙	县南 5 000 米	分祀唐令房琯
义火祠	县东南 7 500 米	亦即邵家渡小憩亭旁，里人虞元利建
龙王堂	县南 5 000 米	旧名“赭山龙王庙”，祷雨多应，岁以八月十六人致祭
赭山东庙	县南 5 000 米	分祀吴太傅阚泽
前安仁庙	县南 7 500 米	一名东安仁庙，清同治六年（1867 年）修
三星阁	县南 7 500 米	半浦渡北，祀文昌魁星、财神，嘉庆十六年（1811 年）建
老安仁庙	县南 7 500 米	在灌浦渡西数百步，旧名“寒村庙”，或曰“韩村”，祀土谷神
前黄郡庙	县东南 7 500 米	祀主曾任明州刺史
前洋庙	县南 5 000 米	横山西
讴思庙	县东南 1 500 米	位于管山之麓，祀宋制使吴潜
后洋庙	县南 3 500 米	不详
枫木庙	县东南 7 500 米	刘马湖南
东岳庙	县东南 7 500 米	旁有息心亭
诸嘉庙	县东南 7 500 米	不详
史君庙	县东南 7 500 米	不详
张公庙	县东南 7 500 米	不详
青木山庙	县南 10 千米	位于青木山峭壁之下，东晋刘牢之受诏镇压孙恩之乱时，曾驻兵于此，一战而捷，民赖以安，遂立庙以祀。凡遇水旱蝗疫，屡祷屡应
禹王庙	县西南 10 千米	不详
戍溪庙	县西南 10 千米	刘牢之曾驻兵于此，而宋儒杨适也在此离世，后人遂建庙宇，岁以十一月二十六日杨适诞辰祭之

续　表

名　称	方　位	简　况
王老相公殿	县西南 10 千米	旱溪头
灵应庙	县西 10 千米	祀晋鲍盖
上金吾庙	县西 10 千米	祀汉大将军霍光
下金吾庙	县西 10 千米	元代有慈溪人张景云，仰慕唐张无择、宋罗仲舒之为人，遂于至正十五年改所居为庙以祀
文昌阁	县西 9 000 米	魏家桥
运茹庙	县西 9 000 米	祀唐初宰相魏徵
下林庙	县西 10 千米	祀晋鲍盖
里山庙	县西 10 千米	鸡鸣岭西
关帝殿	县西 10 千米	不详
真武殿	县西 10 千米	官桥
云山庙	县西 7 500 米	祀蜀汉丞相诸葛亮
汾阳王庙	县西 10 千米	祀唐代名将郭子仪
财神殿	县西 10 千米	团桥上
相君庙	县西 10 千米	大池头张村南
鸡鸣庙	县西 10 千米	明成化间建。庙南旧为明德观，祀岳帝
黄龙庙	县西 10 千米	不详
文武殿	县西 10 千米	二六市
范君庙	县西 7 500 米	祀宋参知政事范仲淹
滕君庙	县西 7 500 米	祀滕文公
文照庙	县西 7 500 米	文山东南麓
季隩庙	县西 10 千米	不详
江都相庙	县北 10 千米	祀汉江都相董仲舒

续 表

名 称	方 位	简 况
郭泽庙	县西北10千米	佛陀岭东
下虎庙	县西北10千米	王村南
中虎庙	县西北10千米	金沙隩
义石祠	县西北7 500米	浮上桥北
南将坛庙	县西北6 500米	不详
寇莱公庙	县西北10千米	曹隩岭西南,祀宋人寇准
吴塘庙	县西北10千米	李园隩
合 计	137	

尤其需要一提的是,慈城董孝子庙是慈城民间信仰流传的缩影,即便历经岁月风霜洗礼,仍保持对信仰的淳朴执着。慈溪因董孝子得名,而旧无祠宇,董黯因此长期附祀于城隍庙。宋高宗建炎三年(1129年),知县林叔豹建祠堂于灵应庙西,迁其像而祀之,但祠宇卑陋,故绍兴三十二年(1162年),官方又在普济寺西侧新建庙宇加以安置。时至宁宗庆元二年(1196年),开始官绅联合而在上巳、重阳两节行“三献之礼”,并由此成为固定的制度。嘉定十四年(1221年),在知县赵崇遂的张罗下,不但大儒杨简亲笔题额“纯德庙”,而且唐代孝子张无择也被搬入庙中,从此改称“董张二孝子庙”,直至宋度宗咸淳元年(1265年),知县金昌年另建张庙于祠东、孙庙于祠西为止。元世祖至元二十三年(1286年),董孝子庙虽曾被毁于普济寺僧,但九年后,便又在成宗元贞元年(1295年)迁建于城内徐家巷。坐落在徐家巷的董孝子庙,未久即圮,遂有仁宗延祐元年(1314年)邑长乌马儿之重建。入明后,董孝子庙始则于洪武四年(1371年)被搬迁至宁波城南,尔后又相继被迁入崇孝祠、乡贤祠,直至万历四十年(1612年),因巡抚高举新建祠宇于南门内,这才最终稳定下来。

另有一些传统庙宇也是慈城民间多元信仰交融共促的典型代表。

1. 城隍庙

位于慈城古县衙西侧的城隍庙,原是供奉保境安民之神的所在。该庙始建于唐代立县之初,时至咸丰十一年(1861年)又被太平军拆毁,幸得邑人冯本怀热心募捐，才得以重建于同治九年（1870 年）。辛亥革命后，此庙被改建成为“民众教育馆”，或陈列图书画册，或组织歌咏演唱，慈城人也因此得以见识文艺新潮流、接触时代新思想。抗战期间，由于民众教育馆积极宣传抗战，城隍庙又成为聚集民心、发扬民意的场所。1947 年，临时军火库大火，殃及城隍庙。21 世纪以来，地方政府按照清代规制加以重建，并从 2007 年 3 月 10 日开始正式开放。重建后的城隍庙，在建筑样式上兼具寺庙殿堂的一般特色和官署建筑风格，在功能上集观光、教育、娱乐、休闲、传承手工民俗文化于一体，是目前国内唯一的综合手工 DIY 产业发展中心。

2. 柳山庙

坐落在慈城通济桥南的柳山庙，其所供奉的乃唐代都扈驾孙惟最。孙惟最字日新，号柳山，原籍盐州五原（今属宁夏），为避唐末朱温篡位之乱，隐居于慈谿县南乡车厩山中。柳山庙初建于宋代，前后三进，坐北朝南。庙内大殿前有戏台，每逢六月十四日孙惟最生日，县衙就会请来戏班子唱戏一天一夜。庙内仍保存两块石碑，名为《重建柳山庙记》《柳山庙捐助姓氏碑记》，都是时任慈谿县训导陈立撰写并书。相传柳山庙神通广大，能保一方平安，因而香火一直很旺。

3. 大关圣殿

坐落在慈城大街中段平政桥上的大关圣殿，始建于元代，原名“显灵义勇英济王庙”。明嘉靖三十五年（1556 年）毁于倭寇之乱，嘉靖三十七年（1558 年）重建。万历四十五年（1617 年）冬火，三年后重建。清咸丰十一年（1861 年）毁于太平军之手，同治三年（1864 年）重建。1958 年，慈城木器厂木匠阿堵个人出资请佛匠鲍志伟重修菩萨神像。

4. 高节祠

位于西门外妙湾村大宝山西麓的高节祠，又名“慈郭庙”，俗称“朱将军庙祀”，系清道光二十三年（1843 年）当地百姓为纪念鸦片战争中英勇阵亡的朱贵及其部下将士而建，坐北朝南，占地约 5 400 平方米。祠内尚存 1847 年礼部侍郎吴忠骏所书“慈郭庙碑记”等文物。1963 年 3 月，被公布为第二批省级文物保护单位。

（四）西方外来宗教场所

除民间传统信仰外，慈城仍有少量西方外来宗教。相对而言，天主教和基督教在慈城，不但传播轨迹模糊，难以做全程考察，而且其规模较小，活动场所寥寥无几。但这也体现慈城中外并序、开放兼容的地方文化特色。慈城主要天主教堂与基督教堂如下：

1. 天主教慈城堂

民国四年(1915 年)，江北岸天主堂神父方达徒，鉴于慈城域内教徒已近百人，特意购买了一套位于莫家弄的 350 平方米两层楼房，作为慈城天主教祈祷所。此后，方达徒、姚铎民、柴日旭、顾石峰等江北岸天主堂神父先后至此传教。"文化大革命"期间，祈祷所被易作他用。1980 年复堂，1997 年 6 月被批准为开放宗教活动场所。2005 年，天主教江北堂出资 30 万元购买了尚志路 114 号平房，用以新建教堂。2006 年 11 月 30 日落成的新教堂，被命名为天主教慈城安德肋堂，占地面积 180 平方米，同年被批准为固定宗教活动场所。

2. 天主教乍山祈祷点

民国元年(1912 年)，赭山洪陈村村民裘民福，其家二楼一房间被江北岸天主堂神父看中，成为乍山一带大约五十余位天主教徒的聚会场所，名曰皋拜桥祈祷所。其后，江北岸天主堂神父每季度到此传教一次。新中国成立后，祈祷所被取缔。1980 年恢复活动，1997 年 6 月被批准为开放宗教活动点。

3. 基督教慈城堂(主恩堂)

清同治十三年(1874 年)，英国圣公会从慈城人蒋永康那里购得其东镇桥祖遗地基，随即建屋设堂，用作传道场所。占地 1 010.26 平方米的慈城堂在"文化大革命"期间停止活动。1980 年复堂，1989 年被批准为开放宗教活动场所。1992 年，因教堂太小，自筹资金，择地另建于人民路。经多年发展，慈城堂今已拥有半浦、朱家、浦丰、白米湾、妙山、洪陈、王山、云湖、方家、上岙 10 个聚会点和八百余位教徒，其规模在整个江北区首屈一指。

第三节　传 世 碑 刻

本书对慈城传世碑刻的梳理，以《慈溪碑碣墓志汇编》和《宁波市江北区志》的相关著录为主，旁参《古镇慈城》所载之翁福清《王纶墓志介绍》等相关载录。

唐宋以来的传世碑刻如表 5－11 所示。

表 5-11　唐宋以来的传世碑刻

朝代	名　　称	备　　　注
唐	文武忠孝(摩崖石刻)	刻于今慈湖中学东首阚峰山麓岩石上,年代、书者皆无考,疑系唐代书法家虞世南手迹
	重修董孝子庙碑记	唐代宗大历十二年(777 年)明州刺史崔殷为董孝子庙所撰。此唐残碑原石被叶意深、费德崇偶然发现于慈城徐家巷(今三民路西段),初置慈湖书院,1887 年移置于三七市董氏繁露寺,现藏于浙江省博物馆
	阚峰佛顶尊胜陀罗尼经并序	唐文宗开成四年(839 年)十一月十四日建,原在慈城普济寺遗址,1984 年移立于保国寺大门前
北宋	慈谿县建学记	庆历八年(1048 年)鄞县令王安石应慈谿县令林肇之请而撰,今在孔庙
	冯准母虞氏墓志	志石藏慈城镇八字村冯家祠堂,缺前半段①
	宋故丁氏夫人墓志铭	志文乃慈城人舒亶撰
	宋故郭君秘校墓志铭	志文乃慈城人舒亶撰
	明州慈谿县普济寺罗汉殿记	原立于慈城普济寺,1984 年移入孔庙
	宋故冯府君莫氏夫人墓志铭	出土于慈城镇毛岙村
	宋故李府君墓志铭	志文乃慈城人舒亶撰
	定水寺残碑	慈城镇绿野山庄泗洲堂藏
南宋	慈谿县孙孝子祠记	碑藏慈城镇孔庙崇圣祠
	题名碑	疑系杨简手迹(一说监官李亦振撰并书),开禧三年(1207 年)立,原在慈城市心口,光绪十八年(1892 年)春移至此湖书院
	王家坝题记	宁宗嘉定六年(1213 年)正月立,迪功郎刘笠建
	浚普济湖记	在慈湖书院,度宗咸淳元年(1265 年)二月立,桂锡孙撰,孙囦书
元	重建慈湖书院记	王应麟撰文,至元二十九年(1292 年)三月县尹富德庸立石。今碑藏于慈城镇孔庙崇圣祠
	重建慈湖书院本末	至元三十一年(1294 年)九月,黄翔龙记并书

① 慈溪市文物管理委员会办公室等编:《慈溪碑碣墓志汇编》,浙江古籍出版社 2017 年版,第 96 页。

续 表

朝代	名　　称	备　　　注
明	徵士茅公孺人唐氏墓表碑	位于花屿湖(今湖心村);正统十三年(1448 年)三月,子茅惟扬立石
	明文林郎监察御史槐墩沈君敕封孺人王氏墓志铭	志石藏慈城镇孔庙,断为两截,右下角残缺
	皇明资政大夫兵部尚书兼都察院右都御史东泉姚公墓志铭	志主系慈城人姚镆,志藏于江北区文物管理处
	慈谿县修造记	在县衙,正德二年(1507 年)冬立,姚镆撰记
	四川按察使茅公墓表、茅恭人墓铭	在花屿湖东三盘山,正德四年(1509 年)立
	桂氏祠堂记	在阚峰,袁炜撰,刘士逵书丹,嘉靖十七年(1538 年)四月立
	桂氏庙碑	在阚峰,嘉靖二十二年(1543 年)立石
	慈湖祠祀记	在慈湖书院;钱德洪撰文,嘉靖二十六年(1547 年)三月,慈谿知县刘逢恺立石
	幽远经堂记	颜鲸撰文,嘉靖二十八年(1549 年)三月立
	惠楷上人行迹碑	在幽远经堂,赵文华撰文,张谦书丹,嘉靖二十八年(1549 年)三月立
	沈御史(槐墩)墓志铭	在七步车头,姚镆撰文,周镐书丹,嘉靖三十四年(1553 年)九月立
	慈湖书院学田碑	在慈湖书院,颜鲸撰文,孙光祖书丹,万历二年(1574 年)十月慈谿县知事戴洪恩立石
	重修启圣祠碑记	在孔庙,颜鲸撰文,张谦书丹,万历六年(1578 年)立石
	通济庵记	在三板桥庵,颜鲸撰文,孙光祖书丹,万历七年(1579 年)三月立石
	重建太平桥记	在太平桥庵,颜鲸、应雷甫撰,费廷非书,陈子秀刻,万历十四年(1586 年)五月立
	新建太平桥记略	在太平桥庵,张谦撰,钱梦登书,陈子秀刻,万历十四年(1586 年)立

续　表

朝代	名　称	备　注
明	重修蔡氏庵记	在东山，张谦撰文，岑应春书丹，万历二十一年(1593年)六月立
	纪实师持教经堂碑	在幽远经堂，陈颐正撰文，陈应式书丹，万历二十二年(1594年)十月立
	赵司空祠记	在城隍庙，万历四十二年(1614年)立，杨守勤撰
	陈侯(昉宸)生祠记	在慈湖书院，刘伯渊撰文，刘宪龙书丹，天启元年(1621年)立
	夹田桥碑(残)	在夹田桥，天启四年(1624年)仲秋立
	重建夹田桥碑记	在夹田桥，重建工程始于万历四十八年(1620年)六月，终于天启四年(1624年)正月
	重建城隍庙碑记	在城隍庙，刘伯渊撰文，刘宪龙书，天启元年(1621年)立
	夹田桥善缘记	在夹田桥，刘伯渊记，天启六年(1626年)秋立
	重建白龙寺碑	在花屿湖，张九德撰文，冯元飚书丹，崇祯元年(1628年)住持惟远立石
	大明故南隐处士杨君(浚)夫人袁氏合葬铭	在慈城镇金沙村，夏时正撰文，顾幸孙书丹
	明故广东布政司右参议秦公(岳)墓碑	在东山，汪俊撰，姚镆书
	吴太子太傅阚公祠碑记	碑藏于慈城镇孔庙崇圣祠
	重修普济禅寺碑记	慈城人赵文华撰文，碑藏于慈城镇孔庙崇圣祠
	明故南京工部主事明川姚公墓志铭	志主慈城人，系姚镆从侄。志藏于江北区文物管理处
	修复慈湖杨先生祠祀记	碑藏于慈城镇孔庙崇圣祠
	赵孟及妻陈氏墓志	志主乃慈城人赵文华的父母
	慈湖书院增置学田碑记	碑藏于慈城镇孔庙崇圣祠
	重修桂氏祠堂碑记	碑藏于慈城镇孔庙崇圣祠
	重修启圣祠碑记	碑藏于慈城镇孔庙崇圣祠

续 表

朝代	名　　称	备　　注
明	明资德大夫正治上卿南京刑部尚书贞所冯公墓志铭	碑藏于慈城镇孔庙崇圣祠
	慈谿令顾公去思碑记	碑藏于慈湖中学
	邑父母潘侯去思碑记	碑藏于慈城镇孔庙名宦乡贤祠
	明故通议大夫巡抚湖广兼赞理军务都察院右副都御史王公墓志铭	《古镇慈城》第38期翁福清《王纶墓志介绍》详加载录
	慈谿令顾公去思碑记(残碑)	冯有经撰,万历三十二年(1604年)刻,最初发现于慈城大东门瓮城遗址内。《古镇慈城》第61期李本侹《〈慈溪令顾公去思碑记〉残碑考》对此考述甚详
	至圣先师像(碑)	崇祯九年(1638年)三月立,原在学宫大成殿,今存于朱贵祠
清	皇清钦褒忠义孝悌碑	雍正五年(1727年)八月立,此碑今在孔庙忠义孝悌祠
	重建东西庑名宦乡贤祠碑记	乾隆二十九年(1764年)十一月慈谿知县窦忻立,县学生王国撰,王庆会书,现存于孔庙
	重建忠义节孝祠记	乾隆三十年(1765年)正月,今在孔庙节孝祠
	重建慈谿县学魁星阁记	乾隆四十九年(1784年)十二月,此碑今在孔庙魁星阁
	重修慈谿县学碑记	乾隆五十一年(1786年)正月,慈谿县令李光时篆额,今在孔庙魁星阁
	重修慈谿县儒学碑记	乾隆五十一年(1786年)七月,慈谿县令李光时撰并书,今在孔庙魁星阁
	钱氏宗祠祭祖碑记	乾隆五十一年(1786年)八月,今在慈城镇光华路14号原钱氏宗祠内
	冯氏统宗祠碑记	乾隆五十五年(1790年)三月,今在孔庙崇圣祠
	建造程氏庆余堂碑记	乾隆五十五年(1790年)四月,今在慈城蔡院巷7号程氏庆余堂内
	冯氏统宗祠捐田碑记	嘉庆二年(1797年)四月,今藏于孔庙崇圣祠
	德润寺遂端传碑	嘉庆五年(1800年)五月,今藏于孔庙崇圣祠

续 表

朝代	名 称	备 注
清	慈谿县为刘氏宗祠保产免役告示碑	嘉庆九年(1804 年)二月,今藏于慈城民族路刘家弄 3 号刘氏宗祠内
	冯宏道捐田碑记	嘉庆十二年(1807 年)正月,今移至慈城尚志路三娘井旁
	冯氏统宗祠奉宪勒石禁示碑	嘉庆十四年(1809 年)十一月,今藏于孔庙崇圣祠
	启圣宫建设两庑及开明伦堂水道记	道光元年(1821 年)十一月,今藏于孔庙崇圣祠
	慈谿县重修节孝祠记	大约道光元年(1821 年),今藏于孔庙节孝祠内
	慈谿县为周氏宗长争执案判牍	道光七年(1827 年)闰五月,今藏于孔庙崇圣祠
	重建慈湖书院记	道光十二年(1832 年)正月,今藏于孔庙崇圣祠
	陈万青及妻杨氏墓表	道光十五年(1835 年)十月,今在慈城杨陈村
	重建大宝山义冢记	道光十六年(1836 年),今在慈城小西门外 14 号迎宝庵内
	幽隐经堂焰口会田记	道光十八年(1838 年)七月,今在慈城中山路 82 号
	冯氏怡庭房捐田碑记	道光十八年(1838 年)十月,今藏于孔庙崇圣祠
	重修慈谿县学明伦堂碑记	道光十九年(1839 年)八月,今在孔庙明伦堂
	慈谿灵山广显侯庙碑	道光十九年(1839 年)冬,选自童华《竹石居文草》卷三
	重建柳山庙记	道光二十二年(1842 年)十一月,今在慈城觉民路柳山庙内
	柳山庙捐助姓氏碑记	道光二十二年(1842 年)十一月,今在慈城觉民路柳山庙内
	冯节母洪太夫人家传	大约道光二十五年(1845 年),今在孔庙节孝祠
	慈郭庙碑	道光二十七年(1847 年)八月,碑在慈城朱贵祠,嵌于门厅两侧的墙壁上,共计十六石
	慈谿大宝山武显朱将军庙之碑	道光二十七年(1847 年)十一月,碑在慈城朱贵祠正殿沿廊西侧

续 表

朝代	名　称	备　注
清	冯云祥生圹诗文碑	咸丰二年(1852年)五月,藏于慈城冯骥才祖居,共四石,序次难辨
	慈谿县建学记	始建于宋仁宗庆历八年(1048年),王安石撰文;咸丰九年(1859年)正月重刻,碑在慈城孔庙大成门
	重建慈谿县儒学大成殿记	咸丰九年(1859年)正月,碑在慈城孔庙大成门
	重建东西庑名宦乡贤祠碑记	咸丰九年(1859年)二月,碑在慈城孔庙大成门
	□文朝墓表	同治二年(1863年)八月,今已移至毛力村
	冯氏斯文会始祖墓祭助田碑记	同治三年(1864年)二月,今藏于孔庙崇圣祠
	慈谿县为宝善堂告示碑	同治五年(1866年)五月,今在慈湖南岸宝善堂
	杨庆槐墓志	同治五年(1866年)九月,翁小杭先生藏拓片剪贴本。杨氏乃赭山人
	冯氏斯文会提领公墓祭助田碑记	同治七年(1868年)正月,今藏于孔庙崇圣祠
	慈谿县为灌浦义渡告示碑	同治七年(1868年)闰四月,碑在海曙区高桥镇江南村半浦渡口亭子内
	增广亲亲堂义田记	同治九年(1870年)十月,今藏于江北区文物管理所。撰者杨泰亨(1826—1894年)乃慈城人氏
	晓月庵记	同治十年(1871年)九月,今藏于江北区文物管理所
	董太淑人生传	光绪以前,此碑今在孔庙节孝祠
	杨庆槐墓碑	光绪元年(1875年)正月,此碑今藏于孔庙明伦堂
	丁杰墓志	光绪八年(1882年)二月,宁波天一阁藏拓片。书丹者为慈城人梅调鼎
	杨庆槐妻任氏墓志	光绪十一年(1885年)二月,天一阁藏拓片
	洪崧庆墓碣铭	光绪十一年(1885年)十月,天一阁藏拓片。书丹者乃慈城人梅调鼎
	孙旭照墓志	光绪十二年(1886年)六月,天一阁藏拓片。此志乃王定祥撰、梅调鼎书

续　表

朝代	名　　称	备　　　　注
清	重建冯氏统宗祠碑记	光绪十三年(1887年)正月,藏于孔庙崇圣祠
	徐震北墓表	光绪十三年(1887年),藏于江北区文华管理处。徐震北就是在大宝山战场为朱贵殓尸的那个慈城人
	柏树山庄记	光绪十六年(1890年),余姚市博物馆藏拓片。碑文由慈城人杨泰亨撰并书
	龚溥生圹表	光绪十七年(1891年),碑在龚冯村龚溥墓前
	董孝子碣铭	宋人题记,原存慈城徐家巷,光绪十七年(1891年)移置三七市董氏繁露祠
	孝碑亭记	光绪十七年(1891年)十二月,天一阁藏拓片。据其文意,可知系董黯后裔所为
	康熙四十一年(1702年)御制训饬士子文	光绪十八年(1892年)七月重刊,碑在孔庙明伦堂
	乾隆五年(1740年)钦颁训饬士子文	光绪十八年(1892年)七月重刊,碑在孔庙明伦堂
	顺治九年(1652年)钦定卧碑文	光绪十九年(1893年)二月,碑在孔庙明伦堂
	陈氏增置赡族义田记	光绪二十二年(1896年)四月,江北区文物管理处藏。撰文者杨家骥(1867—1923年)乃杨泰亨季子;书丹者冯毓孳也是慈城人
	慈谿县为石匠工价告示	光绪二十三年(1897年),碑藏于孔庙崇圣祠
	陈钊墓志	光绪二十四年(1898年)十月,天一阁藏拓片,由慈城人杨鲁曾撰并书
	慈谿县为小东门外禁止掘沟挖石告示碑	光绪二十五年(1899年)三月,碑在慈城小东门外莲居亭
	诰授奉政大夫秦公墓表	光绪二十九年(1903年)陈康寿撰并书。墓主秦怡(1827—1901年)早年在上海经商,发迹后回乡置产造屋、妥善家事。光绪二十七年(1901年)正月去世,葬于城北高岭岙
	慈谿县为郑山庙天灯会告示碑	光绪三十二年(1906年)十二月立,碑在慈城镇朱贵祠前郑山庙凉亭北侧墙体上,宽65.5厘米,高144厘米
	冯谿桥生圹记	清代,但年月不详。碑藏于慈城镇政府院内

续表

朝代	名称	备注
民国	何启纶墓记	民国六年(1917年)五月,天一阁藏拓片。何启纶即何育杰之父,且书者乃慈城人钱罕
	陈鸿逵墓表	民国六年(1917年),天一阁藏拓片。陈鸿逵系陈布雷之父,而撰者杨敏曾乃陈布雷岳父,慈城人
	董乔年墓志	民国八年(1919年)七月,天一阁藏拓片。该志由杨敏曾撰,钱罕篆盖并书
	孙基永墓志	民国八年(1919年)十月,天一阁藏拓片。该志由钱罕书并题盖
	冯鸿薰墓志	民国九年(1920年)五月,天一阁藏拓片。冯鸿薰即冯贞群父
	冯鸿薰墓表	民国十年(1921年)十二月,天一阁藏拓片。陈训正表,钱罕书并题额
	抹云亭记	民国十一年(1922年),碑藏尚志路慈城社区教育学院内。冯贞胥撰
	董锡畴墓志	民国十二年(1923年)四月,天一阁藏拓片。董锡畴乃乔年之子。冯君木撰文,钱罕书并题盖
	重建全恩堂碑记	民国十四年(1925年)五月,碑在慈城镇鼎新路口周信芳祖祠内
	全恩堂禁条	不著年月,碑在慈城镇鼎新路口周信芳祖祠内
	洪德生墓志	民国十七年(1928年),天一阁藏拓片。洪德生(1860—1921年),慈谿人,服贾上海,曾献巨资赈灾,却又坚辞朝廷赏赐。书丹者乃钱罕
	孙君义行碑	民国十八年(1929年)二月,碑在半浦村半浦小学旧址。孙君即孙衡甫
	宝峰琐翠(直碑)	在慈城小西门外护龙寺,1929年4月立,钱罕书。今存大宝山
	岑庭芳墓志	民国十九年(1930年)三月,天一阁藏拓片。洪允祥撰,钱罕书
	修澮邑东骆驼桥贵胜堰下至化子闸大河碑记	民国二十一年(1932年)春,镇海区文物保护管理所藏。慈城人杨敏曾撰

续　表

朝代	名　称	备　注
民国	孙衡甫生圹志铭	民国二十二年(1933年)八月,李本侹先生藏拓片剪贴本
	赭山心恺禅师衣钵塔铭	民国二十三年(1934年)十二月,塔及碑铭皆在慈城镇虹星村赭山寺
	慈溪冯君墓志铭	1934年立,陈三立撰,钱罕书,王开霖石刻。今存于朱贵祠
	重建谈妙书屋记	民国二十六年(1937年)五月,碑藏于孔庙崇圣祠。陈谦夫(1880—1945年)识
	重修朱将军庙记	民国二十九年(1940年)一月,碑在慈城镇朱贵祠正殿沿廊东侧,奉化人陈中坚撰文,新昌人唐伯痴书丹
	慈谿秦润卿先生七十祝辞碑	民国三十五年(1946年)八月,碑藏于尚志路慈城社区教育学院内

第六章

慈城民风民俗

第一节　慈城风俗特产

慈城镇历史悠久，文化底蕴深厚，具有鲜明地域文化特色。旧志载，慈城风俗唐刚清雅风流，宋则衣冠文物，雍容典雅，尊德乐义，皆有士君子之风。贤士辈出，敦尚礼义，耻于浮邪，子孝臣忠，卑幼者能恭敬长上，朋友以诚信相孚，乡党之间蔼然和气，其士子往往以德业淬厉，底于成才。重于利人而轻于利己。其小儿皆有礼度，谨奉尊长。其贸易繁盛。连村接野，花柳芬芳，酒旆歌声，远近相应。林谷村落，连墙接栋。鸡犬相闻，街衢往来之人，接踵摩肩。家家庭户清洁，烧香插花，自得其趣。[①] 及至当代，古韵遗风犹在。慈城镇先后被授予中国历史文化名镇、中国年糕之乡、中国慈孝文化之乡、全国文明镇、全国特色小镇、联合国教科文组织亚太地区文化遗产保护荣誉奖等荣誉。

一、传统民俗

（一）四月半/九月半会

四月半会，慈城等地亦称“四月赛都神会”，逢祭神赛会时，庙道地是人山人海，围观者里三层外三层，有时请戏班子做戏文。民国年间也有放电影的，俗称“张小电影”。九月半会则在秋冬之交，于慈城小关圣殿举行，盛况同前。

（二）宗族习俗

境域城乡居住久远、族人众多的宗族，大多聚居在慈城城内，之后渐迁往城外，著名的有慈城冯氏、俞氏、钱氏、王氏。礼物各不相同，但必定有一块糕饼，慈

① ［清］杨泰亨等：光绪《慈谿县志》卷55《风俗》，《中国地方志集成·浙江府县志辑》(第36册)，上海书店1993年版，第237～238页。

城冯氏宗族分两块吉饼。

（三）送年

送年又称“谢年”，过了农历腊月中旬，慈城家家户户就忙着送年，此为岁末头等大事。送年备有专门的祭器：一木制银杯箱，贮藏杯匙等；另一重要祭器为祭盘。祭品主要有鸡、鱼、猪肉、长根菜、水果、年糕等。祭祀时一般用八仙桌，且一般由男性祭拜。

（四）祭灶

祭灶又称“送灶神”，慈城祭灶时间为每年腊月廿三。祭灶果即什锦糖果，有粗细之分。另得去纸店中买一匹祭灶马，供灶君坐骑。祭灶时在灶君面前供盆祭灶果、一盅茶，马前供一盆炒黄豆，祭拜完毕，从神龛中将灶神像揭下与纸马一起焚烧，谓之“送灶”，祭灶果则由孩子们分食。每年腊月三十，称“回灶日”，把灶君像重新安贴到神龛中去。

（五）饭富

饭富，谐音“万富”，讨“万副家当，发家致富”的彩头。除夕日，慈城人淘米数斗，煮一大锅米饭，用白篮盛满，上放两根年糕，贴上红纸，旁边插上红枣、桂圆、荸荠等果品于饭上，放在堂前案桌，此白篮饭俗称“年饭”，是一家人初一至初五的口粮。旧时，慈城人讲阴阳，图吉祥，“缸缸满、甏甏满，来年发大财”。于是初一到初五不开米缸，吃的是年前准备的“饭富”。而“缸缸满、甏甏满”的习俗是在缸内放上年糕、鱼、肉和饭四样食品，意寓吃不完，用不尽。

（六）接财神

每年正月初五为财神日，慈城也有半夜接财等习俗。另外，这天还有供财神的习俗，家境好的人家，买鱼、羊、牛，在农村一般用做年糕时所做的鱼、羊、牛等年糕动物替开店做生意的店主邀请伙计吃财神酒，吃年糕汤。翌日的初六，各家做新年羹饭，菜肴八大碗、十大碗、十二大碗不等，但必有年糕，意寓步步登高。

（七）贴金送银

旧时慈城，东门外生活着不少堕贫（堕民），以服侍各自东家而生存，从事着如送娘、剃头、绞面、吹拉弹唱的行当，而东家则以年糕作工钿抵付给堕贫。长期以来，慈城年糕是堕民的口粮，由此也产生了年糕习俗“贴金送银”。慈城有专做元宝并出售的作坊，每年腊月，堕民们买来黄豆粉、芝麻做金条，然后从年糕作坊买来现成的元宝，捧着装有黄豆条和银元宝的果桶向东家拜年，而东家往往赏给堕民一些大米和年糕，这一习俗称“贴金送银”。因堕民善缠，有的东家懒得与堕民多说，很不耐烦地说："哝、哝、哝，火钳拖起，老地方，撩年糕去！"

(八) 半浦民间故事

慈城镇半浦村作为宁波市十大历史文化名村之一，位于慈城西南部，姚江之滨，三面环水，南有"灌浦古渡"，北有慈城古镇，居交通要冲，是代表性的渡口古村，故世家大族历世聚居，兴文重教，名人辈出，仕宦不断，曾先后营建颇具地方特色的府第宅院。旧时半浦民谣云："半浦大地方，三庙六祠堂，一阁一庵一义庄，村中新学堂，古渡畔姚江。桥像砚台村似岛，深宅大院真不少。"[①]其中一阁就是浙东学派著名人物郑寒村(郙)家族的二老阁藏书楼。半浦村的二老阁、二老堂，由黄宗羲再传弟子郑性为尊父郑梁遗嘱，纪念二老黄宗羲、郑溱所建，始建于康熙六十年(1721 年)，次年因闹饥荒而辍工，于雍正元年癸卯(1723 年)落成。楼上中间供奉黄宗羲、郑溱及郑梁栗主(神主)，左右两间贮藏黄氏遗书三万卷，楼下架空，收藏郑氏遗书两万卷。其时，四方学者访求南雷之学多至半浦，二老阁在学术界享有盛名。"半浦民间故事"于 2015 年 6 月入选第四批宁波市级非物质文化遗产代表性项目名录(民间文学)。2018 年，郑家永作为半浦民间故事的传承人，入选第五批浙江省非物质文化遗产代表性项目代表性传承人名单。

二、传统名号

慈城古镇商业繁华，历史上商品贸易发达，城内形成众多商业名号。民国三十年(1942 年)5 月，慈溪县商会会员名册登记，慈城城乡共有商贸 115 家，会员 128 人。其中经营米业的 12 家，肉业 3 家，南货 10 家，国药 6 家，染坊及染料 4 家，鲜咸货 5 家，绸布 8 家，典当 1 家，酱酒 4 家，电力 1 家，居间业 2 家，油、烟、纸、盐 23 家，水作 5 家，饼 2 家，杂货 7 家，山货、锡、铜、银楼、旅社、镬 7 家，鞋、帽、刻、伞、蛋、糖果、茶、皂、成衣 15 家。慈城著名的商号有药业的万福堂、回生堂、仁寿斋、二成斋等；南货店的穗芳、泰昌；布业的春华祥、荣华祥、锦泰、正昌祥、元春、大生、荣昌祥；纸业的宝康、古竹、三泰、宝记、同茂；酱油业的冯恒大、益和、盛治大、盛裕懋。另外，老名号还有老凤宝银楼、鼎丰镬厂、老大兴伞店、老顺和水作业、盛源茂豆芽厂等。

---

① 浙江省民间文学集成办公室编：《中国民间文学集成浙江省宁波市江北区卷》，浙江省民间文学集成办公室，1989 年，第 228 页。

（一）慈城鸿记电灯公司

该厂始创于民国十年（1921 年），装机容量 24 千瓦。1941 年，始营工商业主周仰山和秦润卿创建永明电厂，装机容量 1 200 千瓦。1943 年，被并入宁波永耀电力股份有限公司慈溪办事处。

（二）冯恒大造坊

该坊创建于清代同治年间，清同治年间交予股东胡开泰经营；1942 年，商会会员册中更名为年糕、香干，名气仍盛。该坊坐落于横街西闸桥以西，原来为石库门大门，坐北朝南，沿街的高围墙，白而高大，墙上“官酱园”三个大字与墙高平齐，每字足有 20 平方米，乌黑、挺拔、气势非凡，引人注目，传说为梅调鼎的手迹。在石库门的两扇大门上，铭刻了钱罕书写的“恒其德”“大其有”的门联。冯恒大主要产品为香干、酱油、黄酒、白酒，其中以“冯恒大香干”“金龙牌秋油”和“竹叶青黄酒”最为有名。冯恒大于民国三十四年（1945 年）重建董事会，董事有冯久潮、孙鼎初、杨养生、蒋才忠、陈宝庆、叶觉民等，由冯久潮任监理，孙鼎初任经理。2011 年，源于冯恒大造坊的江北慈城冯恒大食品有限公司入选第一批浙江省非物质文化遗产生产性保护基地名单。

三、传统名产

慈城物产丰富，名产众多。古慈城的物产主要依托背山面水通海的自然环境，原产品和只含简单加工技术或半加工的产品由城外向城里供给，如渔业类的海鱼、要盐卤加工的海蜇、直接采摘的杨梅、山农初加工的笋干等。而需要深加工的一些产品，则主要由城里完成制作以后向城外辐射，如酱油、糕点、香烛等。

（一）杨梅

民间盛誉以慈城城外云湖所产杨梅最著名。史载：“繁而佳，为合郡之冠。”云湖又以金沙岙一带所植为最，“熟时邑令馈送上官，恒百余笼”。[①] 慈城杨梅分紫、红、黑三种，而黑者最佳，紫色的称“老鸦乌”，红色的称“荔枝红”，味类甘蔗而风致胜之。经年始熟，冬辣春苦夏酸，夏至成熟时甜，过小暑则生虫不可啖。慈城有俗语：“夏至杨梅满山红，小暑杨梅要出虫。”[②]慈城杨梅以“荸荠”种为主要品种，“荸荠”种杨梅色泽鲜艳，质地纯正，甘甜如蜜，回味清香，汁润微酸。具有

① ［清］尹元炜：《谿上遗闻别录》，出自叶静渊主编：《常绿果树 · 上编》，农业出版社 1991 年版，第 254 页。

② 曹鸿毅编著：《宁波谚语评说》，宁波出版社 2014 年版，第 277 页。

止咳生津，开胃健脾，益肾利尿，除湿去寒，袪闷解暑，提神强精等功效。慈湖牌杨梅是该镇发现的新品种，已得到专家的初步确认。该杨梅较一般荸荠种杨梅明显大，且稳产丰产，大小率不明显。果实除鲜食外，还可以加工成果汁、果酒、果干、蜜饯、罐头等。所制的“烧酒杨梅”是宁波民间特产，其酒红艳甘馥，久藏不坏。

（二）“雪舟牌”白茶

该茶产自慈城镇三勤村，外形纤秀卷曲，芽锋显露，绿翠镶金黄色，汤色翠绿明亮，香气高鲜持久，滋味极鲜醇，回甘，叶底现玉白色，嫩绿通脉。产品远销港澳台地区，年产干茶 1 500 千克，在 2001 年获浙江省林业厅、省茶叶协会“龙顶杯”金奖；2002 年获中国精品名茶博览会金奖。

（三）毛笋

慈城盛产毛笋。笋谱中“毛笋为诸笋之王”，可用作多种食品。慈城毛笋因土质、气候和培育方法特殊，所产之笋鲜嫩清口，回味甘甜，制成笋干、咸笋、腌笋可长期保存，四季食用。毛竹还可产鞭笋、冬笋，而且都是制作上乘佳肴的主料。慈城还有数不清的野生小竹，所产的笋有猫笋、乌笋、淡笋、龙须笋、筋笋、四季笋等，种类很多，是名副其实的天然食品，当地人上山采之，经过加工处理成为常年备用的家庭菜。平时把鲜笋用来炒菜或烤成油焖笋等待客，味道鲜美，能袪痰清肠。慈城的笋制品一直是待客的上乘菜肴，并成为馈赠亲友的特产礼品。

（四）梅花

本地梅花有红梅、白梅、绿萼梅、玉叠梅、蜡梅数种。《谿上遗闻》：“自相岙谢家岭至九曲，有径二十里，曰‘梅花径’，夹路梅林幽香，苾酵。”又云：“云湖梅花之盛，甲于四明。东为东岙，西为西岙，北为金沙岙，延袤十余里，望之若白云出山麓而带束其腰也。”又云：“东山在石鱼山之北，其地旧名朱，宋、元时梅花最盛，春初花放，粲粲夹径路。”[①]《句章土物志》：“云湖梅花如香雪海，诚胜景也。”[②]梅慈城的梅有早梅、晚梅、消梅、夏梅，还有鸳鸯梅，一花二实。早梅四月熟，晚梅实大，五六月熟。当地家庭院落、宅边零星碎地都有栽种，梅季时大街小巷到处是梅，有青的、黄的。青梅酸而微苦，常作梅酱和果脯食用；黄梅作水果上品，有梅人家当礼品送人。宋、元、明、清时代，慈城地区被称为“梅乡”。

---

①② ［清］杨泰亨等：光绪《慈谿县志》卷 54《物产下》，《中国地方志集成·浙江府县志辑》（第 36 册），上海书店 1993 年版，第 192 页。

（五）小王糕

小王糕俗称小香糕，以米粉加配料烘制而成，小如小指，长方形，色淡黄而香脆，松脆自如，内含多种芳香配料，是当地有名的糕点。其名出自宋朝，建炎三年(1129 年)，金兵入宋，小康王赵构逃难途经慈溪境内，当时正值下半年做香糕旺季，大户人家当作待客礼品都有所储备，康王临走时，城中百姓和官宦人家，特别是赵家，拿出许多可随身携带的食品赠予康王，其中用米粉烘制的小香糕是当时最流行的一种糕点。康王受赠匆匆起程。建炎四年(1130 年)4 月，金兵撤退，小康王从海上返回再次回访慈溪城，当地人士座谈中无意间有人问及康王，“慈城的食品味道如何?”康王想了想说，“上次送的一种小小的黄糕味道很好。”有人就随口答了句“是小王糕吧”？康王喜而答之“是”。从此，人们就把小香糕称为“小王糕”。

（六）状元糕

此为一种食用糕点，象征性较强。状元糕品质与一般糕点相似，只是制作人刻意在长方形的糕面四角打上红印，中间盖上“状元”二字，状元糕也由此而得名，是慈城人民在唐代自行设计并制作的，表彰进士及第后的礼点。最初这是族中有人高中状元时用于庆贺，后即作为庆贺志禧的特殊物品遗用。慈城书香门第多，为祝愿上京赶考者满誉而归，途中不饥不渴，人们制作的糕点加盖“状元”红字予以鞭策。其时，每逢考试季节来临，城区内各大店铺日夜赶制，通宵达旦。因而“状元糕”风行慈城，成了慈城的特色食品。

（七）和尚饼

和尚饼属佛教型糕点。它起源于普济寺，原名“和尚馒头”，曾为僧人、佛徒的餐食。普济寺规模宏大，佛事非常兴旺，来自四面八方的信徒终日不断，加之寺中和尚众多，很多信徒用膳于寺中，为求简便快捷，常蒸制一种圆形胖顶的小馒头供求佛者食用，信徒们则因其形似“小和尚头”遂起名为“和尚馒头”。久之，僧人们认为馒头不能久储，就把“和尚馒头”加上配料经加工改造烘制成饼，起名“和尚饼”。“和尚饼”赢得了笃诚信士的青睐，争相采购，或作祭品，或作礼品，代代不衰，流传于世，成了慈城又一名特产。

（八）菊饼

据传，菊饼源于慈城庙会。每年九月重阳节，人们习惯在城隍庙一带举办庙会，庙会也是为城隍庙而设立的。城隍庙西北角有个广场，占地十来亩，原作孔庙射圃，庙会期间人们把它用来办菊展，慈城种花人家很多，凡有菊人家都会把喜爱的名菊拿出来参展，盆盆叠叠，满场花浪似潮，五彩缤纷，煞是好看。菊展组织者做了一个标志物——圆圆的一朵盛开的硕大白菊花，高高地竖立在场中，代表菊展的形象。后来人们干脆把这个标志物做成饼，称为“菊饼”。菊饼以菊花为造型，圆周三十余厘米，厚度1厘米左右，花瓣用白芝麻点成，花蕊用红，形似一朵盛开的白菊花而得名。菊饼的做法亦颇特别，大小厚薄非常匀称，中间嵌馅，经压制烘焙而成，吃时韧结结、甜蜜蜜、香喷喷，因掺和菊汁，故菊香自然；因面铺芝麻，回味油香润口，当称“奇饼似菊，芳香纯然”。菊饼配方中有菊汁，故它具有清火解热、健脾降压之功效，常吃菊饼对高血压患者有一定的帮助。

（九）香干

慈城本地香干由优质黄豆提炼而成，有厚薄大小数种形态。因加工方法和配制上的差异，各种香干口味不一。慈城香干的主要特点是薄而香，深而质醇，口感柔软，回味清爽，鲜美实惠。松花清香可食、淡黄，是做糕点的天然配料，采之作食品外敷，常年备用，制作很有特色的松花饼、松花糕、松花馅，既替代色素又具自然香味，食之味美清爽，在慈城有千年食用之传统。

第二节　慈城堕民

自元、明以来，江浙地区尤其是浙东的宁绍平原，生活着一群被称作“堕民”的贫民。堕民亦称丐户、郎户、怯怜户、乐户，宁波的堕民主要聚居在慈城镇一带。

关于堕民的起源问题，大致有以下十几种说法：犯罪官员的妻女，唐玄宗梨园子弟之后，宋将焦光瓒的部族后人，赵宋王室的苗裔或遗臣，宋代罪俘的后人，蒙古人的后裔，张士诚或陈友谅的部族后裔，胡惟庸的子孙，明初反抗永乐皇帝的忠义之士，破落户之后，古越民族或瑶族的一支，世家大族的家奴后裔。又考虑到与堕民相关的文献记载均出现在明代以后，故大致可以认定堕民起源于元末明初。

堕民的社会地位极其低下。据相关史料记载，历来官规、族约和乡风民俗对堕民形成的禁忌有“禁入学读书，禁进入仕途，禁从事工商，禁耕种田地，禁与平民婚配，禁高声说话，禁昂首阔步、聚众集议，禁夜间喧哗，禁成群结队”等，这些禁忌反映社会对堕民的歧视。随着时代的进步，堕民地位与处境逐渐得到改善。清雍正年间，《请除堕民丐籍疏》议奏消除“堕民”“丐户”等籍。1904年，宁波乡绅卢洪昶与慈溪县教育家陈训正，在宁波开办了中国第一所堕民学校——育德初等农工学堂。1912年，南京临时政府总统孙中山通令堕民与其他百姓“一体享有公权私权”。1916年，秦润卿出资在慈城西营建造校舍，创办普迪小学，专收贫寒子弟免费入学，包括堕民子弟。1942年，孝东镇在天门下的老郎殿办学，由一位竺姓先生担任教师，为堕民开课上学。新中国成立，尤其是改革开放之后，堕民在政治地位、职业行当、经济收入、文化素质等方面得到真正意义上的彻底翻身。“堕民”因此成为一个历史名词，“堕民文化”也成为慈城地域独有的一道历史文化景观。

一、堕民的日常生活

堕民的发式与一般民众颇有不同。男堕民往往后半头留长发，前半头剃光。女堕民虽可梳发髻，但通常发髻高于一般妇女，因为她们会在头发上扎一个长约26厘米、宽约8厘米的架子，架子上再横插一支如意簪，这就是俗称的“老嫚头”。

堕民的穿着亦颇有特点。男堕民出门时头戴狗头帽或汤碗帽，着青衣或黑衣短衫，布巾系腰。女堕民则着黑色或青色布衣，斜襟短袄，蓝色、白色或黑色裙子，不管条纹，随布幅宽度横断裁制，并且不能使用红线装饰。女堕民外出时经常携带雨伞和包裹或“老嫚篮”——方底有盖的圆形竹篮，而且必须倒持雨伞。

堕民基本上群聚一处、自相为群，从城镇到郊野，俨然异域之地。其在城里聚居之处，称为“贫巷”或“子巷”“子弄”。居住在偏僻地方的堕民，有时也自成村落，除了职业的需要外，平常不和平民有往来。无论是聚居还是散居，堕民的居室都比民宅的屋檐低100厘米。在三北地区，堕民因为不能拥有或购买土地，所以其住房都是用木架搭建且离地100厘米。

明代的堕民，因为人数较少，一般以定居村落为中心就近服务，没有脚埭也无须划分脚埭。此后，由于堕民人口剧增，附近业务已难满足其生存所需，于是各家堕民为地盘而争夺，遂有脚埭之产生。所谓“脚埭”，就是堕民以其定居的村落、祠堂和庙脚为中心，向外拓展的势力范围。脚埭大小不一，堕民想进某一脚埭，必须征得族长、柱首和东家三者认可。一旦拥有，就如同拥有家产，可世代相传，且传男不传女。

二、堕民的职业行当

堕民因社会地位较低，常以零散手工为生，不乏一些简单服务业，多收入较

低,仅以谋生。下面简要介绍:

(一)送娘

送娘子是女堕民以陪送新娘子而得名,简称“送娘”。送娘一旦被东家约雇,其职责有指导东家备办嫁妆、指导姑娘行新婚礼俗和代送新娘过门等。当迎亲花轿登门,送娘要为新娘开面化妆,帮新娘穿袄着裙,吃上轿饭,护着新娘辞别双亲。花轿出门,送娘手执提桶,肩背红灯笼,若两亲家相距很远,可用红绸替代灯笼送之,之后送娘帮助新娘完成在夫家拜堂,吃贺郎酒等婚礼的全过程。此外,送娘还做些贺岁拜年、送金贴银,送糖送针兑米,小孩满月剃满月头,老人死后替死人揩身穿衣、送葬,做七满百帮忙等行当。

(二)绞面

绞面是女堕民的拿手绝活。用两根手指头将一根66厘米左右长的棉纱线绷成一种不规则几何图形,再用一定速度滚动几下,绞去脸颊上的汗毛,脸色也由此变得红润光滑,具有按摩和美容双重功能。有的送娘还能把眉毛绞得细如柳叶。

(三)值堂

值堂是堕民的一项重要行当。旧时,较大规模的红白大事、喜庆、祭祀,均需有值堂,职责仅次于总管。值堂受总管之托负责指挥雇工经办所需的物资,设计布置喜堂、灵堂、祭堂和环境等工作。

(四)吹行和木偶戏

这是堕民的艺术行当。吹行以乐艺为主兼唱昆曲,演木偶戏时以吹行为乐队能唱者配唱,加木偶和支撑表演者,即成木偶表演班,平时以吹行为主,闲时演木偶戏。吹行由边吹边走得名,如民间迎亲、出丧等场面的吹唢呐。婚礼中的贺郎酒,寿宴时的长寿酒均有器乐配奏和唱昆曲,名曰“小唱酒”。堕民能演全本《狸猫换太子》《白蛇传》《孙悟空大闹天宫》等,演期有正月灯头戏、三月清明戏、十二月冬至戏,民间还有发财还愿戏,祝寿、中举、出丧、放焰口等也时有演出,均视东家喜好而定。

(五)剃头

该行当始于清代。清廷规定男人必须剃额发梳辫子头,故有了此行当。民国提倡剪辫子,剃头堕民发了财,大家抢着学,剃头成为堕民的主要行业。剃头行当分拎包剃头、肩挑剃头和开店剃头。俗语称:“剃头挑子一头热”,是指剃头担子一头放有烧热水的炉子,一头是脸盆架子和剃头家什。

（六）阉鸡

阉鸡俗称结鸡，也是堕民从事的技术性行当。旧时结鸡人从腰间取出手术家什，解开布包，将黑布垫膝上，用布包内的两只筷子夹住鸡的两翅，再在鸡肚下拔去一撮毛，取出刀子划一道口子，再用两只黄铜夹子拨开刀口，迅速用小勺子找到鸡睾丸，再用一根系在竹片上的棕榈丝套住睾丸，轻轻一拉，手术完成。

（七）详梦

详梦也称圆梦，即释梦。详梦是慈城堕民季节性的特殊行当。旧时，慈城清道观闻名江南，每年冬至夜，人们选择清道观静坐求梦，祈求来年好运。住在天门下的堕民，借机替人详梦，久而便成了慈城堕民特有的行当。

（八）兑糖

每当农闲时，堕民肩挑货郎担，手摇拨浪鼓，进村沿路叫卖低廉的针线、火柴、纽扣，或用头发及鸡、鸭、鹅毛兑换针和发夹，或者自制糖饴向村人兑换废铜烂铁，故称兑糖。

（九）抲瘌四

瘌四即青蛙。部分堕民以捉青蛙出售维持生计。

三、堕民的风俗习惯

堕民因其群体特殊性，逐渐演变出一套独特的生活习惯。如每逢岁时节令，堕民都是先送节后过节。他们常常赶赴脚埭的东家，陪少爷们玩乐，逗少奶奶们开心，以讨得一些赏物、赏钱，故得先送节。比如堕民的祭灶是在次日的腊月二十四傍晚。堕民在谷雨前后扫墓。堕民不过端午节，谓此日是其落难日。从腊月始，堕民过年忙于做金条或做纸马与黄龙。做金条是用来拜年，这是慈城堕民过年的“贴金送银”习俗。纸马与黄龙是他们岁时节令靠手艺做小买卖的习俗。旧时城乡，过年有闹灯会、跑马灯、闹人堂等，表演者大多为堕民。堕民的节日是农历五月二十五。传说此日是专门保佑他们的都神殿五都菩萨生日。为此，天门下的堕民以五都菩萨的生日认作自己的节日。此日，堕民聚集都神殿，吹拉弹唱，犹如过年一般。

在宗教信仰方面。一般堕民的宗教信仰与四民相同。但吹行堕民还信奉老郎菩萨。每次排演新戏要登台演出前，吹行堕民都要在老郎殿点香祭拜老郎菩萨。小堕民入吹行之前，也要先祭拜殿内的老郎菩萨，以免日后登台演唱时昏场忘词。

在喜哀婚丧方面，堕民婚娶的禁忌，即不准与平民通婚，平民也不愿嫁娶堕民，“有囡勿嫁挈提桶人家”。堕民女子结婚不能坐轿，不准吹闹。堕民娶媳妇的年纪比一般“四民”小五六岁，其原因：一是早结婚，早得子，早得力；二是延续香火所需。堕民家招上门女婿多，堕民续弦多，女堕民改嫁多。女堕民与男堕民一样自由进出自家祖堂。堕民死后，不能移尸、摊尸和设摆灵堂，也不能有鼓乐伴送，不能放鞭炮。堕民还禁忌“七七敲，百百念”超度亡灵。

在家族形态方面，堕民有家无族，亦无家族宗法制度。他们形如同宗，却不同姓；有的同姓却不亲，因为堕民村不能设祠堂，不能修谱。旧时慈城小东门外的天门下有个堕民村，但无村长、保长、甲长等管理人员。

堕民亦有着被称为“暗语”的特殊语言。慈城堕民在特定的场合专门用暗语进行交流。据堕民自述，这种特殊语言只流传于他们中间，外人一概不知。大凡能讲得出的东西，均有相应的暗语。有些外来语，虽然没有固定暗语，但堕民用“所以”两字插在该词中间来表示。例如：司必灵，堕民暗语为“司所以灵”；电灯泡，堕民暗语为“电所以泡”。据慈城堕民介绍，堕民讲的暗语，无论走到哪里，若采用暗语对话，对上号的，对方必须加以招待，一宿两餐，白吃白住。

第三节　慈城社会风尚

一、儒学风尚

慈城是文献之邑，儒学基地，历朝历代以办学育人、崇文重教为传统。自唐至清，在慈城地区共创办过县学(学宫)1所，书院14所。宋雍熙元年(984年)，慈城建孔庙办学，是宁波府属最早的官学。宋庆历八年(1048年)，以前文庙后学宫的格局建孔庙，请杜醇等为师。慈城儒学文化的传承、普及和影响主要以孔庙、书院、私塾为载体。官学之外，书院教学也很昌盛，私塾遍布城内，就学者众多。尤其明清时期，慈城“文化士族”现象突出，这些家族以学术昌盛、诗文书翰累世不绝而著称。如明代冯若愚悉心教子，三子皆成大材。又如半浦郑氏自郑溱开始藏书，其后世以文章显名，代有传人。郑溱之子郑梁，为黄宗羲弟子；郑梁之子郑性遵父命建二老阁，藏黄宗羲等人著作；郑氏后辈连绵七代，一直为慈溪文献世家。其家的二老阁藏书、刻书名满天下，为浙东著名的藏书世家。

二、科举与望族风尚

据学者统计，自唐创立科举制度至1905年清朝废除科举制，慈城总共走出5名状元，513名进士，被誉为“中国进士第一城”。南宋是慈城科举的第一个高峰，共计132名进士，至明代则到达巅峰，共计245名进士，清代虽然只有105名进士，数量上有所减少，但是可以从增加的举人以及贡生数量看出慈城科举事业的普及和进一步发展。同时，慈城自唐至清所产生的五百多名进士中，冯氏56人，王氏36人，张氏33人。而在宋元152名进士中，望族的子弟有120人，在明清的360名进士中，望族子弟就有302人，其中冯、刘、王、姚、叶5家子弟就达121人。至元末，在宋代基础上，望族数量进一步增加，由4家扩展至刘、冯、陈、赵、林、钱、张、王氏8个家族，且自唐至元的进士中，冯氏16人，张氏20人，赵氏7人，王氏13人，加之姚氏6人，科举与望族的关系可见一斑，慈城的大族既借科举而使之成为望族，又反过来不断通过各种手段推动慈城科举事业的发展。

三、慈孝风尚

慈城的慈孝文化源远流长。东汉孝子董黯的传说“开风气之先”。现存最早的董孝子文字记载，见于三国时期虞翻的《孝子董公赞》，后晋代虞预著的《会稽典录》有更详尽的记录。唐代在此设慈溪县，县名即由此而来。董黯之后，慈城又出现了唐代的张无择、宋代的孙之翰这两位著名孝子，因而被称为“三孝乡”“三孝镇”和“孝中镇”。在董孝子孝行感召下，慈城历代出现了许许多多的孝子孝女，形成了具有地方特色的慈孝文化形态。慈城的慈孝文化遗址，依据历史真实故事和人物命名的有张孝子祠、慈湖董孝子溪、节孝祠、孝子井等。依据民间流传的有董孝子寓亭、董孝子宅、董孝子庙等多处。据有关文献记载，慈城与慈孝文化有关的，光以名词示范的就有五十多个。除慈湖、慈江、慈溪等以“慈”为名外，还有一些街巷包含慈孝文化的意蕴，如慈溪巷、溪、孝溪、慈水、忠孝桥、礼桥、义桥、高义桥、孝子池等。

四、商帮文化

慈城由于“人稠土狭，丰穗之岁犹缺民食十之三”[①]，自南宋以后，多有人离

---

① ［清］曹秉仁：雍正《宁波府志》卷6《风俗》，乾隆六年(1741年)补刊本，第94页。

乡行商，一半游食于四方。这些另谋生路的商人们，或贩运，或设店肆，逐渐形成了对行业的贸易垄断，以及行业内外的集体声誉，被称为商帮。这批人在外闯荡，都得到了同乡和同乡会的帮助与提携。随着各地相继创立会馆，同乡扶助声势更加壮大。慈城商帮在宁波商帮的形成、发展、鼎盛的各个时期都有代表人物，如在明末清初宁波商帮形成阶段，其主要活动地域在北京，主要经营行业是药材业和成衣业。药材业的乐良才及其后代的万金堂药铺和成衣业的浙慈会馆就是这个时期的主要人物和商帮的核心。在宁波商帮发展重要时期，其主要活动地域在上海，主要是从事金融银行业，如商业巨子慈城人严信厚、秦润卿等。众多慈城商人一直是宁波商帮的主要力量。

五、药商文化

自明清以来，慈城产生了数十位中国国药业巨商大亨与领袖人物。例如北京同仁堂、上海冯存仁堂、天津达仁堂等百年老店都是慈城人创办和经营的。被誉为“江南药王”的杭州胡庆余堂，其首位经理、民国期间经理以及当今的掌门人冯根生都是慈城人。《溪上遗闻集录》记载：“五马桥冯氏初以药肆为业，后遂致富饶。……冯氏之药肆，且始于北宋矣。”[①]明永乐帝朱棣迁都之际，慈城人乐良才行医卖药，随一群家乡书生来到北京。他除了照顾好京城慈溪会馆里的家乡学子外，还手摇串铃，周游胡同间，负笈行医卖药，被当地人称作“串铃医”“走方郎中”“草泽医”等，乐良才后来就成了北京同仁堂的始祖。乐良才的后代在北京的崇文门外，于明末创办过万金堂药铺。这一时期的慈城籍药商依附在同郡鄞县药商的旁边，参与设立了被誉为宁波商帮形成标志的明末北京“鄞县会馆”。鄞县会馆碑文记述：“相传为明时吾郡同乡之操药材业者集资建造，以为死亡停柩及春秋祭祀之所。”[②]慈城五马桥冯映斋于康熙元年（1662 年）在宁波又新街开设冯存仁药店。旅居京城的乐良才曾孙乐尊育于康熙八年（1669 年）在北京前门大栅栏开设同仁堂药室。从康熙元年至乾隆年间，慈城药商从北京和宁波开始，迅速扩散到全国各地。“县人以贩药为大宗、川湖等省亦无不至者”。尤其后来在上海，慈城人“挈子携妻游中者更难悉数”。慈城药商在全国各地开设的药

① ［清］杨泰亨等：光绪《慈谿县志》卷 56《丛谈》，《中国地方志集成 · 浙江府县志辑》(第 36 册)，上海书店 1993 年版，第 256 页。

② 陈震福：《四明会馆碑记》，出自李华编：《明清以来北京工商会馆碑刻选编》，文物出版社 1980 年版，第 97 页。

号不断增多，并能不失时机地开拓活动地域，充分发挥在人才、行业、资金、货源等方面的优势，通过亲属之间传、帮、带的作用，把药材业的生意越做越大。鸦片战争后，特别是民国时期，慈城国药商中的新一代商人出现。他们生活在通商口岸，从小受到西方资本主义思想熏陶和祖辈经商基因的遗传，依靠宁波商帮群体的力量，开拓药业的深度和广度，以市场为导向，占领各城市药业市场。这一鼎盛时期的代表人物有：北京同仁堂的乐平泉，乐平泉的孙子乐达仁；宁波冯存仁堂创办人的四世孙冯缦生，及其侄子冯吾楼；上海童涵春堂的童祥权。慈城药业商人经营范围遍及全国，影响深远。

第七章

慈城历史人物

自从开元二十六年(738 年)慈溪独立为县以来,慈城就是宁波西北郊的政治、经济、文化中心,且代有闻人。他们或是政坛名流,或为商界精英,或致意学术,或栖志艺苑,在以这种或那种方式谱写生命华章的同时,推动了慈城地方经济的成长和区域文化的进步。

本章既将人物分为"名宦""乡贤"两类,又根据其传世资料的多寡、历史功绩的大小,分别归入"传略"或"名录"。"传略"严格遵循生不列传的古训,收录自唐代至今的已故人物 86 人;"名录"分为历代县治长官名录、历代慈城人士名录两部分,共计 478 人。

第一节　慈城名人传略

一、名宦

房琯(生卒年不详)　唐玄宗开元(713—741 年)中期,由监察御史贬为睦州司户参军。时当开元二十六年(738 年)慈谿独立为县,迁以为令。上德化,兴长利,流民来归,狡吏引去,以治最显,民立庙祀之。今桥名骢马,以琯故也。

张颖(生卒年不详)　宋太宗端拱元年(988 年)出知慈谿县,任职期间以廉洁著称,被慈谿老百姓亲切地呼作"张清清"。

林叔豹(生卒年不详)　字懿文,永嘉人。少入太学有声。宋高宗建炎元年(1127 年),以宣教郎来知慈谿县。律身廉勤,莅事明敏。金兵破明州,伪立蒋安义为郡守。金兵退离后,林叔豹率乡兵攻入明州城,杖杀蒋安义,一郡遂安。高宗驻跸临安后,被召为监察御史。

顾言(生卒年不详)　字尚实,号中瑜,南直隶江阴(今属江苏)人。万历二十年(1592年)进士,出为慈谿县令,尔后历任汝州知州、户部员外郎、浙江按察司副使、分巡温处兵备道诸职,因政绩显著而升任四川参政,逝于赴任道中。顾言在任职慈谿期间,不仅增置学田、兴修水利,而且致力于减轻老百姓的经济负担(譬如允许乡民分批、延期缴粮),也因此备受民众爱戴,以至于顾言离任时,慈谿百姓依依不舍。

王玉藻(生卒年不详)　字质夫,号螺山,江都(今扬州)人。明思宗崇祯十六年(1643年)进士,授慈谿知县。明鲁王监国时,起兵抗清,晋升御史。以兵科都给事中募兵守钱塘江,屡上疏论战守,不得志。鲁王兵败后,王玉藻自杀不成,逃往剡溪,而后返归扬州,隐居乡里。慨世运之艰,闭门谢客,怡情诗酒间,卒以穷死。

朱贵(1779—1842年)　甘肃河州人(今属导河县),字黼堂,武生出身。道光二十一年(1841年)夏,英军侵犯宁波。朱贵时任浙江金华协副将,奉命参战,率子昭南及陕甘军900人赶赴慈城大宝山扎营。翌年二月初四,英军来攻,朱贵亲执大旗,指挥部下正面迎战。但因别路清军畏敌不前,而敌方又陆续增援,终因寡不敌众而壮烈牺牲。为纪念朱贵父子及同时死难的抗英将士,慈谿民众募资建造了"朱贵祠"。

章驹(1904—1941年)　又名之鸿,字不羁,汤溪县下章村(今属兰溪市)人。1925年6月,尚在浙江省立七中(金华)求学期间,就通过千家驹等人的介绍,加入中国共产党。其后考入南京中央政治学校,1932年毕业后任职浙江省民政厅,不久便应兰溪实验县县长胡次威的邀请,出任教育科科长,次年调任浙江省第四行政督察区专员公署秘书。1938年1月,其又从金华县长调任慈谿县长,莅任后积极抗日,既曾组织战时工作队、抗日后援会,又曾编印《慈溪市战时乡土常识》。1941年4月县城沦陷后,带领县府工作人员撤退至山区。在12月30日北溪突围战中,身中多弹殉国,成为浙江省首位为抗日捐躯的县长。

胡绳系(1913—2000年)　字赤南,慈谿县西乡丈亭胡界村(今属余姚丈亭)人,少孤。1937年毕业于浙江大学文理学院教育系,先后任教于奉化武岭中学(期间兼任武岭民教馆馆长)、处州中学、宁波中学。全面抗战爆发后,胡绳系在校舍被毁、县城沦陷的情况下临危受命,出任慈谿县立初期中学校长,尔后在四明山抗日游击队的支持下,在游击区分散办学,竭尽全力保护县立初期中学,抗战胜利后又千方百计募集资金重建校舍。新中国成立初期,胡绳系应旅沪同乡会的邀请,出任上海安心中学校长,此后长期蒙受冤屈,直至党的十一届三中全会召开后才重返教坛，受聘于宁波师范学院，从事心理学、教育学、书法等课程的教学，并出版《儿童幻想之研究》《宋儒杨简学行》等论著。

二、乡贤

舒亶（1041—1103 年） 字信道，号懒堂。宋英宗治平二年（1065 年）进士，授临海尉，后任监察御史，与御史中丞李定国一起弹劾苏东坡，是为“乌台诗案”。擢御史中丞。宋徽宗时，除龙图阁待制。《宋史》有传。民国时，鄞县张寿镛录其诗文为《舒懒堂诗文存》3 卷，收入《四明丛书》。

王庭秀（？—1136 年） 字颖彦，世居鄞县，自乃父起，始籍慈溪。于宋徽宗政和二年（1112 年）登上舍第，经侍御史李光推荐，被提拔为御史台检法官。王庭秀治学，纯乎其纯，不苟趣时好，故其所作文辞俊迈宏远，并因此得以与黄庭坚、杨时等人私交甚笃。也正因为操持坚正，在宋高宗驻跸临安（杭州）后，王庭秀相继就任监察御史、殿中侍御史，被委以监察百官的重任，并在任上多次弹劾，罢免了祸国殃民的大奸臣黄潜善，也因此得罪权贵，故而仕途曲折，竟至于不得不主动辞去“检正中书门下省诸房公事”一职，最终以“直秘阁，主管崇道观”的身份离开庙堂。

杨简（1141—1226 年） 字敬仲，乾道五年（1169 年）进士，历任富阳主簿、绍兴府司理、知嵊县、知乐平县，所至莫不以兴办教育、改良民风为己任。绍熙五年（1194 年）入为国子博士，因秉公直言而仕途受阻。嘉定元年（1208 年）宁宗更化，杨简历任秘书郎、兼实录院检讨官等职，因所提建议均未被采纳，遂求外放，出知温州。后又入朝，历职驾部员外郎、朝散大夫等，但因所提建议仍不得施行而竭力请去，乃以直宝谟阁主管玉局观。杨简晚年，设馆讲学于故里，人称“慈湖先生”。其为学以陆学为主，兼采朱学、吕学、湖湘学，既重内心修养，也重身体力行，不但将心学进一步推向唯我论，而且对王阳明心学体系的形成也有一定的助益。宋理宗即位后，被赐金带，受爵慈谿县男。卒，赠正奉大夫，谥文元。

罗仲舒（1156—1229 年） 字宗之，初以辞赋应选举，后与楼钥发明穷理之学。淳熙十四年（1187 年）登进士第，历任常德教授、宣教郎、知宜兴县等职。在宜兴时，政绩为该县历任之最。嘉定十年（1217 年）入朝，嘉定十六年（1223 年）出为福建提举常平茶盐，宝庆元年（1225 年）改提点江东。罗仲舒清廉自守，以国势安危、贤才进退、生民利病为己忧，敢于秉公直言，不愿容默隐忍以避权贵，且其罡风义烈震动朝野。后以病重请辞，被授慈谿县男，食邑三百户，主管绍兴府千秋鸿禧观。

桂万荣（生卒年不详）　杨简弟子，字梦协，登宋宁宗庆元二年（1196 年）进士，被授余干县尉，尔后历任建康司理参军、武学博士、尚书右郎等职。致仕后，创石坡书院于东山之麓。曾辑录古籍中有助于断狱的 144 个案例，编为《棠阴比事》。《棠阴比事》颇具艺术性，每个案例用四言作标题，并根据主旨需要做了不同程度的润色和简要的注解，其中部分案例涉及法医鉴定的内容。但该书流传至明朝景泰年间，被卸任的左副都御史吴讷改编得面目全非，不但有近半案例被替换，而且被按照"刑狱轻重"的标准重修编排。

赵偕（？—1364 年）　字子水，赵宋皇族后裔，长期隐居于大宝山麓，终身从事教育，学者称其为宝峰先生；《琵琶记》作者高明与《三国演义》作者罗贯中，皆是其得意弟子。作为元代后期四明陆学的代表人物，赵偕认为任何事物都只是"心"的变化或表现，因而极端重视个人修养。赵氏晚年，又提出"愿闻过、采公论、谨礼节、障善、瘅恶、均赋役、考吏行、考卒行、杜妄告、谨句销"十项治民事宜。这其中，称学校乃为人伦是非之裁判、执行机关，大抵就是黄宗羲"公其非是于学校"论的先声。

乌斯道（1314—1390 年）　字继善，号春草。先世居昌国，其父到慈城试吏而占籍。幼年丧父，家境清贫，得慈湖杨简遗书，妙悟心契，遂尽弃举子业而究明心学。明洪武四年（1371 年）应征辟，后任广东石龙知县、江西永新知县，任内兴办学校，重视教化，深得士民爱戴。后邻县出事，乌斯道受其连累，被贬至安徽凤阳的池河服劳役，直至洪武十三年（1380 年）方得回归故里。乌斯道为文尚体要，尤长于诗，兴寄高远而清丽出尘，一扫元人过巧之弊，且于琴弈书画皆臻妙品，书法精于小楷、行草，绘画善作山水，亦工写竹。著有《春草斋集》10 卷。

桂彦良（1321—1387 年）　名德偁，字彦良，号清节，一号清溪。元末为乡贡进士，曾任平江路学教授，见世不可为，遂放情山水间，肆为诗文。张士诚、方国珍争相聘请，均不就。洪武六年（1373 年）应征召入京，授太子正字，在文华堂为太子以下多位青年官员讲学。出为晋王府右傅，至晋，改革王府官制。后升任左长史，赴京朝见，条陈治道所急者，名为《万世太平治安十二策》，明太祖阅后大加称赏。洪武十八年（1385 年）告老还乡，两年后，又被任命为浙江乡试主考官，既归，遂以疾终，谥文裕。著有《清节》《清溪》《山西》《老拙》诸集与《陶诗春和咏》《中都纪行》等，《明史》有传。

陈敬宗（1377—1459 年）　字光世，别号澹然居士，又号休乐老人。永乐二年(1404年)进士,选庶吉士,参与纂修《永乐大典》,授刑部主事。又与修《五经四书大全》《太祖实录》。宣德二年(1427年),转南京国子监司业,宣德九年(1434年),升任祭酒。在太学二十多年未升迁,却心平气和,无怨无悔。评者谓其挠之不乱,澄之愈清。景泰元年(1450年)致仕归里,卒赠礼部侍郎,谥文定,著有《澹然集》5卷。

桂道本(生卒年不详) 字孟诚,少从桂彦良受业。洪武四年(1371年)诏求明经之士,邑令举道本,遂授四川金台知县,旋改垫江知县。明初草创,民多窜亡,道本榜谕招揽之,乃新学校,广明伦堂,延邑之儒士掌学事,风俗一变。远乡或据险不输税,道本遣人劝谕,敛手听命。秩满,授广东河源知县,依然廉以自持,兴利除害,听讼折狱,上官嘉之。

孙懋(生卒年不详) 字德夫。正德六年(1511年)进士,授浦城知县,断狱明审,兴革宜民,当道荐为八闽县令第一。擢南京吏科给事中,曾冒死弹劾奸佞倖臣江彬。出为广东参议,迁副使,因误执锦衣官,谪藤县典史。至则创办南麓书院,民风大变。迁广西按察使,转右布政使,升河南左布政使,兴利除弊。嘉靖十六年(1537年)升应天府尹,革民壮之滥役,汰工匠之买闲,裁织造之机户,禁仓储之滥支。后因所进乡试录违反旨意而致仕。年83岁卒,赠都察院右副都御史。著有《孙毅庵奏议》。

姚镆(1465—1538年) 字英之,号东泉。弘治六年(1493年)进士,历任礼部主事、广西提学佥事、福建副使、贵州按察使。正德十五年(1520年)拜右副都御史,巡抚延绥。嘉靖元年(1522年)召为工部右侍郎,寻改兵部左侍郎。嘉靖四年(1525年)迁右都御史,提督两广军务兼巡抚,平定田州土官岑猛之乱。不久,岑猛余部死灰复燃,姚镆因受排挤,未能主持军务,遂告病回家赋闲。嘉靖十三年(1534年),经大学士费宏、李时推荐,姚镆受诏以兵部尚书总制三边军务,未赴任而费宏卒,遂辞职。帝不悦,故此后虽有多人交章推荐,始终不予起用。家居四年卒,年七十四,赐谥恭襄。

姚涞(?—1538年) 字维东、遂东,号明山,姚镆长子。正德十一年(1516年)中举,嘉靖二年(1523年)状元。次年为"大礼仪"之争受廷杖,下诏狱。不久复官,充经筵日讲,迁左春坊、左谕德,晋侍读学士。嘉靖十六年(1537年)主持北直乡试,取士甚多,其试文为天下范式。次年父丧,丁忧回乡,哀伤过度而死。姚涞学问渊博,长于史学,曾谓边防海运最为今日急务,遂作《诸边图》,凡道途往来、关隘险阻,如示诸掌,有"翰林三绝"(经学、诗学、史学)之称。著有《明山诗文集》及《国朝人物考》等。

赵文华（？—1557年）　字元质，号梅林。嘉靖八年（1529年）进士，授刑部主事。见奸相严嵩日渐贵幸，遂拜嵩为义父，深得宠信。以建议筑京师外城，加工部右侍郎。后倭寇犯东南，上疏议七事，被委以巡视东南防倭事宜。巡视期间，颠倒功罪，牵制兵机，致使屡战屡败，反以败报胜。返朝后，升工部尚书，加太子太保。未久，再以右副都御史总督江南、浙江诸军事，日益骄纵，竟至于挪用工部大木盖其私宅，因此被黜，返途中暴病猝毙。有文才，著《文华全集》，编《嘉兴府志》。

冯岳（1495—1581年）　字望之，号贞所，嘉靖五年（1526年）进士，授南京工部主事。居官清廉，迁刑部郎中，曾恤刑江西、山东，共释滞狱一千五百多人。以忧去官，服阕，起知延平府，擢山东按察副使、河南参政，皆以正直称。升任江西布政使，在职三载，两袖清风，被誉为"清布政"。此后，历任顺天府尹、兵部右侍郎总督广川贵三省军务。因平定苗乱有功，晋右都御史。以南京刑部尚书致仕。

刘安（生卒年不详）　字汝勉，嘉靖五年（1526年）进士，授南京工部主事，改河南道御史。上任才月余，就上疏批评皇帝"以急切之心，行督责之政"，要求"略繁文而先急务，简细故而宏远猷"。结果被贬谪到湖南攸县，任主簿、典史等卑职。再迁长沙同知，晋升凤阳知府，因治行卓异，被赐正三品服。嘉靖十九年（1540年）以忧归。宦游多年，布袍疏食，处之怡然；又留心慈湖之学，有"学透三关方是路，功亏一篑未成山"之句。其子志业，嘉靖四十四年（1565年）进士，亦清介自励，累官至江西兵备副使。

颜鲸（1508—1589年）　字应雷，别号冲宇，慈谿县文溪人，后移居县城。嘉靖三十五年（1556年）进士，授行人。擢山西道御史，既上漕政便宜六事，又主张罢海运。嘉靖四十二年（1563年），出按河南，告发伊王朱典模十大罪状，为民除害。后因多次纠劾权贵，甚至触怒世宗，被贬为安仁典史。隆庆改元（1567年），任湖广提学副使，试恩贡生时，因拒绝大学士张居正请托，降为山东参议。后改任太仆少卿，终不重用，仅以湖广提学副使致仕，村居十年而卒。颜鲸于学无所不窥，以慈湖之学为宗，独悟格物之旨。其克孝似曾子，直谏似汲黯，风节似李膺，文章论议似陆贽、苏轼。能书法，其楷书有唐、宋人之风格，保国寺石栏"一碧涵空"即其所书，笔力劲逸，秀雅刚挺。

杨守勤（1559—1620年）　字克之，号昆阜。生而豪放不羁，为文千言立就。万历二十五年（1597年）乡试经元，万历三十二年（1604年）会试会元、殿试状元，慈城特建"三元坊"牌楼以志表彰。授翰林院修撰。未几母亡丁艰。服阕，迁中允，主持顺天乡试。再迁左谕德，充东宫讲官。奉命册封晋藩，事毕，擢右庶子，兼侍读学士。以疾卒。其为人温润，矜气节，重名行。其为文不事雕琢，著有《诗经悬鉴》《宁淡斋诗文集》等。

冯元飙(1598—1644年)　字尔韬，天启二年(1622年)进士，历任澄海、揭阳知县，建造文起书院，振兴岭东文教。崇祯四年(1631年)征授户科给事中，多次上书反对不正当的人事，皆未见采纳，遂乞假归。四年后返朝，历任礼科右给事中、刑科左给事中、南京太仆卿、通政使等。元飙足智多谋，与兄元飏(1596—1644年)并好结纳，一时翕然，称"二冯"。崇祯十五年(1642年)五月任兵部尚书，与户部尚书倪元璐皆以经济负天下望，同日命下，中外相庆。然则当时河南、湖广尽入义军之手，且关、宁又日告警，元飙深知大势已去，遂于八月以病重乞休。

姜宸英(1628—1699年)　字西溟，一字苇间，号湛园。深谙经史之学，为文宏博雅健；又工书善画，为清初帖学书法的代表人物，故名重一时，与朱彝尊、严绳孙并称"江南三布衣"。康熙十九年(1680年)荐入明史馆，分撰《刑法志》。后又参与纂修《大清一统志》。少工举子业，因得罪大学士明珠之子而遭冷遇，至康熙三十六年(1697年)始成进士，又以殿试第三名授翰林院编修，时年七十。两年后，任顺天乡试副考官，因主考官李蟠舞弊，受牵连而下狱，病故。著有《湛园集》《苇间诗集》《西溟全集》等。家藏《兰亭序》石刻，其拓本至今仍被称为"姜氏兰亭"。

郑梁(1637—1713年)　字禹梅，号因亭、踽庵、寒村，半浦人。师从黄宗羲，力学不倦。康熙二十七年(1688年)进士，选翰林院庶吉士，改任工部湖广司主事，升工部员外郎、刑部郎中。康熙三十三年(1694年)充文武会试同考官，翌年出任广东高州知府。工诗善画，富于藏书，可与范氏天一阁相埒。晚年右臂废，左笔书画更苍劲别致。著作极富，有《寒村诗文集》《香眉全集》《安庸集》等行世。

裘琏(1644—1729年)　横山裘墅人，早岁从黄宗羲学，以诗名。康熙二十六年(1687年)，经黄宗羲推荐，参纂《大清一统志・三楚志》，仅15日便成，总裁徐乾学览而称奇。失意科场五十余年，康熙五十四年(1715年)七十二岁方成进士，选翰林院庶吉士。雍正六年(1728年)受昆山案株连，次年卒于燕邸。著述等身，计有《昆明池》《鉴湖隐》等传奇、杂剧，《二十一史论》《普陀山志》等史书，以及《复古堂集》《横山文集》《横山诗集》等诗文集，合计57种。

郑性(1665—1743年)　字义门,号南溪。师从黄宗羲。宗羲藏书遭大水,卷轴尽坏,身后一火,失去大半,经郑性精心整理,得三万卷,筑"二老阁"以贮藏黄、郑两家图书,并祀黄宗羲与其祖溱。郑性对传播黄宗羲之学不遗余力,曾致力于校刊黄宗羲著作,人称"二老阁本"。其后,四方学者访求南雷之学,不到竹浦而到鹳浦。郑性笃学能诗,与李暾、万承勋、谢绪章相唱和,人称"四明四友"。

冯京第(?—1654年)　字跻仲,号簟溪。少负高才,下笔数千言,为明末复社名士。清军南下,冯京第参加浙东抗清义军。鲁王监国,官兵部左侍郎。顺治五年(1648年),与黄孝卿乞师于日本,未遂。次年与黄宗羲再度乞师于日本,至长崎,不得请而还。后与王翊合军四明山,结寨于杜隩。顺治十一年(1654年),清军袭击四明山,冯京第因部将出卖被俘而慷慨就义,仅留下一只手臂。后人将冯京第之臂、王翊之首、董志宁之尸合葬于宁波城北马公桥边,世称"三忠墓"。此后三百多年间,"三忠墓"偏居城北一隅,鲜为人知。直到1995年冬,因城市扩建而迁建于慈城庙湾山上,与鸦片战争中殉国的英烈为伴。

冯映斋(生卒年不详)　五马桥人,中华老字号冯存仁堂的创始者。一生以采办药材为业,深入蜀、陕、皖山区,行销于沪、甬等地。康熙元年(1662年),斥资创办"冯存仁堂"药铺于宁波灵桥门又新街,店名取"存济之心,赠仁于众"之义,并以此作为药铺的经营宗旨。冯存仁堂也正因为进货取道地药材、制药一丝不苟、销售老少无欺,遂能历经数百年风雨,依然屹立于灵桥旁。

杨九畹(1783—1837年)　字兰畬,号余田,又号巽庐。嘉庆二十四年(1819年)榜眼,授翰林院编修。道光三年(1823年),擢陕西道监察御史。杨九畹深知清廷漕运弊端及经济运行不合理之所在,乃六上奏章,所言皆切中时弊。道光六年(1826年),杨九畹外放西北,历任甘肃庆阳知府、西宁道台、喀拉沙尔粮台、宁夏知府、平庆汉道台等职,所到之处,皆教以耕作,兴修水利。道光十五年(1835年),升任广东南韶连道,整顿税务,缉捕群盗,积弊为之一清。时值英人侵粤,杨九畹督理军务,戎马纷驰,不胜劳瘁,以疾卒于官。著有《巽峰草庐遗稿》卷1。

钱树田(生卒年不详)　中华老字号广州"敬修堂"创始人。原为秀才,因屡试不第,遂投身于商海,奔走于浙粤之间。精通医理,曾用自制"回春丹"治愈广州某巨商之子的怪病。巨商感恩,乾隆五十五年(1790年)资助其开设"敬修堂"药铺于广州城南门。药铺以"敬业修明、广施妙药"为宗旨,精心炮制其药品,疗效显著,广受好评。而药铺的最大特色:一是申请注册商标,二是严格规定钱家子孙不能直接参与经营,转而实施类似于股份制的经营模式。也唯其如此,敬修堂在1956年公私合营前，存续了166年之久。

王治本（1836—1908年） 字维能，号泰园，黄山村人。精通诗文，并工书善画。光绪三年（1877年）夏赴日，结识日本贵族大河内源辉声，两人这次的笔谈，结集为《桼园笔话》17卷。此后30年间，王治本的足迹遍及日本的本州、四国、九州、北海道四大岛，其旅行路线之长、所到地方之多、交结朋友之众、留下遗墨之丰，在近代旅日华人中首屈一指，对于推动中日民间文化交流，贡献良多。

梅调鼎（1839—1906年） 字友竹，号赧翁、修予、敬翁、友生。出身名门的他，从小刻苦就学，考取秀才后不久即补博士弟子员。但在参加乡试时，因答卷书写不合考试规定而被取消资格，深受打击，从此无意仕途，转而发愤习书。其字早年临摹钟繇、王羲之，兼涉晋、唐诸家，中年起掺入欧阳询、李北海笔法，变圆为方，晚年潜心北碑，笔势转为沉雄。如此勤学苦练、博采众长，遂能独树一帜，最终开辟出以"圆""断"取胜的新径，并因此在士林中享有"梅开岭上，香飘千里"的美誉。在书法泰斗沙孟海看来，"不但当时没有人和他抗衡，怕清代二百六十年中也没有这样高逸的作品呢。"[①]与阿育王寺方丈宗亮往来甚密，垂老蛰居慈城狮子门头赵文华旧宅，卒葬杜湖岭。其书法在浙东影响尤为深远，后人辑为《赧翁集锦》《梅赧翁手书山谷梅花诗真迹》影印流传，另著有《注韩室诗存》。

王惕斋（1839—1911年） 黄山村人，号惕斋，晚号独臂翁。同治九年（1870年）赴日，主要为日商经销中国文房四宝。尔后又自办"凌云阁"，广泛经营包括文房四宝、书籍、布匹、中药材在内的销售业务，甚至一度打算到慈城开设火柴厂。光绪十八年（1892年）四月，王惕斋在日本被马车撞倒、碾压，以致左臂重度残废。事后对簿公堂，终获胜诉。此事虽成为近代华侨在日维权获胜的重要案例而具有重大历史意义，但对王惕斋此后经商之举产生了不容低估的负面影响，最终不得不在1910年回国，次年三月即卒于上海客次，并留下《独臂翁闻见随录》《无师自通东语录》等著作。

王铭槐（1846—1915年） 黄山人。通过同乡前辈严信厚结识李鸿章，为之采购军火，由此发迹。其后，担任华俄道胜银行天津分行买办，负责保管银库。与此同时，一方面自设二十余家银号于京津及关外，另一方面经营大批房地产及久福源绸庄、回春大药房，从而成为天津四大买办之一。后因挪用库银之事败露，一度破产，幸获同乡援助而东山再起，继续经营军火生意，直至1914年第一

① 沙孟海书学院：《沙孟海谈艺录》，上海书画出版社2016年版，第67页。

次世界大战爆发，因德国商人自顾不暇而再度败落。

周金箴(1847—1923年)　号晋镳，慈城鼎星桥周御史房人。青年时便立志实业，经常往来于宁波和上海之间。中年时在江西广昌、清江、南昌等县做官。辞官后，以振兴商务为己任，相继创办了宁波通久源纱厂、上海华新纺织新局、中法药房、元丰面粉厂、大有榨油厂、赣丰饼油公司。1905年，周金箴参与集资创办华兴保险股份有限公司，并任首届董事会总董，由此成为中国保险业的鼻祖。此后，周金箴又发起组建上海商业会议公所，参与筹办南洋劝业会，担任第一届中华全国商会联合会会长。晚年时，任职上海道尹。1923年3月，周金箴在上海去世。

杨敏曾(1858—1940年)　字逊斋，自幼丧父，由其母督促攻读，光绪五年(1879年)中举。光绪二十四年(1898年)，出任宁波储才学堂(宁波中学前身)首任监堂兼总教习，自此结缘教育事业，50年间历任上海澄衷学堂教务长、京师大学堂(北京大学前身)历史教授、浙江求是学堂和浙江高等学堂(浙江大学前身)的国文教员，以培养革新图强人才为宗旨。他不但治学严谨，博学多艺，而且为人正直，热心社会公益事业，在县内享有很高威望，也因此在辛亥光复后，被推举为慈谿县公署民事长(不久改称县知事)，总领县政。但其性不喜为官，未及半年便辞职而去。此后杜门著述，既与王荣商合编《镇海县志》45卷，也曾著《自怡然室诗文稿》(因日寇入侵而未及付印)，同时回归教育事业，并在1933年发起创办慈谿县立初中(慈湖中学前身)。

张生甫(1864—约1933年)　又名国华，少习举业，因仕途坎坷，遂还归故里，肆志医学，尤精虚损之调治理，1916年著成《虚劳要旨》，上溯《灵》《素》，下采百家，以五劳、七伤为纲，以虚劳诸症为目，论述颇详，并附有治验。张生甫不但谙熟经典和诸家学说，而且非常重视民间单验方、食疗，故其1924年所著《医学达变内外编》，既于“内编”收录临诊的心得，又在“外编”载录历年来所采集的古今医方之要旨，并指出：“不识成法，焉有准绳，拘守成法，何能治病，必也守经通权，由常达变，方为医之能事。”[①]此外，又著《性道实学》等书，得到当时医界名流张锡纯、何廉臣、周小农等人的题序赞许。

冯幵(1873—1931年)　原名鸿墀，字阶青，又字君木，号木公、介青，因出生

① 张生甫：《〈医学达变〉自序》，出自陆拯主编：《近代中医珍本集・医话分册》，浙江科学技术出版社1994年版，第243页。

时其掌纹似“幵”字，故又名幵。光绪十八年（1892 年）补诸生，光绪二十三年（1897 年）以拔贡参加会试，列二等。光绪二十六年（1900 年）出任丽水县学训导，不久调任宣平县，因病未赴。冯氏工诗善书，早年就与陈训正等人结成剡社，以诗文气节相砥砺，后寓沪鬻文，与吴昌硕、况蕙风、朱孝臧等人交往密切。1910 年任职于上海《天铎报》，次年去职，执教于宁波省立第四师范学校、效实中学。1922 年任上海修能学社社长，并与陈布雷、沙孟海等人发起组织回风社。著有《回风堂诗文集》《词集》等。1931 年，客逝于上海寓所。

孙衡甫（1875—1944 年）　又名遵法，半浦村人。1906 年入宁波鸦片烟行做学徒，后到上海久源钱庄任职，1911 年 4 月临危受命，出任濒临倒闭的四明银行总经理，经过 10 年拼搏，不但偿清历年积亏，而且使得四明银行跻身于 14 家著名商业银行之列。1931 年，孙衡甫当选为四明银行董事长兼总经理，创办四明储蓄会以吸纳存款，同时利用报纸、杂志、房产大做广告，并要求四明银行投资的房地产都得冠以“四明”或与“四明”相关的字样，这就进一步增强了四明银行的社会影响力。1935 年国民政府推行法币，由中央银行统一发行货币，四明银行被迫官商合办，孙衡甫也于次年辞职退出。上海沦陷期间，孙衡甫不惧胁迫，拒做汉奸。期间既独资兴建半浦小学，又曾出巨资修桥、铺路、建渡口，并为重建宁波灵桥捐款。1944 年 1 月 24 日病逝。

秦润卿（1877—1966 年）　名祖泽，字润卿，晚号抹云老人。15 岁入上海豫源钱庄当学徒，后任跑街、信房，继而又任副经理、经理、督理。1906 年豫源钱庄改组为福源，秦润卿仍任经理，兼福康、顺康钱庄督理，在他的主持下，这三家钱庄的业务不断壮大，而他本人也因此声名鹊起。自 1917 年起，其历任上海钱业公会副会长、上海钱业公会会长、上海总商会副会长、中央银行监事、交通银行上海分行经理、宁波旅沪同乡会副会长等职。1921 年起，秦润卿又相继创办《钱业月报》、修能学社于上海，同时在家乡募建保黎医院、兴办普迪学校、筹办慈谿县立中学。抗战期间，秦润卿隐居不出，抗战胜利后，复任上海钱业工会理事，1947 年 10 月被选为全国钱业同业公会联合会主席。新中国成立后，历任上海市公私合营银行副董事长、上海市政协委员。1952 年，将“抹云楼”及其中四万余册藏书捐献给国家。1966 年 7 月 5 日逝于上海。

钱保杭（1877—1922 年）　字仲济，一字吟苇，自幼勤奋好学，19 岁成诸生。作为同盟会慈溪支部会长，组织、领导了辛亥慈谿光复。钱氏素有育材崇教之志，对办教育事业特别热心。既曾欣然应聘为慈谿县中学堂的监学（校长）、普迪学校的学务监督，也曾与陈谦夫等人筹建效实中学。此外，钱保杭不但为发起创设保黎医会付出了许多心血，更为保黎医院的创建、正常运转和稳步发展做出了重要贡献。

徐庆云(1880—1931 年)　名维训，字庆云，又字品伟，出生于纱业世家，其父锦章曾设纱号于上海，但因病早逝。徐庆云 16 岁那年从同邑俞福谦学做纱业生意，6 年后便与人合伙创设上海福泰棉纱号，第一次世界大战期间，更以百万银两盘进某外商棉布，获利倍余，一跃而成为上海纱业巨头。此后，徐庆云既曾接盘大丰纱厂，又曾与穆藕初、荣宗敬等人创设上海华商纱布交易所，更兼营钱业于上海，独资或与人合资创办恒隆、恒来、敦余泰记、寅泰、恒异、同庆等钱庄。与此同时，徐庆云热心救灾、恤贫等慈善事业，不但在改造宁波老新江桥时捐资 5 万元，而且兼任四明孤儿院、鄞奉公益医院等多家慈善机构的董事。

何育杰(1882—1939 年)　字吟苢，生于慈城钱家弄。何育杰自幼聪敏好学，1898 年开始就读于宁波新式学校——中西储才学堂，光绪二十六年(1900 年)中进士，次年被推荐入读于京师大学堂。1904 年初，作为京师大学堂派出的第一批留学生，赴英国深造。1909 年回国后，先后在京师大学堂、北京大学、北京师范大学、东北大学讲授物理学。辛亥革命后返回宁波，发起组织效实学会，参与创办效实中学。1917 年，何育杰应蔡元培之聘，任北京大学物理系主任，直至 1927 年因病辞职。1932 年中国物理学会成立后，何育杰被选为物理学名词审查委员会委员。1939 年 1 月 19 日，这位中国近代物理学的拓荒者之一，在贫病交迫中卒于重庆。为了纪念这位卓越的物理学家，当时中国最著名的科学技术学术团体——中国科学社，在 1940 年特设“何育杰物理学纪念奖金”。

钱罕(1882—1950 年)　原名“钱富”，其师梅调鼎嫌此名太俗，遂改名为“钱罕”；又担心改称“钱罕”后钱太少，遂字“太希”。钱罕始在复旦大学攻读理科，后改而研究经史及文字音韵，并潜心书法艺术，既博采汉晋、南北朝、隋唐、宋元诸书法家之所长，又受晚清崇尚碑学风潮之影响，故能落笔挥洒、跌宕自如。中年以后，擅魏体，精行书，大到擘窠榜书，小至蝇头小楷，情趣别具，自成风规。当时登门求书者络绎不断，声誉遂遍浙东，与任堇叔并称“浙东二妙”。但实际上，钱罕曾经自叹知音寥落：“一天到晚来坐空斋出神神竟出矣，自少至老去写大字过纸纸其过乎。”[①]晚年便隐居于慈城。有《钱太希临帖精品初集》行世。

① 沈毅编著：《慈城八景：中国历史和文化的缩影》，西泠印社出版社 2009 年版，第 205 页。

李思浩(1882—1968年)　字晓沧，号赞侯，西乡沿江人。出身于书香门第的他，既曾求学于私塾，又在光绪二十七年(1901年)考入京师大学堂师范馆接受新式教育，并在光绪二十九年(1903年)、光绪三十年(1904年)春，分别考中举人、进士。此后，无论是在清末，还是在北洋政府时期，李思浩一直任职于财经部门，并在1919年11月、1924年先后两次就任财政总长。国民政府成立后，李思浩一度隐居于天津、上海，直至1935年12月，才应蒋介石之邀，出任新成立的冀察政务委员会副主任委员兼经济委员会主任。抗战期间，李思浩被迫任职于日伪政权，但在此期间，曾营救过不少被敌伪逮捕的爱国人士。新中国成立后，李思浩在慈善组织表现积极，也曾上书周恩来，愿为祖国统一而奔走，1968年1月病逝于上海。

冯孟颛(1886—1962年)　名贞群，字孟颛，又字曼孺(儒)，号伏跗居士、妙有子，晚年自署孤独老人。冯孟颛17岁中秀才，后承祖业经营钱庄，因缘际会参加同盟会。1932年起任鄞县文献委员会委员长，致力于地方文献的收集整理与文物保护，曾经发起参与重修白云庄、天一阁。1947年任《鄞县通志》编纂，负责修补《文献志》中的"人物""艺文"两编。抗战期间，其将天一阁藏书安全转移到方岩、丽水等处。新中国成立后，历任宁波市文物保管委员会委员、浙江省文史研究馆馆员等职。冯孟颛精于版本学、古文献学，如宋本、元明清刻本、手稿原本，尤其熟悉宁波乡邦文献，早在1930年就曾协助张寿镛编刻《四明丛书》。其著作主要有《鄞范氏天一阁书目内编》《伏跗室书目》等。1962年4月病故时，其特地交代家人将伏跗室10万卷藏书及居室全部无偿献给国家。

郑衍芬(1893—1979年)　字涵清，乍山方家渡郑家人。1919年毕业于南京高等师范学校数理化部，留校任教。1929年8月留学美国斯坦福大学研究院，致力于测量、分析由厚靶产生的X射线的偏振度。1934年获博士学位，回国后，相继执教于浙江大学、上海大同大学、同济大学。1938年8月，作为中英庚款讲座教授到四川大学物理系任教并兼系主任。1941年调任重庆大学，1952年又回到四川大学。在长期的物理教学和高校教务管理工作中，郑衍芬培养了一大批物理学和科技人才，对四川省物理教育事业做出了重要贡献。

周信芳(1895—1975年)　字士楚，6岁随父旅居杭州，师从陈长兴练功学戏，7岁以"七龄童"艺名登台演出。1907年至上海演出时，始用"麒麟童"艺名。次年至北京，进喜连城科班，辗转于烟台、天津、海参崴等地。1912年返沪，在新新舞台等剧场与谭鑫培等同台演出，演技渐趋成熟，形成了独特的"麟派"表演艺术风格。代表作有《四进士》《徐策跑城》等。抗战期间,组织“移风社”,演出《文天祥》《史可法》等。新中国成立后,赴抗美援朝前线演出。1956 年率上海京剧团访问苏联。1959 年加入中国共产党,历任全国人大代表、中国戏剧家协会副主席、中国戏曲研究院副院长、上海京剧院院长、华东戏曲研究院院长等职,1975 年 3 月 8 日逝于上海。

任士刚(1896—1946 年) 下横街人。1924 年从香港大学土木工程系硕士毕业后,经校方推荐,到上海美商怡和洋行担任建筑部监工。但在 1925 年五卅惨案发生后,任士刚激于义愤而毅然辞职,与几位同窗好友共同创办五和针织厂,大力提倡国货,并在 1928 年创立自己的品牌产品“鹅牌”汗衫。随着 1930 年抵制日货运动的愈演愈烈,原本质量不亚于洋货的“鹅牌”汗衫,不仅风靡大江南北,而且畅销南洋,时至 1936 年,五和针织厂的营业额已经高达 200 万元以上,职工九百余人,任士刚也被人尊称为“汗衫大王”,但在上海沦陷期间,五和针织厂被迫全面停工歇业,直到 1945 年抗战胜利,才恢复生产。而任士刚也在不久后的 1946 年 2 月 14 日,因高血压病发脑出血而去世,享年 51 岁。

应修人(1900—1933 年) 原名麟德,字德士,笔名丁九、丁休人等,慈谿县赭山应家河塘(今慈城镇后洋村)人。小学毕业后到上海福源钱庄学业,后任账房。五四运动期间,应修人不但创建“救国十人团”,而且开始在《少年中国》《文学周刊》等发表诗作。1921 年组织上海通讯图书馆,创导青年读书运动。次年,与冯雪峰、潘漠华、汪静之结成中国第一个新诗社——湖畔诗社。五卅惨案期间,应修人加入共产主义青年团,不久转为中国共产党党员。1927 年 7 月赴莫斯科东方大学(中山大学)学习。1930 年回国后从事文化工作,并加入左联,不久转任中共江苏省委秘书长、宣传部长。1933 年 5 月 14 日,应修人在上海北四川路昆山花园七号与丁玲联系工作时不幸遇敌,壮烈牺牲。著有《金宝塔银宝塔》《修人集》等。

冯都良(1901—1977 年) 原名贞胥,小名喜孙,字都良,是国学家冯君木先生的长子。从识字、诵习诗歌到诵读《孝经》《论语》等,都由其母俞因女士自教。1920 年从效实中学毕业后,冯都良到上海《商报》《申报》从事编辑事务,期间也曾接受东吴大学法律学院的聘请,兼任中国文学系教授。新中国成立初期,任上海新闻图书馆副馆长,后调至北京古籍出版社、中华书局,长期从事出版编辑工作。冯都良家学渊博,古文辞造诣精深,不但所作《钟宪鬯先生墓志铭》《酬知篇呈曼略先生》早已蜚声学林,且其《抹云亭记》《故空军上尉应可勤碑铭》《诸暨盘山小学记》等遗文，近来亦陆续面世。

王鞠侯（1902—1951年） 原名勤堉，字鞠侯，黄山村人，1926年毕业于东南大学，历任东南大学、南开大学助教，中央大学讲师，暨南大学教授，也曾任商务印书馆、开明书店编辑。1951年初，王鞠侯发现1858年被英国人命名为“额菲尔士峰”的世界第一高峰，其实早在1717年清政府编制的《皇舆全览图》中就已被命名为“珠穆朗玛峰”，遂在上海《开明少年》杂志发表文章，率先提出应恢复“珠穆朗玛峰”的名称。中国政府经核实后，于1952年5月27日严正声明，宣布正名为“珠穆朗玛峰”。被称为“珠峰正名第一人”的他，不堪积劳重负，1951年5月26日病逝于北京协和医院，留下《西藏问题》《青年气象学》《自然地质学》《世界气候志》等近20种著作、译作。

冯定（1902—1983年） 又名稚望，笔名贝叶，慈谿县孝中镇人。1925年加入中国共产党，1927年被派到莫斯科中山大学学习，1930年回国后，长期从事宣传教育工作。其完成于1947年的《平凡的真理》，作为通俗而又有一定理论深度的哲学读本，在广大青年和干部中产生过广泛而良好的影响。经毛泽东提名，1957年调入北京大学任哲学系教授。1978年后，担任北京大学副校长、党委副书记、中国科学院哲学社会科学部委员等职。在研究中，冯定注重哲学的实际应用，努力遵循毛泽东所提倡的把马克思主义和中国革命实际相结合的学风，从中国的实际出发，用中华民族固有的思维和表达方式，历史地、辩证地阐述分析现实生活问题。

余毓明（1909—1942年） 1909年6月18日出生于慈城，先后就读于杨陈小学、高等小学堂，1924年到上海万生丰丝号做学徒，1928年任职南京光华照相馆。抗战全面爆发后，余毓明先是在1940年参加了当地抗日自卫组织——慈谿县国民兵团常备队，而后又在1942年6月参加了由中共浙东纵队领导的慈谿县新国民兵团（大队长周迪道），被任命为第四中队的中队长，主要活动于苏梁、杨陈、叶家湾、洪陈渡一带。同年11月3日，余毓明在杨陈被尾随而至的顽军宋清云部队包围，惨遭杀害于裘墅，1986年12月，被追认为革命烈士。

凌近仁（1909—1995年） 原名祖瑞，字近仁，号公毅、半僧、步云、桥叟、桥南老人。自幼酷爱书画，初师从清末举人胡炳藻习字学文，复师沪上书画名家陆铁夫，后转益多师，得钱罕、诸闻韵、吴昌硕等名师传授，而又能别开畦径，终自成风格，为甬上一代名家。其为书，五体皆能，尤擅行草；其绘画，以花鸟为主，兼擅山水。其书画作品多次应邀参加市、省、全国甚至海外展览，并为多家馆、阁、寺、庙所收藏。凌近仁潜心书画、淡泊名利，晚年常住七塔寺，曾任宁波市第四、五、六届佛教协会副会长，1995 年 5 月 9 日，病逝于宁波。

谈家桢(1909—2008 年)　先后求学于慈溪道本小学、宁波斐迪中学、湖州东吴第三中学、苏州东吴大学、燕京大学研究院，1930 年毕业，获理学硕士学位。1934 年留学美国加州理工学院，师从著名遗传学家摩尔根，两年后获博士学位，婉拒导师挽留而毅然回国。1937 年任浙江大学生物系教授，1950 年计提贝时璋任理学院院长。1952 年院系调整后任教于复旦大学生物系，建立了全国第一个遗传学专业、第一个遗传学研究所、第一个生命科学院。他在亚洲异色瓢虫色斑的遗传变异研究、果蝇细胞遗传图的构建及种内种间遗传结构的演变研究中所取得的成果，为现代综合进化理论的创立做出了重大的贡献；由他领导的猕猴辐射遗传研究及组织分子遗传学和植物遗传工程等研究，都取得了重要成果，并直接促成了上海人类基因组研究中心的成立。作为中国遗传学的重要奠基人，谈家桢早在 1980 年就已当选为中国科学院院士(学部委员)，期间又历任复旦大学副校长、中国民主同盟副主席、中国遗传学会会长、《遗传学报》主编等职务，具有崇高的学术地位和国际影响。经国际小行星命名委员会批准，编号为 3542 的小行星在 1999 年被命名为“谈家桢星”。

俞坚(1910—1943 年)　原名鸿章，1910 年 5 月生于慈溪县城(今慈城镇)。早年在普迪学校读书时，曾受到潘念之、柔石等进步教师的影响。1927 年 1 月 19 日，当时已是中共党员的俞坚，被推举为国民党慈溪县党部的宣传部长，2 月下旬中共慈溪县特别支部成立时，又被推举为农运干事，4 月间又任中共慈溪县独立支部书记，同年 11 月，因参加“浙东暴动”，被国民党反动派逮捕而受尽折磨。1937 年第二次国共合作后，俞坚被营救出狱，随即被派往龙泉开展抗日救亡工作，历任中共龙泉特别支部委员、龙泉县委委员兼城区区委书记、龙泉县战时政治工作队队长等职务。因身体虚弱，又患有肺病，1939 年初被组织转移至绍兴，历任绍兴专署政治指导室副主任、绍兴县政工队副队长，而后又在江山边治病边工作，但病情日益加重，1943 年 6 月病逝于江山城关。

郑森禹(1910—1997 年)　原姓袁名瑞韬。1930 年在上海参加中国共产党的外围组织社会科学家联盟。1933 年在杭州参加左翼文化界总同盟，一度流亡日本。1938 年 9 月加入中国共产党。此后在杭州、上海和香港等地的报刊、通讯社从事编辑工作，并任香港中国新闻学院、上海民治新闻专科学校教授。新中国成立初期，任上海市文化教育管理委员会委员和新闻处处长，同时兼任同济大学教授。其后愈益频繁地参与国际和平友好活动，历任中国人民保卫世界和平委员会副主席、中国亚非团结委员会常务理事、中日友协常务理事、中国驻世界和平理事会书记处书记、世界知识出版社社长兼总编辑等职务。

沐绍良(1912—1969年)　原名沐赓祚，亦名沐箕香，其老家在慈城镇大西门板桥外。少年时便已投身革命，1927年“四·一二”事变后，为躲避国民党搜捕，改名为穆绍良。自读高小起，就已在《中国儿童时报》《儿童世界》《中学生》《新少年》《时事新报》等报刊发表诗文。参加工作后，除短期执教于镇海灵山小学、奉化孤儿院外，近25年间任职于开明书店、商务印书馆等出版机构，并以穆穆、白沫、斯文、舒愤、征悍、刘振汉、剑弩、刘寄奴、寄奴、泳爱、亦秀、淑静、刘淑静、韵梅、司徒韵梅、唐樾等笔名发表大量文章，出版著、译、编等著作四十余种。

李庆逵(1912—2001年)　出生于商人家庭。1932年从复旦大学化学系毕业后，经引荐，任职于中央地质调查所土壤研究室。1944年，在中华教育文化基金资助下，赴美国伊利诺伊大学研究生院深造。1948年获博士学位，同年放弃国外优厚的工作与生活条件回到国内。1953年，中央地质调查所土壤研究室被改建为中国科学院土壤研究所(今中国科学院南京土壤研究所)，李庆逵在该所历任研究员、副所长和名誉所长等职。1956年，李庆逵被评为中国科学院学部委员，并从那年起长期主持中国土壤学会的工作。李庆逵生前主要从事植物营养和施肥、红壤丘陵地开发利用的研究，在橡胶北移、磷矿粉直接用于农业，特别是在碳酸氢铵颗粒肥料深施技术方面做出了卓越贡献，同时为发展我国土壤科学和化学肥料工业发挥了重要作用。

王幼于(1914—2010年)　原名勤增，字幼于，王勤堉胞弟，1914年8月17日生于黄山村大夫第花厅。先后求学于黄山小学(崇本小学)、效实中学、浙江大学化学工程系。1937年大学毕业后，相继执教于崇本小学、效实中学、暨南大学福建分校、锦堂师范学校、慈谿县立初级中学、上海澄衷中学，1952年2月起正式任职于北京开明书店(1953年4月开明书店与青年出版社合并，成立中国青年出版社)。此后三十余年间，王幼于历任第四编辑室副主任、主任、副总编辑、编审委员会成员，并且在此期间，先后编审书稿近200种，不但培养和扶植了一批新人，而且其自身也逐步成长为著名的出版家、翻译家和科普作家。2010年9月25日，王幼于在北京逝世。

冯宾符(1915—1966年)　原名贞用，字仲足，别号宾符，冯君木次子。于效实中学毕业后北赴上海，先后任商务印书馆校对、生活书店编辑，并从1934年开始发表译著和评论文章。抗战爆发后，冯宾符积极参加上海文化界救亡协会及复社，参与翻译斯诺《西行漫记》，1942 年被日军宪兵队逮捕，后获释。抗战胜利后，任上海《联合日报》总编辑与《联合晚报》主笔，发起创建中国民主促进会，进而在 1947 年加入中国共产党。新中国成立后，历任世界知识出版社社长兼总编辑、人民出版社副总编辑、中国民主促进会中央常委兼秘书长、中国民主促进会北京市委员会主任委员等职。作为著名的国际问题专家，其论述已结集为《冯宾符国际问题文选》，由世界知识出版社印行。

徐瑞云(1915—1968 年)　出生于上海。1932 年考入国立浙江大学数学系，师从陈建功、苏步青等名家。1936 年毕业留校，旋获亨伯特奖学金而留学德国，成为数学大师卡拉凯屋的关门弟子，主攻“三角级数论”这一当时国际上的研究热门。1940 年底，徐瑞云成为中国历史上第一位女数学博士，同年回国，被浙江大学聘为副教授，1946 年晋升为教授。1952 年调任浙江师范学院，创建数学系。1958 年调任杭州大学数学系主任，为建设数学系做出了很大贡献。其译著主要有《实变函数论》(上下册)、《富里埃级数》。

陶秦(1915—1969 年)　原名秦复基，竺巷东路十字桥人，其故居至今保存完好，2014 年被宁波市政府公布为首批保护的历史建筑。其父秦开乃秦润卿先生的族弟，光绪三十年(1904 年)官费留学日本法政大学，学成回国后，既曾担任多家银行、钱庄的经理，也曾任职上海钱业公会秘书长、钱业联合准备库经理。1948 年，因金融业务发展需要，其全家迁居台湾。陶秦在上海圣约翰大学外文系求学期间，就已经常撰写影评、翻译外国名著。大学毕业后，始则从事外国影片的翻译工作，尔后做过编剧、导演、编导，1949 年赴香港，逐渐成长为香港著名的电影艺术家，一生编导影片 94 部，与李翰祥、岳枫、罗臻合称“邵氏四大王牌”。

郑汉涛(1915—1992 年)　芳江村郑家(今属慈城镇)人，相继就读于宁波效实中学、上海劳动大学工学院、北平大学工学院机械系。1933 年底毕业后，先后谋生于上海华新印染厂、长城机制煤屑砖瓦厂。1937 年 11 月抵达延安，入陕北公学，学习结束后，任陕甘宁军区军工部工程师，次年加入中国共产党，并日益活跃于军事工业领域。新中国成立后，历任政务院重工业部兵工总局副局长兼华北兵工局局长、第二机械工业部部长助理、第三机械工业部副部长、国务院国防工业办公室秘书长等职务。作为我军杰出的兵工专家和兵器工业领导人，郑汉涛曾主编《中国大百科全书》军事卷中的枪械、火炮、坦克、弹药分册。1962 年晋升少将，1988 年被授予独立功勋荣誉章，1991 荣获中国兵器工业特殊荣誉奖。

陈怀民(1916—1938年)　祖籍慈城东门外。初名天民,参军后改称怀民,意即将来要有所作为,爱国怀民。1932年"一·二八"事变后,陈怀民参加十九路军中的学生义勇军,在上海吴淞一带抗击日本侵略者。1933年1月,进入杭州笕桥中央航空学校,1936年毕业后,被编入中国空军第四大队。1938年4月29日,侵华日军佐世保航空队出动飞机36架空袭武汉,欲以空中大捷作为献给天皇生日的寿礼。陈怀民奉命迎敌,在武汉上空与敌机短兵相接。在与战友合作击落日机21架后,陈怀民被5架日机包围,在胸部受伤、机体受损的情况下,毅然驾机撞向日机,与之同归于尽。

朱祖祥(1916—1996年)　出生于绅商之家,1938年毕业于浙江大学农学院并留校任教。期间浙大被迫西迁,朱祖祥担负了押运整个农学院仪器、药品、设备的重任。1944年赴美留学,主修土壤化学,副修先为植物生理学,后转表面化学。1948年获博士学位,同年回国,历任浙江大学农化系教授、系主任、校务委员等职。1952年高校院系调整后,调入浙江农业大学,历任土壤农化系主任、副校长、校长。朱祖祥长期从事农业教育并主攻土壤化学的研究工作,其所创立的许多理论与技术具有里程碑意义,对提高我国农业科技水平、发展农业生产起到了极其重要的作用,并因此在1980年当选为中科院学部委员(院士)。朱祖祥晚年多次建议恢复建立文理交融的综合性大学,不遗余力地推动原浙江大学、杭州大学、浙江农业大学和浙江医科大学的合并。1996年11月18日,在参加中科院院士为"长江三角洲可持续献良策"农业专题考察组赴江浙沪实地考察时,突然病逝于绍兴。

方知达(1916—1995年)　1932年6月参加中共外围组织"上海反帝大同盟",同年9月加入中国共产主义青年团,11月转为中国共产党党员,并长期任职于共青团上海法南区委组织部。抗战胜利后至新中国成立初期,主要在东北、内蒙古工作,曾任锦州铁路局副局长兼护路副司令、兴安省政府秘书长、内蒙古自治区政府秘书长、东北人民政府副秘书长兼东北修建委员会副主任等职务。1954年秋,调到国家计委,任办公厅主任。1956年参加筹建国家经委的工作,继而担任国家经委委员兼办公厅主任、国家经委党组成员。1978年任中共中央统战部副部长,直至1982年离休。1995年9月24日逝世于北京,终年79岁。

陈克寒(1917—1980年)　1934年参加中国左翼作家联盟,加入中国共产党。西安事变后,任职于红色中华通讯社西安分社,次年到延安新华通讯社总社,参与创办《解放》周刊。后至福州、上海等地从事秘密工作,历任汉口《新华日报》驻华北特派记者、中共中央中原局宣传部副部长、新华社中原分社社长、中原大学新闻班主任等职。1948年冬回新华社总社。新中国成立后，历任新华社总社社长兼总编辑、文化部副部长、北京市人大常委会副主任等职，著有《晋察冀印象记》等。

应昌期(1917—1997年)　16岁那年外出经商，辗转于上海、福建等地，1946年至台湾，在台湾银行任职18年后投身实业，先后经营华夏塑胶公司、国泰化工公司、益华食品公司等，并在宁波投资设立现代建筑材料公司、利华羊毛公司，创建了一个横跨亚、澳、美，涵盖毛纺、化工、建材、电子、房地产的实业集团。与此同时，应昌期醉心于振兴围棋事业，穷其毕生精力创立“应氏棋规”，被誉为“黑白世界的诺贝尔”。改革开放以来，应昌期捐资亿元，创建中城小学、倡棋幼儿园，同时重建慈湖中学、保黎医院，被宁波市人大常委会授予“荣誉市民”称号。

何育辽(1918—1962年)　1918年9月出生于慈城德星桥何家门头(其父何其枢)，1944年9月毕业于复旦大学，因成绩优异留校任教，1960年6月从七级讲师破格晋升为三级研究员。作为中国计算机事业的先驱、上海计算机研究的第一人，何育辽为中国核武器研究做出了重大贡献，并因此积劳成疾，病逝于1962年10月，享年仅44岁。

郑汉浩(1918—2002年)　芳江村郑家(今属慈城镇)人，郑汉涛胞弟。1938年起，先后求学于陕北公学、延安抗日军政大学，同年加入中国共产党。历任抗大总校政治部秘书、东北民主同盟军政治部秘书、吉北分区独八团政治处主任、第四野战军干部部秘书处处长、办公室主任等职。新中国成立后，历任中南军区政治部秘书处处长、军区干部部办公室主任、军委总干部部办公室主任，国防部办公厅副主任、中央军委办公厅副主任、中央军委纪委专职委员、中央纪律检查委员会常委等职。1955年被授予上校军衔。

冯伯华(1919—1993年)　1932年开始参加工人运动，1936年7月在上海加入中国共产党。18岁那年参加新四军，此后历任新四军第一支队政治处干事、军部参谋、新四军第一师侦察科科长。第三次国内革命战争时期，身经百战，参加了著名的苏中“七战七捷”战役、淮海战役和渡江战役。新中国成立后，曾任南京市民政局局长、南京永利宁厂党委书记兼厂长等职务。1956年调入化工部，1978年任化工部副部长、党组成员。四十多年间，为中国化工事业的发展做了大量卓有成效的工作。1993年11月3日，因病在北京与世长辞，享年74岁。

杨恺(1920—1986年)　慈城镇杨辰村人，1920年10月1日出生于上海。1936年，参加中国共产党直接领导的抗日救亡团体——上海职业界救国会，次年奔赴延安，就读于陕北公学。1941 年 10 月加入中国共产党，此后参加了孟良崮战役、淮海战役、渡江战役等，并从 1949 年 7 月起开始转型，既曾参与筹办华东军事政治大学，也曾就任中国人民解放军军事学院政治部宣传部部长，“文化大革命”期间更是长期任职上海交通大学党委书记。1977 年 12 月，杨恺担任上海市分管文教卫生工作的副市长，在五年半的任期内，为上海教育、文化、卫生、体育工作和精神文明建设贡献良多。1986 年 8 月 4 日，时任上海市政协副主席的他，在一次会议上，因突发脑出血而与世长辞。

钱鸿缙(1920—2008 年)　祖居位于骢马桥下，乃敬修堂药业创办者钱澍田的后人，1943 年毕业于浙江大学后，远赴美国深造。1949 年在明尼苏达大学获得科学硕士学位，随即毅然回国，先后任教于西北工学院、西安交通大学、西北农林科技大学、西安建筑科技大学，致力于研究湿陷性黄土的特性，先后出版《土与基础的振动》《湿陷性黄土地基》等 15 部专著，在国际湿陷性黄土研究领域成就卓著，是我国黄土力学与工程的重要奠基人。

颜鸣皋(1920—2014 年)　祖籍慈城，出生于河北省定兴县，1926 年返乡就读于中城小学，两年后又外出求学于汉口、武昌、北平等地。1942 年毕业于重庆中央大学机械工程系，后赴美国耶鲁大学深造，1949 年获工学博士学位，随后受聘于纽约大学工学院研究部。1951 年 2 月，冲破各种阻挠而回国，始则任职于北京工业学院(今北京理工大学)第二机械系，1957 年调入航空材料研究所，领导建立中国第一个钛合金研究室，领导并参与了高温合金、钛合金和一些新材料的应用基础研究，在微观结构分析、合金强化机理、金属超塑性理论等方面取得了一系列创造性成果，被认为是中国航空高温合金应用基础研究的奠基者和中国航空金属材料疲劳与断裂研究的创立者，并因此在 1991 年当选为中国科学院院士(学部委员)。他非常关心家乡的建设和发展，曾亲临母校中城小学百年庆典，并将位于慈城颜家桥头的祖居捐献给慈城镇人民政府。

冯舜华(1921—1996 年)　又作冯鹏、夏明。1938 年 7 月加入中国共产党，以小学教员的身份做掩护，从事革命工作。1941 年 9 月后，历任江苏省东台县西潭渣区委书记、台北县委组织部长、台北县委副书记等职务。1953 年被抽调到长春第一汽车厂建筑工程部，从此与建筑业结下不解之缘。从 1981 年起，冯舜华任中国房屋开发公司副董事长、总经理，不但开辟了“商建出售”的新局面，而且推动了城镇住房改革的进程。其后，冯舜华负责组建中国建筑工程总公司，并为中建公司进一步开拓海外市场奠定了扎实的基础。

马豪(1923—1947 年)　原姓冯名圣发,1923 年出生于慈溪县慈城东高楼址(今慈城镇)。1939 年加入中国共产党,担任党组织的秘密联络工作,1942 年到新四军浙东游击司令部入伍。1945 年 10 月奉命北撤,1946 年 1 月任新四军第一纵队二旅四团四连指导员。工作刻苦踏实,作战勇敢。1947 年 5 月在孟良崮战役中中弹牺牲,荣获"三级人民英雄"称号,被追认为纵队模范指导员。

时光(1925—1994 年)　原名炳华,1944 年 7 月高中毕业后加入中国远征军,曾参加缅甸八莫战役。1947 年 10 月进入北京大学历史系学习,加入中共地下外围组织"民联",1951 年加入中国共产党,1952 年毕业于北大历史系,1953 年 9 月调入北京医学院(北京医科大学)马列主义教研室,历任马列主义教研室副主任、中国革命史教研室主任、社文部教授。其治学严谨,所作《左右江革命根据地》等 15 篇论文澄清了若干土地革命史研究中长期悬而未决的问题。1994 年 10 月 16 日,因病医治无效,逝世于北京。

应明皓(1943—2019 年)　应昌期之子,美籍华人。幼时曾随父母回故乡慈城小住,毕业于路易斯安那大学机电专业。1970—1989 年在美国太空总署任工程师、在 MEASUX 公司任生产部经理,后创办 INKO 工业公司并任董事长。1989 年回到台北,管理家族企业。如同应昌期先生,应明皓热爱家乡,关心、支持宁波的经济建设和社会发展。与此同时,他还继承父亲遗志,担任应昌期围棋教育基金会董事长,全力支持应昌期创办的"应氏"杯世界职业围棋锦标赛。1994 年 7 月,被宁波市人大常委会授予"荣誉市民"称号;又在同年 10 月,被浙江省人民政府授予"爱乡楷模"荣誉称号。

第二节　慈城名人名录

名录内分四个部分。这其中,"历代县治长官名录"载录历代任职于慈溪县城中的主要长官(见表 7-1);"历代慈城人士名录"专载那些生前行迹不甚详尽的慈城籍人士(见表 7-2);"烈士名录"中的"烈士",系指中国人民解放军指战员和人民群众在革命斗争、保卫祖国和社会主义现代化建设事业中壮烈牺牲、经军队团以上政治机关、县(市)、区人民政府按规定权限审批追认人员,其排列以烈士牺牲时间先后为序,虽非慈城籍但牺牲于慈城域内的革命烈士,亦予以记录;至于"市级及以上劳动模范名录"所列,因史料收集困难,故难免有所遗漏。

表 7-1 历代县治长官名录

	序号	姓 名	时 间
唐代县令	1	房 琯	玄宗开元二十六年(738 年)
	2	周 颂	不详
	3	阎信美	不详
	4	张 涛	不详
	5	周 曜	不详
	6	宋 革	玄宗天宝年间(742—756 年)
	7	柳 宽	代宗大历年间(766—779 年)
	8	李楚臣	宣宗大中二年(848 年)
	9	罗塞翁	不详
北宋知县	1	张 齐	太平兴国八年(983 年)
	2	李昭文	太平兴国年间(976—984 年)
	3	张 颖	端拱元年(988 年)
	4	聂惟宁	淳化二年(991 年)
	5	刘昭裔	至道元年(995 年)
	6	张若讷	咸平元年(998 年)
	7	段志中	咸平四年(1001 年)
	8	张守璇	景德元年(1004 年)
	9	庞遵古	景德三年(1006 年)
	10	宁 直	大中祥符二年(1009 年)
	11	张汝珪	大中祥符四年(1011 年)
	12	耿 防	大中祥符七年(1014 年)
	13	姜成范	天禧元年(1017 年)
	14	胡孝恭	天禧四年(1020 年)

续　表

	序号	姓　名	时　　间
北宋知县	15	王　淑	天圣元年(1023 年)
	16	林　济	天圣四年(1026 年)
	17	牟　经	天圣六年(1028 年)
	18	孙知古	天圣九年(1031 年)
	19	虞　肃	景祐二年(1035 年)
	20	王利用	景祐四年(1037 年)
	21	李　永	康定元年(1040 年)
	22	王永昌	庆历三年(1043 年)
	23	刘在中	庆历五年(1045 年)
	24	林　肇	庆历五年(1045 年)
	25	韩　鉴	皇祐三年(1051 年)
	26	张直言	至和元年(1054 年)
	27	游　烈	嘉祐二年(1057 年)
	28	陈　章	嘉祐五年(1060 年)
	29	林　汴	嘉祐八年(1063 年)
	30	于　存	熙宁元年(1068 年)
	31	汪　汲	熙宁四年(1071 年)
	32	李世卿	熙宁六年(1073 年)
	33	李友闻	熙宁七年(1074 年)
	34	盛次仲	元丰元年(1078 年)
	35	沈　湮	元丰四年(1081 年)
	36	崔　熙	元丰八年(1085 年)
	37	余　廙	元祐二年(1087 年)

续 表

	序号	姓 名	时 间
北宋知县	38	张 伋	元祐五年(1090 年)
	39	吴 最	绍圣元年(1094 年)
	40	陈 衡	绍圣四年(1097 年)
	41	石 沔	元符三年(1100 年)
	42	王师中	建中靖国元年(1101 年)
	43	黄 杞	崇宁元年(1102 年)
	44	唐昌期	大观元年(1107 年)
	45	方巨用	政和二年(1112 年)
	46	孙 置	政和八年(1118 年)
	47	许之才	重和元年(1118 年)
	48	黄 涛	宣和二年(1120 年)
	49	陈 云	宣和四年(1122 年)
	50	沈时升	宣和七年(1125 年)
	51	于庭式	靖康元年(1126 年)
南宋知县	1	林叔豹	建炎元年(1127 年)
	2	周方祗	建炎四年(1130 年)
	3	向季仲	绍兴三年(1133 年)
	4	李 炳	不详
	5	林 定	绍兴六年(1136 年)
	6	赵不匮	绍兴九年(1139 年)
	7	毕 瑛	绍兴十二年(1142 年)
	8	张 光	绍兴十四年(1144 年)
	9	陈良翰	绍兴十七年(1147 年)
	10	李彭年	绍兴二十一年(1151 年)

续　表

	序号	姓　名	时　　　间
南宋知县	11	张敦实	绍兴二十四年(1154 年)
	12	姚应辰	绍兴二十七年(1157 年)
	13	钟　确	绍兴三十年(1160 年)
	14	钱万中	绍兴三十二年(1162 年)
	15	董　邻	绍兴末
	16	蒋　箴	乾道元年(1165 年)
	17	吴翼夫	乾道四年(1168 年)
	18	陈寿彭	乾道六年(1170 年)
	19	求承祖	乾道九年(1173 年)
	20	郑昌言	淳熙三年(1176 年)
	21	宋南强	淳熙三年(1176 年)
	22	莫　洸	淳熙六年(1179 年)
	23	唐仲温	淳熙八年(1181 年)
	24	徐　衮	淳熙九年(1182 年)
	25	蒋　鹗	淳熙十一年(1184 年)
	26	葛　郢	淳熙十二年(1185 年)
	27	唐伸展	淳熙十六年(1189 年)
	28	柳　恂	绍熙三年(1192 年)
	29	郑　溉	不详
	30	朱　堂	庆元元年(1195 年)
	31	柳　说	庆元三年(1197 年)
	32	石次翁	庆元六年(1200 年)
	33	赵希观	嘉泰三年(1203 年)
	34	张义和	开禧二年(1206 年)
	35	温肤公	嘉定二年(1209 年)

续 表

	序号	姓 名	时 间
南宋知县	36	俞昌言	嘉定六年(1213年)
	37	边 烈	嘉定九年(1216年)
	38	沈 璞	嘉定十年(1217年)
	39	赵崇遂	嘉定十二年(1219年)
	40	虞 诜	嘉定十五年(1222年)
	41	周 符	宝庆元年(1225年)
	42	毕 谏	绍定元年(1228年)
	43	留晞祖	绍定二年(1229年)
	44	叶汝明	绍定五年(1232年)
	45	张约之	端平二年(1235年)
	46	王致远	嘉熙三年(1239年)
	47	吴 溥	淳祐元年(1241年)
	48	曹 郜	淳祐二年(1242年)
	49	季 镛	淳祐五年(1245年)
	50	卫 枅	淳祐八年(1248年)
	51	陈 灼	淳祐十年(1250年)
	52	陈 桂	淳祐十二年(1252年)
	53	周 栋	宝祐六年(1258年)
	54	金昌年	宝祐末
	55	余应春	景定年间(1260—1264年)
	56	陈绍曾	咸淳年间(1265—1274年)
	57	王 齐	咸淳年间(1265—1274年)
	58	周 泰	咸淳年间(1265—1274年)
	59	王 愉	咸淳九年(1273年)
	60	王英孙	咸淳十年(1274年)

续　表

	序号	姓　名	时　　　间
南宋知县	61	梅宽夫	德祐元年(1275年)
	62	陆之达	不详
元代达鲁花赤	1	阿都蛮	至元十三年(1276年)
	2	太不花	至元三十年(1293年)
	3	完者都	不详
	4	脱赤儿	元贞元年(1295年)
	5	也速答儿	大德三年(1299年)
	6	教化的	大德六年(1302年)
	7	黄　头	大德十一年(1307年)
	8	哈　散	至大三年(1310年)
	9	乌马儿	皇庆二年(1313年)
	10	亦思马因	延祐六年(1319年)
	11	也先脱因	至治年间(1321—1323年)
	12	也真不花	泰定年间(1324—1328年)
	13	迭里迷失	天历年间(1328—1329年)
	14	察兀儿赤	元统年间(1333—1335年)
	15	普　化	元统年间(1333—1335年)
	16	也里不花	至正年间(1341—1370年)
	17	丁咬住	至正年间(1341—1370年)
	18	火里台	至正年间(1341—1370年)
	19	唵都剌	至正年间(1341—1370年)
	20	兀台赤	不详
元代县尹	1	述甲寿德	至元十三年(1276年)
	2	许庆祖	至元十六年(1279年)
	3	俞　斌	至元十七年(1280年)

续 表

	序号	姓 名	时 间
元代县尹	4	张显祖	至元十八年(1281 年)
	5	阿思兰	至元十八年(1281 年)
	6	冯 昱	至元二十一年(1284 年)
	7	富德庸	至元二十五年(1288 年)
	8	宋 泽	至元三十一年(1294 年)
	9	刘 瑞	大德元年(1297 年)
	10	吴 樟	大德四年(1300 年)
	11	史 午	大德八年(1304 年)
	12	杨 允	大德十一年(1307 年)
	13	方安国	至大二年(1309 年)
	14	石 □	延祐年间(1314—1320 年)
	15	曹敏中	至治二年(1322 年)
	16	霍 甲	不详
	17	李 椿	泰定年间(1324—1328 年)
	18	延 璋	天历年间(1328—1329 年)
	19	华居敬	至顺年间(1330—1332 年)
	20	赵从谅	元统年间(1333—1335 年)
	21	李仲祥	至元年间(1335—1340 年)
	22	石 麟	至元年间(1335—1340 年)
	23	程 郁	至元年间(1335—1340 年)
	24	陈 麟	至正年间(1341—1370 年)
	25	天泽普花	不详
	26	陈 高	至正年间(1341—1370 年)
	27	向 枢	至正二十二年(1362 年)
	28	周 肇	至正二十二年(1362 年)后
	29	夏孟仁	不详

续　表

	序号	姓　名	时　　　间
明代知县或县令	1	耿　让	洪武初
	2	靳完璧	洪武三年(1370 年)
	3	许　原	洪武初
	4	王大用	洪武九年(1376 年)
	5	卞伯生	洪武十三年(1380 年)
	6	马　雄	洪武十四年(1381 年)
	7	吴德纯	洪武年间(1368—1398 年)
	8	陈诚逊	洪武十九年(1386 年)
	9	余　琯	洪武年间(1368—1398 年)
	10	何彦信	洪武三十一年(1398 年)
	11	吴　彬	不详
	12	陈　岩	永乐年间(1403—1424 年)
	13	杜　忠	永乐五年(1407 年)
	14	林　真	永乐年间(1403—1424 年)
	15	官　孚	不详
	16	张志善	永乐至洪熙间(1403—1425 年)
	17	张　谟	宣德至正统间(1426—1449 年)
	18	严　宪	正统年间(1436—1449 年)
	19	何　清	正统年间
	20	孙　安	不详
	21	覃　规	正统至景泰间(1436—1456 年)
	22	贾　奭	天顺二年(1458 年)
	23	寥　清	天顺年间(1457—1464 年)
	24	杨原复	不详
	25	龙　伯	成化初

续 表

	序号	姓 名	时 间
明代知县或县令	26	王 羲	成化七年(1471 年)
	27	吴 秀	成化八年(1472 年)
	28	陈 孜	成化十九年(1483 年)
	29	甘 雨	成化年间(1465—1487 年)
	30	和 鹏	弘治初
	31	张 相	弘治四年(1491 年)
	32	崔 嵩	弘治十年(1497 年)
	33	邹 诚	弘治十五年(1502 年)
	34	倪 璋	正德元年(1506 年)
	35	叶 藟	正德四年(1509 年)
	36	曾大显	正德四年(1509 年)
	37	胡 琼	正德八年(1513 年)
	38	陈 海	正德十一年(1516 年)
	39	张璧光	正德十二年(1517 年)
	40	叶 竦	正德十四年(1519 年)
	41	董进第	正德十六年(1521 年)
	42	高世魁	不详
	43	杨 佐	嘉靖二年(1523 年)
	44	高 □	不详
	45	何世祺	嘉靖五年(1526 年)
	46	王德溢	嘉靖七年(1528 年)
	47	谢应岳	嘉靖十年(1531 年)
	48	伊敏生	嘉靖十一年(1532 年)
	49	邓 熺	嘉靖十二年(1533 年)
	50	薛应旂	嘉靖十五年(1536 年)

续 表

	序号	姓 名	时 间
明代知县或县令	51	钱 泮	嘉靖十七年(1538 年)
	52	陈 褒	嘉靖二十一年(1542 年)
	53	刘逢恺	嘉靖二十六年(1547 年)
	54	龚 恺	嘉靖二十六年(1547 年)
	55	顾谚夫	嘉靖年间(1522—1566 年)
	56	曹 本	嘉靖三十年(1551 年)
	57	柳东伯	嘉靖三十六年(1557 年)
	58	侯国治	嘉靖年间(1522—1566 年)
	59	刘子延	嘉靖三十七年(1558 年)
	60	霍与瑕	嘉靖三十八年(1559 年)
	61	刘世曾	嘉靖四十二年(1563 年)
	62	熊 炜	嘉靖四十五年(1566 年)
	63	吴道迩	隆庆二年(1568 年)
	64	周光镐	万历元年(1573 年)
	65	戴洪恩	万历元年(1573 年)
	66	陈 相	万历年间(1573—1620 年)
	67	叶时新	万历五年(1577 年)
	68	胡懋桂	万历六年(1578 年)
	69	支应瑞	万历六年(1578 年)
	70	涂宗浚	万历年间(1573—1620 年)
	71	何 伟	万历十三年(1585 年)
	72	陈 文	万历年间(1573—1620 年)
	73	龙德孚	万历十七年(1589 年)
	74	黄元勋	万历十八年(1590 年)
	75	张似渠	万历二十二年(1594 年)

续表

	序号	姓名	时间
明代知县或县令	76	顾　言	万历二十二年(1594 年)
	77	韩国藩	万历二十七年(1599 年)
	78	潘汝祯	万历三十二年(1604 年)
	79	向胤贤	万历三十七年(1609 年)
	80	林怀永	万历四十一年(1613 年)
	81	陈其柱	万历四十一年(1613 年)
	82	梁大材	万历四十六年(1618 年)
	83	李逢甲	万历四十七年(1619 年)
	84	赵载初	不详
	85	高于乡	不详
	86	陈　殡	天启五年(1625 年)
	87	蒋一鸿	天启年间(1621—1627 年)
	88	李　沾	崇祯初
	89	许应弦	崇祯年初
	90	黄端伯	崇祯年间(1628—1644 年)
	91	汪　伟	崇祯五年(1632 年)
	92	毕十臣	崇祯十二年(1639 年)
	93	王国冕	崇祯十六年(1643 年)
	94	詹承固	崇祯十六年(1643 年)
	95	王玉藻	崇祯十六年(1643 年)
	96	刘子澄	不详
	97	郑　瑚	不详
	98	郑伯高	不详
	99	梁永坚	不详

续 表

	序号	姓 名	时 间
清代知县	1	时逢泰	顺治三年(1646 年)
	2	杨应元	顺治四年(1647 年)
	3	王 绣	顺治十一年(1654 年)
	4	洪承畿	顺治十七年(1660 年)
	5	白加绘	康熙六年(1667 年)
	6	吴殿弼	康熙十年(1671 年)
	7	何 琛	康熙十八年(1679 年)
	8	裴振唐	康熙年间(1662—1722 年)
	9	方允猷	康熙二十四年(1685 年)
	10	贾宗孟	康熙二十四年(1685 年)
	11	刘 动	康熙三十年(1691 年)
	12	钱为青	康熙三十一年(1692 年)
	13	罗万象	康熙三十六年(1697 年)
	14	孙笃荣	康熙四十八年(1709 年)
	15	李天植	康熙五十一年(1712 年)
	16	樊 琳	康熙五十二年(1713 年)
	17	缪 燧	康熙年间(1662—1722 年)
	18	阎 绍	康熙六十年(1721 年)
	19	陈 淳	康熙六十一年(1722 年)
	20	严梦雨	康熙年间(1662—1722 年)
	21	张淑鄂	雍正三年(1725 年)
	22	刘国杰	雍正四年(1726 年)
	23	刘如向	雍正五年(1727 年)
	24	杨 懿	雍正六年(1728 年)
	25	杨正笋	雍正六年(1728 年)

续 表

	序号	姓名	时间
清代知县	26	许　炳	雍正九年(1731年)
	27	张　采	雍正年间(1723—1735年)
	28	傅　珏	雍正十二年(1734年)
	29	郭　□	乾隆三年(1738年)
	30	倪知本	乾隆六年(1741年)
	31	郑士俊	乾隆十二年(1747年)
	32	谭肇基	乾隆十四年(1749年)
	33	马起蛰	乾隆年间(1736—1795年)
	34	赵　□	乾隆十六年(1751年)
	35	陈朝栋	乾隆十六年(1751年)
	36	戴　椿	乾隆二十年(1755年)
	37	窦　忻	乾隆二十五年(1760年)
	38	翁缵祖	乾隆三十年(1765年)
	39	陈九皋	乾隆三十年(1765年)
	40	孙　震	乾隆三十一年(1766年)
	41	严天召	乾隆三十一年(1766年)
	42	胡观澜	乾隆三十五年(1770年)
	43	唐　□	乾隆三十六年(1771年)
	44	胡观澜	乾隆三十七(1772年)回任
	45	黄元炜	乾隆四十年(1775年)
	46	裴述文	乾隆四十一年(1776年)
	47	程开源	乾隆四十一年(1776年)
	48	胡师亮	乾隆四十二年(1777年)
	49	吴　超	乾隆年间(1736—1795年)
	50	王泰曾	乾隆四十四年(1779年)

续 表

	序号	姓 名	时 间
清代知县	51	吴 钺	乾隆四十六年(1781 年)
	52	张 寅	乾隆四十六年(1781 年)
	53	金 □	乾隆四十八年(1783 年)
	54	李光时	乾隆四十八年(1783 年)
	55	路 邵	乾隆五十年(1785 年)
	56	李光时	乾隆五十一年(1786 年)回任
	57	钱 □	乾隆五十一年(1786 年)
	58	王正悦	乾隆五十三年(1788 年)
	59	钟德溥	乾隆五十三年(1788 年)
	60	董 衡	乾隆年间(1736—1795 年)
	61	林鸣岗	嘉庆元年(1796 年)
	62	钟德溥	嘉庆元年(1796 年)回任
	63	邹洴宁	嘉庆五年(1800 年)
	64	袁春鼎	嘉庆六年(1801 年)
	65	赵振鼎	嘉庆八年(1803 年)
	66	袁春鼎	嘉庆八年(1803 年)回任
	67	黄 靖	嘉庆十一年(1806 年)
	68	谢士莘	嘉庆十二年(1807 年)
	69	张 枢	嘉庆十二年(1807 年)
	70	冯 晟	嘉庆十四年(1809 年)
	71	张久照	嘉庆十五年(1810 年)
	72	梁伟业	嘉庆十八年(1813 年)
	73	向启昌	嘉庆十九年(1814 年)
	74	黄兆台	嘉庆十九年(1814 年)
	75	徐云笈	嘉庆二十三年(1818 年)

续 表

	序号	姓 名	时 间
清代知县	76	黄竹霖	嘉庆二十四年(1819年)
	77	陈 □	道光二年(1822年)代理
	78	张久照	道光二年(1822年)回任
	79	黄锡祚	道光五年(1825年)
	80	张久照	道光六年(1826年)回任
	81	罗河岳	道光七年(1827年)
	82	德 豫	道光十年(1830年)
	83	李式圃	道光十年(1830年)
	84	王 霦	道光十二年(1832年)
	85	李式圃	道光十二年(1832年)回任
	86	傅延焘	道光十二年(1832年)
	87	张如梧	道光十三年(1833年)
	88	马心印	道光十四年(1834年)
	89	张如梧	道光十四年(1834年)回任
	90	德 成	道光十五年(1835年)
	91	张佩兰	道光十五年(1835年)
	92	王燕堂	道光十六年(1836年)
	93	周召棠	道光十六年(1836年)
	94	黄维同	道光十六年(1836年)
	95	周壬福	道光十六年(1836年)
	96	周召棠	道光十七年(1837年)回任
	97	毕华珍	道光十七年(1837年)
	98	冯 翊	道光十九年(1839年)
	99	舒恭受	道光十九年(1839年)
	100	荣 第	道光十九年(1839年)

续 表

	序号	姓　名	时　　间
清代知县	101	蒋锡孙	道光二十年(1840 年)
	102	蒋贵斌	道光二十年(1840 年)
	103	赖　晋	道光二十年(1840 年)
	104	王武曾	道光二十一年(1841 年)
	105	达　晋	道光二十三年(1843 年)
	106	王有龄	道光二十五年(1845 年)
	107	徐　徵	道光二十六年(1846 年)
	108	陈备恪	道光二十六年(1846 年)
	109	王有龄	道光二十七年(1847 年)回任
	110	王丕显	道光二十八年(1848 年)
	111	段光清	道光二十八年(1848 年)
	112	邵廷燮	道光二十八年(1848 年)
	113	陈钟彦	道光二十八年(1848 年)
	114	唐　润	道光三十年(1850 年)
	115	韩培乾	咸丰元年(1851 年)
	116	张师右	咸丰三年(1853 年)
	117	宋纯修	咸丰五年(1855 年)
	118	曹建春	咸丰七年(1857 年)
	119	程国光	咸丰八年(1858 年)
	120	熊松之	咸丰九年(1859 年)
	121	程国光	咸丰十年(1860 年)回任
	122	孙绍芬	咸丰十年(1860 年)
	123	牟温典	咸丰十年(1860 年)
	124	孙绍芬	同治元年(1862 年)回任
	125	牟温典	同治元年(1862 年)回任

续　表

	序号	姓　名	时　　　间
清代知县	126	赵曾逵	同治元年(1862年)
	127	宁曾笏	同治三年(1864年)
	128	邓恩锡	同治三年(1864年)
	129	贺　瑗	同治三年(1864年)
	130	李世基	同治九年(1870年)
	131	贺　瑗	同治十年(1871年)回任
	132	程云淑	同治十二年(1873年)
	133	贺　瑗	光绪二年(1876年)回任
	134	彭嗣祚	光绪四年(1878年)
	135	施振成	光绪四年(1878年)
	136	裕　昌	光绪五年(1879年)
	137	邹文沅	光绪七年(1881年)
	138	尹丽枢	光绪九年(1883年)
	139	赵　煦	光绪十一年(1885年)
	140	徐懋简	光绪十四年(1888年)
	141	秦　簧	光绪十五年(1889年)
	142	杨克昌	光绪十六年(1890年)
	143	左宜之	光绪十六年(1890年)
	144	曹砺成	光绪十七年(1891年)
	145	忠　满	光绪二十二年(1896年)
	146	曹砺成	光绪二十四年(1898年)回任
	147	吴喜孙	光绪三十年(1904年)
民国民事长或知县或县长	1	王兰芳	1912年4月委任
	2	金彭年	1912年8月委任
	3	何公旦	1914年

续　表

	序号	姓　名	时　　间
民国民事长或知县或县长	4	夏仁溥	1915 年
	5	颜士晋	1915 年 11 月委任
	6	林观光	1918 年 3 月调省
	7	陈锡恩	1918 年 3 月署理
	8	朱孚保	1920 年 3 月 24 日
	9	赵成恩	1920 年 4 月 6 日署理
	10	马国文	1920 年 11 月 12 日署理
	11	杨洪笏	1921 年 10 月 12 日署理，1921 年 11 月 16 日接任
	12	王施海	1923 年 12 月 25 日
	13	陈兆麟	1924 年 11 月代理，1924 年 11 月 13 日接任
	14	左公潆	1926 年 8 月 31 日署理
	15	孟亦槃	1927 年 3 月底至 4 月底
	16	林　晓	1927 年 5 月 7 日任命
	17	黄懿范	1928 年 10 月 31 日委任
	18	成应举	1930 年 5 月 6 日试署
	19	戴时熙	1935 年 8 月 10 日代理
	20	章　驹	1938 年春至 1941 年 12 月 30 日
	21	李文恺	1942 年 2 月委任
	22	盛世磐	1942 年
	23	章桂龄	1944 年 2 月
	24	赖云章	1944 年 10 月
	25	章鸿宾	1945 年 1 月 15 日代理
	26	程　方	1946 年 8 月 14 日代理
	27	吕思义	1948 年 3 月 25 日
	28	王克迈	1949 年 3 月 10 日代理，1949 年 3 月 22 日任命
	29	于凤园	1949 年 5 月

表 7－2　历代慈城人士名录

序号	姓　名	生　卒　年	主　要　经　历
1	董　黯	不详	东汉句章人，事母至孝。和帝时召拜郎中，不就。慈谿之名，即源自董黯之孝行
2	张齐芳	不详	东汉骠骑将军张意之子，隐居于明州骠骑山，人皆贤之，遂以其父之官名其所居之山
3	阚　泽	？—243 年	家贫无钱，常为人雇用抄书，遂博览群书，通晓天算历法，由此声名显扬，被举为孝廉，历任钱塘长、郴县令、西曹掾、中书令、太子太傅等职，并因儒学造诣精深而授爵都乡侯
4	张无择	不详	唐初著名孝子，曾任和州刺史
5	杨庭显	1106—1188 年	杨简之父。身貌不扬，但勇于修德向道，陆九渊称四明士族中躬行有闻者，以庭显为首。在杨庭显的言传身教下，家道雍雍整肃，著闻于四方
6	沈　恒	1110—1199 年	宋高宗建炎年间进士，授太常寺博士
7	姚　颖	1150—1183 年	宋孝宗淳熙五年(1178 年)状元
8	孙梦观	1200—1257 年	宋理宗宝庆二年(1226 年)进士。历知宁国府，以廉吏荐擢司农少卿，权吏部侍郎，官至宣奉大夫
9	方山京	1215—1265 年	宋理宗景定三年(1262 年)状元
10	黄翔凤	不详	其诗风格近唐代，学者称虚谷先生，著有《庆元赐府考》 宝祐元年(1253 年)进士，官至江西提举司，善书，今慈城孔庙中王应麟所撰《至元重建慈湖书院本末碑记》即其所书
11	桂宗儒	1341—1449 年	“江南大儒”桂彦良之侄，永乐六年(1408 年)入文渊阁预修《永乐大典》，官至翰林院修撰。洪熙元年(1425 年)致仕，优游吟咏于湖山之间，人称“香山九老”。卒，年八十五。著有《金台集》《止庵集》
12	桂宗蕃	1368—1449 年	桂宗儒之弟。永乐六年(1408 年)纂修《永乐大典》，以足疾辞归。善书法，性喜诗，著有《梅花诗稿》。卒，年七十三
13	桂　昶	1368—1487 年	桂宗儒之子。书法精妙，尤工行、草，旁通医术，曾卖田购药以济人。终年 84 岁

续　表

序号	姓　名	生　卒　年	主　要　经　历
14	冯　芳	1368—1487 年	通五经，善属文，工书法。永乐十五年(1417 年)举人，学者称“长寿先生”，著有《易传发明》《尚书补注》
15	沈应宣	约 1369 年后—1435 年前	永乐六年(1408 年)，与同县桂宗蕃，纂修《永乐大典》。工楷书，笔法规矩，端庄雅丽
16	陈敬容	1377—1459 年	永乐二年(1404 年)进士，选庶吉士，参与纂修《永乐大典》。其德望文章，名闻天下。工书法，尤善楷、行。著有《澹然集》18 卷
17	郑子潮	1378—1445 年	永乐三年(1405 年)举贤良方正，16 年修天下图志，仕至江西丰城知县。工诗赋，善草书，著有《半古文集》
18	郑维桓	不详	永乐十二年(1414 年)，举浙江乡试第一，卒于交趾南靖州知州任上
19	秦　岳	1389—1452 年	秦钺高祖，永乐十五年(1417 年)举人。历任兵部主事、山西布政司右参议等职。性宽厚朴实，书“勤俭、忍耐、谦和”六字以自警，人称长者
20	王　来	1395—1470 年	慈谿县西屿乡唐堰(今属慈城)人，宣德二年(1427 年)以会试乙榜授新建教谕，历任山西左参政、河南左布政等职，官至南京工部尚书。文武才略，为时所重。楷、行、草皆能，宗法晋唐，壮丽雅逸
21	王　复	1398—1436 年	王来胞弟。宣德五年(1430 年)进士，官刑部主事
22	王　鼎	1401—1471 年	与兄王来、王复并称“王氏三凤”。官至江西道监察御史、江西按察司佥事
23	郑　达	1445—1504 年	半浦人，善书，尤精草书，深得古人精髓
24	王　惠	1457—1566 年	弘治三年(1490 年)进士，曾知九江府。能书法，楷书尤工
25	张　鈇	1436—1566 年	嘉靖五年(1526 年)进士，王来外甥。博学强记，综贯经史，著有《碧溪集》6 卷、《烬余钞存》4 卷等
26	冯　志	1465—1566 年	弘治十五年(1502 年)进士，出守汝宁期间，严厉打击地方豪强，并因此被诬，改官河东转运，不逾年，便辞归故里
27	向　锦	1465—1566 年	弘治十二年(1499 年)进士，历东流知县、凤阳同知、南京礼刑两部尚书，以循吏见称

续 表

序号	姓 名	生 卒 年	主 要 经 历
28	顾 英	1465—1566 年	弘治十五年(1502 年)进士,在任湖广佥事期间得罪上司,托疾辞归故里,家居 30 年
29	秦 钺	1483—1541 年	正德九年(1514 年)进士,正德十二年(1517 年)擢江西道监察御史,弹劾不避权贵,后擢都察院右副都御史,巡抚江西,境内大治。引疾归,筑室吴山之麓,优游泉石。母殁,哀毁过度,遘疾而卒
30	钱 照	1488—1566 年	嘉靖十一年(1532 年)进士,与文徵明友善,惜早卒
31	王 镕	1488—1566 年	正德十二年(1517 年)进士,为官以不畏权贵著称。任职湖广副使期间,置竹溪堡,筑潜江堤坝,创正学书院。病归居家期间,及倭寇侵扰,被焚死。能书法,楷、行、篆皆擅
32	陈茂义	1488—1620 年	嘉靖八年(1529 年)进士,历任南京都水司主事、北京兵部车驾员外郎、广西布政司右参议、广东按察副使。著有《诗序折衷》《善恶纪录》《明人物志》《明名士志》《平倭纪略》《燕石稿》《木石山人诗草》《古今文选》《古今诗话》
33	秦 金	1486—1578 年	嘉靖二年(1523 年)进士,授南京刑部主事,升南京礼部郎中,以江西吉安府知府致仕
34	徐 锦	约 1488—1566 年	幼而敏悟,读书十行俱下,被目为神童,正德十二年(1517 年)进士。后巡抚顺天,兼督理蓟州边备,以天象星变,引咎辞职
35	郑 熟	1488—1620 年	通经术,以篆书著称,笔法精妙
36	刘士逵	1506—1620 年	慈城镇刘家巷人,嘉靖十一年(1532 年)进士,为官二十余年,以清廉著称,善书法,有唐人宗法
37	张 谦	1506—1620 年	嘉靖十一年(1532 年)进士,官至广西按察使。能书法,曾为《慈湖书院学田碑》篆额
38	周 镐	1506—1620 年	嘉靖十一年(1532 年)进士,历官工部员外、刑部郎等,以辛劳病卒,年仅 34 岁
39	秦宗道	1516—1590 年	秦钺季子,嘉靖三十二年(1553 年)进士,历任刑部主事、福建按察司佥事、山东泰安知府、广西按察佥事。万历帝登基后,归里,教读子孙,凡地方利弊,直言无隐

续　表

序号	姓　名	生　卒　年	主　要　经　历
40	秦　淦	1521—1579 年	嘉靖三十二年(1553 年)进士,官至江西左布政使
41	秦　钫	1522—1579 年	嘉靖二十九年(1550 年)进士,官至江西左布政使
42	孙光祖	1522 年后—1610 年前	嘉靖三十八年(1559 年)进士,历任祁门知县、广东参政、广西布政,以不附张居正,致仕归家,讲学慈湖书院,垂老不倦。善书法,《慈湖书院学田碑》即其所书
43	孙　鑨	1522—1620 年	嘉靖三十五年(1556 年)进士,官至光禄寺卿
44	李应辰	1522—1620 年	隆庆五年(1571 年)进士,历任江陵知县、曲靖知府。能书法,万历三十六年(1557 年)曾书慈谿县《重清杜白二湖碑记》
45	钱梦登	1522—1620 年	万历间诸生,工楷书,慈城南门外《新建太平桥纪略》即其所书
46	冯叔吉	1533—1605 年	嘉靖三十二年(1553 年)进士,历任和县令、礼部主事、湖广左布政使等职,年未五十,便致仕,居文溪山中,教子读书
47	秦应骢	1534—1588 年	万历二年(1574 年)进士,官至广东韶州府同知
48	王应选	?—1582 年	受业于同县颜鲸,为颜门四弟子之一,以文章著名。万历二年(1574 年)进士,廷对时为榜眼,授翰林院编修,未几而卒。工书法,笔法峻丽
49	刘伯渊	1538—1640 年	隆庆五年(1571 年)进士,官至江西兵备副使。50 岁时便告老还乡,居家 50 年,唯以诗酒自娱,卒年 103 岁,著有《灌息亭集》
50	姜应麟	1546—1630 年	姜宸英曾祖,万历十一年(1583 年)进士。天性刚直敢言,在"争国本"事件中因抗疏直谏而被贬斥,谪广昌典史,量移余干县。以忧归。家居 30 年,于书无所不读,所读书皆手书之,累数千卷。善书法,天一阁藏有其手书。光宗时,起为太仆少卿。卒,赠太常卿
51	罗应斗	1554—1637 年	万历十四年(1586 年)进士,官河南大名知府
52	冯若愚	1567—1628 年	万历二十三年(1595 年)进士,历任工部主事、襄阳知府、南京光禄寺少卿,卒赠太常寺卿。与陈文定、郭文毅并称"慈水三贤"

续 表

序号	姓 名	生 卒 年	主 要 经 历
53	刘宪宠	1567—1644 年	万历二十年(1592 年)进士,曾奏请罢矿使、减赋税,皆关时政急务。在朝四十余年,清修绝俗,与寒素无异
54	邵尚礼	1522—1644 年	万历间诸生,善书法,天启五年(1625 年)书慈城南门外《夹田桥记》
55	岑应春	约 1561 年后—1619 年前	万历十四年(1586 年)进士,授工部主事,管理十三陵木厂,节省缗钱无数。再督山东临清砖厂,改革宿弊。善书法,万历二十一年(1593 年)《重修蔡氏庵记》即其所书
56	罗应斗	约 1561 年后—1620 年前	万历十四年(1586 年)进士,授工部主事,在部能革除冒滥之弊。后知大名府,上下秩序井然
57	沈茂荣	约 1561 年后—1644 年前	万历二十年(1592 年)进士,历任徽州知府、福建按察司副使等职。能书法,曾书《慈谿烈孝龙川王公碑记》
58	裘兆锦	1571—1663 年	裘琏祖父。崇祯十一年(1638 年)升舟山参将,政绩卓著,百姓感其恩,为造生祠,后改德福庙。崇祯十五年(1642 年)升为广东惠潮总兵官。南明弘光朝,晋职右军都督,鲁王监国时,封平波伯
59	韩孙爱	约 1574—1644 年前	万历二十九年(1601 年)进士,官至蕲州兵备副使,以疾辞归
60	郑 启	1593—1664 年	半浦人,郑溱父。崇祯乡试副榜。明亡后,课童力耕
61	冯元飏	1596 年后—1644 年	崇祯元年(1628 年)进士,历任福建提学副使、右佥都御史等职。楷书丽正,又善篆书,曾为慈谿《重建白龙寺碑》篆额
62	姜思睿	不详	天启二年(1622 年)进士,授行人,崇祯三年擢御史。因屡次抗疏切谏,忤旨遭贬。官至河东巡盐御史
63	郑承浩	1603—1681 年	半浦人,能草书,精八分,亦善篆刻。性坦易宽和,又慷慨好施
64	裘永明	1607—1646 年	横山裘墅人,裘琏父。明末鲁王监国时,授左军都督。工书法,著有《玉湖楼诗集》
65	姜晋圭	1610—1672 年	姜宸英之父,贡生,37 岁后不再应举,专心精研理学。工书法,兼通六书。其母亡时,适在外,讣至,悲伤过度,病卒于常山旅舍,朱彝尊为作墓志。著有《望云诗稿》2 卷

续　表

序号	姓　名	生　卒　年	主　要　经　历
66	郑　溱	1612—1698 年	半浦人郑启之子，郑梁之父。中崇祯十三年(1640 年)副榜，鲁王监国时曾任按察司副使。明亡后，终身不仕，读书授徒以供奉双亲。与黄宗羲为同门学友，交谊深厚。著作等身，有《诗经萃华》《书带草堂诗选》《书带草堂文集》等
67	秦祖襄	1613—1661 年	秦宗道五世孙，崇祯十六年(1643 年)进士，官至太仆寺少卿，著有《正史约编》《介石山人手录》等
68	姚宗文	不详	万历三十五年(1607 年)进士，天启中，官巡抚湖广都御史，纂修天启《慈谿县志》。能书法，出入晋唐
69	向腾蛟	1628—1722 年	顺治十八年(1661 年)武进士，曾任陕西山丹卫守备、河南府城守、泰州游击等职，历官三十余年，其住宅至今犹存，即向家门头
70	秦　炯	1651—1697 年	康熙二十一年(1682 年)进士，授福建诏安县知县
71	秦　晋	1659—1724 年	康熙四十五年(1706 年)进士，授四川云阳县知县
72	郑羽逵		半浦人，后迁居钱塘。康熙四十八年(1709 年)进士，曾任四川安县知县。著有《怀远堂集》
73	秦大育	1691—1787 年	工诗善画，诗本少陵，其画兼采董源、米芾等众家之长而别具面目。著有《苍崖诗抄》
74	郑大节	1705—1780 年	半浦人郑梁之孙，乾隆间监生。能诗善画，亦善书法，擅名当时。著有《箨坨遗稿》
75	郑中节	1709—1768 年	半浦人郑性之子，饱读家中藏书，不屑于章句之学，常短衣驰马，豪纵若侠。早年游秦中，著有《游秦草》
76	王廷佐	1716—?	乾隆十三年(1748 年)武进士，御前侍卫，山东总河中军副将
77	郑　甲	1747—1770 年	半浦人郑梁曾孙，号雪桥，又署雪桥居士、溪雪居士。精历数，善诗文，工画，亦能书。以家难抑郁，年仅 24 岁卒。病中自焚所著，仅余《雪桥居士遗稿》《闲情草》
78	郑　宸	1747—1808 年	初名“辰”，乾隆四十一年(1776 年)拔贡，历官江苏阳湖知县、扬州同知，补徐州府经历，后以目疾告归。著有《十二古铜钩斋诗集》《句章摭逸》等

续　表

序号	姓　名	生　卒　年	主　要　经　历
79	冯　璟	1736—1820 年	嘉庆六年(1801 年)进士,补江苏安东知县,有惠政。因同意分年摊赔前任亏空而被劾罢官。归里后,以授读糊口,曾主讲于德润书院
80	钱澍田	1753—?	乾隆五十四年(1789 年)在广州创办敬修堂国药号
81	尹元炜	1736—1850 年	嘉庆九年(1804 年)举人,无意仕进,主讲于德润书院凡四十余年。晚年手辑《溪上遗闻集录》10 卷、《别录》2 卷、《溪上诗辑》14 卷、《补遗》1 卷、《续编》1 卷,邑人掌故赖以有征
82	尹嘉年	? —1843 年	尹元炜之子,嘉庆间廪生,善行书、草书,工骈体文及古今体诗
83	郑　勋	1773—1836 年	半浦人郑竺之子,早年从学蒋学镛,受《毛诗》《春秋》。嘉庆元年(1796 年)举孝廉方正。曾主持镇海蛟川书院。建二砚窝藏书楼。著有《二砚窝诗稿偶存》《二砚窝读书随笔》等
84	郑　筠	1767—1792 年	初名"竺",半浦人,酷好诗、古文词,客武林,深受杭世骏、金农、鲍廷博诸名宿之器重。著有《野云居诗文稿》2 卷
85	杨聿燕	1796—1861 年	杨九畹之子,咸丰元年(1851 年)举乡试副榜
86	陈　曙	1796—1861 年	嘉庆间诸生,能书,楷、行皆工,俱有古人深意。著有《垓南草堂学吟草》1 卷
87	周　开	1796—1861 年	嘉庆间诸生,能书,亦善诗文,著有《容匏集》
88	杨泰亨	1824—1894 年	同治四年(1865 年)进士,官翰林院检讨,纂有光绪《慈谿县志》56 卷
89	杨家骥	不详	光绪十六年(1890 年)进士,官翰林院编修。工诗文,善书法
90	陈　钦	1828—1879 年	同治十年(1871 年)进士,光绪二年(1876 年)充陕西乡试副考官,5 年卒于官
91	冯可镛	1828—1887 年	1851 年乡试中式后久困公车,八上春官未第,遂居乡授徒著书,曾主修《慈谿县志》,辑《句章徵文录》,校刊《慈湖遗书》,尤其致力于书院教育,郡邑学子多得其亲炙

续　表

序号	姓　名	生　卒　年	主　要　经　历
92	周晋麒	1837—1880年	同治十二年(1873年)以副贡应顺天府乡试,中武举人,次年连捷成进士,改翰林院庶吉士,授编修。光绪五年(1879年)充山西乡试正考官
93	王仁义	1839—1911年	黄山人,同治九年(1870年)赴日本经商,创办"凌云阁",与日本文学家、史学家交往甚密,著有《独臂翁见闻录》等
94	陈邦瑞	约1840年后—1908年前	号瑶圃,后移居宁波城内孝闻街伏跗室北首。光绪二年(1876年)进士,官至太常寺卿
95	冯雪卿	1844—1921年	敏而好学,尤爱书画金石。后浮海东渡,客居日本49年,受聘于东亚语学校,教授中国书画及汉语
96	王藩清	1847—1898年	黄山人,王治本堂弟,工诗文,善书画、篆刻。1877年7月东游日本后,与当地汉学家交流密切,并出版《三崎新道碑》《翰墨遗余香》《清国王琴仙书画状》《桃园结义三杰帖》等书
97	周晋镳	1847—1923年	上海四明商业银行首届董事会总董、上海总商会总理、第一届中华全国商会联合会会长
98	冯毓孳	?—1923年	字汲蒙,一字冰子,光绪十九年(1893年)举人,清末任景山官学教习,入民国后,在宁波城内教授弟子
99	张和芬	1856—1920年	原名禾芬,其初悬壶于宁波,后受挚友之邀,乃移诊所至上海。以长于治疗伤寒、时疫、喉痧、脚气著称,同时对治疗虚损、妇科诸疾亦颇有心得。著有《急治汇编》《戒烟善后策》《医悟》《医案》等
100	周信治	1857—1909年	半浦人,光绪间附贡生,为文必求义理之精,工书法,尤善擘窠大字
101	郑世璜	1859—?	灌东郑村(今属半浦村)人,光绪三十一年(1905年)由清政府派遣赴印度、锡兰考察茶叶,成为中国茶叶出国考察第一人,著有《乙巳考察印、锡茶土日记》
102	王如璋	1866—1938年	毕业于天津北洋水师学堂,历任萍醴铁路机务总管、津浦铁路机务总管、金陵水师船厂总办、海军部技正
103	魏友枋	1869—1948年	字仲章、仲车,光绪二十八年(1902年)举人。曾应蔡元培之聘,执教于北京大学,后至浙江高等学校、宁波效实中学任教。其楷书规矩端致,行书有唐人之风

续 表

序号	姓 名	生 卒 年	主 要 经 历
104	冯鸿梃	1870—1945 年	清末秀才，短期任职丽水县教谕，1906 年任职宁波府中学堂学监，1910 年起任慈谿县立高等小学堂(慈湖中学前身)校长多年。1925 年，慈谿县劝学所改为县教育局，冯鸿梃转任首任教育局局长
105	应季审	1873—1945 年	1920 年与陈训正等在上海创办《商报》，1926 年任山东掖县县长，后又曾任山东省恤赏局局长
106	王仲邕	1877—1953 年	王定祥之子，清末秀才。历任杭州崇文中学、宁波效实中学文史教员。抗战期间，担任慈谿县立初级中学东部校区主任
107	何其枢	1880—?	字旋卿，慈城德星桥下何家人，北京大学政治经济科毕业，曾任宁波效实中学第二任校长、《上海总商会月刊》及《上海商报》编辑、长兴统捐局长等职，著有《秋荼诗存》《秋荼文存》各 1 卷
108	徐庆云	1880—1931 年	16 岁起学做纱业生意，欧战期间，成为上海纱业巨头。历任纱业公所董事、上海华商纱厂联合会董事、华商纱布交易所理事长等职，号称“纱业大王”
109	叶叔眉	1884—1971 年	毕业于京师大学堂，宁波效实中学创办人之一，历任商会证券物品交易所常任理事、中央银行筹备委员兼会计部主任、津浦铁路总务处处长及秘书主任
110	钱 常	1886—1945 年	钱罕的堂叔，自幼学书法，历四十余年而不辍，民国时曾任普迪小学书法教师
111	尹韵笙	1887—1942 年	上海华商证券交易所常务理事
112	冯 度	1891—1951 年	字威博，1911 年毕业于浙江高等学堂，1912 年起任教于宁波效实中学，1927—1949 年任效实中学校长，曾在开明书局出版《冯度对数表》
113	秦斯应	1893—?	早年从商，手创中国天一保险公司。中年后方始学画，专写竹，曾任中国画苑常务理事兼经理
114	魏长春	1898—1987 年	故居在慈城尚志路，著名中医学家。临症六十余年，早年擅长治疗外感时病，后又专攻内伤疾病的调治。著有《魏长春医案》《魏长春临床经验选辑》《中医实践经验录》等

续　表

序号	姓　名	生　卒　年	主　要　经　历
115	冯　适	1903—1949 年	原名昭适，乃冯蒙颛之子。工书法，又喜佛学，与杭州灵隐寺云楼法师、宁波观宗寺谛闲法师相友善，并曾与章太炎同研《说文》
116	郑保华	1905—1952 年	半浦人，从东吴大学法律学院毕业后，留校任教，同时在上海开设律师事务所、会计师事务所
117	钱尚平	1906—1977 年	钱罕之子，毕业于上海交通大学，后为重庆国际电台工程师
118	王成椿	1906—1979 年	著名日光能专家，首创“日光能冷冻机”“海水转变蒸馏水”等方法及技术，荣获美国政府颁布的“日光能研究成就奖”
119	忻天趣	1907—1979 年	住慈城狮子门头，曾为慈湖中学语文老师，乃慈城方言研究者
120	徐沛泉	1908—1968 年	狮东乡徐颜（今属慈城镇）人，生前致力于中医中药事业，是新中国成立后的第一批中药师，曾在北京怀仁堂受到周恩来的接见
121	魏友棐	1909—1953 年	冯君木的女婿，毕业于宁波商校，1941 年任福源钱庄襄理。长期从事财经评论，著有《法币问题》《战争与通货膨胀》等。又擅长书法、篆刻
122	方沛霖	1911—1947 年	作为中国早期电影艺术的探索者，参与拍摄《渔光曲》《武则天》《八千里路云和月》《一江春水向东流》《万家灯火》《三星捧月》等影片
123	陈莲卿	1911—1988 年	著名南词艺人，曾对四明宣卷、四明南词做过一些有益的创新和改革，且取得较好效果
124	吴元章	1912—2004 年	保黎医院的创建人之一兼首任院长吴莲艇之子，毕业于上海医学院，致力于中西医结合防治疾病、中草药临床应用的研究，并自 1965 年，即与黄可泰等人从事 1940 年侵华日军细菌战的研究，著有《老年人生活和老年病防治》《惨绝人寰的细菌战——1940 年宁波鼠疫史实》等
125	周颂椒	1912—1981 年	善写兰竹，盎然有情趣。曾撰近代画家 262 人小传，汇成一书
126	胡绳系	1913—2000 年	1939 年毕业于浙江大学教育系，历任浙江教育厅科员，奉化武陵学校、省立处州中学、宁波中学教员，慈湖中学的第二任校长，曾为该校在抗战中、抗战后的重建工作呕心沥血

续 表

序号	姓 名	生 卒 年	主 要 经 历
127	钱文彬	1919—1955 年	钱罕从子，好书法，尤善楷、行，兼工篆刻。新中国成立后，任职上海大裕商业银行秘书，其书法作品亦随之流散于上海
128	王欣康	1921—2013 年	原名王瑞吉，生于慈城王家祠弄，1950 年初受派遣，任中国银行驻香港高级职员
129	王永嘉	1922—2004 年	黄山人，著名金石学家、书法家，《周易》研究专家
130	翁心慧	1922—1982 年	原名召发，笔名翁亭，1938 年毕业于慈湖中学后求学于浙江省高级工业职业学校土木科，1941 年 11 月入浙江大学师范学院，期间组织春雷文艺社、编印《春雷》刊物。1944 年任教于慈中东部校区。1952—1958 年，担任宁波市副市长兼教育局局长、体委主任。1982 年，当选为宁波市人大常委会副主任
131	明学法师	1923—2016 年	法名传慧，俗名冯祖慎。历任中国佛教协会副会长、中国佛学院副院长、苏州灵岩山寺方丈、苏州寒山书院院长等职
132	王丽云	1926—2011 年	王如璋之女，生于北平，在科学出版社担任编辑长达三十余年
133	杨念祖	1928—2008 年	杨泰亨之曾孙，祖籍杨陈村，出生于上海，是在国际上有重大贡献的化学家、现代光化学开创者之一，也是改革开放后第一位接受中国科学院聘任的外籍名誉教授
134	沈元魁	1931—2016 年	早年师从钱罕，后又从学于龙榆生等人，因而诗、书、画俱佳，是当代宁波书法界的泰斗、浙东书风的当代传人
135	钱迎倩	1932—2010 年	钱保杭之孙，出生于骢马桥下钱宅，6 岁那年随父母迁居上海，1954 年本科毕业于复旦大学，1957 年南京大学研究生毕业，是国内著名的植物学家，曾任中国科学院植物研究所所长
136	沈元发	1941—2019 年	沈元魁之弟，宁波著名书法家、浙东书风代表性人物，曾任宁波市书法家协会名誉主席、宁波书画院副院长等职

参考资料

一、古今著作

[1] 卞孝萱、唐文权:《民国人物碑传集》,凤凰出版社2011年版。
[2] [晋] 陈寿:《三国志》,中华书局1982年版。
[3] [宋] 晁公武:《郡斋读书志校证》,上海古籍出版社1990年版。
[4] 曹屯裕:《浙东文化概论》,宁波出版社1997年版。
[5] 曹辛华:《民国词集丛刊》(第3册),国家图书馆出版社2016年版。
[6] 陈布雷:《陈布雷回忆录》,东方出版社2009年版。
[7] 陈雪军:《向迪琮致赵尊岳词学手札考释》,《词学》(第38辑),华东师范大学出版社2017年版。
[8] 陈训慈:《陈君屺怀事略》,《晚山人集》附录,1985年抄本。
[9] 陈训正、马瀛:《民国定海县志》,出自上海书店出版社:《中国地方志集成·浙江府县志辑》(第38册),上海书店出版社1993年版。
[10] 陈训正、马瀛:《鄞县通志》,宁波出版社2006年版。
[11] 陈训正:《天婴室丛稿》,出自沈云龙:《近代中国史料丛刊》(63),文海出版社1972年版。
[12] 陈训正:《天婴室丛稿》(第二辑)民国二十三年铅印本,1934年。
[13] [元] 戴表元:《剡源文集》,影印文渊阁《四库全书》本。
[14] 邓大鹏:《宁波图书馆志》,宁波出版社1997年版。
[15] [明] 方孝孺:《逊志斋集》,影印文渊阁《四库全书》本。
[16] [清] 范邦甸:《天一阁书目·天一阁碑目》,江曦、李婧校,上海古籍出版社2010年版。
[17] [清] 范大澈:《碑帖纪证》,出自上海书店出版社:《丛书集成续编》(第74册),上海书店出版社1995年版。

[18] 冯宾符：《捷克斯拉夫》，珠林书店，1938 年。
[19] 冯君木：《回风堂诗文集》，中华书局 1941 年版。
[20] 冯晓霞：《浙东藏书史》，浙江工商大学出版社 2013 年版。
[21] [清] 谷应泰：《明史纪事本末》，影印文渊阁《四库全书》本。
[22] 高时良：《中国近代教育史资料汇编——洋务运动时期教育》，上海教育出版社 1992 年版。
[23] 戈公振：《中国报学史》，湖南大学出版社 2013 年版。
[24] 顾廷龙：《清代硃卷集成》(第 400 册)，成文出版社 1992 年版。
[25] 顾志兴：《浙江藏书家藏书楼》，浙江人民出版社 1987 年版。
[26] 顾志兴：《浙江藏书史》，杭州出版社 2006 年版。
[27] 管敏义：《浙东学术史》，华东师范大学出版社 1993 年版。
[28] [明] 胡应麟：《少室山房笔丛》，上海书店出版社 2001 年版。
[29] 黄富荣：《略论胡瑗的分斋教学法及其历史命运》，《宋史研究论丛》(第 6 辑)，河北大学出版社 2005 年版。
[30] 黄侃：《陈玄婴先生六十寿序》，《天婴诗辑》附录，1988 年抄本。
[31] [明] 黄佐：《翰林记》，影印文渊阁《四库全书》本。
[32] 洪可尧：《天一阁藏书画选》，宁波出版社 1996 年版。
[33] 洪廷彦：《沙孟海全集・日记卷》，西泠印社出版社 2010 年版。
[34] 侯学书：《张美翊手札考释注评》，文物出版社 2020 年版。
[35] 胡晓明、李瑞明：《近代上海诗学系年初编》，上海教育出版社 2003 年版。
[36] [后晋] 刘昫：《旧唐书》，中华书局 1975 年版。
[37] [宋] 李昉：《文苑英华》，中华书局 1966 年版。
[38] [宋] 楼钥：《楼钥集》，顾大朋点校，浙江古籍出版社 2010 年版。
[39] [宋] 陆游：《渭南文集》，影印文渊阁《四库全书》本。
[40] [清] 李伯元：《文明小史》，光绪三十二年商务印书馆单行本，1906 年。
[41] 李瑞良：《中国图书流通史》，上海人民出版社 2000 年版。
[42] 李希泌、张淑华：《中国古代藏书与近代图书馆史料(春秋至五四时期)》，中华书局 1982 年版。
[43] 李详：《读慈溪陈无邪文书后》，《民国珍稀短刊断刊・上海卷》(21)，全国图书馆文献缩微复制中心，2006 年。
[44] 柳定生：《柳诒徵劬堂题跋》，华正书局 1986 年版。

[45] 龙游县地方志编纂委员会:《余绍宋日记》,中华书局 2012 年版。
[46] 骆兆平、谢典勋:《天一阁碑帖目录汇编》,上海辞书出版社 2012 年版。
[47] 骆兆平:《天一阁藏书史志》,上海古籍出版社 2005 年版。
[48] 骆兆平:《天一阁丛谈》,中华书局 1993 年版。
[49] 骆兆平:《新编天一阁书目》,中华书局 1996 年版。
[50] 马勇:《觉醒与沉沦》,四川人民出版社 2019 年版。
[51] 宁波市地方志编纂委员会:《宋元四明六志》,宁波出版社 2011 年版。
[52] 宁波市江北区慈城镇文联:《慈城:中国古县城标本》,宁波出版社 2007 年版。
[53] 宁波市江北区史志办公室:《江北历代名门望族资料选编》,宁波出版社 2018 年版。
[54] 宁波市天一阁博物馆:《宁波市天一阁博物馆古籍普查登记目录》,国家图书馆出版社 2017 年版。
[55] 宁波市天一阁博物馆:《天一阁藏历代方志汇刊》,国家图书馆出版社 2017 年版。
[56] 宁波市文物考古研究所:《句章故城:考古调查与勘探报告》,科学出版社 2014 年版。
[57] [宋] 欧阳修、宋祁:《新唐书》,中华书局 1975 年版。
[58] [宋] 钱俨:《吴越备史》,影印文渊阁《四库全书》本。
[59] [明] 祁承㸁:《澹生堂藏书约》,出自钱泳、黄汉:《笔记小说大观》(第 12 册),江苏广陵古籍刻印社 1984 年版。
[60] [清] 钱淦、袁希涛:《宝山县续志》,出自上海书店出版社:《中国地方志集成·上海府县志辑》(第 9 册),上海书店出版社 2010 年版。
[61] [清] 全祖望:《全祖望集汇校集注》,朱铸禹校注,上海古籍出版社 2000 年版。
[62] 钱文华、钱之骁:《天赐慈城:解读中国古县城的标本》,宁波出版社 2017 年版。
[63] 清华大学历史系:《戊戌变法文献资料系年》,上海书店出版社 1998 年版。
[64] [清] 阮元:《揅经室集》,中华书局 1993 年版。
[65] [宋] 施宿:《嘉泰会稽志》,影印文渊阁《四库全书》本。
[66] [宋] 释赞宁:《宋高僧传》,影印文渊阁《四库全书》本。

[67] [清] 史致训、黄以周:《定海厅志》,柳和勇、詹亚园校点,上海古籍出版社 2011 年版。
[68] 沙孟海:《冯君木冯都良父子遗事》,《浙江文史资料选辑》(第 47 辑),浙江人民出版社 1992 年版。
[69] 沙孟海:《沙孟海书法集》,上海书画出版社 1987 年版。
[70] 上海图书馆:《汪康年师友书札(二)》,上海古籍出版社 1986 年版。
[71] 沈粹芬:《清文汇》,北京出版社 1996 年版。
[72] 沈松平:《陈训正评传》,浙江大学出版社 2015 年版。
[73] [元] 脱脱等:《宋史》,中华书局 1977 年版。
[74] 汤志钧:《章太炎年谱长编》,中华书局 1979 年版。
[75] 唐文治:《茹经堂文集》,出自上海书店出版社:《民国丛书》(第 5 编第 94 册),上海书店出版社 1996 年版。
[76] 唐燮军、戴晓萍:《陈训正年谱》,浙江大学出版社 2019 年版。
[77] 唐燮军、周芃:《天婴室丛稿整理与研究》,九州出版社 2019 年版。
[78] 唐燮军:《宁波区域文化资源概览·"宁波物"卷》,浙江大学出版社 2019 年版。
[79] [宋] 王溥:《唐会要》,上海古籍出版社 1991 年版。
[80] [宋] 王应麟:《困学纪闻》,[清] 翁元圻等校注,上海古籍出版社 2008 年版。
[81] [宋] 王禹偁:《小畜集》,商务印书馆 1968 年版。
[82] 汪康年:《汪康年文集》,汪林茂编校,浙江古籍出版社 2011 年版。
[83] 王静:《中国的吉普赛人:慈城堕民田野调查》,宁波出版社 2006 年版。
[84] 王培军、庄际虹:《校辑民权素诗话廿一种》,凤凰出版社 2016 年版。
[85] 韦力:《中国古籍拍卖述评》,紫禁城出版社 2011 年版。
[86] 吴晗:《江浙藏书家史略》,中华书局 1981 年版。
[87] [唐] 徐坚:《初学记》,中华书局 2004 年版。
[88] [唐] 许敬宗:《日藏弘仁本文馆词林校证》,中华书局 2001 年版。
[89] [清] 谢启昆:《树经堂诗初集》,出自续修四库全书编委会:《续修四库全书》(第 1458 册),上海古籍出版社 2002 年版。
[90] [清] 徐珂:《大受堂札记》,杭县徐氏铅印本,1925 年。
[91] [清] 薛福成:《出使公牍》,出自沈云龙:《近代中国史料丛刊》(第 81 辑),文海出版社 1966 年版。

[92] [清] 薛福成:《天一阁见存书目》,古亭书屋 1970 年版。

[93] 徐良雄:《二十世纪宁波书坛回顾——书法作品选集》,宁波出版社 1999 年版。

[94] 徐梓:《蒙学读物的历史透视》,湖北教育出版社 1996 年版。

[95] [唐] 姚思廉:《陈书》,中华书局 1972 年版。

[96] [唐] 姚思廉:《梁书》,中华书局 1973 年版。

[97] [清] 永瑢等:《四库全书总目》,中华书局 1965 年版。

[98] [清] 虞辉祖:《寒庄文编》,上海聚珍仿宋印书局 1921 年版。

[99] [清] 袁枚:《小仓山房诗集》,载续修四库全书编委会:《续修四库全书》(第 1431 册),上海古籍出版社 2002 年版。

[100] 亚农:《欧局演变中捷克斯拉夫之透视》,大公报西安分馆 1938 年版。

[101] 杨柏岭:《近代上海词学系年初编》,上海教育出版社 2003 年版。

[102] 杨馥源:《儒魂商魄:慈城望族与名人》,宁波出版社 2007 年版。

[103] 杨学纯、沈中明:《冯宾符国际问题文选》,世界知识出版社 2002 年版。

[104] 姚寿祁:《寥阳馆诗草》,余姚黄立钧刊本,1942 年。

[105] 叶瀚:《块余生自纪》,《中国文化研究集刊》(第 5 辑),复旦大学出版社 1987 年版。

[106] 应启墀:《悔复堂诗》,余姚黄立钧刊本,1942 年。

[107] 虞浩旭:《文献世家郑氏二老阁藏书文化的历史轨迹》,《天一阁文丛》(第 2 辑),宁波出版社 2005 年版。

[108] 虞浩旭:《浙东历史文化散论》,宁波出版社 2004 年版。

[109] 袁惠常:《雪野堂文稿》,民国三十四年铅印本,1945 年。

[110] [清] 章学诚:《文史通义校注》,叶瑛校注,中华书局 1985 年版。

[111] [清] 宗源瀚:《辨志文会课艺初集》,光绪六年铅印本,1880 年。

[112] [清] 宗源瀚:《颐情馆闻过集》,出自罗琳:《四库未收书辑刊》(第十辑第四册),北京出版社 2000 年版。

[113] 张寅彭:《民国诗话丛编(五)》,上海书店出版社 2002 年版。

[114] 章国庆:《天一阁明州碑林集录》,上海古籍出版社 2008 年版。

[115] 赵炳麟:《赵柏岩集》,黄南津点校,广西人民出版社 2001 年版。

[116] 赵晨:《国民党统治时期的杭州市长》,《杭州文史资料》(第 5 辑),杭州市政协文史资料研究委员会,1985 年。

[117] 赵尔巽：《清史稿》，中华书局 1977 年版。

[118] 浙江省地方志编纂委：《浙江通志·清雍正朝》，中华书局 2001 年版。

[119] 郑逸梅：《艺林散叶》，北方文学出版社 2019 年版。

[120] 中国历史博物馆：《郑孝胥日记》（第二册），中华书局 1993 年版。

[121] 中国社会科学院近代史研究所：《近代史所藏清代名人稿本抄本》（第 2 辑第 48 册），大象出版社 2014 年版。

[122] 中国史学会：《戊戌变法》（四），上海人民出版社 1957 年版。

[123] 周绍良、赵超：《唐代墓志汇编续集》，上海古籍出版社 2001 年版。

[124] 周子美：《天一阁藏书经见录》，华东师范大学出版社 2000 年版。

[125] Madeleine Albright. *Prague Winter: A Personal Story of Remembrance and War, 1937 - 1948*, New York: Harper Collins Publishers LLC, 2012.

二、各类论文

[1] 蔡彦：《从藏书楼向近代图书馆的嬗变——宁波、绍兴图书馆建立探微》，《科技文献信息管理》2007 年第 3 期。

[2] 岑欢科：《沙孟海书学思想考论——以沙孟海早年师承交游为中心》，杭州师范大学 2012 年硕士学位论文。

[3] 陈斐蓉：《丹青遗韵——天一阁藏古代绘画撷英》，《中国书画》2014 年第 10 期。

[4] 陈训慈：《浙江之县志与省志问题》，《浙江省立图书馆馆刊》（第 2 卷）1933 年第 2 期。

[5] 陈训正：《慈谿县志草创例目》，《文澜学报》（第 2 卷）1936 年第 1 期。

[6] 陈训正：《回风堂诗文集叙》，南京《国风》（半月刊，第七期）1932 年 11 月。

[7] 杜志勇：《谈冯幵墓志铭拓本》，《衡水学院学报》2012 年第 2 期。

[8] 冯君木：《慈溪两孝子》，《宁波旅沪同乡会月报》（第 8 号）1923 年 5 月。

[9] 冯君木：《夫须阁随笔》，上海《民权素》（月刊第 11 集）1915 年 10 月。

[10] 冯君木：《题识杂言》，《蜜蜂》（第 1 卷）1930 年第 10 期。

[11] 冯君木：《题虞含章文集》，《智识》（第 1 卷）1925 年第 6 期。

[12] 冯君木：《乌母张孺人七十寿序》，《宁波旅沪同乡会月刊》1927 年第 52 期。

[13] 冯贤亮：《从国家到地方：清代江南的府县秩序与行政控制》，《学术月刊》2010 年第 5 期。

[14] 葛晹：《袁母屠太夫人七十寿序》，《宁波旅沪同乡会月刊》1929 年第 67 期。
[15] 胡鹏：《沙孟海书学思想的生成——从回风堂问学（1920—1922）说起》，《中国书法》2018 年第 18 期。
[16] 黄燕生：《傅振伦与民国方志学》，《中国历史博物馆馆刊》1994 年第 2 期。
[17] 李景友：《〈捷克斯拉夫〉中的国家前途探析》，《名作欣赏（学术版）》2019 年第 5 期。
[18] 柳建军：《从民国〈定海县志〉、〈鄞县通志〉看陈训正的方志思想》，《浙江方志》2002 年第 4 期。
[19] 逯铭昕：《冯幵、张原炜批校本〈后山集〉述略》，《宁波大学学报（人文版）》2014 年第 4 期。
[20] 沈松平：《从“当代方志的雏形之作”——〈民国鄞县通志〉看陈训正对传统方志学理论的超越》，《黑龙江史志》2002 年第 6 期。
[21] 沈燕红、朱惠国：《晚清民初学者冯幵及其未刊抄本〈秋辛词〉》，《浙江社会科学》2017 年第 2 期。
[22] 王燕飞：《祁氏澹生堂藏书小识——澹生堂重建四百年祭》，《绍兴文理学院学报》2002 年第 3 期。
[23] 徐建成：《梅调鼎的生命抒情》，《宁波经济 · 三江论坛》2006 年第 6 期。
[24] 徐良雄：《天一阁藏法书概述》，《书法丛刊》1998 年第 4 期。
[25] 徐清：《沙孟海早年治学思想生成的群体和地域因素考察》，《新美术》2015 年第 12 期。
[26] 俞婉君：《堕民的起源与形成考辨》，《浙江社会科学》2007 年第 5 期。
[27] 俞婉君：《社会变迁与浙东堕民的解放和消融》，《浙江社会科学》2009 年第 9 期。
[28] 袁惠常：《国史拟传 · 冯幵传》，《“国史馆”馆刊》1948 年第 4 期。
[29] 张美翊：《菉绮阁课徒书札》，《新美域》2008 年第 2 期。
[30] 周慧惠：《〈鄞县通志〉编纂详探——以天一阁藏鄞县通志馆收支报告档案为中心》，《浙江档案》2016 年第 5 期。
[31] 周慧惠：《临时抽印本〈鄞县通志人物编〉编印始末考——以天一阁藏致马涯民信札为史料》，《图书馆研究与工作》2016 年第 2 期。

三、纸媒报道

[1]《楹联示意》,《申报》1878年3月19日。
[2]《牌示甄别》,《申报》1878年4月4日。
[3]《政令虚悬》,《申报》1878年4月5日。
[4]《月湖书院甄别情形》,《申报》1878年4月12日。
[5]《整顿藏书》,《申报》1878年7月24日。
[6]《人言可畏》,《申报》1878年10月2日。
[7]《论宁郡匿名揭帖事》,《申报》1878年10月5日。
[8]《宁波府示》,《申报》1878年10月12日。
[9]《论知府一官兼及宁波事》,《申报》1878年10月21日。
[10]《甬守晋省》,《申报》1878年11月13日。
[11] 宗源瀚:《增设辨志文会示》,《申报》1879年2月18日。
[12]《驱禁占住书院》,《申报》1879年3月1日。
[13]《筹划公费》,《申报》1879年7月7日。
[14]《宁郡辨志文会四月分课题》,《申报》1880年5月12日。
[15]《宁郡辨志文会五月分课案》,《申报》1880年11月5日。
[16]《宁郡辨志文会二月分课题》,《申报》1882年3月24日。
[17] 黄维瀚:《家君七旬初度敬乞诗文启》,《申报》1884年10月12日。
[18]《宁波要闻》,《申报》1885年4月1日。
[19]《催领棺柩》,《申报》1885年7月13日。
[20]《甬上杂闻》,《申报》1885年7月18日。
[21]《宁郡辨志文会四月分课题》,《申报》1886年5月9日。
[22]《格致书院丙戌秋课案出,忝列超等之末,诗以纪之并序》,《申报》1887年6月21日。
[23]《主持风雅》,《申报》1887年12月10日。
[24]《创立诗院》,《申报》1888年6月4日。
[25]《四明要录》,《申报》1892年3月14日。
[26]《甬江春浪》,《申报》1893年3月30日。
[27]《甬上新语》,《申报》1895年2月26日。
[28]《宁郡辨志精舍甲午冬季课案》,《申报》1895年4月11日。

[29]《宁郡辨志精舍乙未夏季课案》,《申报》1895 年 11 月 18 日。
[30]《书江西黄学使甄别经训书院示谕后》,《申报》1896 年 6 月 3 日。
[31]《论中国培养人材在振兴学校变通选举》,《申报》1896 年 6 月 6 日。
[32]《宁郡辨志六斋丙申夏季课案》,《申报》1896 年 11 月 9 日。
[33]《宁郡辨志精舍丙申秋季课案》,《申报》1897 年 1 月 30 日。
[34]《宁波辨志精舍丙申冬季课案》,《申报》1897 年 4 月 8 日。
[35]《宁郡夏季辨志课题》,《申报》1897 年 5 月 11 日。
[36]《宁郡辨志文会丁酉春季课案》,《申报》1897 年 7 月 27 日。
[37]《宁波辨志文会丁酉冬季课题》,《申报》1897 年 11 月 5 日。
[38]《宁波辨志文会戊戌夏季课题》,《申报》1898 年 6 月 26 日。
[39]《宁波辨志文会己亥秋季课题》,《申报》1899 年 8 月 21 日。
[40]《宁郡辨志文会秋季课案》,《申报》1900 年 1 月 22 日。
[41]《宁郡辨志文会庚子冬季课题》,《申报》1900 年 11 月 17 日。
[42]《四明谈荟》,《申报》1901 年 3 月 21 日。
[43]《江西萍乡县顾勴堂明府课士说略》,《申报》1901 年 7 月 23 日。
[44]《教案已结》,《申报》1904 年 5 月 25 日。
[45]《省务委员会正式成立》,《时事公报》1927 年 4 月 22 日。
[46] 芷芬:《陈屺怀先生离杭之去思》,《时事公报》附刊《五味架》1928 年 12 月 9 日。
[47]《慈县重修县志,聘陈屺怀为总编纂》,《时事公报》1936 年 2 月 6 日。
[48]《陈故议长追悼特刊》,《浙江日报》1944 年 2 月 18 日。
[49]《稿本〈掖县城区详图〉》,《烟台晚报》2008 年 3 月 23 日,第 18 版。

后记

本书是我开展浙东文化研究的系列成果。早在2012年，我在甬求学期间，便对浙东地区的悠久文脉与深邃历史产生了浓厚兴趣，这是我决定对宁波慈城一带展开针对性研究的源动力。

最要感谢的，便是湖州师范学院人文学院的唐燮军教授。恩师历史学功底扎实，尤善以地方人物行迹勾勒区域文化特性，文笔清新典雅，读之古韵悠然，一直是我追随学习的榜样。在成书过程中，唐老师给予我全方位的指导和帮助。在史料搜集方面，唐老师带我多次赴天一阁、浙江省图书馆（古籍部）、宁波市图书馆、慈城古县衙/慈城古县城历史文化展览馆等地查找资料，搜集整理了大量晚近史料，还和我一起深入慈城毛岙村开展入村访谈，收获了不少宝贵的口述史资料。在成书过程中，我曾遇到无数困惑，唐老师一次次不厌其烦，耐心指点。当我面对纷杂多元的浙东文化"逡巡而不敢进"时，是唐老师指导我确立了"由点及面"、总概与个案相结合的研究思路，以浙东藏书文化、浙东名士、慈城文化三大研究方向构建本书基本框架，并将"鄞县三杰"作为人物史研究与地方史研究的耦合点。当我在调研中面对历史证物的突然中断消失而陷入茫然无措时，是唐老师指导我从历史文献入手，多维再现浙东隐秘恢宏的历史，可谓"柳暗花明又一村"。当我苦于章节编排与衔接时，是唐老师引导我跳脱传统文化史论述体系，借鉴方志编纂手法重新梳理章节，并做出优化调整。可以说，没有唐老师的教诲与指导，本书的成文绝不会如此顺利。

此外，我还要感谢上海财经大学马克思主义学院各位领导、老师给予的大力协助与支持；感谢宁波大学团委副书记桂尚书老师、海曙区鄞江镇村民葛润之、崔唐琪在我入村入户调研中给予的周到安排和关心；感谢我的小伙伴们在本书撰写过程中不断给予的关心和鼓励。

最后，我还要感谢我的父母和妻子，没有他们的支持与鼓励，本书断然无法顺利出版。

卞 梁

2024 年 2 月于上海财经大学